政治经济学文库·经典

America by Design: Science, Technology, and the Rise of Corporate Capitalism

技术塑造美国？

大卫·诺贝尔 著
陈 劲 姜智勇 译

DAVID NOBLE

中国人民大学出版社
·北京·

总　序

党的十八大以来，习近平总书记高度重视马克思主义政治经济学，多次就坚持和发展马克思主义政治经济学作出重要论述。2015 年 11 月 23 日，在主持十八届中共中央政治局第二十八次集体学习时，习近平总书记指出："马克思主义政治经济学是马克思主义的重要组成部分，也是我们坚持和发展马克思主义的必修课。""马克思主义政治经济学要有生命力，就必须与时俱进。……我们要立足我国国情和我们的发展实践，深入研究世界经济和我国经济面临的新情况新问题，揭示新特点新规律，提炼和总结我国经济发展实践的规律性成果，把实践经验上升为系统化的经济学说，不断开拓当代中国马克思主义政治经济学新境界，为马克思主义政治经济学创新发展贡献中国智慧。"① 2020 年 8 月 24 日，习近平总书记主持召开经济社会领域专家座谈会时再次强调："恩格斯说，无产阶级政党的'全部理论来自对政治经济学的研究'。列宁把政治经济学视为马克思主义理论'最深刻、最全面、最详尽的证明和运用'。我们要运用马克思主义政治经济学的方法论，深化对我国经济发展规律的认识，提高领导我国经济发展能力和水平。"②

习近平总书记关于学好用好政治经济学的论述为我们指引了方向。当前，我们正处于以中国式现代化全面推进强国建设、民族复兴伟业的关键时期，无论是从发展新质生产力、推动经济高质量发展的现实需要出发，还是从推进党的创新理论的体系化学理化、建构中国自主的经济学知识体系的内在要求来看，学好用好马克思主义政治经济学都具有不可估量的时代价值和实践意义。

---

① 习近平．不断开拓当代中国马克思主义政治经济学新境界．求是，2020（16）：4－9.

② 习近平．正确认识和把握中长期经济社会发展重大问题．求是，2021（2）：4－10.

在学好用好政治经济学的过程中，既要立足中国国情，及时总结新的生动实践，不断推进理论创新；又应树立国际视野、秉持开放的态度，不排斥国外经济理论的合理成分，坚持去粗取精、去伪存真，坚持以我为主、为我所用。在这个过程中，特别需要重视发达国家在国际上具有影响力的政治经济学流派的奠基之作与反映国外政治经济学研究新进展的前沿著作，为学好用好政治经济学提供必要的参考资料，为建构中国自主的经济学知识体系提供理论借鉴。因此，我们精心策划出版了这套“政治经济学文库”。文库分为“经典”和“前沿”两大子系列，汇聚国际政治经济学领域重要流派的奠基之作和学术前沿精品著作。

发达资本主义国家的不少进步学者，在运用马克思主义政治经济学阐释现代化社会大生产和资本主义市场经济运行的规律，分析资本主义国家所面临的种种经济问题的过程中，孕育出了许多重要的学术成果，呈现出了多样化的学派和发展路径。例如，在美国有垄断资本学派、积累的社会结构学派、世界体系学派，在苏联有鲁宾学派，在法国有调节学派，在日本有宇野学派，还有一些学者将马克思与凯恩斯结合起来发展出了后凯恩斯主义经济学，等等。尽管这些学派在方法论和理论逻辑上各有特色，研究视域也极为广阔，但它们有一个共同的特点，即都从马克思主义理论中那些高度抽象的概念中转化出若干分析性的中间概念，建立了中间层次的理论，从各个角度发展和应用了马克思主义政治经济学。这些学派一方面彰显了马克思主义政治经济学的科学性，另一方面进一步推进了马克思主义政治经济学的时代化。政治经济学文库的“经典”系列，囊括了法国调节学派、美国积累的社会结构学派、日本宇野学派、鲁宾学派、后凯恩斯主义经济学等学派的重要著作，以期为读者提供国外政治经济学发展的经典著作，确保我们能够真正吸收和借鉴国外政治经济学的精髓，为我所用，推动马克思主义政治经济学的创新与发展。

习近平总书记要求我们“深入研究世界经济和我国经济面临的新情况新问题，揭示新特点新规律”①。2008年国际金融危机的爆发、数字技术革命的加速发展、生态环境问题的凸显、新冠疫情的暴发深刻影响了世界经济……世界面临百年未有之大变局，国外政治经济学相关的研究和批判得以被激活。与此不太相称的是，我国的相关著作译介仍显不足。政治经济学文库的“前沿”系列，就是聚焦于国际政治经济学界研究的前沿和最新动态，涵盖数字经济、不平等、金融化、技术创新等热点问题。例如，法国塞德里克·迪朗撰写的《虚拟资本：金融怎样挪用我们的未来》，对金融虚拟化进行了深刻剖析，揭示了虚拟资本对贫富差距、政策制定以及市场信号的影响；获得2013年美国社会学协会杰出学术著作奖的《资本化危机》，则从历史社会学角度深入剖析了美国金融化的深层原因与机制，在国际上被广泛推荐和引用；此外，《增长如何发生》《光阴似箭》等著作，亦从不同的视角为我们理解现代经济的发展与技术的作用提供了深刻的洞见。这些著作不仅荣获多个国际学术奖项，更在学术界产生了广泛影响，为政治经济学的研究与发展注入了新的血液。

在遴选译者翻译这套文库时，我们对译者提出了很高的要求，不仅注重译者的第一外语功底，而且要求译者必须是政治经济学相关领域的专家。例如，《马克思价值理论文集》是苏联著名的马克思主义经济学者鲁宾的创造性著作，该书为理解马克思的劳动价值论提供了重要视角，是目前国际上兴起的“新马克思主义阅读”和“新辩证法”两派学者都推崇的重要著作。在准备翻译这本书时，我们在全国范围内多方联系，邀请了精通俄语的政治经济学领域的专业学者，从俄文原版直接翻译，并且增补了鲁宾题为《马克思货币理论》的手稿，以帮助读者更加深入地理解马克思的价值理论和货币理论。法国调节学派和日本宇野

① 习近平．不断开拓当代中国马克思主义政治经济学新境界．求是，2020（16）：4－9.

学派的著作，我们也分别邀请了精通法语的马克思主义领域专家学者和在日本高校承担政治经济学教学的中国学者来从事翻译工作。

我们期待“政治经济学文库”的出版，一方面能够启发国内学界在理论创新过程中的深入思考和探索，为我们解决理论创新难题提供新的思路，帮助我们建构中国自主的政治经济学知识体系；另一方面能够帮助我们借鉴国外研究成果的合理成分，把握社会经济发展规律，提高驾驭社会主义市场经济的能力，以更好地回应我国经济发展中的理论和实践问题，制定更为科学、合理的经济政策，推动中国式现代化的进一步发展。

本丛书是一套开放性丛书，我们热切欢迎学者和社会各界读者积极参与，向我们推荐精品力作，携手共同打造具有深远影响力和卓越学术价值的丛书。我们将以严谨的态度精心打磨，力求将优质的作品呈现给广大读者。

谢富胜

中国人民大学出版社总编辑

献给契德（Ched）

技术的进步从来不会自动出现在社会当中；
它们离不开熟练的发明，
同样离不开对政治的适应；
然而人们习惯了不假思索地
把机器的进步归结为
推动文化与文明发展的直接手段。
这种习惯把一种非分的要求
强加给机器
而机器对此无力应对……
无论技术多么彻底地依赖
科学的客观过程，
它自身都无法形成一套
类似宇宙的独立体系，
它只能作为人类文化的一项要素而存在；
技术可以为善，也可以作恶，
这要看操纵它的社会群体
是一心向善还是怙恶不悛；
机器本身既不会提出要求，
也无法恪守承诺；

真正提出要求、恪守承诺的是
人类的精神。

《技术与文明》(*Technics and Civilization*)
刘易斯·芒福德(Lewis Mumford)

推荐序

技术决定论的观念始终宰制着人们对工业革命的一般认识。技术的革新被看作工业化的主要成因，工业化的整个过程被视为纯而又纯的技术革命。然而，新的发明、新的工艺流程，以及科学发现的新应用本身并不足以支配生产的变革。如果不能与社会关系的变革——尤其是劳动力组织的变革——结伴而行，技术变革往往会被现有的社会结构消解殆尽。如此一来，技术变革不仅可能与社会变革背道而驰，甚至可能被用来巩固现有力量与特权的分配。

仅以中世纪的诸般技术改进为例，比如马轭、风车和锯木厂等，它们并未颠覆或者削弱封建贵族的统治地位。相比之下，18 世纪和 19 世纪的技术变革则产生了革命性的影响。这是因为后者是政治革命和社会革命——推翻专权、打破贸易的重商主义枷锁、没有土地的无产阶级的出现，以及劳动者与劳动工具的分离等等的组成部分。这些剧变为工厂制度铺就了基石，使手工生产成了明日黄花，为新型生产创造了全新的、有益于其发展的政治气候。

在此之后，资本主义者先是剥夺了劳动者的财产，又逐步剥夺了他们的技术知识，最后终于宣布了自己对生产的全盘控制。这是工业发展的第二个阶段，它也是大卫·诺贝尔这部著作研究的主题。在现代科学的成果被应用于工业生产之前，生产流程首先要被分解为数百道工序，并由不同的工人来完成。这些工人不再对一道工序与另一道工序之间的联系了然于心，因此无法控制整个生产流程。由此可见，是社会创新为技术创新铺就了基础，工业技术的先驱者们同样在社会工程中发挥了核心作用。

正是由于这些原因，诺贝尔坚称，技术只能被视为一种“社会生产”（social production）。职业工程师们不仅应该被视为应用科学的专家，还应该被视为社会关系管理的行家里手。诺贝尔指出了工程师这一职业是如何从车间和学校发源的；这一职业的“学院文化”一派是如何成功地把学历变成入职的先决条件的；大学培养出来的工程师又是如何用深奥难解的知识取代了经验法则，并在这一过程中为自己建立起独占地位的。工程的专业化和工程教育的创办作为高等知识的一脉获得了广泛认可，并在企业和大学之间造就了一条纽带。直到今天，这条纽带仍然是牢不可破的。因此，企业得以把生产的一部分次级成本转移到大学，例如人才培养和基础研究等——很多大学就是由企业部分或者完全出资赞助的。由于内部研究和人才培养的一些早期试验受到了越来越多的批判（这一点在电气行业尤为突出），它们逐渐让位给了一种“合作”运动。这种运动把学术与工业训练糅合在一起，安提亚克大学（Antioch College）就是一个例子。而这本身不过是通向“现代综合性大学（multiversity）分担产业责任”这一全面假设的一个中间步骤罢了。

现代管理中的技术知识正在日趋集中，因此，劳动者的技术知识被剥夺就成了现代管理向前发展所产生的一种顺理成章的结果。科学管理运动把生产分解为多道流程，让劳动者沦为机器的附庸，与之相伴的是技术人员和管理人员数量的极大增长。这一增长是为了从整体上监管生产过程。老派企业家们对企业的绝大部分运营了如指掌，如今，他们纷纷让位给大学培养出来的产业管理者。后者通常是科班出身的工程师。关于这种从工程师到管理者的转变，人们往往不由自主地把二者看作井水不犯河水的两个不同阶层，而诺贝尔的分析从根本上摒除了这一诱惑。工程师群体未能形成自己的观点，这也是托斯丹·凡勃伦（Thorstein Veblen）在预言“管理者对利润的追求会与工程师对技术效率的追求发生日益激烈的冲突”时希望看到的。恰恰相反，工程师们心甘情愿地让自己的专业技能为一整套生产体系服务。从细处来看，这套体系是高效的；然然，从总体大势来看，它却是极端浪费和有违理性的。

谈到这种横扫一切的非理性，最典型的例证莫过于工业体系对军费和战争支出的依赖。正如诺贝尔所指出的，最能说明问题的是，工程师们并没有把第一次世界大战看作一场文明的浩劫。在他们眼里，这场大战是一次“千载难逢的良机”，因为它把工程师的种种构想变成了现实——它让企业、大学和政府结成了更紧密的合作关系。对此，诺贝尔做的并不是道德上的说教，而是描绘了一幅栩栩如生的画面——“一幅仿佛超越现实的战争场景：作为这场战争的参与者，这些人用一种诡异的轻松心情来感受它的恐怖”；这种战争崇拜的发展也许是最富说服力的控诉，一种针对这些人主导的生产体系的控诉。

尽管如此，诺贝尔最后还是把判断留给了读者。这部著作对工业社会的批判极尽深刻，然而作者并没有用左派的虔诚信念来冒犯读者——就像许多激进学者经常做的那样。这部著作反映了左派学者新的成熟状态，这种新的严密和超然正在悄然改变整个历史学界。一些学者的著作，例如卡罗尔·格鲁伯（Carol Gruber）的《战神与智慧女神》（*Mars and Minerva*）、斯图尔特·尤恩（Stuart Ewen）的《意识领袖》（*Captains of Consciousness*）、哈里·布雷弗曼（Harry Braverman）的《劳动与垄断资本》（*Labor and Monopoly Capital*），以及大卫·诺贝尔的这部《技术塑造美国?》，都在极大丰富着我们对20世纪发生的第二次工业革命历史的理解。它们取代了马克思主义和非马克思主义的阐释。

这部新作的影响力还未得到充分的展现。一旦做到了这一点，它就会把先前诸般解读的粗陋之处毫无遗漏地暴露出来。它还会明白地告诉我们，在经济史、社会史和政治史之间人为划出楚河汉界的传统做法是多么地徒劳无益。而新近解读揭示的正是这些发展脉络的深层统一性：技术变革中暗含的社会变革，美国文化在广告以及产业与教育的相互依赖作用之下发生的变革。有时，现代社会的高度复杂性本身几乎麻痹了人们试图理解它的雄心壮志——最严重的时期莫过于20世纪60年代。

可是人们一般认为，那是激荡的十年。到了70年代，理解工业秩序的决心再度复苏——人们想要揭穿它的种种假象，揭开其神秘面纱。从很多方面来说，这一复苏都是70年代最振奋人心的成就之一。

克里斯托弗·拉什（Christopher Lasch）

自　序

现代美国人面对着这样一个世界：一切都在变，而一切又都在原地打转。现代市场的特征是对“新”的永恒追求，伴随这种追求而来的是对技术超越日益强烈的渴慕，与之匹配的是持续存在的预先形成的生活模式。这种生活模式一成不变。尽管每一次重大科学进步似乎都预示着全新社会的来临，但是它们最后证明的往往只是产生它们的旧秩序是多么地富有活力和韧性。每一次簇新的、看似张狂的背离，到头来仍旧要走回熟悉的老路。我想用这本书来抛砖引玉，开启读者对这一诡异情形的解读：为什么一个社会如此活力十足，却总是在原地踯躅？

私营企业和科学技术同是19世纪工业资本主义的产物。前者是怎样一度激发并包容了似乎更富力量的后者？一个相对静态的、可能早已过时的资本主义社会结构如何容许社会生产革命的发生，并在事实上被后者强化？它是如何做到这一切的？要知道，社会生产革命本该涤荡一切残渣遗蜕和陈年旧梦。为了找到些许线索，本书追溯了两种孪生力量——科学技术和企业资本主义彼此交织缠绕的历史，它们共同塑造了现代美国。我关注的焦点是二者的共同媒介：现代工程（modern engineering）。本书还提出了一些新的、更宏大的问题。长久以来，这些问题始终困扰着社会理论学家：社会的发展应当在多大程度上被归结为技术的进步？准确地说，二者究竟是通过怎样的方式彼此联系的？

对研究现代史的大多数历史学家来说，一种多少有些简单粗暴的决定论（determinism）早已成为阐释的主干。无论是阐释大规模工业企业的崛起、教育机构的大发展，还是道德伦理的嬗变，历史学家们普遍提及现代技术的需求，并把它当作一种诱因。然而他们几乎从未再进一步，用批判的眼光审视这些需求。因此，现代技术仍是魂灵一般的缥缈存在，是一种用来解释历史发展的便捷工具。它的模糊带来了方便，它的核心要义就在“解”和“释”二字上：分解、消释。举例来说，用来把20世纪同19世纪区分开来的一项主要特征并不是现代技术的实际存在——因为它是这两个世纪的共同特征——而是这一特定活动最终在多大程度上从整体上塑造了社会活动。应该如何解释这一转变？一项发生在19世纪的、造成科学与实用技艺联姻的技术变革如何带来了20世纪技术型社会的崛起？这场革命是否孕育了社会变革？

要解释那些伴随技术活动扩展而产生的形形色色的社会变革，可以简单地把它归结为这一活动的本质：它会扩展。这种同义重复的解释如今变得非常时髦。近期的一种社会分析方法是：把现代技术看作一种拥有自主生命的事物，一种专门以解放它的社会为食的内在机制。如此一来，在其内在逻辑的驱动下，它会以自觉或者不自觉的人作为媒介而发生作用，并最终超越孕育它的有意识活动；在它创造的社会里，人不过是这一机制的有用零件。这种看法的所谓真理核心在于——它也是现代迷思的共同主题——人类的创造往往会假定一种独立于创造者意志的存在。然而，当这一隐喻通过某种微妙方式取代历史时，当社会过程丰饶的复杂性被简化为呆板技术的无情逻辑时，问题便出现了。从人们生活的世界中人为地抽象出一套这样的概念，这不仅扭曲了技术本身，而且扭曲了为其赋予意义的社会。

让人备感遗憾的是，这般对历史的轻率解释十分流行，而且每天都在得到一种泛在的概念性习惯的强化。这一习惯把“技术”与“社会”（或曰“文化”）泾渭分明地割裂开来，好像二者天生就是两种截然不同的事物。这种框架会自然而然地引出接下来的推论：既然社会包含了与人有关的一切，那么技术必定是非人的，是一种脱离实体的、影响人事的历史力量。[1] 当然，并不是每一位社会理论学者都走得这么远。

谈到技术在资本主义社会中的作用，马克思主义的经典观点显然更加含蓄，也更令人信服。它提出，社会（社会关系）与技术（生产力）之间的根本关系是辩证的，因此，二者在本质上是统一的，是同一种社会生产过程的两个不同方面。只要在不同阶级之间兴起的资本主义社会关系让社会剩余的创造成为可能，它们就都能让更发达的生产力的发展成为可能；而这些生产力既是对上述社会关系的反映，也是对它的强化。然而，这些生产力的内部演进导致了社会生产实际活动的转变——某些实质性改变，它们有条不紊地为更加人性化的社会秩序奠定基础，并因此形成了对上述社会关系的挑战。社会生产的历史过程包括了这种生产力与社会关系之间的相互作用；通过为其自身生产，社会也在不断地生产和再生产自我、工作习惯、各类组织、人们之间的关系以及对现实的主导性认识。在马克思的技术-社会变革理论中，最关键的因素是生产力发展的双重意义：生产力既加强着现存的社会秩序，又在破坏它。由此可见，社会关系与生产力是既对立又统一的。

根据马克思对工业资本主义社会的认识，社会生产的步伐是由于竞争性斗争而加快的。这种斗争来自资本积累的需要，来自对更有效、更有利可图的生产手段的需要。让这种积累成为可能的是资本主义特有的各种社会关系，加上植根于资本主义生产资料（包括劳动者的劳动时间在内）所有权的各种关系，对剩余社会产品的私人占有同样使得科学、节约劳动力、融入社会的先进生产力的飞速发展成为可能。而这些先进生产力反过来又支持一种新的社会秩序，其鲜明特征并不是资本主

① 这些思维习惯对历史学家来说非常重要，这并不是因为它们本身包含着对历史的解释，而是因为它们可以被当作例证，说明历史的一个反复出现的方面，那就是对历史的神秘化（mystification）。因此，对这些习惯的研究不仅可以利用当代的认知来充实历史记录，还能防范历史学家本身对它们的照搬照抄。历史学家的首要任务是揭开历史的神秘面纱，是用常人的语言明白地解释历史，而不是使用超人的或者非人的语言；是告诉人们，历史不仅属于人类的自由王国，也属于人类的必然王国。通过对人类过去塑造历史的方式的描述，历史学家提醒我们，对历史的塑造当下仍在发生。

义生产过剩造成的创伤，不是经济危机、浪费性竞争、少数人对多数人的常规剥削、简单劳动的机械重复，也不是不堪忍受的苦工，而是整个社会对生产资料的集体所有、合作型企业、满足社会需求的理性分配资源，以及作为社会个体的人更加全面的发展。因此，鉴于这些先进生产力的存在，资本主义的各种关系显得日益过时——刺眼的、压迫性的残余来自更粗鄙的过去，束缚着更进一步的社会发展。考虑到被剥削阶层的革命意识——它本身就是对不平等的一种认识——在社会生产的现实性和潜在可能之间爆发了矛盾并演变成革命，旧有的资本主义外在正在被撕掉。用马克思的话来说："生产力和社会关系——这二者是社会个人的发展的不同方面——对于资本来说仅仅表现为手段，仅仅是资本用来从它的有限的基础出发进行生产的手段。但是，实际上它们是炸毁这个基础的物质条件。"[1 *]

究其本质，马克思对现代技术的看法是解放性的。这一看法得到了技术官僚统治论者凡勃伦的呼应。对凡勃伦来说，工业资本主义最关键的矛盾就存在于企业与行业之间、价格体系与工程师之间，以及市场的非理性支配与科学的至高理性命令（它是与工匠精神质朴而高尚的本能紧密相连的）之间。凡勃伦和许多与他同时代的人一样，对当时的秩序充满批判，他对科学产业的优越性将会带来市场型社会的"最终倾覆"抱有谨慎的信心。通用电气公司首席工程师、移民到美国的德国社会民主党人查尔斯·斯坦梅茨（Charles Steinmetz）赞同这一看法的一种较为流行的变体。它为这家巨型企业的崛起给出了解释：这代表了生产资料的理性重组和集中，也是进入社会主义的必要序曲。[2]

20 世纪的其他观察者对现代技术解放潜力的看法远未达到如此乐观的程度。比如马克斯·韦伯（Max Weber）和距离现在更近的雅克·埃吕尔（Jacques Ellul）。尽管他们同意，技术的进步也许会让资本主义

---

* 马克思，恩格斯．马克思恩格斯选集：第 2 卷．3 版．北京：人民出版社，2012：784.——编者注

黯然失色，或者至少使它遭到相当程度的削弱，但是他们都曾告诫：这种进步本身——技艺和正常的官僚主义不可抗拒的进步——带来的只会是一种平静的、更加含蓄的变革，它只会织出一张令人麻痹的工具之网。不仅是资本主义，还包括它造就的现代技术型和管理型生产工具，都会让现代人沦为奴仆。同样地，刘易斯·芒福德也曾令人信服地提出，纵观整个西方文明史，技术的进步（以及与之紧密相连的战争）总是以牺牲人类社会同等重要的其他活动为代价，然而它却得到了不恰当的重视。这导致了很多人类能力的退化，也造成了对机器迷思的压倒性重视和顶礼膜拜。[3]

还有其他评论者试图通过马克思主义的经典理论来调和这种对技术进步的怀疑看法。比如格奥尔格·卢卡奇（Georg Lukács），他试图解释为什么生产力进步的必要前提早已具备，而欧洲却从未产生过足够完备的革命意识。为此，卢卡奇检视了现代资本主义生产对劳动者心智的迷惑和麻痹效应。这是马克思先前描述过的两重过程，兼具异化和物化作用。马克斯·霍克海默（Max Horkheimer）和西奥多·阿多诺（Theodor Adorno）想找到20世纪威权主义的种子。他们搜寻的范围超出了资本主义的历史，远溯到启蒙运动时期的科学革命。赫伯特·马尔库塞（Herbert Marcuse）也许比其他人更为明确地直面这一悖论。尽管他对韦伯非历史地使用理性化这一概念颇有微词，并且提出——就像是为了说服他自己一样——对现代技术的明显需求事实上只是资本主义的统治形式，只不过它达到了高度精练的程度罢了。马尔库塞提出了一个至关重要的问题：技术是怎样变成了只是阶级霸权的工具，而不是解放人类的手段？他曾在别处写道："关键在于技术进步与工业化生产组织之间的兼容性。"社会关系与生产力之间最根本的矛盾从何而来？为什么它们之间的这种压力没有不可避免地变得昭然若揭？它是怎样发生的，尽管"随着作为其手段的技术的进步……不自由得到了延续和加强"，尽管"这种非理性事业唯一的'新特征'是它压倒一切的理性"？这实质上也是本书最关心的问题。[4]

本书重点调查现代技术的发轫和企业资本主义的崛起。它们同时发生，是美国社会生产这一过程的两个不同方面。本书假设生产力和社会关系之间没有严格的区分，而是像马克思一样，认为二者是相互关联的：研究一个就等同于研究另一个。技术并不只是人类历史的推动力量，它本身就是人类的；技术不只是人造的，还是由人构成的。尽管我们可以贴切地把技术描述为科学知识、技术能力、具体实现、逻辑习惯和人类物质产物积累而成的复合体，但是它永远大于这一总体，它同样大于信息、逻辑或者实物。技术就是人类自己，它在形形色色的具体社会情境和历史语境中承载着人的活动，它具有特定的兴趣和目标。正如马尔库塞观察到的那样，“我们并未要求技术对人类个体产生影响或者发挥作用，因为他们本身就是技术不可或缺的组成部分和作用因素，而不仅仅是机器的投资者或者设备的值守者。他们是社会群体，他们为技术的应用指明了方向。作为一种生产模式，作为机器时代特有工具、设备和发明组成的整体，技术也是一种社会关系的组织模式和存续（或变革）模式，是普遍思想与行为模式的表现之一，是一种管控与统驭手段。”[5]技术在本质上是一种人类现象，因此它也是一种社会过程。它不仅从外部激发社会的发展，而且从内部形成根本的社会发展——为新型生产活动做好人的准备和动员、习惯的培养、社会投资模式的重新定向、社会机构的重组，并且可能重新定义各种社会关系。

不仅如此，这种作为社会过程的技术并不简单存在于自身或者它创造的世界里。相反，它是整体社会向前发展的一个重要方面。组成社会的人同时也是构成技术的人，因此，技术不可避免地反映产生并维系它的特定社会秩序的轮廓。一切人类事业都不会简单地自动展开，而是包含着某种主观因素，技术当然也不例外。这种主观因素会推动技术前进，还会假设加诸其上的特定形式来自社会中最强有力的群体，他们是与他人争斗的。技术的发展和它隐含的社会发展是由造就它的愿景的宽度决定的，是由约束它的社会秩序的特定观念决定的，这同万物与自然界物理定律之间的机械关系并无二致。历史功业永远包含一定的可能性和必然性，而这些可能性是由某些人掌握的，他们有特定的目的，他们依凭的是关于社会命运的特定观念。

本书的主要论点是：美国的现代技术史等于它的企业资本主义兴起史。它们都促成了工业资本主义“工作方式”* 的变革——它们一个为生产过程引入科学，为生产的无限增长提供了必要资源；另一个使得针对生产、分配和定价的监管成为可能，并由此削弱不受制衡的竞争性市场经济固有的破坏倾向。然而它们都无法克服资本主义社会的基本社会关系，也就是资本主义者与劳动者之间的关系——前者拥有和控制生产资料，后者必须通过出卖劳动来换取工资才能生存下去。实际上，它们孕育的这些关系和思想意识反而在这种变革下得到了加强。这样的变革巩固了资本主义，而不是削弱了它。正如马尔库塞指出的，“技术的纱幔”被湮没在了“不平等和奴役的不断再造”之中。[6]

本书试图对这种“未变之变”作出解释。它表明，无论生产力发生多么翻天覆地的变化，资本主义社会关系存续的部分原因一定与现代工程的本质——现代工程是技术进步的源泉①有关。作为现代技术最重要的代言人，职业工程师出现在 19 世纪下半叶的美国，他们同时也成了企业资本主义的代言人。因此他们从一开始就没有依照在逻辑上一致

---

* *modus operandi*，拉丁文，它的另一个含义是“作案手法”。——译者注

① 这是一种较为谦逊的说法。因为工程师体现了商业与科学的一体化，所以他们自然会在自己的技术工作中寻求解决资本主义制度的支配与技术发展蕴含的社会潜力之间的矛盾的方法。对他们来说，技术仅仅是用来巩固资本主义的一种手段，它不是用来超越这种制度的。基本上可以说，是工程师决定了哪些形式的技术进步能够实现，所以技术的演进往往与资本主义的要求一致。这当然不是说，他们所有人总能做到这一点，也不是说技术进步再没有产生新型社会的希望。实际上，正是部分出于这个原因，正是因为还有这种希望，工程师才会稳步扩展自己专业活动的范围，处心积虑地培育和加强企业资本主义的各种社会关系。他们鼓励劳动阶层：为了更好的生活，你们应当在这一制度内工作，而不是反对它。也许还需要强调的是，仅凭工程师本身的作用无法独立解释资本主义在美国的延续，还有其他因素发挥重要作用：美国在全球日益强化的军事主导地位带来的非比寻常的经济增长，它帮助其进入全球市场、获取各类工业资源；经济的政治化，国家作为一种稳定力量的重要意义；以及借助宣传来吸收和平息可能的革命力量，从而刻意创造出的消费文化等。当然，没人能够通过“受控试验”（controlled experiment）来测评这些因素的相对意义。重点在于，如果不考虑工程师对现代企业产业诞生的作用，就不可能做出令人满意的阐释。

的“技术原因”的指令行事，盲目推进人类事业的最前沿；恰恰相反，他们用企业发展、稳定和控制的历史使命来指导自己的工作。随着工程师掌控的技术的进步，他们为之服务的、立足科学的工业企业同样也在进步。

除此之外，工程师会进一步确保自己的技术工作与企业社会关系的要务融为一体，而不是把自己的注意力局限在技术事务上。他们有意识地构建劳动力队伍、培养企业资本主义需要的各种社会习惯。[①] 简而言之，他们放手尝试设计一种新的（其实还是旧的）社会秩序。它由私营企业主导，建立在（受监管的）科学技术进步的基础之上。在管理的名义下，生产力与社会关系、行业与企业、工程与价格制度——社会生产的辩证两极——在企业工程师的意识中一起坍塌。

本书的第一部分着眼于过程。通过这一过程，用马克思的话来说，“大工业则把科学作为一种独立的生产能力与劳动分离开来，并迫使科学为资本服务。”[*] 这一部分主要通过三条趣味横生的途径追溯了科学与实用技艺的结合这一资本主义过程——以科学为根基的产业之兴起、技术教育的发展，以及职业工程师的出现。第一部分逐步说明了这些发生在19世纪的进步如何反映并促使技术成为企业社会生产这一社会过程的一部分。通过兼并、专利独占和并购，截至世纪之交，屈指可数的几家巨头企业控制了电子和化学这两个植根于科学的产业。通过对教育过程和许可的控制，职业工程师逐渐获得了科学技术实际操作的垄断地位。通过对那些经过技术训练的劳动者的大规模雇用，工业企业稳固了自己对专业工程师（按照马尔库塞的观察，这些人“追随的是自身的

① 工程师主要通过两种方式满足科学技术和企业资本主义相互交织的紧迫要求：在常规技术工作中，他们是机械和生产工艺的设计者；在更广泛的活动中，他们是管理者、教育者和社会变革者。本书主要关注后一种方式。目前进行的另一项研究更紧密地关注工程师的技术工作本身（尤其是自动化机床的发展），以此精准地确定技术以外的思考——例如作业流程的管控等——是如何影响机器的设计和发展的。

* 马克思．资本论：第1卷．2版．北京：人民出版社，2004：418.——编者注

理性，并因此追随那些将这些理性用于牟利的人的脚步”）的独占。如此一来，现代技术变成了一种阶级专属现象，变成了企业资本主义悸动的心。[7]

不仅如此，有些工程师超越了阶级控制的客观参与。作为理工院校的教育工作者、专业团体的主要成员，更重要的是，作为以科学为根基的新型工业企业的经理和高管，他们逐渐把自己参与的各种活动视为建成一个统一整体的砖瓦。在他们看来，那个孕育了企业、理工院校和职业工程师的19世纪的社会生产过程已经变得自觉，成为一种企业改革的世界观。本书的第二部分逐一阐述了他们依照这一新的认识而设计美国的诸般努力。他们要为企业支持下的现代技术进步创造工具，同时为20世纪的新常规建立模式。这里的新常规旨在确保企业资本主义的稳定和发展壮大。① 他们的活动覆盖面极广，包括产业及科学的标准化、专利改革、行业及大学科研的组织，以及公立学校和高等教育的改革等。

企业改革者的工作和所有的人类事业一样，它们都不会循着计划自动展开。它诞生于某种形式的激烈斗争（这种斗争从未完全停歇过）。这些斗争发生在工厂里、市政厅里、法庭上、学校里和街道上。然而工程师拥有重要的竞争优势，这让他们的对手望尘莫及。首先，他们坐拥强大的社会权力和声望。这来自他们在新型企业和政治、经济、社会网络以及这个国家有产阶级精英的家族网络中享有的崇高地位。其次，他们打出的旗号足以震慑对手，也就是科学的旗号。企业工程师们在社会改革领域高歌猛进，就像他们在车间和实验室里那样——有系统地、自以为科学地一往无前。无论是为了怎样的具体目的，他们总是向科学的权威寻求指引，并以科学的名义捍卫自己的行动。

由此不难预见，一旦工程师对社会生产过程——也就是现代技术过

① 需要强调的是，正如威廉·阿普曼·威廉斯（William Appleman Williams）提醒我们的那样，一开始，这种目的意识并不等于阴谋。本书同样指出了这一点。

程——变得自觉，他们就会立即着手为自己打造一种社会生产技术，即现代“科学”管理。这是本书最后一章论述的重点。在现代管理中，这些工程师经过了科学训练，对大型企业司空见惯，他们把企业资本主义的紧迫要求同科学技术融为一体，形成了一套正式制度。现代管理代表着工程的焦点从自然领域向社会领域的转变、从生产力向社会关系的转变，它努力试图缓和二者之间的矛盾，使它们在企业社会的约束下相互契合。不仅如此，随着这些工程师成为产业管理者，私营企业资本自身也开始披上现代技术的外衣，走向资本权力顶峰的管理专家于是成了客观科学的裁决者。穿上顺滑高效机制这一伪装的不只是生产机器，还有整个企业的官僚主义运作。它成了技术理性的真身——任何个人对它的排斥都只会让自己显得“不够理性”。

最重要的是，本书力求揭开所谓的“技术纱幔”。这是因为，技术越来越多地把世界置于人的指尖，然而人越来越难以准确触及技术的本质。随着现代技术成为社会生活的主导方面，一种普遍存在的故弄玄虚正在不断地演变进化。也许自相矛盾的是，人们普遍把技术视为历史的自主原初动力，认为它独立于人类的意志而存在。这一认识极大流行的时间恰好是现代技术这一社会过程事实上开始受到人类权威有意识控制的时候；这一控制的具体形式就是私营企业资本。

自动化市场、专业化分工和理性化管理的迫切要求，加上企业对技术情报的垄断，共同造成了技术作为历史自主力量的表象。在某种程度上，社会分析仅仅是在复制这种对于现实的认识，未能穿透到显而易见的技术必要性之下，这进一步强化了普遍存在的神秘化，加强了特定的社会关系，让它们变得更加模糊不清。本书试图从技术概念得以提炼的实际活动出发，用历史取代隐喻，揭开它的神秘面纱，露出它作为人类事业的本来面目和应有面目，让技术的概念回归完整。

目　录

第一部分

作为社会生产的技术

——产业、教育与工程师

第一章　科学与实用技艺的联姻之一

——以科学为根基的产业之兴起

科学和资本主义天生都是勇于进取的。二者一旦结合，就会形成持续不断的推动力量，使社会生产的步伐加快。有了科学探究和发现作为竞争性创新的引擎，资本主义在本质上变得具有革命性；为了生存，竞争的参与者们必须未雨绸缪。因此，那些有能力驾驭科学、引导它服务于自身目的的人获得了可观的竞争优势。对他们来说，预见未来这一竞争性极强的工作如今变得更容易了，因为他们拥有能够自主决定未来的某些手段。就这样，这些19世纪末的“术士”们，加上他们在20世纪的徒子徒孙们，把科学炼成了真金，并在这个过程中创造了以科学为根基的（science-based）现代工业。

本杰明·富兰克林（Benjamin Franklin）是一位声望卓著的科学家和成功的实业家。他曾在晚年宣称，科学将在新世纪作为“技艺的辅助”发挥作用。一代人之后，一位名叫雅各布·毕格罗（Jacob Bigelow）的医生通过在哈佛大学的系列讲座让“技术”一词广为流传。毕格罗意识到：“此前也许从未有过这样一个时代，能让科学的实际应用在人才和社会企业中占据如此大的比例。为了表达……这一事业涵盖的形形色色的主题，我采用了这个通用的称呼：技术。我从旧纸堆里把它翻了出来。这个词的表达足够充分，它在当今实干家的言论中获得了重生。在技术的大旗下，人们试图囊括更引人注目的各种技艺的原理、流程和术语，尤其是其中涉及科学应用的部分，以及可能被认为有用的部分。它会把对社会的益处推广开来，同时为求索者带来报酬。”[1]

富兰克林和毕格罗都是领先时代的人物。他们当时的圈子还很小，科学和实用技艺刚开始被相提并论，圈子里主要是和他们相差无几的绅士们。他们对科学和实用技艺都很感兴趣。然而在 19 世纪的大部分时间里，这个圈子始终是被禁锢的。在大多数情况下，大学的主流科学家们探究的是他们口中的自然哲学（natural philosophy）。他们探究的目标是发现有关宇宙本质的、高高在上的形而上的真理，以及伦理在其中发挥的作用；总的来说，对于自身工作的实际应用，他们只有鄙夷，更不要说用它来盈利了。另外，大小作坊和账房里的实干家们根本用不着理论和沉思；他们全身心地追求最实在的功用和利润，而他们依靠的只有传统知识和从实践中艰苦摸索得来的经验。

因此，几个世纪以来，孤立分裂的传统阻碍了毕格罗和富兰克林对于科学与实用技艺结合的预见。当这一结合确实发生，并且足以改变科学和工业的性质时，那只是由于实用技艺刺激了科学的发展，而不是相反。科学界终于克服了柏拉图式的偏见，一开始犹豫不定，后来一拥而上，这是因为产业界那些身处车间和办公室的人们开始懂得，科学的偶然发现对自身的实际工作和实在收益非常重要。因此，现代技术在美国出现的场所是制造领域，而不是科学领域；而以科学为依凭的现代技术从一开始就把制造业压倒一切的迫切需求当作自身的鲜明特征：有利可图的实用性。现代技术从一开始就是科学变成资本积累手段的转型，它凭借的是物理学和化学的各种发现在商品制造过程中的实际应用。

科学能够走进生产领域，主要依靠两种人的合作。一种是作坊里充满创新精神的匠人们，他们通过当时公开发表的科学出版物读到了来自大学的科学发现；另一种是有先见之明的资本主义者，他们从同样的出版物、负责发明的员工或者他们在大学里的熟人那里了解到科学发现。

前者在新的科学知识中看到了物质世界的本质，并把它当作新的或者改进后的生产方法的立足之本；后者则发现了提高盈利能力的潜在可能。当然，我们可以说，这两种视野常常合二为一，出现在同一个人身上：资本主义者往往也是发明者，而企业家精神在从事发明的匠人身上毫不逊色。上述区分仅为了强调这样一个事实：在资本主义社会里，现代技术的发展是同时以这两者作为预设条件的。假如缺少了资本来源，或者脱离了与资本主义者的合作，发明者纵然有天大的本事，他们的创想也只能胎死腹中。[2]

以科学为根基的现代工业指的是这样的工业企业：它们把持续不断的科学探究和科学知识的系统应用运用在商品生产过程当中，并将其视为日常运营的一部分。这种现代工业出现在 19 世纪末，它是化学和物理学领域巨大进步的产物，也是资本主义者走上研究与开发之路的愿望日益高涨的结果——尽管研发是代价不菲、耗费时日的，而且充满了不确定性。这一愿望既反映了一种日益增强的、在国内和国外的生产中超越竞争对手的需要，又反映了充足的资本达到了前所未有的积累水平——这是传统制造、金融投机和产业整合的结果。它为社会生产的革命提供了经济上的支持。尽管当时这一发展勉强算得上刚刚崭露头角，正如马克思观察指出的："只有在大工业已经达到较高的阶段，一切科学都被用来为资本服务的时候，机器体系才开始在这条道路上发展；另一方面，现有的机器体系本身已经提供大量的手段。在这种情况下，发明就将成为一种职业，而科学在直接生产上的应用本身就成为对科学具有决定性的和推动作用的要素。"[3] [*]

1880—1920 年，美国的新兴行业改变了社会生产的性质。在这些行业中，只有两类是从科学的土壤里——而不是传统手工知识里——生长而来的，即电气行业和化工行业。它们产生的前提是物理学和化学的

---

* 马克思，恩格斯．马克思恩格斯全集：第 46 卷（下册）．北京：人民出版社，1980：217.——编者注

进步，而且它们刺激了这两大学科的进步。假如不具备有关原子和分子的运动、气、光、磁和电的基本知识，这一切将难以想象。其中，电气行业首先出现在 19 世纪 80 年代，到世纪之交时，它已经成为生产领域的一支主要力量。当时主导电气行业的是少数几家实力雄厚、活力非凡的大型企业。尽管美国在 19 世纪下半叶已经存在相当可观的重化学和粉体工业，但是直到第一次世界大战，德国人拥有的专利遭到扣押、保护性关税正式实施时，美国本土的染料工业才真正建立起来。化工行业随之繁荣发展，达到了与电气行业等量齐观的水平。

作为美国最早的、以科学为根基的行业，电气和化工行业建立了完全面向现代工业的生产和管理模式。除此之外，它们还培养了人才——具备行业思维的物理学家和化学家，尤其是电气工程师和化学工程师。他们即将把科学革命带入新老行业，例如采掘业、石油业、钢铁业、橡胶业，还有对美国的经济发展最重要的汽车行业。在所有这些领域里，作为一种生产手段，科学的系统性引入以行业独占为预设前提并反过来加强了它。这种独占不仅意味着对市场和工厂及设备的控制，还意味着对科学本身的独揽。一开始，独占科学的主要表现形式是专利控制，即对科学技术产物的控制。后来，它变为对科学生产过程本身的控制，具体表现为有组织有管理的行业研究。最后，它逐渐囊括了对这一过程的社会先决条件的控制，即产生科学知识、培养知识型人才必不可少的各类机构的发展，以及这些机构在以科学为根基的行业企业制度之内的整合。就像哈里·布雷弗曼解释的那样："我们无法从具体创新的角度来理解科学技术革命"，相反地，它"只能被当作一种生产模式的整体来理解。在这种生产模式里，科学和工程被整合成为日常运营的组成部分。至关重要的创新无法在化学、电子、自动机械或这些科学技术的产物中找到，它们只能在科学本身向资本转化的过程中发现。"[4]

1880—1920 年，创造和管理现代电气行业的前两代人成了美国科学产业发展的先驱人物。他们首先成功地把物理学的新发现同工厂车间里的机械知识结合在一起，在发电、照明、交通运输和通信等领域掀起了广受赞誉的电气革命；他们创办了卓越的企业，发起了革命，生产了数不尽的电力设施，建成了电气化铁路。他们还创办了电话公司，使电话服务传遍美国。同样地，虽说人们如今对现代科学工业的很多特征早已司空见惯，但它们最初也是由这两代人打造的，例如：系统化的专利程序、组织有序的行业研究实验室、广泛的技术培训项目等等。

电气革命的源头是电气制造行业，正是该行业生产的复杂机械和设备让这场革命成为可能。到了 19 世纪末 20 世纪初，电气制造行业基本处于三家企业的主导之下。其中，通用电气公司和西屋电气产生于电气照明、电力和电力牵引彼此关联的发展当中；美国电话电报公司（AT&T）在初试啼声时既是电话的产物，也是它的生产者。

汉弗里·戴维爵士（Sir Humphry Davy）早在 1808 年就演示过弧光灯这项发明，然而它的商业性开发一直等到恒流发电机得到必要改进之后才开始。弧光灯的发明者们因此也成了开发更优质、更廉价电源的先行者。这主要是通过改进法拉第在 1831 年发明的发电机实现的。从技术上来说，重大突破发生在 19 世纪 70 年代。1877 年，查尔斯·布拉什（Charles F. Brush）开发的发电机在富兰克林研究所开展的比较试验中一枝独秀。布拉什随后对弧光灯做出了更多的改进，他还在 1879 年和 1881 年分别创办了加州电灯公司（California Electric Light Company）和布拉什电力公司（Brush Electric Company）。

然而事实证明，弧光灯和发电机都无法通过法庭测试实现可专利性，因此，弧光灯照明系统的生产陷入了激烈的竞争。其中，对布拉什构成最大挑战的是伊莱休·汤姆森（Elihu Thomson），一位来自费城的高中“教授”和电气天才。1880 年，他和同事休斯顿（E. J. Houston）联合成立了美国电气公司。几年之后，在康涅狄格州新不列颠商人群体的支持之下（他们为这家公司提供了初始资金），美国电气公司被出售给了查尔斯·科芬（Charles A. Coffin）和他来自马萨诸塞州小城林恩（Lynn）的团队，并改名为汤姆森-休斯顿电气公司。主要得益于汤姆逊的发明天赋和他对小型研究团队的管理能力，该公司很快开发出了市场上最出色的弧光照明系统。与此同时，为了独占这个刚刚萌芽的市场，该公司还为所有可能的改进申请了专利，包括电流调节器、鼓风换向器和避雷器等等。除了为自身发明确保专利之外，在科芬的有力领导和波士顿投资者牢靠的资金支持下，汤姆森-休斯顿电气公司制定了一项策略：要么买断竞争对手的股份，要么并购它们。这样做的宗旨有二：清除对手，确保对关键专利的控制。该公司 1890 年 2 月的年报上写着："1882—1888 年，公司经历了与众多制造企业的激烈竞争。这些企业的实力有强有弱，这一阶段的竞争极端激烈，严重影响了公司的利润……不过从 1887 年以来，公司已与绝大多数手握重要专利系统的生产企业结成了同盟。"[5]到 1890 年时，得益于充裕资金支持带来的自身照明系统的成功和激进的并购策略，汤姆森-休斯顿电气公司已经成长为弧光照明行业里的龙头企业。

白炽灯照明的发展同样可以追溯到汉弗里·戴维爵士的先锋实验，不过，直到 1865 年赫尔曼·斯普伦格尔（Hermann Sprengel）发明真空泵，以及发电机在 19 世纪 70 年代进行了一系列改进之后，白炽灯照明才真正实现了商业上的可行性。这一事业的中心人物是爱迪生。他成功地为西联汇款（Western Union）造出了股票行情机，从中获得了相当可观的财务收益。在此之后，爱迪生在新泽西州的门罗公园安顿下来，建立了设备齐全的实验室和一支长期员工队伍，这些员工要"全职投入，提出新的发明"。爱迪生有意地把发明从一种偶然的随机现象变成了一项有组织的高效率事业。他希望"每十天提出一项小发明，每半年左右提出一项重大发明。"爱迪生的研究和实验与经济上的考量密不可分；这和所有的工程工作一样，获利的动机并非隐身在发明活动背后，而是与它捆绑在一起。① 1877 年，他把注意力转向白炽灯照明。正如一位现代工业历史学家所说，爱迪生之所以“选择了白炽灯照明，而不是其他的可能领域，例如电报、电话或者留声机等，是因为他感到照明领域可能带来更高的回报……他认定，必须让白炽灯照明的价格和煤气灯照明的价格不相上下。价格一旦确定，想要获得更高回报的途径就是想方设法地降低成本。为此，他开展了一系列发明，目标只有一个：让白炽灯照明系统所用的材料变得更廉价。”[6]

为了做出商业上可行的系统，把计划变成现实，爱迪生离不开自身资源以外的资金支持。他为此成立了爱迪生电灯公司（Edison Electric Light Company）。他的支持者包括多位银行家、西联汇款的总裁兼首席法律顾问，以及摩根大通的合伙人埃吉斯托·法布里（Egisto P. Fabbri）。1883 年之前，法布里一直担任这家新公司的董事和财务主管。爱迪生的成功在很大程度上依靠摩根大通的支持。虽然摩根本人并没有在爱迪生的公司里担任职务，但是他始终对爱迪生的事业抱有浓厚的兴趣，他还在 1879 年到门罗公园拜访过爱迪生。19 世纪 80 年代，摩根大通对爱迪生在波士顿和纽约的照明公司投入了大笔资金，摩根也是纽约市第一批安装电灯的住户之一。1892 年，摩根在通用电气公司的成立过程中发挥了主导作用，他一直在这家公司的执行董事会任职，直到 1913 年去世。[7]

1879 年 10 月 21 日，爱迪生成功造出了第一只白炽灯。不到 3 年之后，在雄厚资金的支持下，他就开始通过爱迪生电力照明公司在纽约市的珍珠街（Pearl Street）建造运营了第一座中心电力站。爱迪生的生产公司众多，有的制造灯具，有的生产发电机或者输电干线等。到了 1889 年，爱迪生把这些公司同斯普拉格电气铁路与电机公司（Sprague

① 爱迪生本人与传说中为人谦逊的工匠形象并不符合。托马斯·休斯（Thomas P. Hughes）曾经明确指出，爱迪生对前沿科学了如指掌，他“系统地”设计自己的各个项目，并且有意识地把经济要素融合到技术设计当中。

Electric Railway and Motor Company，这是一家电力牵引领域的先驱企业）合并，成立了爱迪生通用电气公司。那时，爱迪生本人已经逐渐淡出了电气制造业务。

按照汤姆森-休斯顿电气公司的律师弗雷德里克·菲什（Frederick P. Fish）的说法，爱迪生通用电气公司成立的最大推动力量是当时的专利局势（菲什是当时全美最顶尖的专利律师之一，他很快就当上了AT&T的总裁。这在很大程度上得益于他在处理该公司专利案件时的非凡表现）。爱迪生通用电气公司不仅控制着爱迪生的重要专利，还通过并购斯普拉格电气铁路与电机公司控制了一些至关重要的电气铁路专利。另外，汤姆森-休斯顿电气公司握有爱迪生通用电气公司急需的关键专利，尤其是照明方面的一部分专利。就这样，两家公司各自掌握着对方急需的关键专利，谁都无法安心开发照明产品、铁路产品或者电力设备而不必担心惹上侵权官司或者收到强制禁令。为了打破这一僵局，两家公司在1892年完成了合并，共同组成了通用电气公司。[8]

通用电气公司在电气制造领域的主要竞争对手是西屋电气。1869年，乔治·威斯汀豪斯（George Westinghouse）发明了空气制动器，并于同一年在匹兹堡创办了西屋制动公司（Westinghouse Air Brake Company）。1881年，威斯汀豪斯成立了联合道岔与信号公司（Union Switch and Signal Company），主要致力于解决自动交换和信号设备问题。这些工作让他走进了电气制造领域。在把威廉·斯坦利（William Stanley）收归麾下之后——这位电气工程师手握几项电灯和发电机专利——威斯汀豪斯挥师杀入白炽灯照明市场。1885年，威斯汀豪斯和斯坦利推出了交流电系统，这种新型输电手段为电气行业带来了一场革命。威斯汀豪斯从尼古拉·特斯拉（Nikola Tesla）手里购买了这套系统的几项关键专利，并在随后的几年里主导了这个市场，直到汤姆森-休斯顿电气公司成功造出了这一系统。[9]

到19世纪90年代时，美国电气制造产业几乎处于通用电气公司和西屋电气这两家大型企业的垄断之下。它们的成功和扩张在很大程度上是专利控制的结果。除了自身赖以立足的原始专利之外，这两家企业还控制了其他多项专利。它们还通过其他手段控制了大部分电气制造市场，包括收购个人发明者的专利权、收购竞争企业、并购竞争对手，以及系统性和战略性地开发自身可专利性发明。这两家巨型企业步步为营地把较小的竞争对手清除殆尽，它们之间的竞争也日益加剧。到1896年时，两家企业之间竟有300多项悬而未决的专利诉讼，双方的诉讼费用高得惊人。因此，在这一年，经过此前几年的初步谈判，两家企业联合组建了专利管理委员会，达成了一项专利协议。推动这项协议落地的直接力量是当时的几项专利判决，其中一部分有利于通用电气公司，帮助它获得了几项铁路专利；另外一部分有利于西屋电气，帮助它赢得了特斯拉的旋转磁场专利。协议签订之后，两家企业决定共同组建专利池，通用电气公司掌握合并后62.5%的业务。如此一来，一种用来控制专利和市场的新手段应运而生，它就是企业专利合作协议（patent-pooling agreement）。它的设计初衷是把大型企业之间发生冲突的代价和不确定性降到最低。这让较小的竞争对手和刚入场的新企业望尘莫及，两家巨头因此巩固了自己的市场地位。[10]

同一时期，电信行业的出现也经历了类似的演进过程，也就是一部分企业大举扩张。它们的主要策略仍然是牺牲他人、独占专利。1837年，塞缪尔·摩尔斯（Samuel F. B. Morse）获得了电磁电报专利权。不过，等到亚历山大·贝尔（Alexander Bell）和他的助手托马斯·沃森（Thomas Watson）开始研究复式电报机的优化，试图在一条线路上传输多路信号时，电磁电报已经变得平淡无奇了。通过试验，贝尔坚信自己可以通过电线传送人声。1876年，他在费城百年博览会上演示了最新发明的“对话机器”（talking machine）。这一发明彻底惊呆了台下的观众，让他们为此痴狂。贝尔在随后两年里获得了两项电话专利。

早在贝尔在华盛顿为自己的发明申请专利之前，他就已经通过建立贝尔专利协会发挥它们的价值了，该组织也成了贝尔成立的首批产业组织的核心。1876—1894 年，贝尔和他来自波士顿的投资人——托马斯·桑德斯（Thomas Sanders）和加德纳·哈伯德（Gardiner G. Hubbard）等人——依靠他的专利“致力于发挥一种期望已久的垄断的力量”。哈伯德是贝尔的岳父，他为这家公司带来了资金和宝贵的经验。他原来是麦凯制鞋业机械公司（Mckay Shoe Machinery Company）的一名律师。1899 年，这家公司成为联合制鞋设备公司（United Shoe Machinery Company）的支柱。哈伯德在这里学会了专利控制技术，懂得了租赁设备并收取使用费（而不是售出这些设备）。出售服务，而不是出售专利设备，同时借助专利垄断警觉地监视和控制整个行业——这些做法从一开始就成了贝尔系统性整体战略的基石。尽管贝尔团队在 1878 年尚能应对西联汇款的竞争，但是它很快就陷入了众多电话制造企业和服务企业的竞争漩涡当中。1879—1893 年，这些企业如同雨后春笋般大量涌现。尽管美国最高法院在 1888 年维持了贝尔多项专利的有效性，但是为了保护这些专利，贝尔集团仍然被迫提起了 600 多项侵权诉讼。[11]

专利的有效期只有 17 年，期限一过，发明就会自动进入公有领域。没有人比西奥多·韦尔（Theodore N. Vail）更明白这一点。1879 年，韦尔成为国家贝尔电话公司（National Bell Telephone Company）的总经理。用他的话来说，从一开始，他的职责就是“抢占这个领域”，确保公司在原始专利到期后仍能屹立不倒。在西联汇款听证会上，他对公司的做法给出了解释：“公司千方百计地保护自身业务，以此形成屏障。这一屏障是有关业务的知识和所有的辅助设备；是必要业务不可或缺的 1 001 项专利和发明。这就是我们想要控制和拥有的。”韦尔详细指出，为了做到这一点，公司很早就成立了试验部门，也可以称为工程部门。“试验部门的职责就是研究专利、研究发展问题、研究内部人士发明的设备和公司从外部获取的设备。我们早在 1879 年就成立了专利部门，它的全部职责就是研究最新涌现的专利，并判断是否收购它们……我们发现，假如我们不去控制这些设备，别人就会这样做。”在美国电气工程师协会（American Institute of Electrical Engineers，AIEE）的一场演讲上，弗雷德里克·菲什直截了当地说明了这个问题：“这个组织里的业务人员都知道……每一项新发明都能起到加强地位的作用。而且，这一加强不仅限于主体专利的17年有效期之内，还在于每一项专利在这17年间对辅助手段和设备发明商业性开发过程的影响。因此，首要的工作之一就是组建充满创造力的工程师队伍，从各个方面改进和完善我们的电话系统……一旦掌握了附属发明，我们就有可能在尽可能长的时间里尽可能广泛地占有这个领域。”[12]

和通用电气公司、西屋电气一样，在贝尔公司里，这样的努力也属于标准操作流程。它们早已实现了制度化，成为公司的业务核心。和其他制造公司一样，贝尔也通过收购专利和竞争对手公司扩大了自己持有的专利。1877—1900年，贝尔数次改变公司架构。1885年成立的AT&T原本是美国贝尔公司的子公司，结果它最终收购了母公司的股权。与此同时，组建于1881年的西电公司（Western Electric Company）成了负责生产的子公司。1894年之后，随着贝尔原始专利的过期，电话行业的竞争日趋激烈。到了1907年，由独立公司提供服务的电话总数达到了300万台，相比之下，AT&T的电话总数为310万台。[13]在这个紧要关头，摩根接过了公司的控制权，他请韦尔领导这家公司，韦尔推出了成功的并购策略，把一些独立公司收入麾下。这和他在通用电气公司的做法如出一辙。

美国化工行业的历史学家们总是热衷于把它的历史追溯到17世纪，不过更接近现实的情况是，它是制造业在19世纪下半叶一路高歌猛进的产物。而且，尽管化工企业，例如钢铁、纺织、造纸、铁路和石油企业等，从发展初期就建立了向科班出身的化学专家求教的传统，但是直到第一次世界大战促成国内染料工业建立时，美国的化工行业才算真正地立足于科学之上，建立了有组织的研发体系。同样地，直到第一次世界大战促发产业整合，美国的化工领域才开始出现足够大型的企业，这些企业才开始具备和电气巨头相提并论的主导地位。

化工行业的出现最初主要是为制造企业的生产提供基础化学制品，例如酸类、碱类和无机盐等。[14]在 1850 年之前，随着小型药厂和火药厂的出现，硫酸厂商成了这个行业的主导者。19 世纪 80 年代，美国的制碱工业出现，并与进口产品展开竞争。当时，规模较小的染料和有机化学工业也在成长，并且开始正面挑战德国对这个市场的垄断。在 19 世纪上半叶，化工行业的主要供应对象是纺织、造纸、皮革、玻璃、肥皂和涂料厂商。到了 19 世纪末，上述行业的需求迅猛增长，石油制品、橡胶、电气设备、自行车、肥料和杀虫剂等新型厂商的需求开始涌现。不出十年，又有合成纺织品、塑料，以及最重要的汽车产品的需求加入。随着这些新产品的需求不断增长，新的化学方法应运而生，例如催化和电化学处理、有机合成、空气液化和油脂加氢等。

扩张达到最高峰，行业领导者们曾经尝试汇聚力量，签订君子协议，以此控制价格、瓜分市场，不过这些努力大多失败了。它们无法阻止竞争的浪潮和价格的不断下降。1872 年，制造业化学家协会成立。它是美国化工领域的第一个行业协会，但它主要是一家社交联谊会和小型关税游说场所。总体而论，这个极速扩张的行业当时充满了竞争，众多小型家族工厂都在面向当地市场生产。尽管如此，少数几家较大的企业（通常是业内最早的企业）仍然掌握着可观的市场份额。

硫酸领域当时被少数几家较大的企业主导，其中两家成立最早的是格拉塞利（Grasselli）和卡尔布弗莱施（Kalbfleisch）。1870 年，尼科尔斯（W. H. Nichols）进入这一领域，创办了尼科尔斯化学公司。19 世纪 70 年代末，硫酸生产的接触催化法被引入德国。为了抗衡进口产品，美国厂商被迫采用了这一方法。1899 年，这种新方法首先在新泽西锌业公司（New Jersey Zinc Company）投入使用。同年，尼科尔斯用它来哄骗和打压竞争对手，促成了化工行业第一桩并购案。通用化学公司

（General Chemical Company）由此集中了12家企业和19家工厂的资源。到19世纪末，美国的硫酸工业已经在产能上超过了欧洲的竞争对手。

在1880年之前，美国没有自己的制碱产业，对纯碱和烧碱的需求只能依靠进口。1880年，威廉·科格斯韦尔（William Cogswell）和罗兰·哈泽德（Rowland Hazard）成功地取得了索尔维（Solvay）氨碱法的授权许可。三年后，他们建立了美国第一家纯碱工厂——位于纽约州锡拉丘兹的索尔维公司。1902年，老哈泽德的儿子弗雷德里克·哈泽德（Frederick Hazard）创办了塞米特-索尔维公司（Semet-Solvay Company），专门生产和安装焦炉。这一系列活动带来了炼焦副产品的生产和煤溚化学品。在1892年前长达八年的时间里，索尔维公司在美国的制碱领域罕逢敌手。然而，在用于氨碱法的索尔维原始专利和弗拉施法专利双双到期之后，法院裁定，用于改进工艺的辅助专利不可用来阻止他人采用类似工艺。同年，两家新公司由此成立，它们是密歇根碱业公司和马蒂逊碱业公司（Mathieson Alkali Company）。前者的创始人是福特（J. B. Ford）。作为匹兹堡玻璃厂的创始人，福特要为自己的玻璃厂生产纯碱。位于弗吉尼亚州索尔特维尔（Saltville）的马蒂逊碱业公司是美国南部第一家制碱公司，也是美国首家漂白粉厂商。第三家公司是哥伦比亚化学公司。它由匹兹堡玻璃厂创办，当时福特刚刚离开该公司。这家公司的创办得到了亨利·弗里克（Henry Frick）、安德鲁·梅隆（Andrew Mellon）和匹兹堡其他顶尖实业家的资金支持。

19世纪80年代末，制碱行业迎来了最大的福音——电解法被引入盐类和烧碱的生产。麻省理工学院毕业生欧内斯特·勒苏尔（Ernest LeSeuer）设计的这项工艺成了勒苏尔电气化学公司（LeSeuer Electrochemical Company）的立足之本；埃隆·胡克（Elon Hooker）充分利用了克林顿·汤森（Clinton Townsend）和埃默尔·斯佩里（Emer Sperry）研发的电池，创办了胡克电气化学公司；马蒂逊利用卡斯纳电解槽（Castner cell）从盐类中释放出了氯；毕业于凯斯理工学院的赫伯特·

陶（Herbert H. Dow）雄心万丈、才华横溢，他独立研发出了溴的生产方法，随后又研发了卤水制氯法。于是，陶氏化学公司在密歇根州米德兰（Midland）成立了。该公司随后成为有机化学领域的先驱者，并逐步发展成为最大的酚类生产商和第一个四氯化碳及二氯苯制造商。这些产品都是第一次世界大战期间化学战的关键原料成分。

通过制碱行业这个例子，我们可以看到化学工业的一个新特征：垂直整合。其中的原因不仅有碱类制造企业要确保采掘工厂能为它们提供原材料，还有碱类消费企业试图取得此类产品的控制地位。前五家氨碱工厂中有三家是由玻璃企业出资建立的，而史上第一家电解厂是被一家造纸厂——布朗纸业公司收购的。

19 世纪末美国化学工业的主导者是重化学品制造商，它们主要面向行业客户，后者反过来又需要更大数量、品质更高的新型化学制品。因此，美国制造业的扩张是以化学工业的爆发为前提的，并且直接刺激了这一爆发。与之关系密切的采掘业（磷矿、铜矿、硫磺矿、钾盐矿和硝酸盐矿等等）也是如此。通过不断的创新、发展和多元化，截至 1910 年，美国的化学工业已经建成所有重要工业化学品的工厂，掌握了相关的专业知识。不仅如此，当时在精细化学品和药用材料领域还出现了几家足以与德国企业一争高下的美国企业，如 1876 年成立的万灵科（Mallinckrodt）、19 世纪 70 年代的礼来公司，以及 19 世纪 80 年代的普强（Upjohn）、西尔列（G. D. Searle）和雅培公司等。到 19 世纪和 20 世纪交替时，陶氏、孟山都和默克等公司开始在美国本土生产精细化学品，不过当时的消费者仍然主要依赖德国进口产品。成立于 1802 年的杜邦公司控制了炸药领域，除了黑火药之外，它还生产硝酸甘油和炸药。

伴随美国重化工业的崛起，特别是在电化学法的应用之后，科学发现的行业应用出现了令人惊叹的盛况，不过对以科学为根基的化工行业来说，它的核心仍然是煤焦油染料工业——德国人的产业优势就在于此。它既是有机合成化学的发源地，也是最早出现有组织的、系统性科学研究的领域。1856 年，苯胺染料首次成功合成。在此之后的十年里，美国已经出现了规模较小的染料工业。1856 年，奥尔巴尼苯胺化工厂（Albany Aniline and Chemical Works）成立。1879 年，舍尔科普夫苯胺公司（Schoellkopf Aniline Co.）成立，它后来成了国家苯胺与化学公司（National Aniline and Chemical Company）在 1917 年合并成立的基础。不过美国染料工业的发展受到了多种因素的阻碍。实力雄厚的纺织工业和造纸工业严重依赖天然染料和合成染料。为了能从廉价的德国进口染料中获得更多利润，这些企业不惜阻止羽翼未丰的美国染料工业建立更高的保护性关税。除此之外，德国企业也从美国特有的专利制度中大量获利。它们可以仅凭物质的新型化学组合而获得"产品专利"，进而阻止他人制造这些材料，即使通过其他方法制造也不可以；而且，在美国，这些德国企业甚至不必为了垄断保护而"落实"专利，也就是把专利真正地付诸实施。美国关税委员会伯纳德·赫斯登（Bernard Herstein）的一项研究表明，截至 1912 年，化学领域里有 98% 的申请专利被授予了德国企业，而且它们从未在美国实施过。[15]因此，到第一次世界大战爆发时，尽管美国已有七家本土企业正在生产合成染料，它仍不得不依赖从德国进口的中间体，没有能力培养和建立科学研究手段。然而这种手段恰恰是独立自主的有机合成化学工业的命脉。当时只有一家美国企业具备中间体生产能力，它就是隶属于通用化学公司的粗苯产品公司，成立于 1910 年。

第一次世界大战的爆发带来了对有机基炸药的空前需求，美国国内工业纷纷摆脱德国，走上独立之路。这些都为美国的化学工业带来了翻天覆地的变化。美国政府通过外国财产保管人米切尔·帕尔默（A. Mitchell Palmer）占有了原本属于德国人的全部专利。帕尔默计划向美国企业出售这些专利，价高者得。小型企业坚决反对这种做法并且取得了成功。它们提出，如果政府这样做，就是用美国人的垄断取代德国人的垄断。仅格拉塞利一家企业就会得到 1 200 项关键专利。面对这些反对，帕尔默选择了让步，接受了同事弗朗西斯·加文（Francis P. Garvan）的建议：成立一家私有基金会，以信托的形式持有这些专利，向美国企业发放非独占许可。这样，为了保护美国的化学工业，化学基金会（Chemical Foundation）成立了。1917—1926 年，在这些被接管的德国专利中，共有 735 项被发放给了美国企业。已经在业内取得较高地位的企业因此得到了进一步的加强，这丝毫不足为奇。杜邦公司收获了 300 多项专利许可，国家苯胺与化学公司收获了 100 项。从这家基金会的政策中极大获利的公司还包括：伊士曼柯达公司、美国联合碳化物公司、纽波特公司（Newport Company，海军物资、木材干馏）、通用化学公司、博士伦（光学玻璃）和贝克莱特（Bakelite，塑料）等。等到停战协议刚一签订，美国立即加征关税，保护新生的本土煤焦油生产企业。从此以后，以科学为根基的工业在美国正式变成了现实。[16]

战争告诉人们，大规模的持续运营和广泛的有组织研发是化工行业在财务上成功的关键。这些都离不开规模庞大的企业、公司型组织和稳定的市场。到了 20 世纪 20 年代，依靠私人融资的家族化工企业时代已经过去，现代企业制度、多样化和兼并集中的时代正式到来。19 世纪 90 年代，当体量巨大的垄断企业出现在其他行业时——比如制糖、钢铁和石油等——金融企业“做梦都想不到，化工行业有朝一日会出现兼并。”[17]

第一次世界大战之前，除了化肥行业以外，化工领域只发生过两起重要合并，而且都与外部融资无关。德国（巴登）的接触式硫酸制法刺激了美国的酸类厂商，让它们联合起来，组建了通用化学公司，自主开发这一工艺。互惠化学公司组建于 1906 年，主要开发舒尔茨铬鞣法的国内应用。战后的合并风潮——这一领域仅在 20 世纪 20 年代就发生了大约 500 起合并——同样受到了技术考量的推动。不过它还涉及通过持有股票、控股企业和华尔街的编排而实现的大规模多元化和兼并。最后共有三家大型企业出现并主宰了美国的化工行业，它们是联合碳化物公司、杜邦公司和联合化学染料公司。与此同时，其他大型企业纷纷扩张、抢占市场空白，这些公司包括美国氰胺公司、孟山都公司、陶氏化学公司、伊士曼柯达公司和默克公司等。

1917 年，联合碳化物公司成立，这是五家企业在技术上相互依赖的结果。其中历史最悠久的一家是国碳公司（National Carbon）。它主要通过焦炭处理生产碳素产品。这种产品对迅速发展的电气工业极为重要：弧光灯里的碳电极、电动马达和发电机用的碳刷和电池等都离不开它。除此之外，这家公司还生产电炉专用的碳电极。这种电炉主要用于合金生产。联合碳化物公司还用电炉生产电石（calcium carbide）。电化冶金公司（Electro Metallurgical）需要这种电石来生产合金。Prest-O-Lite 公司生产的乙炔主要来自电石的生产过程；林德（Linde）公司从空气中提取氧气。氧气加上乙炔让氧炔焊接和切割设备成为可能。在整个 20 世纪 20 年代，联合碳化物公司开发并主宰的领域包括脂肪族化学品、液化气、铁合金和碳素制品等。1939 年，贝克莱特公司成为联合碳化物公司的一部分，这让前者在合成热塑性树脂领域原本强势的地位得到了极大的加强。

在 1880 年之前，杜邦公司的业务活动始终被限制在炸药领域。第一次世界大战期间，来自协约国和美国政府数量巨大的订单保证了杜邦公司一枝独秀。凭借炸药销售带来的超额利润，杜邦公司广泛开展研究活动，大举扩张业务领域。它通过收购哈里森兄弟公司（一家生产硝酸和硫酸的厂商）进入重化工领域；通过并购阿灵顿公司（Arlington）进入塑料和涂料领域。此外，部分由于被美国接管的德国专利的刺激，杜邦公司还成立了一些新部门，包括煤焦化学品、合成纤维、硝基漆、合成氨等部门，它还和通用汽车、标准石油以及陶氏化学公司建立了一家合资企业，共同为生产无爆震汽油开发四乙基铅。

杜邦公司的发展从此一发不可收拾。它在 1926 年收购了国氨公司

(National Ammonia)，在1927年购入通用汽车和美国钢铁公司的实质股份，在1928年并购了格拉塞利公司，在1929年收购了克雷布斯颜料与化学品公司。截至1929年，由皮埃尔·杜邦一手策动的业务扩张已经把这家公司带入了化工行业的每一个细分市场（碱类、化肥和药品除外）。

1920年12月，在通用化学公司的尼古拉斯的倡议下，联合化学染料公司成立了。通用化学公司是五家大型企业合并之后的控股企业，即：巴雷特公司（生产煤焦油产品）、通用化学公司（生产酸类产品）、国家苯胺与化学公司（生产染料）、塞米特-索尔维公司（生产焦炭及其副产品），以及索尔维公司（生产碱类和氮类制品）。联合化学染料公司的成立覆盖了整个化工行业，其背后既有财务目的，又有技术目的。一封写给原始股东的信强调了这一合并的科学基础："密集而先进的研究……是化学制造行业尤为重要的特点。委员会认为，这几家企业的合并会带来物质资源和实践资源的整合，整合必然促进上述研究。仅就这一原因而论，我们建议的合并也足够吸引人了。"[18]无论是在这个例子里，还是在别处，垄断和科学都是携手并进、彼此加强的。[19]

电气工业和化学工业是美国现代技术的开路先锋。除了自身的飞速发展外，它们还在以手工为基础的传统行业里逐渐孕育实现了电气化和化学化。随着电气人才和化学人才的稳步融合，这些行业越来越多地形成了科学习惯。[20]最早做到这一点的是人们常说的化学加工行业，如：炼油、木材干馏、采掘和冶金、炼糖、橡胶、罐头加工、造纸和纸浆、摄影、水泥、石灰石膏和肥料等。随之而至的还有钢铁、陶瓷和玻璃、油漆和清漆、肥皂、皮革、纺织和蔬菜油等等。

最重要的是与汽车行业发展息息相关的行业。这来自它们对整体经济的影响，以及科学方法被迅速采用的影响。这些行业包括：石油炼制（润滑油、汽油等）、橡胶（天然橡胶和合成橡胶）以及汽车行业本身。因此，主导这些行业的企业纷纷与电气和化学巨头联手，共同在20世纪 20 年代推进以科学为根基的产业向前发展。它们包括新泽西标准石油公司、印第安纳美孚石油公司、海湾炼油公司（Gulf Refining）、大西洋炼油公司、德士古公司、壳牌公司、城市服务公司（Cities Service）、环球油品公司、固特异、凡世通、百路驰、将军轮胎、美国橡胶、通用汽车、福特汽车、万国收割机公司、克莱斯勒汽车公司和哈德森汽车公司等等。

这些大型企业的成立是为了控制日趋激烈的竞争和日益下降的价格，为了稳定不断扩张的市场，确保平稳的原材料供应，为了给华尔街的金融家、投机者和投资人上缴利润，为了保护和充分利用新的发明、技术和工艺。最后一点在电气和化学行业里体现得尤为突出。与此同时，这些企业的资源整合还为那些以科学为根基的产业提供了物质条件：专利的控制和购买、科学人才的雇用和培训，以及大规模系统性行业研发的运转。这些企业是 19 世纪现代技术偶然进程的全部或者部分产物，它们在 20 世纪变革了这一技术进程，把它变成了属于自己的有序产物。绝大多数科学革命的人类主体都成了这些企业的雇员，其中最明显的要数电气工程师和化学工程师。不仅如此，在以科学为根基的产业里，随着企业的发展进步，这一新的工程师群体逐渐进入管理层和高级管理层，他们开始认识到现代技术的先进性。在他们心中，美国的科学转型和企业转型是一而二、二而一的。

第二章　科学与实用技艺的联姻之二

——技术教育的发展

19 世纪初的美国大学被牢牢控制在古典学者和神职人员手里。学术界对实验科学研究鄙夷有加，对实用技艺的教学鄙夷更甚。因此，美国的技术教育是在与传统大学的斗争中发展起来的。这种斗争既发生在大学之内，也发生在大学之外。技术教育的发展形式之一是技术研究在传统大学里的潜滋暗长。这是自然哲学发生转向的结果——自然哲学走向实证的、实验的、科学的真理探索。这也是一部分科学家和有影响力的实业家施加压力的结果——他们需要实用的教育。技术教育发展的另一种形式是技术型大学和科研院所在传统高校之外的兴起。这是为了应对国内各类改造项目的需求，例如修建运河、铁路和工厂等，以及最终以科学为根基的产业的兴起。

技术教育对美国的发展意义重大，最早看到这一点的人仍是本杰明·富兰克林。早在 1749 年，他就在一本题为《关于宾夕法尼亚州青年教育的几点建议》（*Proposals for the Education of Youth in Pennsylvania*）的小册子里呼吁：建立高等教育机构，讲授数学、自然哲学、“机械力”、流体静力学、气体力学、测量学、航海术、建筑学、光学、农业化学，以及商业与贸易等。1756 年，他和费城的几位社会贤达共同成立了费城公共学院（Public Academy in the City of Philadelphia）。然而，面对传统教育的强大阻力，他的努力并未获得像样的成功。1779 年，宾夕法尼亚州议会吊销了这所学校的许可证——它被指责“污蔑主教大人”。到 1811 年时，教育的实用导向被冲淡了，只有毕业班的学生可以学习科学，而且当时的科学只包括天文学、自然哲学以及化学和电学等课程；测量学和航海术被抛弃了。此后不久，规划中的纽约国王学院同样做过实用性高等教育的尝试。它的最初方案涉及“数学和计量、航海与测量、自然知识……有利于人类生活的舒适、方便和优雅的一切知识，以及制造出以上事物所需的知识。”不过这一努力同样以失败告终。随后出现的哥伦比亚大学是按照传统路线建立的。[1] 1815 年，拉姆福德伯爵通过遗嘱给予哈佛大学每年 1 000 美元的捐赠。这笔款项专门用于开设一门讲座课程，讲授“物理及数学科学在实用技能提升、产业扩张、增进经济繁荣、提高社会福祉中的实际功用”。第一位担任这个讲座教师的正是那位雅各布·毕格罗医生。[2]

传统大学和它们的精英主义以及宗教导向阻碍了美国技术教育的发展，所以它最初是在大学以外生根发芽的。这既是为了顺应企业家群体的呼吁倡议，也反映了民主式教育的大势所趋。截至 1816 年，美国各州工程师平均人数——或者自诩工程师的人数——从未超过 2 人；美国早期的国内改造项目和首都规划都是由欧洲的工程师指导的。不过，伊利运河（Erie Canal）的成功修建，加上随之而来的运河修建浪潮产生了对技术熟练劳动者的需求——这些工程的运营需要有人监督。铁路和机械工业的发展进一步增强了这一需求。与此同时，机修工人和其他熟练技工队伍迅速扩大，他们操纵着车间和铁路场站。这些人需要更多的教育机会和学习科学的机会，以便扩充自身的技能。《发明家》（*The Inventor*）杂志的一位作者提出的呼吁很有代表性：要把技工送进学校，把学生送到车间。这样做是为了“教育劳动者，将知识送进厂房”。同时，特纳（J. B. Turner）教授疾呼：传统大学的书本知识只能教出“劳心的思考者”（laborious thinkers），而广大工业急需的是“会思考的劳力者”（thinking labors）。[3]

机修工人和工厂的呼吁得到了关注。1824年，阿莫斯·伊顿（Amos Eaton）自豪地宣称：“我在特洛伊（Troy）* 建立了一所学校。它的办学宗旨是将科学融入日常生活。”[4]伊顿本人秉承培根哲学精神，他是一名应用科学家，曾在耶鲁大学师从本杰明·西利曼（Benjamin Silliman）** 学习化学。1823年，伊顿和斯蒂芬·伦斯勒（Stephen van Rensselaer）合作创办了伦斯勒学院。斯蒂芬·伦斯勒是一位富有的地主和资本家***。1849年，在详细考察了欧洲的技术教育之后，富兰克林·格林（B. Franklin Green）重组了这所学校，把它变成了类似巴黎中央理工学院的样子。改名为伦斯勒理工学院（Rensselaer Polytechnical Institute, RPI）之后，这所学校显示出了它在美国工科教育中的领导地位。与此同时，在校长西尔韦纳斯·塞耶（Sylvanus Thayer）的领导下，美国西点军校把应用科学纳入了课程大纲，它培养的工程师受过化学、物理、高等数学和实用工程等各方面的教育。

这些在传统大学之外的先驱努力获得了成功，并对传统大学产生了影响。它们首先接受了实验科学，后来又在课程大纲里加入了实证研究。下面的事实同样反映了这一影响：19世纪杰出的物理学家最初接受的都是工程教育。例如约瑟夫·亨利（Joseph Henry）、富兰克林研究所的创始人亚历山大·贝奇（Alexander Bache）、亨利·罗兰（Henry Rowland）和威拉德·吉布斯（J. Willard Gibbs）等。同样地，说服新英格兰磨坊工厂主阿伯特·劳伦斯（Abbott Lawrence）资助哈佛大学开展科学研究的化学家埃本·霍斯福德（Eben Horsford）是伦斯勒理工学院的高才生。劳伦斯提供了一笔5万美元的捐赠，专门用于支持新建的劳伦斯科学学院的运营。他明确提出，希望该学院把科学教育应用于工

---

* 这里指美国纽约州的特洛伊市。——译者注

** 这里指的是老本杰明·西利曼，实际上，阿莫斯·伊顿比老西利曼还要大3岁。切莫混淆了本杰明·西利曼父子——两人同名，且同是耶鲁大学的化学教授。——译者注

*** 他也是哈佛大学毕业生和政治家。——译者注

程、采掘、冶金和有关机械的发明和生产。1847 年，在写给哈佛大学财务主管的信中，劳伦斯提出：“有人立志投身科学的实际应用。我们该把他们送到哪里去？怎样培养我们自己的工程师、采矿师、机械师和机修师？我们需要一所为年轻人开办的学校……这些年轻人想要成为充满活力的工程师、化学家或是科学工作者，把自己的学识和造诣用于实用目的。”关于这种教育，除了纯粹的技术一面，劳伦斯还预见到了管理教育的必要性。他这样写道：“勤劳的双手已经准备就绪，物质材料已经到位，可是我们要在哪里培养智慧的头脑来指挥这些手呢？”[5]然而，无论劳伦斯说得如何清楚明白，哈佛大学的领导们仅仅朝着实用教育的方向迈出了半步之遥；劳伦斯的大部分捐赠被交给了著名的地质学家和动物学家路易斯·阿加西斯（Louis Agassiz）。哈佛大学直到 1854 年才培养出第一名工程系毕业生，到 1892 年，哈佛大学培养的工程师仅有 155 人。面对劳伦斯的苦心孤诣，哈佛大学始终半推半就。这也是促使人们在 1862 年成立麻省理工学院（MIT）的重要原因之一。

MIT 的创始人是地质学家威廉·巴顿·罗杰斯（William Barton Rogers）。罗杰斯还得到了波士顿一群志同道合的科学领袖和民间贤达的帮助。MIT 一开始就开展了广泛的科学技术教育。这所学校的校训就是它的办学宗旨：知行合一（*Mens et Manus*）。有趣的是，“技术”一词的提出者雅各布·毕格罗也是这所新学校最早的支持者之一。他指出，MIT 的科学研究并不是坐而论道，而是以实用为目标。MIT 的工业科学学院成立于 1865 年，短短 10 年之内，该校已经在物理学科中引入了独立的实验教学，并使之成为工科教育的重点；就像本杰明·富兰克林曾经预言的那样，科学真的成了技艺的辅助。

耶鲁大学的应用科学研究成果远比哈佛大学丰厚。1846 年，耶鲁大学校董会勉为其难地批准了两位教授——约翰·诺顿（John P. Norton）和本杰明·西利曼——开设进修课程，讲授农业化学等实用科目。这在很大程度上是迫于压力的结果——诺顿教授的父亲是一位极其强势的耶鲁校友。在1860年之前，这些课程的教学被放在教堂顶楼，完全靠捐赠资金维持。到了1860年，在约瑟夫·谢菲尔德（Joseph E. Sheffield）的资助下，谢菲尔德科学学院（Sheffield Scientific School）成立了。美国首个化学博士学位就是在这里授予的。美国第一门机械工程课程也是在这里开设的。[6]

尽管耶鲁大学和哈佛大学的科学技术教育吸引了绝大多数捐赠，但是其他大学同样开设了类似的课程。联合学院（Union College）在1845年开设了土木工程课程；两年之后，布朗大学开设了同样的课程。1851年，达特茅斯学院成立了钱德勒科学学院（Chandler Scientific School）。1852年，密歇根大学启动了工程教育，当时的负责人是毕业于布朗大学的德沃尔森·伍德（DeVolson Wood）。1868年，康奈尔大学成立了西布利工学院（Sibley College of Engineering）。不到十年之后，罗伯特·瑟斯顿（Robert Thurston）从斯蒂文斯理工学院转到了康奈尔大学，并把物理科学的实验教学带到了那里。截至19世纪70年代末，继约翰斯·霍普金斯大学正式开创化学科学研究之后，“工业化学”和“化学技术”等课程在多所大学里迅速涌现。[7]查尔斯·钱德勒（Charles F. Chandler）在哥伦比亚大学引入了应用化学课程，并且一手创办了矿业学院；还有很多教师在其他院校引入了类似的课程，比如塞缪尔·萨德勒（Samuel P. Sadtler）在宾夕法尼亚大学、爱德华·哈特（Edward Hart）在拉斐特学院（Lafayette College）、威廉·麦克默特里（William McMurtrie）和帕尔（S. W. Parr）在伊利诺伊大学、普雷斯科特（A. B. Prescott）和坎贝尔（E. D. Campbell）在密歇根大学，以及威利斯·惠特尼（Willis Whitney）和诺伊斯（A. A. Noyes）在MIT，等等。

毫无疑问，美国技术教育的跃进发生在1862年——美国国会通过了《莫里尔法案》（Morrill Act），为各州拨付联邦补助，专门用来支持农业院校和机械技术院校发展。各州立法机构原本对技术教育的呼声置若罔闻，此时却一反常态，迅速接受了联邦补助，投票批准创办新型院校。与此同时，传统大学心领神会，纷纷增办工程院系。在《莫里尔法案》通过后的第一个十年里，美国的工程院校数量从 6 所增加到了 70 所，到 1880 年有 85 所，到 1917 年时，美国共有 126 所大学级别的工程院校。从 1870 年到第一次世界大战爆发时，每年的工科毕业生数量从 100 人增加到了 4 300 人；工程师在总人口中的相对数量增长了 15 倍。[8]

随着科学与实用技艺的联姻，前者变得越来越实证化并走向实用化，同时，后者变得越来越科学化。实证主义是作为一种形而上真理的理解手段和思考方向而被引入科学研究的。然而，在 19 世纪末，这个过程遭遇了微妙的反转：实用技艺——科学在追寻真理道路上的辅助——翻身做了主人，让科学为自己服务。当时，工程教育促进学会（SPEE）刚刚成立，学会主任曼斯菲尔德·梅里曼（Mansfield Merriman）在 1896 年的讲话中说明了原委："首先，科学原则被人们看作真理准则，对它的研究让人显得高尚，因为那是为了揭开宇宙万物的奥秘；其次，人们普遍认为，理解自然之力的定律极其重要，只有这样才能推进人类的繁荣和幸福。前一种观点带来了实验工作，人们发现，仅凭实验就可以验证自然定律的真理；后一种观点让这些定律在工业实验和技术实验中得到应用。"[9]

第一种观点使得传统大学逐渐减弱了对科学的敌意，因为实证调查可以辅助形而上学的思辨；不过它们对第二种观点——科学具有实用意义——的敌意丝毫没有减弱。当伊拉·莱姆森（Ira Remsen）来到威廉姆斯学院教授化学课时，他曾要求学校拨款，购置和德国大学一样的实验室设备。他得到的答复足以说明这一点。学校管理者奉劝莱姆森："这里是大学，不是技校。学生来这里学习，不是为了成为化学家、地质学家或者物理学家之流。他们学到的是一切科学的根本真理。我们只讲文化，不教手艺。"[10]

尽管如此，科学仍然为自己找到了立足之地。到 1895 年时，伦斯勒理工学院校长帕尔默·里基茨（Palmer Ricketts）已经可以充满后见之明地回顾往事：“在座的各位里，最年轻的也都记得曾经有多少学术型院校逼不得已地增设科学院系，顺应公众的需求。”密歇根大学的德沃尔森·伍德也间接提到1894年SPEE年会上的有利观点，“传统教育和科学教育曾经水火不容，但那都是过去的事了。”确实如此，到19世纪和20世纪交替时，越来越多的美国大学开始授予科学博士学位，它们还招募了一批杰出的物理学家，例如迈克尔逊、西蒙·纽科姆、亨利·罗兰、理查兹、威拉德·吉布斯、乔治·埃勒里·海耳、伍德、兰利和莱姆森等等。不过，与此同时，学术界对那些追求更实用的科学研究方法的人仍然不够欢迎，这让工程教育者们忧心忡忡。工程院系里的实用科学工作者仍然在学术圈屈居人下。最具讽刺意味的是，那些刚刚挣得体面地位的科学工作者大多加入传统阵营，看不起校园里的技术教育者。[11]

显而易见的次等地位激怒了工程师们，也让他们感到畏惧。伦斯勒理工学院的塞缪尔·沃伦（Samuel Warren）称古典主义者是一群“牛鬼蛇神”；MIT校长弗朗西斯·阿马萨·沃尔克（Francis Amasa Walker）猛烈抨击古典派，坚决主张给予技术教育更高地位：“我们曲意逢迎得够了！我们不要再给他人做嫁衣！实际上，技术教育远比所谓的通识教育有用、实用、效果立竿见影；通识教育并没有那么高尚美好。够了，我们应用技术院校不能再被看作传统大学的劣等替代品了；够了，我们的毕业生获得的一技之长并不是以牺牲智力发展、智性文化和生活的体面为代价的……对年轻人的完美教育恰恰存在于应用技术院校里。我对此深信不疑。”[12]

对通识教育型大学里的工程教育者来说，他们习惯了低人一等，这种信念的力量很难获得。人文学者和科学学者的纡尊降贵更多地带来了自我认罪和怀疑。康奈尔大学土木工程教授富尔特斯（E. A. Fuertes）曾经哀叹道：“为什么我们的事业会遭遇种种磨难，就像我们抱怨的那样？因为美国的工程师群体不同于法国，法国的工程师本身就是真正的绅士，享有强大的社会权力。为什么我们还没有那样的权力？因为我们不配，这就是唯一可能的原因。”[13]对工程教育者来说，在学术圈里低人一等的滋味不堪忍受，他们的担忧让这个问题出现在工程教育促进学会每一次会议的讨论中。不过，这个问题的解决之道其实再明显不过：他们要么为自己的课程增加更多的科学内涵，这样可以充分利用科学日益提高的社会地位；要么增加对于“文化研究”的贡献。工程教育者们选择了双管齐下。

大约从 1870 年开始，工科课程明显变得越来越科学化，科学研究的重点从自然规律转向了设计原理。这一趋势同时反映了工程教育者对学术地位的追求和工程问题复杂程度的日益提高。后者否定了传统的试凑法（cut-and-try approach）。工学院和理学院最早的教育方法极其重视实用性，重视工程学科存在的理由，而不是传统大学里“百无一用”的文化食粮。这种教育方法有两个标志性特征：一是大量的车间工作，这一点在伍斯特理工学院和康奈尔大学等院校尤为突出；二是重视制图室和现场实践。科学导师偶尔才会到现场演示讲解。不过 1870 年之后，一种缓慢但坚定的趋势出现了，它就是实验室方法在科学研究中的运用和工程问题解决方案的试验，以及工学院逐渐建起了各类实验室设施。土木工程把新的重点放在数学和设计的物理理论上；建筑和矿业工程师们开始依赖化学的基本原理。有科学头脑的工程师们同样影响了机械工程学科，罗伯特·瑟斯顿等人就是代表。机械工程的教学越来越多地立足于各种科学原理，例如水动力学、热力学和材料力学等，它们通常被归为物理学的分支学科。[14]

工程学科的这一趋势当然在较新的分支里最鲜明，而正是这些分支成就了以科学为根基的产业的兴起，即电气工程和化学工程。这些领域的教学既是物理和化学院系的产物，也是机械工程的一脉支流。首批教师都是科班出身的化学和物理学者。历史上首门电气工程课程出现在 19 世纪 80 年代的威斯康星大学、康奈尔大学和 MIT 等院校；19 世纪

80年代末和整个90年代，威斯康星大学、密歇根大学和MIT开始培养“工业化学家”（industrial chemists）；不过严格意义上的、基于单元操作概念的化学工程教育要等到MIT在1917年建立实用化学工程学院时方告问世。这两个领域的演进都是从科学走向技术，而不是像其他工程分支一样反过来，所以它们的教学从一开始就是以科学理论为根基的。不仅如此，就像威廉·威肯登（William Wickenden）后来发现的那样：“院校与直接诞生于科学研究和技术的较新产业——尤其是电气产业——之间关系密切，这样的关系大大推进了人们对科学日益增长的重视。几乎从这一产业诞生那天起，就形成了这样一种认识：用人单位承担学生实用训练的全部责任，而把科学基础工作留给大学。”[15]

工程教育走向科学和数学这一趋势虽然解决了很多问题，但也产生了新的问题。到19世纪和20世纪之交时，大多数专业工程师仍然是“实习院”培养出来的，而不是工科院校的毕业生。事实上，就像蒙特·卡尔弗特（Monte Calvert）说的那样，无论是机械工程鲜明的传统“车间文化”，还是土木工程显著的“工地文化”，都与年轻一代工程师身上的“校园文化”存在激烈冲突。随着学校教育的科学属性日益浓厚，这种冲突愈演愈烈。遵循经验法则和试凑法的工程师不喜欢年轻一代工程师，前者看不惯后者以科学为导向、动辄假设的做派。在年轻一代工程师走上领导岗位之前，他们必然要听命于前一代工程师。1876年，在新成立的美国土木工程师协会（ASCE）和美国采矿与冶金工程师协会（AIME）联席会议上，阿什贝尔·韦尔奇（Ashbel Welch）曾经提出这样的高论：“有句老话说得好，‘一个结构的稳定性与建造者掌握的科学知识成反比’。”在实干出身的工程师当中，类似的情绪一时很难彻底消解；实际上，他们中有很多人一直抱着这样的看法走进20世纪，即使校园文化那时已成主导。比如，威廉·布尔（William Burr）就曾在1894年指出，“很多在工程岗位上负责实际工作的人经常抱怨……年轻工程师大多欠缺有效处理实际问题的能力。”[16]

与工学院一派相比，实干出身的工程师们占据着强有力的地位，毕竟雇用大学毕业生的行业被牢牢控制在他们手里，而不是大学培养出来的工程师手里。实干出身的工程师们发现，大学毕业生能力欠佳，不足以应对行业常规问题，他们因此向学校施加了相当大的压力，想要调整它们的课程大纲，使之适应现实世界的要求。到 19 世纪末时，他们的影响已经反映在很多院校为学生提供车间训练的狂热尝试中；与此同时，科学原理课程和各色“文化”课程仍然存在[17]。

工程教育者想要赢得学术地位，行业需要深奥的知识，用工单位需要训练有素的实用人才，这些需求之间的矛盾为教育者带来了巨大的压力。他们中的很多人也是执业工程师，自视为行家里手。不出所料，在 19 世纪最后十年里，这些人最关心的莫过于完成自己的使命，通过标准的四年课程满足上述所有需求。作为科学与实用技艺联姻的具体体现，工程师这个职业同样反映了这一联姻本身的内在矛盾。哥伦比亚大学的威廉·布尔曾经试图在车间和实验室之间实现调和，他的办法是在前者中强调科学的意义，在后者中凸显实践的重要性。他向实干家保证，科学训练的需要“并不是理论学家的选择，也不是不务实业的人们不负责任的奇谈怪论”。他指出，“真正完美的工科教育必须包括最透彻的数学和物理理论训练，还要尽其所能地自我调整，适应接下来的工程实践。”不过，尽管“机械工程专业的学生必须完成较多的车间实践进修，但那必须是为了成为机械工程师，而不是为了获得机械师的必需技能。”[18]

工程教育者努力满足本职工作、学术地位和雇主单位的种种需求，然而这样的努力从未取得完全令人满意的结果。事实上，纵观整个 20 世纪，这些问题始终压在他们心头。在 19 世纪末，学校严重落后于科学产业飞速变化的种种需求，即使大型院校也是如此，例如耶鲁大学、密歇根大学、威斯康星大学、MIT 和普渡大学等。虽然它们拥有充足的车间设施，可供现实世界的技能训练之用，但是，随着行业的进步，这些设施很快就变得陈旧过时。这样一来，为了填补正规教育与用人需求之间的落差，业内的主要企业建立了内部培训项目。这些项目的名字多少都带有“企业大学”之类的字眼。1875 年，霍氏出版公司（R. Hoe Publishing Company）成立了第一所企业大学。电气行业紧随其后，大量成立企业大学。到世纪之交时，很多大型企业都成立了类似的培训项目。电气行业也许是其中规模最大的。在美国，电气工程专业的毕业生通常要在林恩、斯克内克塔迪（Schenectady）、匹兹堡或者芝加哥完成“实验课程”或者“特设学徒课程”，才能完成学业，开始职业生涯。在通用电气公司和很多其他公司，实验课程是从大学通向企业的必经之路。1890—1914 年，企业办学的理念蔚然成风；不过到了 20 世纪 20 年代，一种新的、影响更深远的“产学合作”方法出现了。它足以弥合课堂与工作岗位之间的落差，填补科学理论与工程实践之间的空白。[19]

在 19 世纪最后几十年里，由于涉及“文化课程”在工科教育中的恰当地位等问题，工程教育严格意义上的科学技术一面表现出了更加混杂纷乱的问题。工程教育者要在两类课程之间寻求一种妥当的关系。一类课程包括历史、文学、修辞、政治经济学、道德哲学和语言学等，它们被笼统地称为“人文课程”或者“文化研究”。另一类课程是纯粹的技术教育。二者的关系必须同时满足专业需求、学术地位的需求以及工程实践的需求。从第一批技术院校出现且与传统大学相对而立时起，它们就拒绝开设一切“文化研修”类课程。伦斯勒理工学院的阿莫斯·伊顿不遗余力地抨击传统大学；1826 年的伦斯勒理工学院手册声称，该校承诺“不提供实验科学以外的任何课程……学校的宗旨简单而独特；除了可以直接用于‘实际工作’的科目之外，学校不会讲授其他课程。”[20]尽管一些技术院校想要追随这一路线——伍斯特理工学院就是个例子——但是新的技术院校采用了一种更放松的姿态来面对传统大学里的“宿敌”，比如 MIT 和康奈尔大学。它们开风气之先，创办了专为工科学生开设的“人文课程”，与技术课程同步讲授。等到传统大学终于成立自己的工学院时，它们也采用了类似的同步教学模式，此后的多数工科院校也是这样做的。后来就连伦斯勒理工学院也采用了这种模式。《莫里尔法案》也为理工教育选择了这一方式；该法案明确要求，获得土地赠予的新院校"不应摒除其他的科学研究与传统研究……应讲授与农业和机械技能有关的学科……以便推进通识教育和实用教育，为各行各业、各类生计服务。"[21]

虽然这种平行课程得到了广泛采用，但它并没有完全消除"生计"与"文化"之间的对立，没有彻底平息二者关于必要教学的争论。为了提高自己的职业地位，一些工科教育者试图附庸人文教育者的风雅，而其他工科教育者看不起这样的做作行为，把它视为精英主义和轻浮的表现而大加批评。一位教授提出："想要纠正某种狭隘而畸形的卓越，广博的培养是唯一有效的办法。很不幸的是，这种所谓的卓越缺少工科理想教育的活力和面面俱到。"他还指出："对年轻工程师来说，理想的教育最首要也最根本的必要条件一定是内容广泛的人文教育。他们必须学习哲学和艺术。"另外，根据罗伯特·瑟斯顿教授的听闻，也有人提出过针锋相对的看法。瑟斯顿教授还记得，有些人谴责在工科课程中纳入文化研究内容的做法，"这种在工科课程里掺杂文学、历史和其他非专业研究的做法形成了最怪诞的组合，而且这种做法俯拾皆是。在有些院校里，包括一所如今风头正劲的学校在内，《圣经》释义成了土木工程专业常规课程的一部分；康奈尔大学也曾把罗马史放入土木工程专业的课程大纲里，虽然那是早年间的事，而且有名无实……据说，当终于摆脱了这些课程之后，某位系主任曾经评价说，那些强行加入的课程就像是'粉壁上的一块污点'。"[22]

因此，在19世纪90年代，工科教育者中大量存在关于这种平行课程未来的争论。亨利·埃迪（Henry Eddy）得出了这样的结论：由于"这两类课程是彼此冲突的……所以文化研究类课程势必很快从工科课程中消失。这看上去非常明显。"MIT的校长沃尔克颇不以为然，这位经济学家提出了激烈的反对意见，他预测说："会有更多的经济、历史和哲学课程加入。这些课程的熏陶作用会成为科学课程的补充，让学生思维缜密。这是毫无疑问的。高等教育最终会以某种形式把更多的现代技术教育同传统大学教育结合起来。也许它的出现尚需时日，但它必将到来。"[23]

这种争论在工科院系里造成的对立情绪和当初技术院校与传统大学之间的敌意如出一辙。工科教育者想要提高自己的职业威望和学术声誉。他们的做法是一方面在工科教育中拓宽人文类教育，另一方面维系自己在学术领域作为现实世界革新者的作用。他们的争论也反映了这种矛盾心理。不过，到世纪交替时，少数目光长远的工科教育者开始看到某种区别——在那个被他们笼统地称为"文化研究"或者"人文"的领域里存在着某种区别。它促使人们重新思考这类课程的有用性。举例来说，尽管沃尔克把经济、历史和哲学课程一概而论，但是工程教育促进学会的一位前会长告诉工科教育者们，他近来"惊讶地发现了一些其他科目的重要性"。他还指出："我们工科院校里没有这些课程，但是一些较大的综合性大学开设了这些课程。它们大体上属于人文范畴……其中有些已经成了真正的科学，尽管它们并不都是用公式表达的理论和观点。工科学生应该懂得一些这样的知识。"[24]

社会科学——包括经济学、政治学、心理学和社会学等——的出现使得一部分工科教育者重新认识了"文化研究"课程在工科教学中的作用。他们发现，有些非工科课程并非徒有其表，反而具备一定的实用价值。也就是说，除了让学生变成精致的、有文化的谦谦君子之外，它们还有利于造就更高效的工程师。在一个竞争加剧、工厂和市场规模与日俱增、劳资冲突愈演愈烈的时代，强调社会科学知识的重要性其实是对产业管理者提出挑战。曼斯菲尔德·梅里曼表示："为了保证更好的业绩，最重要的改善之道……部分在于抛弃文化观念，提出更功利的规定。"威廉·布尔同样表达了行业里的职业工程师群体日益增强的情绪，他指出："工科教育必须教工程师怎样与人打交道，而不只是教他们怎样与物打交道。”随着越来越多的工程师们一路升迁到企业的管理岗位，尤其是电气行业和化学行业里的管理岗位，他们开始看到自己接受过的教育的不足，发现这些教育并没有帮助他们为企业的管理工作做好准备。大约有三分之二的工程师会在毕业后的 15 年之内走上管理岗位，他们对工科院校施加了越来越大的压力，要求它们提供的教育覆盖工程生涯的方方面面，而不仅仅是技术。如此一来，尽管越来越多的传统“文化研修”类课程逐渐淡出了工科教育的历史舞台——例如语言学、《圣经》学、古代史、道德哲学和修辞学等等，但是也有很多新课程加入。它们一开始被称为“人文课程”，后来被称为“人文社科 STEM 课程”——包括政治学、经济学、心理学和社会学等等。虽然一些工科教育者不断地试图拓宽课程，提高自己的学术声望和职业地位，但是在新的、以科学为根基的企业管理者的促使下，其他教师开始为了别的目的呼吁发展人文教育。正如一位工程师说的那样：“人文教育予人力量。”[25]

第三章　科学与实用技艺的联姻之三

——职业工程师的出现

在18世纪，甚至（在较小程度上）直到19世纪中叶，科学领域与制造领域之间的联系仅限于上流社会绅士们的个人活动：他们横跨了这两个领域。然而到19世纪中叶，随着科学的逐渐转向和日益普及，这样的联系在精英圈子之外变得越来越常见，尽管它仍然保持着一定的偶然性。科学方法与发现被偶然用于商业企业的实际目的，并且最终带来了以科学为根基的产业和技术院校。[1]不仅如此，一种新型社会群体开始出现，并且成为这一结合的人格化身，他们就是工程师。“科学与发明牵手，生出了强健的后代：工程。”[2]科学与实用技艺的联姻是划时代的，美国的工程师正是这一结合诞下的嫡子。科学与实用技艺的结合产生了深远的社会转变，而工程师是这一作用的人类媒介。工程师们自诩为一种新人类，是“科学的修道院与世俗商界”之间的连接。他们的使命，即工程学，是连接“出世的严谨科学与入世的经济学和社会学”的桥梁。[3]到19世纪末时，工程领域，也就是现代技术，已经吸引了“最聪慧、最具才华的俊杰”[4]。这些幸运的、雄心万丈的年轻人本可以投身宗教、政治、哲学或者人文领域，但他们最终选择了探索和规划这一广阔的、全新的人类事业，宣布自己对这一事业的权利。

作为发达工业资本主义的一种生产方式，现代技术既是资本主义发展的产物，也是它的方法和手段。所以工程师也是现代技术的人格化身。对工程师来说，推动经济体系向前发展的迫切性对他们具有同等的指引作用，与此同时，他们还要遵循逻辑和科学规律的指导。为了生存，资本主义者不得不积累资本，而且在速度上不能逊于竞争对手。既然资本主义者的资本归根结底源自人类劳动的剩余产品，他们就会不由自主地争取对生产过程的完全掌控，这样才能实现生产力的最大化，才能有效地从为之劳动的人们身上获得剩余产品。正因如此，车间才会引入机械设备和科学方法，才会产生现代工程师。而且，毫不令人惊讶的是，对工程师们来说，资本主义的各项原则和科学原理同样顺理成章。如果有政治经济学家非要在技术和资本主义之间划出一条泾渭分明的界线，那么这条线必定会在工程师身上和他们的工作——也就是工程——当中分崩离析。

即使是在严格意义上的技术工作中，工程师也会代入资本主义精神。比如说，机械设计的指导性需求就是资本主义的：成本最小化、熟练工人的能动性最低化。这是为了最有效地发挥物质和能源的潜力。1886 年，亨利·汤（Henry Towne）这样写道：“我们的货币单位——美元——频繁地出现在工程师的算式里。可以说，美元的出现频率丝毫不亚于英尺、分钟、磅和加仑这些计量单位。”他后来对普渡大学工程专业的学生们说：“每一道工程算式的最终结果都是美元。”将近一个世纪之后，波特——被誉为“美国工科学院院长中的院长”——用类似的话总结了自己的行业，“无论一道工程算式的分子是什么，它的分母永远都是一个美元符号。”当然，技术工作固有的经济意义并不会完全排除技术占优的追求与市场的权宜之间发生冲突的可能性。然而，每当发生这样的冲突时，结果都是毫无悬念的。斯蒂文斯理工学院校友会主席就曾直言不讳地谈到过这一点。他在 1896 年对学生的讲话没有一丝隐讳：“工程的财务一面永远是最要紧的；不要以为因为你是专业人士，你的地位就是至高无上的。年轻工程师越早打消这个念头越好。管工程的人总是要听管钱的人指挥。”[5]

美国的第一批工程师来自木土工程专业。他们或者毕业于西点军校和伦斯勒理工学院，或者出身运河工程和早期的铁路工程。与文雅的传统学者对他们轻侮傲慢的态度形成鲜明对比的是，19 世纪上半叶的这些工程师普遍享有上流绅士的崇高地位，他们常常被尊称为某某“先生”。到了民主时代，政治家们转而拥护那些依靠双手劳动的普通大众，这时工程师普遍遭到了蔑视——因为他们的贵族气派，因为他们代表大企业主，损害小承包商的利益。这样的批判是比较中肯的。本杰明·赖特（Benjamin Wright）就曾在 1832 年提醒自己的同事：“熟练工程师会考虑到股东的当前收益和未来收益，以便在面对目标和相关成本时决定什么是可行的、什么是不可行的。”[6]

在早期的运河企业里，土木工程师最初承担着广泛的职责。他们既要负责经营管理工作，还要负责严格意义上的技术工作。因此，很多工程师利用自己在这些岗位获得的经验离开企业，自立门户。然而，当运河项目，包括后来的铁路项目发展到足够大的规模，足以为日益增多的工程师提供工作机会时，创业的道路就被封闭了。工程师从此变成了大型科层体制的一部分，变成了严格意义上的“组织的人”（organization men）。虽然有些德高望重的工程师能够自立，成为独立顾问，但是绝大多数人，尤其是那些新成立的技术院校的毕业生们，最终都会成为领取工资的雇员，在大型企业里从事技术顾问和项目主管之类的工作。他们要对企业运营的成功负责，然而他们对于自己的本职工作并不享有决策权。[7]

1852 年，美国土木工程师协会成立，土木工程师组建了美国第一个专业工程师团体。他们几乎立即开始应对工程专业固有的内在矛盾，努力争取专业自主权，定义道德和社会责任的标准。不过这一切都是在他们的职业实践必须服从企业管理层的大背景下展开的。在 19 世纪最后 30 年里，矿业工程师和机械工程师也加入了这支队伍；他们乘着现代工业兴起的东风而来。随后加入的是电气工程师和化学工程师；他们带来了全新的、以科学为根基的产业。1871 年，美国采矿与冶金工程师学会成立；随后，美国机械工程师协会（ASME）成立于 1880 年；美国电气工程师协会成立于 1884 年；美国化学工程师协会（AIChE）成立于 1908 年。到 1900 年时，机械工程专业的招生人数已经超过土木工程，两者的比例达到了 3:2，电气工程专业紧随其后，排在第三位。[8]

矿业工程始终是少数派，无力推动工程专业的整体发展。即使在矿业蓬勃发展的极盛时期，在工业扩张引爆原材料的全球开采浪潮中，矿业工程师的作用也仅仅相当于早期的土木工程师，是促进者、创业者和企业管理者。这和机械工程师——包括后来的电气工程师和化学工程师——大不相同。[9]

机械工程师并不是从土木工程师阵营中分离而来的——就像矿业工程师那样。他们来自一个全新的源泉：机械车间。在 19 世纪上半叶，无论是在金属加工车间，还是在铁路车场的发动机车间，或者是轮船场、工业小镇，最重要的工作都是由机械师完成的——他们实际上是获得了工程师地位或者名头的、技术纯熟的工匠。不过他们的工作确实是现代工业存在的必要条件——马克思称之为“机器大生产”（machinofacture）。他们的机械车间是机械知识的宝库，在那里制造的机器是工业立足的基础[10]。

早期的机械工程师都是熟练的机械师。他们在工作中摸爬滚打，逐渐成为车间的管理者或者创办了自己的加工厂。因此，和土木工程及矿业工程一样，机械工程本身既是一门专业，也是一门生意。它商业的一面随着工业企业的扩张而变化，带动工程专业的性质发生相应的变化。新成立的技术院校流水般稳定地供应着经过科学训练的工程师，同时，行业整合与科层化日益严重地束缚着创业，限制着人们在现有企业升至顶级管理岗位的机会。与此同时，飞速扩张的机械工程领域反映着产业的多样化和科学技术知识的增长，孕育着强有力的、走向专业化的互补趋势。因此，大多数年轻工程师被迫走进企业，成为下级雇员。尽管他们要负责技术工作的实施和监督，但是他们既不具备所有者的权力，也没有超越企业运行之上的职权。

因此，机械工程师这个行业始终没有形成一个专业人士群体，而只是一个含义松散的集合。它一方面由车间出身的工商业者、企业高管和加工厂主构成，另一方面由学校培养的企业雇员构成。它的创立者想让人们普遍了解机械工程师和机械师之间的差异。这种差异更多地建立在重要监督职权的执行上，较少取决于技术知识的多寡。从诞生之日起，美国机械工程师协会就无异于一个社交俱乐部。出身车间文化的精英们成了终身制的寡头和行业领袖。这个俱乐部是他们建立的，也是为他们服务的。亚历山大·霍利（Alexander Holley）是美国机械工程师协会的创始人之一，他既是一名职业工程师，又是一名实业家。正如他解释的那样，这两种职业是息息相关的，“在协会中，商人和工程师的联合产生了声名狼藉的优势……这里所说的优势不仅在于广大会员和由此而来的巨额会费收入足以用于自我宣传和推广；它主要在于专业知识、资本和业务人才被引入了最有利的环境，带来了直接的业务成果。”[11]对于那些操控美国机械工程师协会的人们来说，业务的成功是职业生涯成功的标志，而企业领导者们实际上就是声名显赫的工程师。对于那些刚走出校门的年轻工程师来说，职业身份来之不易。创业机会早已消失，独立顾问和企业领导者的岗位被车间文化精英们牢牢抓在手里，他们同样控制着专业协会。这样一来，一种职业工程师的新类型诞生了，它强调学历和科学训练，强调在企业科层里按部就班地爬向管理岗位。

电气工程师和化学工程师都没有传统文化包袱，因此，这种根据企业科层岗位和科学训练定等的独特职业类型在他们中间很流行。1884 年，电气工程师们退出美国机械工程师协会，成立了自己的专业协会。他们的学科很新，协会成员大多比较年轻，所以职级之间的流动比较开放。然而这一流动往往是以大型企业内部的升职为基础的。当时主导整个电气产业的正是这些大型企业。就像通用电气公司的查尔斯·斯坦梅茨指出的那样："在德高望重的电气工程师中间，很多人与大型制造企业或大型运营企业关系密切。"电气工程专业的绝大多数毕业生被吸收到体量最大的企业里，例如通用电气公司和西屋电气等。与此同时，作为机械工程和物理学的产物，电气工程从一开始就深深植根于科学。它不存在可怕的经验主义传统——这一点与机械工程大不相同——因此，科学训练顺理成章地成了职业身份的标志。[12]

化学工程也是一样。作为机械工程和化学学科结合的产物，化学工程的诞生是为了满足化学产业和化学加工产业不断扩张的需要。在工业化学家——独立顾问和企业领导者——的推动之下，美国化学学会（ACS）在1908年成立了工业与工程化学分会。他们还在同一年成立了美国化学工程师协会，为自己制定了职业能力标准。① 工业企业的工作经验告诉他们，仅凭化学家无法满足产业需求，因为他们仅仅接受过科学训练，并没有工程原理的相关知识，也不具备管理技能。产业需要一种能把化学和物理学专业训练同工程和管理训练融会贯通的新人。他们随时能在工业企业里把自己对化学过程的理解转化为大规模的高效设计和利润丰厚的管理。在首届美国化学工程师协会大会上，主席塞缪尔·萨德勒指出："必须加速培养壮大这样一个群体：他们要担当起产业里的技术工作，他们要在工厂里从助理做起，最终挑起厂长的重担，他们要有能力把成功的管理延续下去，在安全、盈利的前提下稳定推进管理

① 虽然美国化学学会的这个分会最初包括来自食品和农业领域以及分析化学领域的化学家，但是一批声望卓越的工业化学家们——他们的领导者包括亚瑟·利特尔（Arthur D. Little）、毕格罗（W. D. Bigelow）、利奥·贝克兰（L. H. Baekeland）和威利斯·惠特尼等——很快地把会员限制在了工业化学家范围之内。该分会会员、《化学工程师》（*The Chemical Engineer*）编辑理查德·米德（Richard K. Meade）曾对同事表示，他们一开始就想再建一个独立组织。美国化学工程师协会的发起人包括米德、利特尔、威廉·沃克（William H. Walker，他是利特尔曾经的合作伙伴），顾问包括查尔斯·麦克纳（Charles F. McKenna）、威廉·布思（William Booth）和奥尔森（J. C. Olsen）等人。

工作，获得更全面的发展。”[13]实际上，化学工程师这一职业正是按照这一要求量身打造的。

进入20世纪，美国的工程行业呈现出一派健康蓬勃的兴旺气象，成为美国仅次于教师的第二就业大户。这个行业在接下来30年间的持续发展反映了现代工业的巨大进步。1900年，美国大约有4.5万名工程师，到1930年增加了4倍，变成了23万人，其中九成以上的人成了工业领域里的技术工作者和管理者。增长最快的是较新的领域和最具科学性的领域：电气工程和化学工程。截至1928年，电气工程专业的录取人数比机械工程和土木工程专业多50%，化学工程的录取人数已经达到机械工程人数的一半。[14]

在专业进步和产业需求这两股力量的双重作用下，工程行业的发展速度超越了工业劳动力和经济活动人口的整体增长速度。然而，令人称奇的增长并未改变工程师在美国的社会地位和面貌。这个行业仍然很小，也很精英化。到1930年时，每10 000名产业工人中只有45名工程师；在经济活动人口总数中，工程师的比例仅为0.5%。平均而言，每1 000名工程师中只有1名女性；四分之三的工程师来自中产阶级专家或者业主、管理者、农场主家庭；他们绝大多数受过大学教育；他们大多是美国本土的盎格鲁-撒克逊新教徒①[15]。

从理论上说，19世纪和20世纪之交时至少出现了三种类型的工程

---

① 尽管工程师这个职业后来成了下层阶级青年人向上流动的一条途径，但它当时是专属于中上阶层男性的。还应该着重强调的是，这个影响巨大的阶层几乎完全由男性组成。如果说美国的现代技术始终是清一色的男性的天下，事实上也不算夸大其词。所以说，美国的现代技术不仅是工业资本主义的产物，反映了一个阶层对生产资料的控制；它还是男性主导文化的产物，反映了男性的特权和偏好。作为现代技术的人类主体，工程师享受着主导阶层独有的行动自由，他们的工作既是这种自由的延伸，也是使得这种自由成为可能的、各种形式的主导的延续。无论是历史学家还是其他人，在解释和评价工程师的惊人成就时都务必牢记这一点。关于工程师社会出身的变化，请参阅 Carolyn Cummings Perrucci，“Engineering and the Class Structure，” and Robert L. Eichhorn，“The Student Engineer，” both in Robert Perucci and Joel Gerstl，eds.，*The Engineers and the Social System*（New York：John Wiley and Sons，1969）；and Martin Trow，“Some Implications of the Social Origins of Engineers，” in National Science Foundation，*Scientific Manpower*，1958，67－74.

师专业。它们分别强调这一行业的不同侧面。第一种更多地强调工程师的业务领导职能，他们带来了一种商人式的联盟。第二种更多地聚焦企业雇员的角色，他们催生了工会组织。第三种更多地关注工程师的科学属性，他们带来了一种植根于深奥知识垄断地位的专家身份。它和律师、医生或者科学家的专业身份十分类似。实际上，工程师的自我观念和他们所处的实际社会境况同时存在，这三种类型之间的矛盾一直延续到了20世纪。工程师在不同的时刻采用不同的类型来定义自己和人与物的关系：科学工作者、熟练工人、门外汉、劳动者、企业、学生等。这些身份在专业工程师心中彼此冲突，造成迷茫和错觉。这完全不足为怪。

一开始，各种类型的工程师都通过商业领导力来定义自身的专业性。然而对商业领导力的不同诠释方式之间存在着重要差异。电气工程师和化学工程师用在大型企业里的管理工作来定义，这些企业主导着各种以科学为根基的产业。而受传统制约较深的土木工程、矿业和机械工程师则在自己的定义中加入了独立顾问和创业者的角色。随着机械产业的扩张和车间文化的消亡，这些有关商业领导力的、彼此冲突的概念造成的矛盾在机械工程师中间达到了最尖锐的程度。比如说，为了对抗企业对工程师特权的挑战，有些上了年纪的、出身作坊文化的机械工程师力图创造一种新的工程师身份。这种身份既可以把他们同大型科层式企业绑定在一起，又可以帮助他们在这些企业中获得独立工程专家的权力。虽然科学管理运动当时已经在这些大型企业中兴起了［“科学管理之父”弗雷德里克·泰勒（Frederick Taylor）曾在米德维尔钢铁公司（Midvale Steel）和伯利恒钢铁公司（Bethlehem Steel）工作］，但是它实际上来自企业之外，来自工程师与机械车间管理者和创业家之间正在消失的身份。它试图把企业的管理职能集中在科学管理工程师的运筹之中。车间文化的继承者们想通过这样的办法在企业架构中继续发挥传统权威的余晖。[16]

由此可见，车间文化出身的机械工程师和立足企业的电气及化学工程师都对最终成为主导的“工程师领导企业”——也就是大型企业的内部管理——这一观念有所贡献，尽管他们的贡献方式可能不尽相同。不仅如此，到 1920 年时，早期的科学管理领导者放弃了最初的做作，在以科学为根基的企业内部，跨越科层的晋升开始成为职业进步的必要条件。威廉·威肯登在他关于工程教育的大部头研究中审视了 1884—1924 年工科毕业生的职业模式。他看到了“一种健康的进步，即从技术工作朝着管理工作的上升”[17]；约有三分之二的毕业生在走上工作岗位的 15 年之内成为管理者。这标志着一种趋势，威肯登充满职业自豪感地认为，这反映了现代工业对技术专业出身管理者的空前需要。与此同时，这也清楚地说明了“工程师几乎都要离开设计实物的工程岗位，走上管理人的工程岗位，唯有如此，他们才能在财务上和社会中获得真正的成功”。①[18]

企业内部看重管理职责，并把它当成职业成功的标志。这削弱了工程师对工会活动的支持。当然，这样的支持从一开始就很疲弱，因为对工程师作为熟练劳动者这一身份给予的任何认可都会让工程师与机械师之间的界限变得模糊。而这一界限恰恰是工程师这个行业赖以安身立命的根本。工程师管理职能的荣光加剧了它与整个工会主义之间的对立，尤其是与工程领域的工会主义之间的对立。除此之外，工程师们还被扣上了监控产业工人的罪名。因此，工程师们发现劳工组织很难相处、令人不快；而且，从他们的专业视角来看，所谓的工会主义不过是庸人自扰。

另外，对工程师来说，跻身企业管理层的这一流动性是他们高人一等的证据。至少从这个方面来说，每一位身在企业中的工程师都是坚定的个人主义者，因为他们要独自出差、长期远离同行，而且他们的成功

---

① 近些年来，有些企业进行了新的尝试——例如贝尔实验室和通用电气公司等。它们建立了一种双进途体系，允许研究序列的科学工作者和工程师们保留原有的职级和工资待遇并不断晋升。贝尔实验室的人力资源总监曾对这一发展有过较早的阐述，请参阅 John Mills, *The Engineer in Society* (New York: D. Van Nostrand Co., 1946), pp. 80 - 140。不过这样的进步并未对上述总体结论构成实质影响。大多数情况下，工程师想要获得岗位晋升，仍然必须从事管理工作。

取决于个人的业绩表现，工会主义赖以立足的集体团结从未得到过真正的发展。同样地，个人主义取向把个人的成功同企业绑定在一起，而不是根据严格意义上的专业标准来判断。这也把工程专业同历史更为悠久的法律和医学公会区分开来——后两者常常统一行动，类似工会组织。如果要为专业人士选出一个典型代表，那么，无论是从自主权方面来说，还是从专业影响力方面来说，工程师都远远无法与医生相提并论。然而，对绝大多数工程师来说，职业操守与较低的企业雇佣地位之间的潜在冲突并未出现。这是因为他们独特的职业理念：毫无保留地接受企业职位，把它看作自身专业地位的象征。即使有些人对商业的幽灵凌驾于专业之上表示不满，绝大多数工程师仍把个人在商业上或者管理上的成功看作专业成就最明显的标志。他们全心全意地相信了查尔斯·斯坦梅茨那句自相矛盾的说法：企业“是现今文明阶段实现个人发展的最有效手段”。①[19]

和管理岗位一样，科学也赋予了工程师身份。机械工程师们始终强调自身学科的科学本质，把自己同机械师和熟练工人区分开来。随着经过科学训练的工程师在与车间文化传统经验法则的斗争中渐占上风，这

① 斯坦梅茨的说法源自他独特的社会主义理念。在移民美国之前，斯坦梅茨曾是德国社会民主党成员（他是费迪南德·拉萨尔的追随者），他的整个成年岁月都是在通用电气公司度过的。斯坦梅茨一方面在全美最大的一家资本主义企业里享受高管待遇，另一方面身为美国社会党的终身成员，但他并没有在这二者之间看到矛盾。由于他修正主义的社会主义政治视角，再加上他在通用电气公司的亲身经历，斯坦梅茨逐渐把企业的发展看成生产资料的集中，认为这终将——并且必定——带来社会主义。斯坦梅茨是美国公认的顶尖电气工程师，他在自己服务的企业里享有独一无二的地位。他的数学天赋也让这家企业走在了电气领域的最前沿。除了通用电气公司的工作，斯坦梅茨还是教育领域的权威。他是联合学院的教授，还担任过电气工程系主任，他是通用电气公司在斯克内克塔迪教育项目的负责人，并且多年担任斯克内克塔迪教育委员会主席一职（这个职位最初是他在乔治·伦恩担任该市市长时接任的。伦恩当时领导的是一届社会党政府）。除此之外，1922年——斯坦梅茨辞世的前一年——他代表社农劳工党（Socialist-Farmer-Labor Party）参加了纽约州工程师的竞选，结果铩羽而归。有关斯坦梅茨的研究，目前还没有值得注意的著作，尽管詹姆斯·吉尔伯特（James Gilbert）在他的《工业国家的筹策：美国的集体主义智识追求，1880—1940年》（*Designing the Industrial State: The Intellectual Pursuit of Collectivism in America 1880-1940*）中用一章的篇幅开了个好头。斯坦梅茨独一无二的职业和视角反映了社会主义运动、企业发展和现代技术进步之间的相互融合，所以他理应得到更多关注。他的重要著作《美国与新时代》（*America and the New Epoch*, New York, 1916）应该列入美国思想史的必读书目。

种强调也在日益增强。电气工程师和化学工程师当然也从一开始就重点强调科学的方法和知识。到1900年时，19世纪的科学普及特质逐渐消失，取而代之的是它一手孕育的高度科学与工程化的专业主义。[20]虽然专业人士对科学知识的系统性垄断提高了科学工作者的自主权，但是这也对工程师产生了负面作用，把他们牢牢束缚在企业里。这一区别的根源在于科学与工程之间的不同。埃德温·莱顿（Edwin Layton）观察发现："技术无法自立。"[21]工程实践逐渐成为"应用科学"（applied science）。它一方面有别于传统手艺，另一方面被更加紧密地同科学应用唯一的、有组织的社会媒介——现代企业部门——绑定在一起。科学与实用技艺的联姻同时成了工程师的职业习惯和工业企业的标准经营策略。如果一位工程师想要教书或者从事科研，他可以留在学术领域；但是，如果他想把自己的科学知识转变为具有社会意义的实在成果——也就是说，如果他想从事工程师的本职工作——那么他就必须进入工业领域，成为一名雇员。只有大型工业企业拥有足够的财力，能把科学手段同它们具备社会价值的目的有效、高效地结合在一起。不仅如此，因为大型企业控制着专利，所以它们可以运用独有的法定权利把各项能力集中在一起，指挥科学的产业应用做到这一点。因此，从诞生之日起，工业企业就是美国现代技术的发源地，也是职业工程师的栖身之所。

职业工程师对科学工程学的垄断因此成了以科学为根基的企业对于科学工程师垄断的反面。① 大型企业需要技术知识。这些知识只有专业

① 第一次世界大战之后，尤其是第二次世界大战结束后，随着各个产业越来越多地从化学家和物理学家身上寻求专业科学知识，科学家和他们掌握的科学知识逐渐被垄断。1900年，在大学任教的化学家比例约为10%，这个数字到1920年下降为4.5%，大部分离开教职的化学家都由私营领域吸纳。20世纪20年代以来，大学不断扩张，在产业界的合作之下，大学建立了各类工业化学研究机构，这些化学家们逐渐又被院校重新吸收回来。谈到专业人士走向产业界的这一转变，最剧烈的变化发生在物理学家身上。因为越来越多的物理学家受雇于企业（1940年之后受聘于政府），所以教职与非教职物理学家的比率从1900年的5.7变成了1960年的0.4。然而由于科学家职业身份的出现早于这种工业导向，所以在一定程度上，科学家们在产业界拥有更多的自主经验。请参阅Jay Gould, *The Technical Elite*（New York: Augustus M. Kelly, 1966）, p. 172.

人士才能提供。另外，职业工程师需要组织和实物资源，以便让自己的知识发挥效用，这一切都处于大型企业的垄断之下。因此，威肯登对工科毕业生的研究得出以下结论就不足为怪了：独立的个人工程实践明显正在减少……大部分工程师正在走进企业，成为雇员，尤其是大型企业的雇员。[22]

工程师努力为自己打造职业身份，他们普遍希望自己在公众心目中成为技术的化身和现代文明强大推动力的代表。但是，想要做到这一点，他们就不得不把自己同企业捆绑在一起，因为企业的业务同样代表技术。这就好比技术在多大程度上成为工程师的一部分，工程师就在多大程度上成为技术的一部分。工程师努力控制塑造了他的历史过程，目的是确保自己在其中的地位稳固，从而补充和加强了以科学为根基的企业控制同一历史过程的努力——毕竟企业同样是从这一过程中脱胎而来的。

具有不同教育背景的工程师从事着不同的职业，拥有不同的产业能力。他们为垄断和监管专业资源而努力，与此同时，他们本身也作为产业资源被垄断和监管着。他们中的一些人看到了这种趋势并奋起反抗。1909 年，美国土木工程师协会主席贝茨就曾告诫人们，工程师正在沦为“那些想要控制他人、利用他人的知识谋利的家伙们的简单工具”。《美国机械师》（*American Machinist*）的一位作者也发出了激烈的不平之鸣：通用电气公司和西屋电气让“工程学变得如此商业化”，以至于它们对这一职业的控制形成了“几乎无法逾越的壁垒，把新人和新思想拒之门外”。然而绝大多数工程师并没有过度担忧。他们越来越多地用企业里的职位来定义自己的专业身份，与此同时，他们对专业主义的追求成了企业对技术知识和技术人才管理的一个至关重要的方面，即企业对技术的控制[23]。

工程师想要控制现代技术的历史进程，以此巩固自己的专业地位。这些人不可避免地被引向了工程教育。德沃尔森·伍德是工程教育促进学会的首任会长。他在就职演讲中指出，“在不到40年的时间里涌现了大约100所专门工科院校，每所院校每年产生大约1 200名毕业生。”他还发现，“这一增长本质上是自发的，不存在一个居中指挥的领导机构或者共同的会议组织。”他希望新成立的工程教育促进学会能带来改变。“只要善加引导，它也许可以让这些院校发挥出大学的作用，虽然它们彼此相隔遥远……也许可以让它们团结起来，在教育战线上做出最好的成果。”西屋电气的波特表示认同，他指出，“每所院校实际上都是一座生产工程师的工厂……必不可少的不仅是高品质，技术院校还要培养出同样品质的人才。”他认为，工程和相关产业需要“整齐划一的工程人才教育体系”。[24]

1893年，工科教育者们在芝加哥举办的世界工程大会（World Engineering Congress）E单元相聚一堂。他们发现彼此拥有极其广泛的共同利益，值得进一步讨论。他们在下一年成立了工程教育促进学会。这是美国第一个高校教师联盟组织，专为研究教育问题而成立；其中教师人数远远超过了执业工程师人数，二者达到了10：1的水平；学会的研究聚焦学术地位、科学课程与车间课程在教学大纲中的相对比例等问题。不过在接下来的20年间，尽管学会中的教师人数平稳增长，其中的非教师工程师和商界会员数量也大幅增加。除此之外，讨论的焦点也变成了毕业生的效率、毕业生对产业工作的适应情况、改革学校以满足产业的需求、帮助工科学生成为商业领袖等等。[25]

一群想要出人头地的工科教师，他们一心想提高自己在传统主义者眼中的威望；加上一批禀赋贫乏的学校，它们徒劳无功地试图追上产业界日新月异的技术，这样的组合培养出的学生往往既不是传统文化熏陶出的谦谦君子，也不是高效的执业工程师。也许最糟糕的是，这些学校培养出的学生充满了自由探究的科学热情，散发着学院精英的贵族式骄狂或者自由放任资本主义的闯劲——整体而言，这些人的秉性气质和受过的教育都不适合在崇尚服从权威的大型企业组织里工作。工程教育促进学会中的新改革派寻求改变这一切，让教育更贴合他们口中的现代工业新现实。

正如斯坦梅茨回忆的那样，由于“电气产业初期的企业式发展让它对工科院校的教学大纲产生了相当巨大的影响”[26]，来自电气产业的代表成了工程教育促进学会内部改革最有力的支持者。来自 MIT 的杜加德·杰克逊（Dugald C. Jackson）是一位顶尖的电气设施企业顾问，他和来自耶鲁大学的查尔斯·斯科特（Charles F. Scott）——一位西屋电气的工程师——共同发起了一项专业学会与工程教育者之间的合作计划。它促成了美国历史上第一项面对工程教育的重大研究，带来了《曼恩报告》（*Mann Report*）。这份报告由物理学家查尔斯·曼恩（Charles R. Mann）执笔，向工程教育促进学会和卡内基基金会（Carnegie Foundation）汇报。它反映了工程教育面向工业企业的重新定位。曼恩观察指出：“执业工程师们认为大学里的工科教育……并不是为了满足这一专业需求而设立的。这样的情况已经存在了数年时间。”[27]无论是对言者来说，还是对听者来说，这里的“专业需求”都明显指的是大型工业企业的需求，以及身在其中、为之服务的工程师的需求。

执业工程师之所以为管理导向的工科教育鼓与呼，既是出于自身职业的利益，也是出于以科学为根基的企业的利益。谈到他们的教育路线，最简明扼要的表述也许来自密歇根大学化学工程教授阿尔弗莱德·怀特（Alfred H. White）：

> 大学与工厂颇为相似。工厂接收的是经过部分加工的金属，然后加以塑造、精炼，再把它们交给其他组织进行下一步加工。大学接收的是朴实无华的原材料……它培养出的产品同样要有销路……说到底，教学大纲不是由大学决定的，而是由大学毕业生的雇用单位决定的。[28]

因为工科院校同时培养工业企业所需的职业工程师和技术及管理人才，所以业内的顶级工程师希望学校既能满足产业界的人力需求，又能为这一职业招募更多的年轻人。这样一来，企业的需求就和执业工程师们的专业需求彻底交织在了一起。学校里的改革活动旨在调整工科教育，同时培养高效的、忠诚的企业雇员和称职的、专心致志的企业领袖；它既代表了一个行业对权力和认可的追求，也代表了企业领袖找寻下属和继任者的努力。正是通过这样的改革，美国的工程教育变成了通向企业权力顶峰的一条重要路径。

到世纪之交时，主导这个行业的人们在很多关键方面都与他们的前辈先驱大不相同。依照保罗·巴兰和保罗·斯威齐对企业资本主义的研究，作为原型的、成功的专业工程师的转变是和产业领导者由大亨变为企业管理者的转变同步的：

> 一方面，企业管理者代表着一种面向大亨时代的回归；他关心的主要问题重新回到了“对自己赖以生存的特定产业过程的监管和调控”上。另一方面，他又是传统创业者和大亨的对立面：他们都是最出类拔萃的个人主义者，而企业管理者是“组织的人”这个群体的领袖人物。
>
> 大亨与现代企业管理者之间的对比可以通过很多方式来描述。前者是巨型企业的创始人，后者是巨型企业的产物。大亨高高在上，在企业之外操控它；企业管理者置身事内，被企业操弄……企业管理者的忠诚是面向自己所属的组织的，他们通过这种忠诚来表现自己。对前者来说，企业不过是一种发家致富的手段；对后者来说，企业的繁荣不仅是一种经济目的，还是一种道德目的。前者从企业豪夺，后者为企业巧取。[29]

最能代表企业管理者这种新型职业与专业教育路线的人也许非威廉·威肯登莫属。威肯登的父亲是俄亥俄州的一位土木工程师，威肯登本人获得了电气工程学位，跟随杜加德·杰克逊在威斯康星大学和 MIT 任教。在 MIT，他与通用电气公司的马格努斯·亚历山大（Magnus Alexander）搭档，建立了通用电气公司（林恩团队）和 MIT 的合作研究项目。他还是课程委员会主席。第一次世界大战期间，他对学生军训练团（Student Army Training Corps）的发展起到了重要作用，在此之后，他加入了贝尔公司，先后担任贝尔电话实验室人力总监、西电公司人事委员会主任，并在1921年成为AT&T助理总裁，分管技术岗位的招聘和年轻人才的培养。他在AT&T的工作是延揽最顶尖、最有前途的人才，他的研究领域覆盖了美国内外的每一所技术院校、理工学院和大学。1922年，在时任工程教育促进学会主席查尔斯·斯科特的邀请下（该机构刚在前一年布局了另一项重大的工程教育研究项目），威肯登被任命为新成立的调查协调委员会主任。在此后的6年里，他一直领导着这项有史以来最全面的技术教育研究项目。1929年，威肯登来到克利夫兰，担任凯斯理工学院院长，直到退休，并于1947年辞世。[30]

除了20世纪20年代的工程教育调查之外，威肯登对这个领域的重大贡献是他对教学大纲的影响。他让教学大纲沿着人文—社会—科学的路线伸展开来。在威肯登的整个职业生涯中，他始终寻求产业与教育机构之间更加紧密的合作，为让年轻工程师们做好准备、成为商业领袖而不懈努力。作为一名天生的演讲家和跨领域的、德高望重的专家，威肯登是20世纪工程学科最重要的代言人之一。他的专业理念完全站在企业的立场上，作为一名教育家，他孜孜以求的也是把这样的精神灌注给年轻工程师。在他辞世之前不久，威肯登开始撰写一部"写给工程师新手的职业手册"。工程师专业发展委员会后来出版了这部著作。在这部手册中，威肯登贴切地阐述了职业工程师的必备条件，这也是他那一代人的主张。他描述了通向经理和高管岗位的道路，呼吁工科学生研究人际关系，阅读埃尔顿·梅奥（Elton Mayo）的《工业文明的社会问题》（*The Social Problems of an Industrial Society*）——他称之为"每一名年轻工程师的必读书目"，读者可以从中学习"管理人的艺术"。他甚至鼓励学生加入工会，"把它作为教育的一环"。他指出，"加入工会可以帮助人们从内部了解工会主义的心理、经济、政治和各种招数"，事实将会证明，这是一项极富价值的“实验经历”；作为一名管理者，他尽力让“人们全心全意地做好本职工作”[31]。最能说明这一精神的莫过于他写给“刚刚走上职业道路”的工程师的指南。这份指南的主题就是他的副标题——下属非常重要：要做一名出色的下属。

> 从某种意义上说，工程师就像士兵。他必须具备所在部门必需的特定品质，不过他的有用性……更多地取决于团队合作，而不是个人主义。他一定要懂得服从命令，只有这样，他才能有朝一日获得发号施令的资格；想要别人服从自己，必须先学会服从；他只能拾级而上，为自己赢得更高的职位。
>
> 从广泛意义上来说，你当然是在为整个社会服务，为企业、部门、家庭和自己工作；但是更直接地看，从根本上来说，你是在为自己的顶头上司工作，并通过上司完成工作。一般而言，只有通过这条道路，你才能最好地实现自己和他人的利益。
>
> 对年轻工程师来说，个人主义极有可能让人误入歧途，陷入只为自己工作，而不是为所在组织工作的泥淖……如果一个人足够聪明，他就会发现自己从事的是一整套极端复杂的团队工作的一部分，而不是一场争夺个人认同的比赛……你们应该在刚一走上工作岗位时就认清这一点。一个人必须找到自己在团队中的位置，必须懂得其中的规矩和暗号……[32]

和在工程领域里职业-企业-教育群体的同人一样，威廉·威肯登在20世纪的前30年里不断奋斗，他不仅帮助工程专业的学生，而且帮助教育工作者、个人主义者、政治家和工人阶层“找到自己在团队中的位置”并“懂得其中的规矩和暗号”。然而这里的“团队”是企业的团队；“规矩和暗号”也是企业的规矩和暗号。作为美国企业界最具活力的部门的顶级代言人，他们的目标是创造一个有能力满足科学需要和企业需求的社会。作为专业工程师，威肯登教导自己的工程师学生们，“想要出人头地……就必须依靠个人的优良品质”，而不是依靠类似工会提供的那种“大众的进步”。这位企业高管、银行董事、大学校长和职业工程师不无夸张地表示：“工程师很少具备阶级意识。而这一点往往是失败主义和幻灭的标志。”自豪、活力十足、充满自信，对自己和同人追求的目标保持高度清醒——威肯登对自己的夸夸其谈深信不疑。

第四章　以变求存

——企业工程师与社会改革

即使是美国的社会生产过程也不是自发的，它也不是盲目的。在19世纪的最后几十年间，以科学为根基的产业新机构、科学技术教育新机构与专业工程机构逐步融合，形成了一体化的社会矩阵结构（它由企业、院校和专业学会组成）。在这个矩阵里，早期加入者可以清楚地看到这一社会生产过程。首个关于现代技术的全面一致的观念恰恰出现在这样一个有限的环境中，它是一种关于企业改革的世界观。秉承科学思想的企业领导者们努力理解和满足产业扩张与稳定的需求，技术教育者试图在学术框架内为新的产业打造教育要求；与此同时，职业工程师们投身于自我组织，在科学和产业的双重世界里为自己找到恰当的社会职能。就这样，企业的社会生产稳步变成了一种自觉的过程，获得了方向和动力。那些来自以科学为根基的企业的改革者与创造了自身和自身世界的历史调和一致，他们开始期许并投身创造新的历史以求延续。

这些来自企业的改革者的群像不难描摹，因为他们的同质化程度相当高。和绝大多数工程师一样，他们都是白人男性，其中美国本地传统盎格鲁-撒克逊新教徒的后代占压倒性多数，其余的人则来自移民家庭。这些家庭在18世纪从不列颠群岛和欧洲北部（主要是德国）来到美国。他们的父辈大多是富裕的中产阶级商人、农场主、管理者、教师、律师、医生、牧师或者工程师。他们大多出生在1860—1880年，在新英格兰和中西部的小城里度过优裕舒适的童年。他们中几乎没人来自极端富有的家庭，即使有，也仅代表克里斯托弗·拉什所说的“统治阶级在智力和道德上的康复”；他们克服了本阶级追求闲适的癖好，克服了陈旧文化、逃避现实主义和地方偏狭观念的影响，他们能够运用自己承袭的财富和阶级特权造福企业产业[1]。他们中几乎没有寒门子弟，这让很多功成名就之后大肆吹嘘的白手起家故事不攻自破。

如果要为这个群体找到一个最具代表性的共同特征，那就是他们所受教育的性质。对其中大多数家庭来说，支持一名子弟完成大学教育不是问题（在那一代人里，大学毕业生的比例不足2%）。他们全部受过科学教育，专业包括电气工程、机械工程、化学工程、物理学、化学或者上述若干专业的组合；他们大多毕业于东部的哈佛大学、耶鲁大学、哥伦比亚大学和普林斯顿大学，中西部的密歇根大学、伊利诺伊大学、普渡大学和威斯康星大学，或者西部的加州大学、斯坦福大学和华盛顿大学。电气工程专业的人数占比最大，MIT毕业生的比例相当可观——包括本科生、研究生和博士后助理在内。到19世纪和20世纪交替时，这所培养企业工程师的教育中心足以挑战哈佛大学的地位。凭借着人才和资本的结合，MIT成了为工业时代的美国培养统治精英的摇篮。（下面的事实就是极好的证明：20世纪20年代，当时全球最大的四家企业——通用汽车、通用电气公司、杜邦和固特异轮胎——的高管在25年前是MIT的同班同学。）

在求学和随后的工作过程中（无论是作为企业的雇员还是顾问），这些人彼此建立了联系，接受了成立精英专业人士俱乐部的观点，再通过这些俱乐部推动和监督美国企业的科学发展和工业发展，并直接从中获利。他们的圈子较小，成员之间的共同眼界和目标使得他们能够在产业界、大学和各类政府科学机构之间轻而易举地转换岗位。他们经常聚在一起讨论工作，地点通常是专业学会的委员会会议室、大型企业的高管办公室，或者大学的院长或校长办公室。他们经常在绅士俱乐部里一边聚餐一边分享看法，比如大学俱乐部、技术俱乐部、哥伦比亚俱乐部、纽黑文草场俱乐部、工程师俱乐部、化学家俱乐部、银行家俱乐部、世纪协会、联邦俱乐部、团结俱乐部和宇宙俱乐部等等。一幅新美国的蓝图正是在这些“制图室”里绘制完成的。

也许没有谁比马格努斯·亚历山大更能代表这些企业改革者的精神了。作为一名出生在德国的电气工程师，他曾在西屋电气和通用电气公司做过设计师。他很早就开始从事社会改革项目，这些项目能够说明企业改革者共有视野的宽度。亚历山大是通用电气公司设在马萨诸塞州林恩市的教育与人事部门的首任负责人，他制订了通用电气公司与 MIT 的合作计划，打造并领导学徒培训项目，监督面向工科大学毕业生的技术课程，所有这些都是极为大胆的开创性工作。在通用电气公司之外，亚历山大还是马萨诸塞州多个养老金和工伤保险补偿金委员会里的活跃分子，其中一些是美国同类委员会中最早的一批。他是全国企业院校协会（NACS）的创始会员之一；这家协会是美国管理协会的前身。亚历山大是国家工业教育促进会（NSPIE）的副会长。他参与 SPEE 和美国电气工程师协会的各项事务。他和同辈电气工程师马尔科姆·罗蒂（Malcolm Rorty）以及经济学家韦斯利·米切尔（Wesley Mitchell）共同完成了美国国家经济研究局（NBER）的一部分早期工作；他还筹备了美国历史上首次关于劳工流失成本的全面调查。1916 年，亚历山大启动了自己最大规模的项目。他的合作伙伴是洛亚尔·奥斯本（Loyall Osborne）——西屋电气当时的首席工程师，他后来成了这家公司的总裁——和专利律师弗雷德里克·菲什——他曾是通用电气公司的顾问和 AT&T 的总裁，此外还有纽约国民城市银行总裁弗兰克·范德利普（Frank Vanderlip）。亚历山大成立了国家工业会议委员会并亲自管理，该委员会是整个美国工业的“研究部”和当时全美规模最大的雇主合作组织。

亚历山大的毕生事业堪称勇气、自信和先驱精神的象征。正是这种精神一直在鞭策他和他的同道者们。他关心的问题多种多样，这也反映了他们必须应对的经济、技术、社会和政治问题有多么错综复杂。他们投身的工作都是为了消除不断演进的资本主义经济固有的不稳定力量，为了确保企业产业的持续繁荣，为了推动和监管这一繁荣赖以存在的科学和技术进步。在企业霸权和技术发展的双重要求下，他们走出工厂车间，同其他富有远见的企业领导者、银行家和大学及政府里具备企业思维的社会改革者们一道，共同承担起了变革美国的重任。他们秉承冷静的科学态度，致力于整个“社会机制”的分析、理性化、系统化和协调工作，把偶然的、不确定的、破坏性的社会力量转化为可控的问题和高效行政管理的对象。

1929 年 10 月，马格努斯·亚历山大在东京召开的世界工程大会上发表了题为《美国的经济演进》（The Economic Evolution of the United States）的致辞。亚历山大学者气十足，他重述了企业改革者的集体成就，追述了过去的发展历程，认为此前几十年工作的特征可以概括为“技术、方法和政策的精益求精”。他回顾了为什么产业整合运动未能稳定生产和国内市场，为什么巨大的规模最初是无利可图的；阐明了行业协会合作、政府监管和科学管理后来的成功。他强调，在企业的支持下，为了实现社会平衡这一目标，经济和社会研究、市场分析、行业和政府规划、劳工管理合作、精简生产管理，以及分配过程的合理化都是非常重要的。他自豪地宣布了新的商业指导原则“生产力创造购买力”，并且说明了更高的工资、通过消费信贷得到加强的购买力、广告创造的需求，以及其他销售技巧是怎样增强生产力、促进企业繁荣的。[2]

亚历山大发现，“‘时间就是金钱’这句话曾经广为流传、人尽皆知，如今却鲜有耳闻。19 世纪美国商业生活的特征是追求体量和速度、残酷无情的竞争，甚至带有一丝赌博的色彩，与之形成鲜明反差的是，如今的大势是为了更高效地走向合并与结盟、勤谨研究基础之上的细致规划、更多地关注经济生活对社会进步产生的影响和衍生后果。”他指出，“尽管自由放任和强烈的个人主义是前半段美国史中经济生活的突出特征，但是如今的重点正在转向对社会责任的自觉承担……以及为了共同利益而做出的合作努力。”[3]

在东京期间，马格努斯·亚历山大浑身洋溢着自信。这样的自信促使他在几个星期前提出了这样的高论：“为什么要恐慌呢？我们没有理由恐慌。”那正是黑色星期二的前夜，美国历史上最糟糕的萧条即将卷地而来。亚历山大的乐观根源于他30年来的创造性工作和这一工作的极大成功。在这30年间，他目睹的是一个全新国家诞生于企业繁荣的基础之上；一切有关工业战争、经济动荡、社会不公、贫穷和政治纷争的恐怖统统烟消云散。他自豪地对台下的各国听众说：“美国显示出的迹象表明，一个更加安定的时代开始了。”可是，正如人们熟知的那样，20世纪的前30年几乎可以冠以任何形容词，唯独“安定”除外。[4]

19世纪的工业资本主义不仅孕育了现代技术和专业工程行业，还带来了企业和企业必须面对的社会动荡。美国内战结束之后，史无前例的经济扩张紧随而至。它带来了工业资本家之间的激烈竞争——他们一心追求更大的市场份额。[5]这种竞争压低了物价，迫使生产厂商一方面增加生产，另一方面通过引入新的机器和更高效的生产手段来降低成本。改进后的生产力只会加剧过度生产的老问题，把物价压得更低，逼迫生产者在美国和全世界进一步扩大市场、倾售产品。生产厂商之间的竞争因此变得更加激烈。

到世纪更替时，从这种竞争中幸存下来的较大企业开始稳定混乱的经济局面、维系资本主义的生机。它们的主要手段是消除大部分的经济自由——这既是资本主义如此兴盛的原因，也是把它推向灾难边缘的根由。用来取代经济自由的是商品，它是有组织的高效工业生产结出的硕果。为了实现这个目标，在这个自由放任的传统阻碍合法同业联盟建立的国家里，这些企业大肆扩张，争取控制尽可能大的市场和尽可能多的生产过程，力图清除较小的竞争对手，并在每个行业的多个方面开展协同合作。为了调控生产、稳定物价，它们使用了多种手段，包括合并、兼并、托拉斯垄断、企业控股、建立行业联盟，直至诉诸最终手段——政府机构的监管。与此同时，它们还致力于理性化，使在这个过程中建立的庞大帝国变得更精简高效——让造价高昂的工厂发挥出最大产能，做到物尽其用，让企业变得既盈利又强大，完全发挥出技术进步的潜能，让其指挥之下的各种活动做到协调一致。在以科学为根基的各个行业里，这同时意味着现代技术本身的理性化和它带来的生产过程的理性化，即科学术语和方法的标准化、专利过程的正规化、科学研究的高效组织，以及技术队伍的系统培养等。

企业对生产、价格和市场的控制是伴随生产能力的空前提高而来的，二者的结合带来了史无前例的利润和令人叹为观止的商品品类与规模。然而，此前半个世纪经济扩张的巨大动能已经开始放缓，工厂达到了有效生产的最大规模，自然资源被劫掠一空，铁路建设产生的刺激达到顶峰并开始回落，国内市场变得饱和。在这样的条件下，企业垄断本身产生了问题。在需求跟不上的时候，无论多么努力地调控产出，高效率的大规模生产和充分利用昂贵工厂及设备的要求仍会带来过度生产。这就需要新的营销技术来创造需求和购买力，来吸引有消费意愿并且能够消费大规模生产的产品的大众。[6]与此同时，人为推高的价格和由此产生的利润与日渐下降的经济扩张速度结伴而来，产生了让人难以应对的资本盈余。这种盈余必须通过某种手段变成有利可图的投资，因此，人们必须找到新的投资领域。[7]除了方兴未艾的汽车产业、海外合资企业和广告，以及旨在确保一定程度的社会稳定的各种社会福利项目之外，没有什么比研究与开发活动、科学管理项目和教育事业看上去更有前景了。

这样的经济体制要么扩张，要么灭亡。它本身固有的矛盾决定了企业的改革主张。不仅如此，矛盾产生的张力给这些改革主张带来了一种始终动荡不安的经济环境。它的突出特征是周而复始的“爆发与衰退”。[8]1907 年的银行恐慌方才唱罢，战时扩张的大潮随即登场，紧接着到来的是 1921 年的战后萧条，随后是 20 世纪 20 年代汽车浪潮催动下的巨大繁荣。然而垄断资本主义制度的迫切需要和巨大危险只是故事的一部分。因为同样的工业化过程不仅产生了工业资本主义者及其垄断媒介——企业，还产生了产业工人阶级，这些人被当作机器，他们的劳动创造了商品、利润，进而创造了资本主义制度本身。在 19 世纪最后几十年间，劳动人口开始形成组织——他们与资本主义对生产资料日益严重的垄断作斗争，争取更大的产品份额。[9]

19 世纪七八十年代出现的铁路兄弟会组织和美国劳工联合会（AFL）为劳工运动带来了“凝聚力、信心和目的性”[10]。1886 年爆发的秣市暴乱（Haymarket Riot）造成了惨烈的后果，加强了劳工团结在一起的决心。19 世纪 90 年代的罢工，尤其是霍姆斯泰德罢工和普尔曼大罢工，造成的人员伤亡让此前几十年间的罢工相形见绌。反对大型企业的敌意日益浓厚、四处散播，同时在逐步认识到劳工需求合法性的鼓励下，世纪交替之后的罢工继续爆发，并且愈演愈烈：1900 年、1902 年和 1912 年的美国煤矿工人联合会大罢工；1901 年的钢铁工人罢工；1909 年的国际妇女服装工人工会罢工；在世界产业工人联盟（IWW）的支持下，1907 年爆发了西部矿工联合会（Western Federation of Miners）罢工，1909 年爆发了针对普列斯德钢铁汽车公司的罢工；1909—1912 年，斯波坎、弗雷斯诺（Fresno）和圣地亚哥爆发了争取言论自由的斗争。在 20 世纪的第二个十年里，争取工会认可的斗争同激进的社会重组运动结合在一起。由于工会会员数量增长到了 1897 年的 6 倍，这一斗争变得更趋激烈；除此之外，无组织的工人们越来越多地使用蓄意破坏、消极怠工等类似手段达到自己的目的。美国劳资关系委员会调查了 1910—1915 年的罢工情况。它的报告反映了产业动荡所及的巨大范围。一位历史学家这样写道：

> 不论起因、所在地点、产业类型和族群如何，劳资关系的动荡

在美国全面爆发。无论是大城市还是小镇、工业区还是农业区，到处都陷入了剧烈的动荡……工业化早已把美国的社会态度和社会制度远远地甩在身后。这在很多地区造成了民事当局的崩溃，甚至濒于无政府状态和军管状态……第一次世界大战前夜的美国人生活在一个充斥着工业暴力的社会里。[11]

以科学为根基的各个产业很难在这种劳工冲突中置身事外，比如1913年，通用电气公司位于斯克内克塔迪的工厂爆发了规模巨大的罢工。这次罢工的部分原因是工会的组织者遭到了解雇；1915年，一场声势浩大的罢工震撼了西屋电气在匹兹堡东部的几家工厂，“在罢工者当中，最具声望的代言人与社会主义党、社工党和世界产业工人联盟过从甚密。”[12]

第一次世界大战期间，虽然爱国主义激发了越来越多的镇压，而且作为战时的权宜之计，政府也做出了相当多的调和，但是罢工和工业暴乱仍未停歇。工业暴乱在战争结束后上升到新的高度，1991年，在波士顿警察罢工、西雅图总罢工和美国钢铁公司工人罢工等事件的促动下，饱受战争之苦的美国终于发动了有史以来第一次由政府支持的、针对“红色威胁”（Red Menace）的大规模清洗。而1897—1914年涌现的“新移民”大潮让“劳工问题”——企业工程师和工业领袖们是如此看待和称呼它的——雪上加霜。

1882年是整个19世纪移民涌入美国的最高峰。此后的移民数量大幅减少，直到1897年开始回升。这次大潮为美国带来了超过800万海外移民。这批移民在成分和数量上与之前大不相同。截至1905年，超过80%的移民来自南欧和东欧；他们大都是希腊人、天主教徒或者犹太人；反观1883年之前的移民，他们中95%的人来自北欧和西欧，大部分是新教徒。这两批移民在其他方面也大为不同：新移民主要是单身男性，而不是以家庭为单位；三分之一以上的新移民是文盲，而前一批移民中的文盲比例仅为大约3%；新移民往往没有兴趣学习美国的语言和生活习惯，因为他们大多把这里看作临时的栖身之所。他们打算来美国“发家致富”，无论成功还是一败涂地，他们最后还是要回归故里的。[13]

新移民在当时的产业局面中发挥了矛盾的作用；他们的移徙是对经济繁荣做出的响应——很多移民在出发之前就和雇主签订了合约——但他们是在经济衰退时抵达美国的，被雇主用来“维持低工资，练习管理技能”[14]。这些移民大多住在城市工业区里，而不是乡间的田园里；他们主要集中在纽约州、马萨诸塞州和宾夕法尼亚州，那里是美国当时的矿业和钢铁产业中心以及以科学为根基的产业的中心。在以科学为根基的各个产业里，管理者大多是工程师出身，他们绝大多数是美国本地人或者北欧移民的后代。① 这些管理者获得了与新移民打交道的丰富经验。仅就通用电气公司而言，1903 年，有 2 000 多名斯拉夫人在斯克内克塔迪的铸造厂里工作，负责管理他们的是一位来自新英格兰地区的美国本地人；这位名叫普林斯的经理毕业于伍斯特理工学院。移民劳工的陌生举止加深了管理者和工人之间的隔阂，使得前者更敢放手把后者当作“科学”研究的区区对象来看待。这些企业里的工程师还在美国化运动中扮演了重要角色。这项运动的部分设计初衷是帮助劳动者适应工业环境。20 世纪 20 年代的限制移民立法由种族问题引发，这些法案得到了很多人的强烈支持，包括出生在德国的马格努斯 · 亚历山大[15]。

不过这些新移民的活动并不总是对抗劳工组织、帮助雇主加强地位。他们经常“投身火热的战斗”，和美国本土劳工站在一起对抗雇主；日益壮大的社会主义党也在广泛地“把美国本地人同新抵达的移民团结在一起”[16]。但是，无论是投身战斗，站在劳工组织身边，还是被雇为罢工期间的替工者和廉价劳动力，被用来挫败工会提出的要求，这些移民本身就足以成为雇主的麻烦。正如赫伯特 · 古特曼（Herbert

① 威肯登在他关于工程教育的研究中发现，“相对而言，那股来自南欧和东欧的移民大潮似乎并未带来工科学生。” *Report of the Investigation of Engineering Education*（Pittsburgh：Society for the Promotion of Engineering Education，1930），I，162.

Gutman）看到的那样，伴随他们一起进入工业环境的是“前工业文化”根深蒂固的“工作方式、习惯和价值观”。这些习惯和价值观与“工业的必然要求和精神气质格格不入”。因此，他们的到来让“本地人和刚进入工厂的移民之间反复发生的矛盾，以及工厂劳动加诸他们的规矩和劳工纪律带来的周期性矛盾”变得长期化。而这正是贯穿 19 世纪的美国经验的突出特征。[17]尽管企业工业越来越多地主导着整个社会经济，土地被城市工业稳步侵吞，但是新移民，连同他们“混杂的异乡语言和习俗”，以及他们“前工业时代”的工作习惯，都让“适应社会，服从工业化的迫切要求”这个问题不断显现。依照自己的文化传统生活——这是移民的传承，也是帮助他们在一个陌生的、充满敌意的环境里生存下去的依靠。因此，新移民不愿顺从地被吸纳到工业过程当中。同其他工人一样，他们挑战这一过程，参与重塑它，并因此塑造了作为管理者的工程师的技能和使命，因为这些管理者正是这一过程的设计者和运行者。①

变动不居的经济形势、日益高涨的劳工运动，以及不断增长的移民，这些力量造成了人们对良好社会的新认知。它在政治层面找到了自己的表达方式。到世纪交替时，不同的政治力量都在寻求重新调整政治经济，以适应工业资本主义产生的不断演变的需求和可能性。劳工领袖、小型企业、大型企业、移民团体、传统政治党派、革命党派和专业人士都开始建构必要的政治，把技术增益转变为自身的优势。其中最早

① 除了众所周知的美国工会运动史之外，人们对工人如何通过抵制和反抗塑造现代工业过程的历史几乎一无所知。如果不是这个原因，工程和生产管理几乎不会参与从绘图板上的设计到车间现场的这一转变。新的方法被不断地引进和抛弃，或者无休止地修改，只是为了更好地适应工作形势。在这样的背景下，决定最终结果的是利益相互冲突的人，而不是单纯为了优雅或者效率而做出的考量。假如缺少了对这个过程的精确叙述，技术史永远只能是一面之词，并将因此沦为歪曲的陈述。赫伯特·古特曼和戴维·蒙哥马利（David Montgomery）帮助我们填补了这一空白。他们可供参阅的著作包括：古特曼的 *Work, Culture, and Society in Industrializing America*（New York: Alfred A. Knopf, 1976）, pp. 3 –78，以及蒙哥马利的两篇论文：“The ‘New Unionism’ and the Transformation of Workers’ Consciousness in America, 1909 –1922”（1972）and “Immigrant Workers and Scientific Management”（1973）.

也最重要的是一场争取民主改革和工业改革的民众运动。它可以追溯到1890年的民粹主义浪潮以及亨利·乔治(Henry George)和爱德华·贝拉米(Edward Bellamy)的雄文。随着高层政治和商业腐败被“扒粪”(muck-raking)运动曝光,这一改革运动再次获得新的推动力量。来自市、州和国家层面的改革领袖们呼吁,通过公民立法、罢免官员、全民公决以及参议院直接选举等手段逐步重振民主精神。他们要求,通过福利立法、工业振兴计划和妇女享有选举权等手段来重新分配财富和机会,他们寻求通过反垄断立法、政府对企业的监管,以及对工会提供支持等措施实现经济权力的再平衡。除此之外,他们还在各级政府里“清扫门庭”,让“政府事务”变得更加有序、高效和诚信。

进步党的成立让改良式的改革运动走向整个美国。该党的目标主要是清除工业资本主义的恐怖成分,使之更好地运转。此外还有社会主义运动和无政府主义运动,它们的目标都是根除资本主义制度。在20世纪前20年里,基础日益深厚的社会主义运动帮助美国社会党候选人在很多工业城市当选市政长官(其中包括纽约州的斯克内克塔迪市,它是通用电气公司总部所在地)。在尤金·维克多·德布斯(Eugene V. Debs)的领导下,社会党在国家层面获得了相当可观的力量。正如詹姆斯·温斯坦(James Weinstein)笔下描述的那样,社会主义运动“熟识自身传统,思想观念一致,力图用社会主义重整社会,这是他们开出的药方,用来根治社会的不公和堕落的社会价值观。在他们看来,这些都是美国资本主义与生俱来的痼疾。在1920年之前,旧社会党获得了大众的选票支持以及广泛而重要的宣传,在工会运动中获得了大量的追随者,并对当时的改革和改革者产生了深刻影响。”[18]世界产业工人联盟对既有秩序怀抱敌意,不惜蓄意破坏,并且成功地获得了未加入工会的非熟练工人的支持。因此,它在那个时期煽动了很多劳工斗争,并在美国本土中产阶级、保守的工会领导者以及产业管理者中间引发了焦虑和愤怒。但它从未争取过革命派的支持。缺少了这种必要的臂助,世界产业工人联盟无法真正挑战树大根深的建制党派，更不用提挑战资本主义制度本身了。关于新秩序，它缺乏内在的一致愿景。日益激烈的内部纷争也让这个组织寸步难行。尽管如此，这场旨在实现美国的社会主义的运动仍是一股不容小觑的力量。社会主义革命的魂灵始终萦绕在那个时代的上空，成为政治言辞的重要部分，尤其是在俄国的十月革命胜利之后。这一言辞也折射出一种实在的、无处不在的恐惧。它引发了持续不断的产业及政府监控和压迫。

面对社会主义和民主改革运动，商业界实际上发生了分裂。多数小企业主寻求通过各种行业协会和全国制造协会实现集体行动。他们激烈反对工会、封闭式车间和政府对企业的管制，更不用提社会主义了。相比之下，更富远见的大型企业领导者们意在消化和吸收那些较为温和的改革运动，预见并拨转它们的方向，同时孤立那些激进变革的支持者。他们信奉的主旨是合作、社会和洽以及有序的政治经济制度。他们既反对社会主义，又反对主张无限制竞争的无政府主义。这些人被称作"企业自由主义者"[①]（corporate liberals）。他们的最高目标是实现以下两个方面的调和：一个是传统的自由主义民主观念，即个人主义、自力更生、自由企业制度（free enterprise）和企业资本主义的反国家主义

① 关于企业自由主义的更多论述，可以参阅以下著述：Martin J. Sklar, "Woodrow Wilson and the Political Economy of Modern U. S. Liberalism," *Studies on the Left*, Vol. I, No. 3 (Fall 1960); James Weinstein, *The Corporate Ideal in the Liberal State* (Boston: Beacon Press, 1968); William Appleman Williams, *The Contours of American History* (Cleveland: World Publishing Company, 1961), pp. 343 - 469; James Gilbert, *Designing the Industrial State* (New York: Quadrangle, 1972); Ronald Radosh and Murray N. Rothbard, eds., *A New History of Leviathan* (New York: E. P. Dutton & Co., 1972); David Eakins, "The Development of Corporate Liberal Policy Research in the U. S., 1885 - 1965," unpublished Ph. D. dissertation, University of Wisconsin, 1966; and Jerry Israel, ed., *Building the Organizational Society* (New York: Free Press, 1972)。关于对企业自由主义概念的新近批评，即"修正主义的历史学家过分透支了企业自由主义的意义"，可以参阅：Kim McQuaid, "A Response to Industrialism: Liberal Businessmen and the Evolving Spectrum of Capitalist Reform, 1886 - 1960," unpublished Ph. D dissertation, Northwestern University, 1975。法团主义与自由主义之间的区别始终晦暗不明、贫乏不堪，想要了解对它准确而清晰的分析，以及企业自由主义尝试治国方略的短暂历史，可以参阅埃利斯·霍利（Ellis Hawley）杰出的论文（未公开发表）：Techno-Corporatist Formulas in the Liberal State, 1920 - 1960: A Neglected Aspect of America's Search for a New Order.

(anti-statism);另一个是科学和技术对于秩序、稳定和社会效率的需要。他们先是强调前者,随后强调后者,力图通过各种途径监管企业经济。这些途径包括政府机构、私营协会(例如商会和行业协会等)和研究机构(NBER、布鲁金斯学会和国家工业会议委员会等)。他们通过全国公民联合会等改革组织推动社会福利立法,以减轻工人阶级的负担和敌意;他们还推动工会组织成为公司产业体系的自觉合作伙伴,希望用可控的、有序的谈判取代行业争斗。[19]

工程师从业内优势地位出发,对不断变化的社会形势做出了多种多样的应对。无论具体的应对形式如何,他们都希冀在政治舞台上一试身手,从而发现自身社会功能的潜力和局限。这一经历为工程职业与制度化社会权力之间的紧密关系提供了进一步的指导。

在20世纪前20年里,一些工程师开始感受到一种矛盾,它存在于对社会有益的技术进步与企业对这一进步的物质和人力手段的控制之间,存在于科学的可能性与企业盈利的需求之间。他们开始质疑产业对专业学会的操控①,开始在各个层级的政府机构中谋求公职,为劳工和激进运动提供技术服务,开始为作为工程师的自己谋求更多的权力。他们的一切努力都是为了摈弃工程行业的陈旧信条,即“金钱说了算”;他们要扭转工程行业的重点,把它从利润优先变成科学诚信、社会改良和政治体制改革优先。

莫里斯·库克(Morris Cooke)和弗雷德里克·海恩斯·纽厄尔(Frederick Haynes Newell)等人强调工程师的专业科学知识的重要性。他们为了实现机械和土木工程师专业协会的民主化,为了把工程师的精力从企业转向公共服务而奔走呼号。他们激烈反对工业界通过成立新型组织来控制工程行业的做法,例如成立美国工程师协会和美国工程学会联合会(Federated American Engineering Societies)等。在地方层面,一

① 除了在专业协会的执行委员会中占据多数席位,私营企业还普遍为自己的员工承担了这些协会的会费。

些土木工程师，例如德雷亚、巴拉德，以及被称为“克利夫兰激进分子”的其他人——也就是克利夫兰工程学会中那些政治上比较活跃的成员们——呼吁由政府来管控公用设施，倡导以公众利益为目标的社会工程学。莫里斯·库克曾在费城市长布兰肯伯格的改革派政府中担任公共工程负责人，他同样对私营企业拥有公用设施的现象大加鞭挞，力图争取其他富有公德心的工程师的支持。[20]

尽管进步工程师努力向民主改革和反对大企业的改革运动看齐，但是他们同样鼓吹政治决策对技术专业知识和管理知识的依赖，并通过这样的方式强化工程师的地位。有些人同弗雷德里克·泰勒过从甚密——例如库克和霍利斯·戈弗雷（Hollis Godfrey）等，他们想在行业之外获得更多权力，就像他们通过科学管理手段在业内做到的那样。虽然少数人做到了这一点①，但是他们大多遭到了同行的批判，有些人因此被迫彻底放弃了工程师职业。

绝大多数进步工程师选择了以企业自由主义者的身份行事，把社会改革同企业的要求结合在一起。以克利夫兰激进分子为例，他们显然符合这种模式，他们是该市商会最活跃的成员，他们追求的最高目标是提高这座城市的效率，吸引大型工业企业。不仅如此，在美国工程师协会中，相当多幻想破灭的年轻工程师一致追随纽厄尔和德雷亚，他们在商业萧条、失业严重的年代做了同样的事；随着战争刺激下经济的繁荣回归，这个协会最终解散。至于美国工程学会联合会——这个进步工程改革运动最强有力的媒介——最终选择了一位美国企业最强有力的代言人担任自己的会长，他就是赫伯特·胡佛。工程师被牢牢绑定在产业组织里，因为这些组织控制着他们职业实践的工具和手段。绝大多数进步工程师发现，反对大型企业的政治活动是以工程专业技能为基础的，这些

---

① 比如说，戈弗雷之所以被选为德雷赛尔学院（Drexel Institute）的院长，很大一部分原因是他为费城市政府做过一次有关技术教育与人力资源的调查；库克最终在罗斯福新政期间成为“农村电气化工程”负责人；亚瑟·摩根，一位心直口快的防洪工程师，被任命为田纳西河流域管理局（TVA）的首任局长。

政治活动不可避免地造成政治精英主义或者技术上的碌碌无为，或者二者兼而有之；他们认为，激进的工程师只能在保持激进和保持工程师身份之间选择一个。[21]

少数人选择了二者兼顾，结果赔了夫人又折兵。泰勒的门徒亨利·甘特始终坚持科学管理学说较为激进的教义，呼吁把社会权力集中到技术专家手中；他发起了“新机器”（New Machine）组织，走向激烈的社会重构。然而，由于他在1919年离世，这项努力还未开始就结束了。沃尔特·劳滕施特劳赫（Walter Rautenstrauch）和吉多·马克斯（Guido Marx）是志趣相投的同事，他们与假冒工程师的霍华德·斯科特（Howard Scott）合作成立了革命性组织“技术联盟”（Technical Alliance），一同加入的还有新社会研究学院的托斯丹·凡勃伦。他们的目标是自相矛盾的：一方面，他们想动员建立一个“工程师的苏维埃”，在翻天覆地的社会革命中领导工人阶级；另一方面，他们构想的社会又是由科学家和工程师来领导的。除了斯科特与世界产业工人联盟的短暂接触之外，这个组织的实践显然以第二方面为重心。因此，这个工程师圈子里最激进也最孤立的群体始终徘徊在边缘地带，虽然它在大萧条初期曾经短暂浮出过水面，虽然它代表的技术治理（technocracy）一度成为媒体热议的话题，但又最终走进了政治的死胡同。[22]

在以科学为根基的产业里，企业工程师对当时各种社会潮流的反应与大型企业和银行里那些思虑周密、阶级意识明确的企业自由主义者最为接近。然而，作为科学与产业界之间联系的人格化身，他们通常更多地倾向于技术法团主义（techno-corporatism），而不是自由主义（也许在界定私营工业企业的特权时除外）。为了求存而求变，为了满足企业发展和技术进步的双重迫切要求，他们努力使用一切可能的手段，因为正是这两者决定了他们的职业生命。虽然他们得到了工业世界里众多最具权势人物的支持，享有巨额工资和股票期权，而且利润丰厚的咨询业务使他们与企业发展之间建立了直接的利害关系，但是，他们的动力既不是简单的个人利益，也不是对权力的贪欲。恰恰相反，鞭策他们前进的是共同的理想，它是一幅催人奋进的未来画卷：一个富足又人性化、恬静又强大的美国。这种献身精神的力量源自他们对于历史的认识。他们把自己看作革命者，他们的奋斗目标是对以往人类成果的一种承诺。假如他们努力把这个国家带入某种特定的社会组织形式，比如企业资本主义，那是因为他们认为这种制度既是历史的必要，也是不可阻挡的必然。还有一点原因，作为学习现代技术的学生，他们奉科学为圭臬，用科学的名义为自己的活动辩护。他们既大胆又足智多谋，因为他们相信“天将降大任于己”，认为自己行走在一个有意义的世界里。

到 19 世纪与 20 世纪交替时，这些改革者开启了一项影响深远的事业。他们要把美国社会带到同技术进步和企业发展相一致的道路上来。那个时代的社会动荡相当严重，它的明显标志包括长期的经济不稳定、人们对工业政治民主的普遍要求、激进的劳工运动、史无前例的移民大潮，以及本土形成的社会主义运动。正是在这样一个时代里，他们开始设计全新的社会制度，培养这一转型不可或缺的社会习惯。所以，当富兰克林·罗斯福总统在 1936 年致信工程教育促进学会，敦促技术教育者努力向年轻工程师们灌输更多社会责任感、努力解决源于技术的社会问题时，普渡大学的安德雷·波特（Andrey A. Potter）院长才会轻松愉快、充满自信地回复说，他和他的同事们“完全理解工程师在技术进步与社会管控之间实现更好平衡这一应尽职责”。在 30 年的时间里，他们努力实现了马格努斯·亚历山大提出的繁荣的“良性循环”。他们以熟识现代产业知识和科学技术为己任，将每一个想要把美国带到完全不同道路上的对手甩在身后；他们由此形成了一股先驱人物的锋锐之气，一种对自身使命毫不动摇的信心。除此之外，他们唯一的优势在于这样一个事实：在开始较量之前，他们已经占据上风。[23]

第二部分

作为自觉社会生产的企业改革

第五章　奠定基础

——科学与工业的标准化

我们深受自身方法松散性的祸害；我们的思想太过松散；这样一种精神源于我们的飞速发展……对我们的政府来说，最体面的事莫过于成为绝对正确的科学标准及相关立法的建立者和保护者；它们会让我们的人民保持忠诚，绝对服从法律的要求，而法律是附属于这些正确标准的。[1]

——莱曼·盖奇（Lyman Gage）

来自工程阵营的企业改革者们迅捷地进入了20世纪，把同时代的其他人远远甩在了身后。早在19世纪90年代，他们就已经开始为此奠定基础。这与他们自身密不可分。现代工业仿佛脱缰野马般的迅猛增长产生了五花八门、种类繁多的制造技术和工业制品，每家厂商都自行设计，再到开放市场里与竞争对手的设计一较高下。这造成了后代美国人无法想象的混乱和重复劳动。大体而言，决定产业界采用什么手段、使用何种机器和工具、造出什么工业制品的市场规则只有一条：适者生存。到了以科学为根基的产业兴起时，它们同样要采用这种偶然性极强的运营模式。因此，新企业竞相兜售各色相互竞争的电气设备和化学制品，它们像洪水一样席卷了整个市场，更不用提泛滥成灾的各类机器和工业制品了。由于每家厂商最关心的莫过于推销自己的产品，并因此设计了独一无二的质量和性能评定手段，所以要在两种相互竞争的产品之间做出选择极其困难。因为每家厂商都使用特制的零配件，所以它们的产品根本不可能相互替代。

在企业改革者看来，无论是从经济的角度出发，还是从工程的角度出发，这样的情形都难以为继。虽然他们把消费品的广泛多样性视为自由企业活力的明证，但是他们同样把工业产品的这种多样性看作经济和技术进步的严重阻碍。企业间的整合最初就是为了在这种混乱不堪的经济局面下建立一定的秩序。对企业改革者来说，这是实现科学和技术空前发展的一种手段。然而，企业为机器、厂房和人力做出了巨大投资，只有把资源的效用发挥到最大，它们才能在经济上维持下去。也就是说，企业必须把规模庞大的连续生产进行到底。但是，消费品的生产必然涉及工业制品的品类和尺寸等方面的某种统一性，必须有一种标准化的技术规格来衡量设备和机器的性能。如果缺少了这种统一性和标准化，就不可能有大规模生产赖以发生的零件可互换性和制造工艺的正规化。如果没有广泛认可的质量标准和准备就绪的产品售后服务程序，大规模消费就不可能发生。因此，工业的标准化是企业走向繁荣的必要条件；而且，由于企业是技术创新的发生地，所以标准化也是科学进步的必要条件。市场竞争终将影响它脱胎而出的经济制度自身的生死存亡；同样地，生产的竞争也会造成威胁，它不仅推动了技术的发展，还可能反过来阻碍技术的进一步发展。

在以科学为根基的新型工业企业里，改革的压力是最大的。此前的生产中从未出现过电气工业和化学工业对于统一性、精确性、复现性和可预测性的这般要求。科学生产的每一部分都必须在实践中做到严丝合缝，并借助流畅、不间断、预先设定的流程相互补充，正如它们在理论上和设计中就是连贯一致的一样。科学的理性由此否定了市场的非理性；企业因此而繁荣发展。和由此繁荣发展的企业一样，科学本身也需要标准化。在以科学为根基的产业里，企业改革者受过专业的科学教育，而且他们是从大型企业中脱颖而出的。对这些人来说，应对标准化带来的挑战仿佛成了为他们量身打造的任务。

现代工业的标准化以科学标准化为先决条件。这离不开准确定义的计量单位和精确的计量手段。最早对精密工艺提出迫切要求的是现代工业的核心——机械加工车间。18 世纪末，詹姆斯·瓦特（James Watt）想要找到合适的工具和胜任的工匠来按照自己机械设计要求的一致性钻削发动机气缸。结果他遇到了很大的困难。对于当时的发动机内径来说，出现 1/16 英寸大小的偏差是很平常的事，达到 1/32 英寸的精度已经是高超工艺的标志。到了 19 世纪，得益于计量工具的发展和技能的改善，机械工艺取得了长足进步。英国人查尔斯·巴贝奇、亨利·莫兹利、约瑟夫·惠特沃斯和美国人威廉·塞勒斯（William Sellers）为机床设备、仪表和标准的改善做出了开创性的贡献，加上熟练机械工人的训练，这些都为现代机床产业打下了基础。到 20 世纪初，机械工人已经可以把容许偏差控制在 5/1 000 英寸以内，按照精密工业规格制造出整齐划一、经久耐用的机械配件。出身车间的机械工程师们因此对工业精密标准的要求产生了热烈的共鸣。1884 年，美国机械工程师协会成立了测试委员会，力图协调标准计量和术语工作；1898 年，国际材料试验协会美国分会成立（4 年之后，这家组织完成了企业化，成为美国材料试验协会①），这两家组织的宗旨大致相同[2]。

以科学为根基的电气产业和化学产业的出现提高了对计量标准的要求。MIT 电气工程系系主任杜加德·杰克逊有过这样的解释：“无论工业的哪个分支变得更加科学化，也就是说，每当有组织的、有记录的知识被充分利用，处于个人或者团体的经验主义之上时，人们就会越发认识到准确方法和精密计量的重要性。”这些产业从一开始就建立在自然科学的基础之上，因此，从这里走出的工程师们往往注重概念和计量的

① 后来它再次更名为美国材料与试验协会（ASTM）。

精确性。比如说，电气工程师们早在19世纪90年代就在美国电气工程师协会内部成立了标准委员会，协调电气产业的标准化活动。他们还力促电气和化学标准加入美国海岸和大地测量局的度量衡办公室（Office of Weights and Measures），并为公制系统的采用而奋战。几乎在同一时间，为了相近的目的，美国化学学会的工业化学家们同样成立了标准委员会。最重要的是，这些新产业普遍需要可靠的设备，而且这些设备必须依照可信的标准校准就绪。这不仅是为了度量长度、重量和体积，还是为了测定压力、热、光、电、磁性和放射性，从而确定机器、设备和过程的等级、产出效率和耐久性。工程师们在这些方面的努力恰好与职业科学工作者、物理学家和化学家们的工作完美契合；后者的努力包括术语的标准化、精确的物理常数的建立，以及分析方法的系统化等等。[3]

物理学家在标准化的历史进程中发挥了重要作用，他们的工作为后来的工程标准化和工业标准化奠定了基础。物理学家迈克尔逊就是个例子。这位美国的第一位诺贝尔奖获得者开发出了精确的计量方法，算出了光的速度。到19世纪90年代时，他提出了一种器械的设计并称之为干涉仪。迈克尔逊的干涉仪是用来测量实际长度的，它依据的是一种完全可靠的标准：单色光的波长。威廉·诺伊斯（William A. Noyes）是罗斯理工学院（Rose Polytech）的一位出色的分析化学家，他开创性地建立了标准的化学制品分析方法和技术规范并实现了它们的系统化。这为他赢得了国际声誉。诺伊斯后来成了美国标准局的第一任首席化学家。不过，谈到对科学标准化的贡献，也许没有人能超过亨利·普利切特（Henry S. Pritchett）。

普利切特的父亲是一位天文学家，他本人后来也成了美国最负盛名的天文学家之一和圣路易斯华盛顿大学的教师——那里拥有全美国最全面的天文学课程。在美国海岸和大地测量局的协作下，普利切特开发出了一套经纬仪，用来观测时间和计算经度——它们是测量局制作地形图的基础工具。1883年，美国首次设立中部时区标准时间，它就是使用普利切特的经纬仪确定的。因此，在此之后的几年里，“在整个密西西比河流域长达 5 万英里的铁路沿线……站钟和列车乘务员的手表都要依照他的观测结果来对表，统一精确时间。”[4]1897 年，普利切特成为海岸和大地测量局的负责人，并在三年之后兼任 MIT 校长。1905 年，他把一份教师退休金方案交给了安德鲁·卡内基。这份方案不仅促成了卡内基教学促进基金会的创立，还让普利切特当上了这家基金会的主席。作为一名科学家，普利切特对工程、工业和教育等领域的科学发展兴趣浓厚。他充分认识到，除了时间以外，还必须确立其他方面的统一标准。比如说，在弗雷德·哈尔西（Fred Halsey）在 MIT 发表文章，表达机床产业对公制系统的反对时，普利切特不仅抨击了他，还为政府的标准化工作奔走疾呼。[5]普利切特支持统一的标准化机制，这不仅出于产业原因，还出于科学原因。他认为，美国想要抵御来自德国的工业竞争，这样的发展进步是决定成败的关键。德国拥有帝国技术物理研究院（现名为德国联邦物理技术研究院，简称 PTB），建立了完备的国家物理实验室。美国当时的很多产业和科学工作者不得不在需要标准化关键服务时求助德国。普利切特和很多产业家、科学家认为，这把美国置于明显的劣势竞争地位。美国需要自己的国家物理实验室。[6]

因为发现不同的海关部门在重量和尺寸计量上存在巨大差异，美国国会在 1836 年成立了度量衡办公室，提供一定的规范性和一致性。虽然这个办公室在法律上归属美国财政部，但它实际上是作为美国海岸和大地测量局的一个部门运行的。度量衡办公室的资金十分拮据，无权无势，无权发放认证资质，它也没有用来确定化学或者电气标准的设备设施。直到 1886 年，这家办公室的负责人查尔斯·皮尔士还在满腹牢骚地抱怨，“如今的度量衡办公室只是个无足轻重的小把戏，这太令人遗憾了”——皮尔士是第一位实用主义的哲学家。1900 年，美国国家科学院在年会上提出一致看法：“对当前的科学研究与技术设备来说，我国政府和科学工作者可资利用的标准化设施严重不足，甚至彻底缺失。因此，在绝大多数情况下，想要进行比对研究，人们只能把这些设备送往国外。”[7]

1897 年，普利切特被任命为美国海岸和大地测量局局长。他决意让这家政府机构跟上不断变化的工业和科学需求。他后来这样解释自己的做法：“很明显，全国不断高涨的工业需求早已引发了对标准的迫切需要，仅有重量和长度标准显然是不够的。”他说服了另一位物理学家塞缪尔·斯特拉顿（Samuel Stratton，他成功简化了迈克尔逊的测光仪，后来成为 MIT 校长）暂时离开芝加哥大学，帮助他重组度量衡办公室，他们“开始了一项扩张计划，建立了一个更加高效的标准局，希望它能在美国一些计量工作中发挥出类似德国的物理研究院的作用”。正如他和其他人后来采用德国模式重组美国的技术和职业教育一样，普利切特把德国当作“满足了美国科学和制造业需求的标准局”的典范。[8]

斯特拉顿为此准备了一份详尽的报告，论述了成立一家设备精良的标准局的必要意义。他还提出了建立这家机构的大体计划。弗兰克·范德利普是斯特拉顿在芝加哥的老朋友。在他和普利切特的劝说下，斯特拉顿决定通过国会来推行这项计划，并在标准局成立时担任局长。范德利普在 1901 年成为纽约国民城市银行总裁，此时他还担任美国财政部的助理部长；由于度量衡办公室隶属于财政部，所以范德利普的支持至关重要。范德利普的上司、财政部长莱曼·盖奇的支持更是如此。盖奇是一位声誉卓著的芝加哥银行家，他曾是 1893 年芝加哥世界博览会最初的推手之一。盖奇曾经担任芝加哥市民联合会会长，这家组织是支持企业自由主义的全美公民联合会（National Civic Federation）的前身。在此之前，国会议员詹姆斯·索瑟德（James H. Southard）提出过一项公制立法的议案。在盖奇和另外三人的鼓动下，索瑟德对成立标准局的议案表示了支持。在美国国家科学院、美国科学促进会和美国电气工程师协会等组织的强力支持之下，这项议案以压倒性优势获得通过。1902 年，美国标准局成立，斯特拉顿成为首任局长。翌年，标准局划归新成立的美国商务与劳工部。[9]

普利切特当时表示，政府方面对标准局的最有力支持来自盖奇，他“不仅懂得计量带来的直接商业成果，而且了解它在道德层面的间接影响”[10]。在出席参议院为这项议案召开的听证会时，盖奇雄辩了标准化对寻求建立社会新秩序的双重作用：

> 我想到了这件事的另外一面。对很多人来说，这一面的情感价值似乎大于实际价值，在我看来，它为这项议案带来了巨大的力量。我们也许可以称之为问题的道德一面，它就是政府对于绝对标准的必要认可，这势必影响一切生活关系中的忠诚问题。我们深受自身方法松散性的祸害；我们的思想太过松散；这样一种精神源于我们的飞速发展，也可能源于我们漠视或者不够理解生活关系对于精确性的必然需要……对我们的政府来说，最体面的事莫过于成为绝对正确的科学标准及相关立法的建立者和保护者；它们会让我们的人民保持忠诚，绝对服从法律的要求，而法律是附属于这些正确标准的。[11]

标准化的精神因此有望把科学和权力融为一体，并让法律的力量和道德的权威借得科学真理合法性的东风。标准局的成立是走向这个方向的一步——它既是标志性的一步，也是实实在在的一步。

在斯特拉顿和首席化学家诺伊斯的领导下，标准局“对科学界和产业界做出了极大的贡献”。“与原来的度量衡办公室相比，新成立的标准局是一家锐意进取、不断扩张的机构”，它的发展反映了“那个时代美国科学向技术的快速渗透”。到 1916 年时，标准局已经使自己稳妥地成了“政府与产业之间的直接纽带”。它的工作包括计量标准、标准常数与性能、质量和操作标准的确立，还包括行业安全准则的制定。它还提供仪器认证服务，偶尔在有限范围内开展狭义的行业研究。这两项服务都是收费的。除此之外，作为美国材料与试验协会的会员单位，标准局还提供各种材料、机械和设备的性能检测服务。到 1920 年时，标准局已经拥有全世界最大的精密检测设备。有了这些精心设计的复杂设施，标准局可以“确定一项工艺的商业实用性，而且比在工厂里实地检测容易得多”。标准局于是集多项权力于一身，它能以适当的成本推进工业技术发展，避免产业界的重复劳动。在标准局成立20年之后，普利切特这样评价它的工作：“也许从未有过一个政府机构能在短短20年里取得如此巨大的发展，也许没有哪个政府部门能像它这样普遍地贴近国家产业和科学发展的重大问题。”[12]

科学的标准化为产业标准化铺平了道路，那些来自以科学为根基的产业的改革者们同样在其中发挥了主导作用。人们当然可以理直气壮地指出，工业标准化可以远远追溯到伊莱·惠特尼的时代。是他在毛瑟枪的生产中实现了可互换零件的标准化。但是实现一个产业的标准化要比实现一家企业的标准化困难得多，因为这离不开竞争对手之间的合作。迈出最重要的第一步的人也许是威廉·塞勒斯。他当时是费城机床产业的领军人物。1864年，塞勒斯在广受尊重的富兰克林研究所担任所长。他成功地推动机床产业采用了他的标准螺纹系统。它后来成了大名鼎鼎的美制螺纹。在此后的20年里，这套标准延伸囊括了螺栓、螺丝攻和帽螺钉。铁路行业也走在了标准化的前列。它率先采用了标准化的轨道量规，并通过公司间组织——美国铁路车辆制造者协会——普及了统一标准的车钩设计和铁道机车车辆尺寸，把企业之间的标准化变成了现实。[13]

来自车间和铁路场站的专业机械工程师对企业之间的标准化做出了主要贡献。他们通过美国机械工程师协会和美国材料与试验协会发挥作用，最有能力超越单一企业狭隘的自我利益，从大局上纵观整个行业。他们推动标准化的主要动力是提高行业效率与安全、设计材料试验方法、为蒸汽锅炉建立标准技术规格。虽然他们认同工业标准的必要性，但是机械工程师很容易分裂。围绕“什么是实现标准化的最佳途径”这个问题，他们大体按照相互对立的车间文化和学院文化分门立派。像塞勒斯这种出身车间的工程师强调提高车间效率的标准化；然而大多数人，例如企业主和制造企业里的高级管理人员，都反对将特定领域之外的标准强加于己。他们支持标准化螺纹、轮齿、螺栓、螺母和各式各样的机器加工工艺，但是他们仍对私营企业的首要性坚信不疑，认为主导特定市场的制造企业会为这一市场确立应有的标准。相比之下，深受学院文化熏染的工程师支持一定程度的集中式管理机构。它最好是政府机构，它会建立所有行业必须遵守的绝对标准。他们自然而然地认为，学院培养的工程师会进入政府，成为这些标准理所应当的制定者。无论是当时还是如今，这种围绕标准化实现方法的碰撞都清楚地具化为是否采用公制系统的争议。①[14]

---

① 在欧洲科学界一统天下的公制系统十分方便，适合标准化和计算。然而机器加工厂的厂主在使用英制体系的器具上投入了重金，因此，他们反对改变的一部分原因来自资金方面的考虑。除此之外，这些人之所以抵制公制，还因为他们意识到采用公制可能会毁掉车间工程师本就不多的优势之一：与学院培养的技术人员相比，车间工程师能在几秒钟之内完成相对复杂的计算——这是多年经验积累的结果。因此，早在1881年，在科尔曼·塞勒斯（Coleman Sellers）和亨利·沃辛顿（Henry R. Worthington）的带领下——这两位威名赫赫的工程师是车间文化的代表人物——美国机械工程师协会的大多数会员投票决定：本协会反对向我国工业企业强制引入公制系统的一切立法。然而在19世纪90年代，在专业科学工作者的努力下，在多数最具科学性的新产业和工程领域里，公制系统得到了一次巨大的推进；当时“美国大多数较新的产业都在争先恐后地利用公制系统的简便性”。

支持新系统的人包括安德鲁·卡内基、托马斯·爱迪生、乔治·威斯汀豪斯、亚历山大·贝尔和亨利·福特等等。1896年，曾经执掌众议院铸币和度量衡委员会（House Committee on Coinage, Weights and Measures）的国会议员詹姆斯·索瑟德提出了一项议案，拟在所有政府部门和联邦合同中强制推行公制。科学工作者、教育工作者、电气产业和化学产业纷纷联合起来，支持这项议案。一时间，这项议案的通过似乎已成定局。美国机械工程师协会里的车间文化的精英们，以及他们代表的金属加工产业和机床产业发起了反攻。同年，美国机械工程师协会成立了一个由车间文化领导者组成的委员会，专门为“反对美国的公制立法与强制实施”组织材料；在《美国机械师》主编弗雷德·哈尔西的带领下，反对者猛烈攻击了这项议案的支持者，不惜为他们扣上了“社会党人”的大帽子。索瑟德暂时收回了这项议案，徐图进一步的支持，不过反对者最终还是成功地消除了公制立法的威胁。

20世纪20年代，这项议案被再次提出。这一次，它获得了更大的支持。支持者包括科学工作者、教育工作者、数量众多的制造企业、物理学者、药剂师，以及化学工程师、无线电工程师和电气工程师等等。只不过，在世纪之交时支持公制的很多产业这时已经在英制工具和机械中投入了重金，因此要面对较大资金损失的风险。他们的反对意见得到了国家工业会议委员会一份预测的支持。该预测指出，这一转换会造成平均每名工人200美元的损失。就这样，公制改革的努力再次遇到了挫折。详见：Monte Calvert, *The Mechanical Engineer in America, 1830 – 1910* (Baltimore: Johns Hopkins University Press, 1967), pp. 169 – 86; “Proceedings of the Hartford Meeting” *Transactions of the American Society of Mechanical Engineers*, Ⅱ (1881), 9; John Perry, *The Story of Standards* (New York: Funk and Wagnalls Co., 1955), pp. 78, 87 – 100.

机械工程师的内部存在分歧，阻碍了行业标准化的协同努力。由于电气工程师和化学工程师同自然科学关系密切，所以他们内部并不存在这样的分歧。① 此外，在电气行业内部，少数大型企业主导制造和电气工程自身的状况使得企业之间的标准化变得相对简单直接。查尔斯·斯金纳（Charles E. Skinner）曾在西屋电气内部主持过一个标准化项目。他也是美国电气工程师协会标准委员会的活跃成员。斯金纳开发的电气设备标准和技术规格最终获得了全美和全世界的采用。在20世纪20年代后期，斯金纳曾经担任美国工程标准委员会主席一职。他后来回忆说："从事电气设备制造的厂商屈指可数，所以投入使用的电压、频率和设备类型较少。"[15]这一特殊情况还让灯座、发电机和灯丝的标准化成为可能。也许最重要的是，它还让电气设备评级方法的标准化成为可能。

正如康福特·亚当斯（Comfort Adams）——时任美国电气工程师协会标准委员会主席——后来解释的那样："在电气行业发展的早期，说到10马力发动机或者1 000千瓦发电机的具体构成，厂商还没有达成一致的认识。在激烈的销售竞争中，有的销售员可能会说，一台10马力发动机能拉动20马力的负荷。"因此，电气设备的标准评级很早就成了该行业的主要目标。在西屋电气的拉米（B. C. Lamme）和斯金纳，以及通用电气公司的斯坦梅茨的领导下，研发人员高效合作，加上这些工作背后的美国电气工程师协会标准委员会的威望，这些标准很快就开发了出来，并在整个行业内采用。② 其他机构也纷纷成立，在企业之外

① 正如杜加德·杰克逊指出的，"总体而言，电气工程对美国的工程产生了巨大影响。这种影响似乎有一部分源于电气工程在早期与物理学和物理学家之间的紧密联系。这让电气工程很早就具备了在定义和计量中追求精确的取向。""The Relation of Standards and of Means for Accurate Measurement of Effective Development of Industrial Production," typescript, Jackson Papers, MIT Archives.

② MIT政治科学系的斯蒂芬·迪扎德（Stephen Dizard）刚刚完成一项有关贝尔集团的研究。根据他的说法，AT&T在电话行业里建立标准的过程与此相似。在此之后，美国联邦通信委员会在整个通信行业采用了这一标准。

和美国电气工程师协会内部推动建立工业标准。其中，电力俱乐部为电力线缆、开关、断路器、电表和控制装置建立了标准；隶属于国家电气照明协会的电气设备委员会把美国电气工程师协会的标准延伸到了运营企业的特定重要领域，例如变电电压、发动机的统一服务规则等。[16]

化学行业远比电气行业更加多样化和碎片化。在化学行业里，公司间标准化的建立更加困难。在亚瑟·利特尔和威廉·沃克（William H. Walker）等化学工程师的推动之下，美国化学学会的工业化学分会和初具雏形的美国化学工程师协会纷纷成立专门委员会，撰写标准术语、推广统一的技术规范和分析方法——它们是由威廉·诺伊斯、威廉·希勒布兰德（William F. Hillebrand）和他们在标准局的同事设计的。“在定义与技术规范委员会成立的初期，制造厂商实际上对它的数据请求置若罔闻”。[17]因此，化学行业的标准化不得不等到第一次世界大战结束和企业合并的浪潮兴起。亚瑟·利特尔“单元操作”的关键概念也在这时得到普及，为化工操作奠定了基础。直到此时，化学行业的标准化终于取得了重大进步。

汽车行业同样对企业之间的标准化做出了重要贡献。它对美国工业的整体影响也许是最广泛的。1906 年，持证汽车制造商协会（由获得塞尔登专利许可的汽车制造商组成）的厂商们采用了统一标准的螺杆和螺母。不过，汽车行业标准的主要推动力量产生于 4 年之后，主要是 1905 年组建美国汽车工程师学会（SAE）的汽车工程师们。1910 年，在霍华德·科芬（Howard E. Coffin）的带领下——他是一位汽车工程师，也是哈德逊汽车公司（Hudson Motor Car Company）的副总裁——美国汽车工程师学会发起了一项运动，在整个行业实现了企业之间的标准化。这一运动的直接推动力量来自初期主导美国汽车工程师学会的小型厂商。当时的汽车行业正在经历严重的经济紧缩，小型厂商发现自己的生存完全依赖于特定零件制造商的命运，而且这些零件制造商使用的都是特殊设计的自有材料。美国汽车工程师学会决意推行零件标准化，降低采购规格，以此提高小型厂商的地位。当时，来自福特和通用汽车等较大汽车企业的工程师们还没有能力干涉美国汽车工程师学会的做法。不过他们正忙着在企业内部推行类似的项目。与此同时，这些大企业正在收购自己的零件制造商。到了20世纪20年代，这些内部重组和标准化工作已经完成，通用汽车的工程师成了美国汽车工程师学会标准委员会中最活跃的成员。因为汽车行业是工业制品的主要消费者，所以美国汽车工程师学会的工作自然而然地延伸开来，推动了其他很多行业的标准化。可想而知，其中的重点落在众多产品的统一技术规格上。它们包括化学制品（例如油漆、抛光剂）、石油制品、橡胶制品、钢材、有色金属，以及各类机械制品和多种电气设备。[18]

到20世纪第一个十年时，美国每一家工程师学会都成立了自己的标准委员会。不过在1918年之前，只有美国材料与试验协会的工作能够贯穿工程领域的每一个分支。因此，美国迫切需要一个集中的机构来统一协调这些活动。美国工程标准委员会（American Engineering Standards Committee，AESC）在1918年应运而生。正如这家委员会的秘书长后来看到的那样，“这家机构实现了美国的标准化。它实现了从第二阶段到第三阶段的跃迁，也就是从协会、学会和政府机构层面的标准化进入整个国家层面的标准化”[19]。康福特·亚当斯是成立美国工程标准委员会的主要幕后推手。他是毕业于凯斯理工学院的电气工程师。他的祖先在1621年来到普利茅斯。亚当斯先是在布拉什电力公司（Brush Electric Company）担任设计师，后来在哈佛大学和MIT讲授工程学。他还是一位行业顾问。1919年，他成为哈佛大学工程学院的首任院长。后来，为了在新成立的美国国家研究委员会（NRC）担任工程与工业研究分部主任，他辞去了哈佛大学院长的职务。

1910年，亚当斯被任命为美国电气工程师协会标准委员会主席。他立即意识到，这家协会的标准与其他专业工程协会发布的标准存在重叠和冲突。因此，在他的建议下，美国电气工程师协会提出倡议，组织了各个协会的多场会议，统一协调标准化活动。美国工程标准委员会的成立正是这次合作的成果。它的创始成员包括机械、电气和矿业工程学会，还有美国材料与试验协会。在这些工程协会的邀请下，美国商务部、战争部和海军也加入其中。这为美国工程标准委员会带来了半官方的地位。在接下来的一年里，该委员会向行业协会、私营企业和专业学会（例如美国化学学会、美国化学工程师协会和美国汽车工程师学会等）开放会员资格。它还向美国内政部和农业部敞开了大门。1928 年，成立短短 10 年的美国工程标准委员会变成了美国标准协会。根据康福特·亚当斯的说法，这一改变是由于人们明确看到，“因为全国几乎所有部门的经济活动都日益活跃，所以仅为工程标准而设立的国家信息交换中心过于狭隘，也不切实际。”[20]

因此，等到美国人为了第一次世界大战而调配工业资源时，这个国家已经存在活力十足、日益扩大的标准化运动了。而且这场战争激发了它的进一步发展。战时标准化工作最重要的幕后人物应该非美国汽车工程师学会的霍华德·科芬莫属。1915 年夏天，多家工程协会联合成立海军咨询委员会。代表美国汽车工程师学会的科芬被任命为生产、组织、制造与标准化委员会主任。他在新的岗位上拓宽了视野，放眼美国的全部工业设施，开展全国工厂设施的清查工作，发起了后人熟知的“工业整备运动”（industrial preparedness campaign）。后来，这项运动超出了海军整备委员会的职权范围，科芬和来自德雷赛尔学院的霍利斯·戈弗雷成功促成立法，成立了国防委员会（Council of National Defense）。科芬是该组织的顾问委员会成员，也是军需与制造分会的主席。在他的推动下，产业协同和运行标准化工作更上一层楼。再后来，国防委员会被战时工业委员会取代，科芬又被委以重任，统一领导原材料、机械和零件的生产工作。在他的推动下，这些工作获得了长足进步。[21]

这场战争极大推动了标准化运动，也为旨在减少产品品类的简化工作带来了动力。这些政府支持的项目在战争期间大量减少了重复劳动。在管理导向的工程师群体的努力下，这些项目的运行超越了战争的范围。赫伯特·胡佛领导的美国工程学会联合会和美国工程委员会联合提出了著名的《关于工业浪费的报告》（*Waste in Industry Report*）。这份报告强调了标准化和精简工作对减少工业低效率的重要意义。[22]

升任美国商务部长之后，胡佛立即发挥了自己的地位作用，推动深化工业标准化。当时的标准化工作已经把产品简化囊括在内。他指示标准局“成立新机构，推动普及商用标准和简化工作”（顺便一提，胡佛的做法遭到了塞缪尔·斯特拉顿的反对。后者提出，标准局并不是为了这种纯粹商业目的而成立的）。新成立的操作简化处变成了“制造商、经销商和消费者达成一致意见，缩减产品的尺寸和型号数量，简化生产的沟通媒介”。在美国商会和美国工程标准委员会的合作下，胡佛建立了一套产品简化的运作流程：首先针对具体问题领域开展详尽研究，随后召开制造商、经销商和消费者代表会议，保证各方对某些产品型号和尺寸的精简达成一致意见。不过，缺乏组织的消费者和小型竞争者基本上会为强大的制造商的利益让路。利昂·奥尔福德（Leon P. Alford）是《关于工业浪费的报告》的作者之一，也是一位著名的管理工程师。在他看来，这并不是问题。他曾帮助胡佛的委员会开展《近期经济变革》（*Recent Economic Changes*）研究。在为这项研究撰写制造业技术变革部分时，他兴致勃勃地预测，操作简化处已经在部分领域实现了 98% 的品种简化，极大地减少了马格努斯·亚历山大所说的“浪费性竞争”[23]。

如果说科学的标准化为工业的标准化奠定了基础，那么也可以说后者为生产的精简铺平了道路。不仅如此，到 20 世纪 20 年代时，标准化运动已经走进了会计、分销和消费等众多领域，其中最重要的是走进了“人事”（personnel）领域。它是管理学用于标准化劳动的科学术语。在工程师看来，劳动的科学管理是紧随材料和机器的标准化而来的。在马格努斯·亚历山大看来，标准化是“减少物质浪费”，科学管理是

“减少人力浪费”[24]。

“科学管理之父”弗雷德里克·泰勒在金属切割方法系统化和总结形成车间管理原则这两项工作中投入了同样多的时间。① 可以说这绝非偶然，因为它们是互为补充的。之所以完成生产工艺的系统化和标准化，是为了管理者能集中控制它们；之所以构建车间管理策略，是为了让新近简化的运营流程发挥出最大效用。问题的关键在于人力的标准化，以及归根结底的人本身的标准化。正如杜加德·杰克逊指出的那样，标准化生产需要“工人群体的运营与机器……的联合，个人的率性而为……必须禁绝……生产型组织之内必须纪律鲜明、法度森严。”德克斯特·金博尔（Dexter S. Kimball）是通用电气公司匹兹堡工厂的经理，也是康奈尔大学工程学院院长和工业管理领域的领军人物。他不无迫切地提出了下面的想法：“要把标准化原则延伸到生产领域的人事管理中。这是最重要的工作，也是一个快速成长的领域。”[25]

① 在米德维尔钢铁公司工作期间，泰勒得到了公司总裁的支持和鼓励。这位总裁不是别人，正是美标螺纹的创造者——威廉·塞勒斯。这家公司的另外两位高管都是毕业于耶鲁大学谢菲尔德科学学院的化学家。详见：Bruce Sinclair, “At the Turn of the Screw,” *Technology and Culture*, XI (1969), 26; Edward C. Kirkland, *Industry Comes of Age* (New York: Holt, Rinehart and Winston, 1961), p. 177.

第六章　作为发明者的企业

——专利法改革与专利垄断

我坚信，专利制度的建立是为了保护孤军奋战的个人发明者。它在这一点上做得并不成功……专利制度实际上保护的是那些醉心发明的机构。[1]

——亚历山德森（E. F. W. Alexanderson）

总有一些发明和发现会对其他的发明和发现发挥最大的促进作用。谈到这个问题，亚布拉罕·林肯认为，除了文字书写和印刷术的发明以及美洲大陆的发现之外，前者“还包括专利法规的建立”。1860 年，他对斯普林菲尔德的听众们娓娓道来：正是这些专利法规“为天才的烈火淋上了利益的热油”[2]。它为“真正的发明者”对一项发明的独家占有给予保护，因此直接激励人们的创造精神。然而，当新成立的专利局在 1932 年把林肯这句家喻户晓的名言镌刻在门首的石碑上时，这些文字早已不再表达这样的意图，也不再代表这家机构所管理的专利制度的实际做法。1949 年的参议院专利委员会听证结束后，一位评论家指出：“在林肯的时代，他当然可以说专利制度‘为天才的烈火淋上了利益的热油’。可是现在恐怕要改一下，更准确的说法应该是：专利制度为垄断利益本已完备的军火库平添了一件操控利器……事实上，专利特权的受益者是企业，而不是企业里的科学工作者。”大量证据表明：企业利用专利来规避反垄断法。20 世纪 30 年代初，这些证据被收集并提交给临时国家经济委员会作为证词。这让一位作者赞同道："就算是瑞普·凡·温克尔（Rip van Winkle）* 再生，恐怕也要用 20 多年的时间才能忘掉此间的事，忘掉这样一个事实：绝大多数的重要发明如今都来自科学实验室，这些机构……大量地（如果不是彻底地）剥夺了发明者的经济回报。而且这一切都是有意为之的。"[3]

这些后世的评判不过是早期专利制度转变的见证者谆谆告诫的历史回响。就在林肯盛赞专利法规之后不出 50 年，美国的专利制度发生了翻天覆地的变化；它没有保护发明者、捍卫发明，转而保护和奖赏发明人的垄断方——以科学为根基的工业企业。1915 年，《钢铁贸易评论》（*Iron Trade Review*）的一位评论员注意到："众所周知，美国的专利是被大量买断的。其目的就是压制竞争。"他发现，通过控制专利而实现的行业垄断形成了一种"垄断之垄断"，以及一种"笼罩整个行业的大专利"。他警告说，这样的专利控制势必造成对发明本身的导引和压制，"它会扼杀科学和实用技艺，助长非法的商业筹谋。"[4] 由于专利制度形成了"垄断之垄断"，所以它逐渐孕育了企业对发明过程本身的控制，并因此助长了商业机构对发明的便宜操纵、予取予求。

美国宪法的制定者也是美国专利制度的奠基人，他们有意地避免了这种可能性。为了做到这一点，他们在很大程度上偏离了自己所在时代的做法。早在 16 世纪，英国就已经根据不成文普通法的原则颁发了专利许可证书，1623 年，英国议会通过了第一部专利法规。英国的专利制度在它的殖民地和实施《联邦条例》（*Articles of Confederation*）的州得到了采用，然而它被转向了推动新工业的道路，方法是向发明和工艺的引入者以及发明者本人授予独占权。奖赏和回报属于那些"引进或

---

* 瑞普·凡·温克尔是 19 世纪美国小说家华盛顿·欧文的短篇小说中的人物。有一次，村民瑞普·凡·温克尔上山打猎时喝了矮人的酒，在山上睡着了，二十年后才醒来。当他醒来时，发现小镇早已人事全非。这个故事对美国社会影响很大，落后于时代的人常被称为瑞普。瑞普的故事和我国王质遇仙的传说非常相似。——译者注

改进生产的人，而不只是最初创造这些改进的人”。然而美国宪法的制定者们“为专利制度的职能和范畴的认识引入了一种全新的激进思想”[5]。

一份提交给制宪会议的议案本可以让国会具备“成立公共机构，通过奖赏和豁免来推动农业、商业和制造业发展”的力量。但是该会议否决了它，转而支持另一份议案。后者授权国会“在有限时间内保护创作者和发明者对其著作或发现的独享权利，以此推动科学和实用技艺的发展”。1909 年，美国最负盛名的专利律师指出：“我国宪法的制定者们把全部的重点放在了……对创造性思想的认可和奖赏上。这是全天下第一遭。”[6]这项制度因此聚焦于发明者。发明者本人可以为一项发明获得专利，在此之后，他可以在这项专利下继续研究，也可以部分或者全部卖掉它，还可以授权他人独家或者非独家使用这项专利。从法律意义上来说，“发明者对自身专利覆盖的对象拥有无限的、绝对的控制权”，而且这个对象既可以是一项工艺、一种方法、一台机器、一种产品，也可以是一种物质组合或者对以上种种的改进；但是创意或原理、数学公式、自然法则，或者“无法体现为具体形式”的哲学抽象无法获得专利。一位学习专利制度的学生这样写道：“最开始时，发明的概念很容易契合当时主流的简单经济条件。发明通常都是一个人的创造……我国专利制度的设计初衷就是给予个人权利，阻止他人制造、利用或者出卖他的发明成果，从而激励个人从事发明创造。”[7]不仅如此，在这项制度的设计者眼中，受益者远远不只发明者本身；专利权“其实是服务大众的合理报酬”，社会也会因此获益。[8]

专利制度的设立是为了发明者和社会的双重益处，为此，发明者公开自己的发明，换取专利保护。人们认为，专利所有者当然会在专利的保护下为自己的发明开发商业用途；事实上，“为推动实用技艺进步而授予独占权利的整个历史背景并不支持对发明的压制”。作为孕育商业进步的手段之一，专利制度“并不准许对同类专利或者相互竞争的专利的独占，也不准许对贸易的限制。它只管专利范畴之内的事”；美国宪法“仅在有限时间①内”保护专利独占，目的也是防止对贸易的长期束缚。然而，从 1790 年到 19 世纪下半叶，专利在美国商业发展中扮演的角色发生了巨大的变化。这些变化不仅影响了专利的授予方式和授予对象，还影响了专利在授予之后的使用。[9]

美国的第一部专利法颁布于 1790 年。由于它的管理者——托马斯·杰斐逊和他的同事们——执行了极为严苛的标准，所以当时授予的专利很少。三年之后，政府采用了一项相对宽松的专利制度。它让“任何一个断言自身发明的原创性并支付规定费用的人都能获得专利”，它的有效性是由法庭判定的。1836 年，第二部专利法被废除，专利局成立。1836 年的专利法案“标志着现行专利制度的开端”。它以“审查制度”为基础，结合专利申请的审慎性。因此，到 19 世纪末，专利申请的数量开始一路猛增。这给专利局少得可怜的资源和为数不多的审查人员带来了巨大的压力。[10]

弗雷德里克·菲什对美国开国元勋们令人钦佩的远见卓识赞许不已。他解释了为什么元勋们“采用了这样一种新理论，即获得奖赏的确定性会激励人们从事发明创造；只要为天才的烈火淋上利益的热油，各行各业总会找到自己的蓬勃之路”。菲什曾经担任 AT&T 的总裁和通用电气公司的顾问，他可以断言各行各业正是如此，而且它们的实现方式是美国宪法的制定者做梦也想不到的：随着业务单位的规模日益扩大，拥有专利的企业取代了发明者，成为专利的实际获益者。而专利制度最初关注的焦点——发明者本人——往往越来越多地“主动放弃”自己的专利，换取企业里的一份安稳工作；他们要么把自己的专利卖给工业企业，要么授权企业使用自己的专利，要么把专利转让给自己的雇主企业，用才华换一份薪水。不仅如此，企业还通过操控专利不断地扩

① 专利期限最终定为 17 年。

大自己的“垄断之垄断”。它们的手段多种多样，包括买断、兼并、专利池、交叉许可协议，以及通过系统化的行业研发来规范专利生产等等。早在1856年，缝纫机零件厂商们就建立了历史上第一个专利池，尽管如此，直到19世纪末，企业才开始明显成为专利实施的主导力量。1885年，颁发给企业的专利仅占12%；而到1950年，“企业获得了至少四分之三的专利”。就这样，专利制度的重点从保护发明者转向了保护企业。这些企业要么是发明者的雇主，要么是其专利的买主。瑞典移民、通用电气公司早期研发领军人物亚历山德森简明扼要地说明了这一变化：“我坚信，专利制度的建立是为了保护孤军奋战的个人发明者。它在这一点上做得并不成功……专利制度实际上保护的是那些醉心发明的机构。”[11]

企业的发展，以及它们通过托拉斯、控股企业、并购和兼并实现的日益增强的操控，加上企业之间通过交叉持股和连锁董事而形成的利益集团，在美国社会中催生了逆向发展：反垄断法。专利制度授予发明者合法的独占权。随着企业日益取代发明者，它们成了主要的专利持有者，并利用专利制造垄断，专利制度与旨在反对垄断的立法之间的冲突日趋激烈。这一冲突最早表现为法庭根据《谢尔曼法案》及1914年之后的《克莱顿法案》等反垄断法对专利垄断的解释。《克莱顿法案》的第三部分明确规定，专利机械与产品的销售管理造成的垄断是非法的。它在很大程度上是对联合制鞋设备公司独占垄断权的一次回应。对企业专利实际操作的解释因法庭而异，不过专利垄断的司法史大体可以分为三个时期。第一个时期是从美国宪法生效到20世纪的第一个十年，这一时期对基于专利的垄断既有漠视也有容许。在此之后的20年里，限制逐渐收紧，尽管1926年还有一项开创先例的、涉及通用电气公司的重要判决发生。在这个案例里，高等法院“强调了专利持有人限制许可厂商定价的权利”。第三个时期“大约开始于1940年。在这一时期，总体上的漫不经心和宽厚仁慈让位给了进攻性更强的检控和法院判决。

它们前所未有地反映了《谢尔曼法案》的意图”。相对而言，在1900—1929年这一阶段，对于企业的专利垄断和因此造成的企业对市场的操控，可以说不存在司法上的限制。这掀起了滔天声势，引起了司法和立法机构的注意，只不过，对于企业通过操控专利而实现的垄断，司法和立法机构做得太少，也太迟。[12]

美国的专利制度独一无二。它的设立初衷是让发明者对自己的发明创造拥有独占权，保护发明者。然而到世纪交替时，这项制度却带来了企业的发展。它们追求一种受控的力量，推动“科学与实用技艺的进步”。这符合企业对稳定繁荣的迫切需要。以科学为根基的行业从一开始就建立在专利垄断的基础之上。因此，它们需要重新定义专利制度，把它变成满足企业目的的又一种手段。尤为重要的是，它们力图扭曲这一制度，帮助它们规避反垄断法的制裁。这些行业的做法包括：企业间协议、行业研发与规范专利生产、专利制度机构改革等。埃德温·普林德尔（Edwin J. Prindle）是一位机械工程师和专利律师。他在这三个方面都表现得异常活跃。

普林德尔在多篇文章中描述了保护专利垄断、绕开反垄断法的手段，从发明者和员工手里夺取专利的方法，以及按照企业的方针精简专利制度的立法手段等。美国专利法协会成立于1897年。普林德尔是这家协会的早期成员之一。在他的职业生涯中，普林德尔为专利持有企业打过不计其数的辩护官司。这让他有机会与弗雷德里克·菲什以及国家专利研究委员会的其他成员一道编写了一份议案，授权在20世纪20年代初改组专利局。1906年，在《工程学杂志》（*Engineering Magazine*）上广为传阅的系列文章《作为制造业因子的专利》（*Patents as a Factor in a Manufacturing Business*）中，普林德尔明确指出了专利制度对企业垄断的潜在作用。普林德尔表示，他提出的建议来自他本人作为执业律师和专业工程师的经验，来自他作为这些领域的先驱者的成功经历。他的经验涉及众多企业，包括贝尔电话公司、通用电气公司、西屋电气和联合制鞋设备公司等。

专利是操控竞争的最佳手段，也是最有用的手段。它们有时能带来对市场的绝对主导，让持有者自由定价，完全无须顾虑制造成本……专利是实现绝对垄断的唯一合法手段。近期的法庭判决指出：“在一项专利的范围之内，持有者就像沙皇……那些针对限制交易、阻碍销售自由的呼号都是徒劳无益的，这是因为，为了促进实用技艺的进步，宪法和法令容许这种垄断。”

专利持有者拥有决定垄断实施环境的权力。人们运用这种权力在整个行业里达成了贸易协议。只要联合的主要目的是保障专利垄断带来的利益，这样的联合就是合法的。在这种联合之下，可以产生有效的协议，把价值保持在某个水平上……可以明确规定每个成员的产出并强制实施……只要有强力的协议，就可以通过商业联合增加诸多其他益处。只有在美国，这种专利之下的商业联合才是有效的和可行的。[13]

普林德尔接下来描述了通过辅助专利所有权来延长和扩大垄断的方法。他指出：“如果无法在一项产品上保证一项专利，就应当设法保证该产品制造工艺的专利”。“如果这些路都走不通，就应当考虑这项产品能否通过某种方式绑定其他产品、工艺或者机械设备的其他专利。”作为一名专利律师，普林德尔深知“只有以发明者的名义获得授权，一项专利才是有效的”，因此，他始终强调，企业务必获得员工的专利权，这一点至关重要。[14]他间接提到了一长串案例。在这些案例里，企业都在获得员工专利权时遭遇了失败，因为它们没有为了获得这种特权而与员工签订明确的合同。因此，他强烈建议：

企业务必与每一名可能在工作岗位上做出任何发明创造的员工签订合同……即使这些合同在日常工资之外没有进一步说明发明创造的回报，法庭仍然会支持它们……[15]

普林德尔清楚地知道自己这是在扭曲专利制度的本意。在谈到员工拒绝放弃宪法赋予他们的权利时，他强调了运用“心理战术”从员工那里夺得专利权的重要性，并且承认这一“权利”事实上是丢失的，而且至少一部分员工对此心知肚明。他指出：“如果企业管理者能够以身作则地签订这样的合同，那么诱使员工签订这种合同的困难会大大降低。”很明显，普林德尔明白自己的建议——即强迫员工签订合同，主动把专利权转让给雇主企业的做法——构成了强制征用。无论是他本人，还是他的读者们，都不愿意这样的事发生在自己身上。普林德尔因此承认，管理者签订这种合同、树立“合理”榜样的做法，其合理性实际上仅限于管理者本人。这是因为，对管理者来说，这种合同“仅仅是一份表格而已，因为他通常不会发明创造，反而会通过股票分红获得回报，甘之如饴。”[16]然而，在那些以科学为根基的企业里，对员工来说，签订这种合同却是标准做法和强制程序。

在某种程度上，普林德尔描述的方法是对电气行业长期做法的总结。多年之前，该行业最大的企业——通用电气公司和 AT&T——已经着手布局专利领域并磨炼操控专利的技能。尽管专利操控的手段在汽车、橡胶、钢铁、化学等领域得到了极大普及，但是总体而言，说到如何具体操作，它们最早的榜样还要数通用电气公司和 AT&T。

正如前文提到的那样，AT&T 本身是由贝尔系统的多家企业在 1900 年合并组成的。早在当时，贝尔系统已经在很大程度上占领了这一领域，因为它“成功地赢得了涉及原始专利的每一场争斗”[17]。就像公司总裁西奥多·韦尔说的那样，贝尔集团早已预见到这些专利终将失效，于是“用一切可能的辅助手段把业务包裹和保护起来”[18]。AT&T 因此处于一个极为有利的地位，它可以借助专利侵权官司来扼杀或控制竞争对手。该公司的一位专利律师简要介绍了这一过程：

> 在我看来，针对设备专利侵权提起诉讼的政策是极好的，因为它让有心违反这一做法的企业始终处在一种紧张躁动的状态。它们

永远都不知道，下一次攻击会从哪里发起。这些企业会不停地改动自己的机器设备，最终为了使它们不被诉诸公堂而采用较为低效的设备形式。[19]

在得到 AT&T 保护的专利中，有一些构成了该公司垄断长途电话业务的基础——例如米哈伊洛·普平（Mihailo Pupin）的加感线圈专利和库珀-休伊特（Cooper-Hewitt）的汞弧中继器专利等。AT&T 在 1900 年购得了普平的专利权，并在 1907 年确保了库珀-休伊特专利的国内独家垄断权。1913 年，这家公司还把李·德·福雷斯特（Lee De Forest）的三极真空管专利收入囊中，当时距离该项专利的颁布已有 6 年。德·福雷斯特的发明“是无线电放送的核心，也是电波长途传导的无线接收与放大的核心所在，无论它使用的通信方式是无线电、电报还是电话”。通过对这项发明的控制，AT&T 在初生的无线电行业里稳稳占据了关键地位。[20]

从 1875 年贝尔专利协会组建算起，到 1934 年美国联邦通信委员会成立为止，贝尔集团“始终置身于联邦监管之外”[21]。到 1935 年时，借助授权许可协议、兼并、购买和研发等手段，该集团持有的专利已经从最初的 2 项——即最原始的贝尔专利——增加到了 9 255 项，包括电话和无线电领域一些最重要的发明。不仅如此，通过 20 世纪 20 年代的各种无线电专利池协议，AT&T 有效巩固了自己在业内相对于其他巨头的地位。美国联邦通信委员会关于电话行业的一项调查和对专利制度的深入研究让弗洛伊德·沃恩（Floyd L. Vaughan）得出了下面的结论：

AT&T 在整个通信领域聚敛了数以千计的发明专利，借此在该领域号令天下，并且操控着“具有竞争潜力的、新兴的通信形式的开发和应用”。它借此把其他企业排除在该领域之外，从而保全自己的业内地位。未来的竞争对手可以进入，但是只能在严格的限制条件下作为被许可方存在。AT&T 先发制人地开拓新的技术前沿，占据先机，同时保护已经开发的成果。它让自己始终处于专利权交易的主导地位。总而言之，它利用专利来保持自己在通信领域的霸主地位。[22]

通用电气公司的经历与此类似。这家公司成立于1892年，它是爱迪生通用电气公司与汤姆森-休斯顿电气公司合并资产——尤其是合并专利——的结果。1896年，通用电气公司-西屋电气专利控制委员会成立。它是“合谋获取专利权的第一个重要先例”[23]。从那时起，通用电气公司开始“有意地通过公司政策集中控制被许可人的所有专利，进军白炽灯照明产业的各个阶段”。[24]关税委员会一份关于白炽灯的报告指出，“从那时起，通用电气公司通过大量兼并和收购其他企业，同时通过自身的研发机构，获得了绝大多数的重要专利。这些专利全面覆盖了电灯、电灯零配件，以及用来制造它们的机械和工艺等”。[25]此后的法庭判决进一步证明了通用电气公司专利政策的成功。1926年的一份有利于该公司的判决指出，通用电气公司对专利的控制覆盖了钨丝的生产和为了增加亮度而在灯泡内部添加气体的使用——包括贾斯特与哈纳曼的专利（1912年）、柯立芝的专利（1913年）和朗缪尔的专利（1916年）等。这一控制“让通用电气公司确保了自身的垄断地位”，主导着“现代电灯制造”手段的“生产、使用和销售”。[26]1949年，新泽西州一家相当“不识时务”的法院判定，通用电气公司“对专利的侵犯”造成了这样一种局面：它“垄断了白炽灯行业使用的每一项专利”。在这家法院看来，

> 通用电气公司的地位不可动摇，这是显而易见的。对任何想要进入电灯制造领域的企业来说，这一地位都是一道令人望而生畏的屏障。加上对灯座、电灯制造设备生产的知识及玻璃供应的严密控制①，它足以创造出一种阻碍他人进入的大环境。下面的事实让它

① 通用电气公司和康宁玻璃公司曾签订协议，联合生产所有美国本土制造的电灯用灯泡。详见：Floyd L. Vaughan, *The United States Patent System* (Norman: University of Oklahoma Press, 1956), p. 121.

与非法垄断的联系昭然若揭：1933 年，合法专利独占到期，然而并没有新的厂商出现在这个领域。[27]

通用电气公司和 AT&T 的政策都是精心设计的，都是为了获得那些对其所在行业至关重要的专利并延长对它们的控制。为了这个目的，它们运用了多种方法，例如在专利申请中披露不完整信息、使用商标、公然阻碍或者拖延专利设备进入市场①、强制要求员工把专利权转让给企业、有意制造辅助专利等。不过有一种手段可能比上述方法加在一起还重要，那就是各家企业签订协议，同心协力地谋求共同利益，阻绝国内外的竞争对手，保护各自的业内地位。20 世纪 20 年代的无线电专利池协议就是一个非常明显的例子。不过签订这类协议的企业往往同床异梦，比如 AT&T、通用电气公司、美国无线电公司（RCA）、联合果品公司、美国马可尼公司和西屋电气等等。[28]

第一次世界大战的烽火燃起时，由于相互之间的专利抵触，一些企业的无线电研发陷入僵局。战争期间，政府承诺保护企业，使其免于侵权官司。这让无线电研发工作驶入了快车道。然而，战争的结束带来了新的僵局。“与真空管和线圈有关的多种专利属于多家厂商，这妨碍了无线电真空管的改进和制造。”[29]除了国内竞争之外，英国马可尼公司控制无线电的潜力同样不容小觑。该公司当时正试图从通用电气公司手里获得必需的亚历山德森交流发电机专利。

美国在无线电领域的霸权面临威胁。考虑到这一点，伍德罗·威尔逊和几位军方代表劝诱通用电气公司坚守必要的专利权，并成立一家属于美国的公司来操控无线电行业。1919 年末，通用电气公司因此成立了美国无线电公司，并把自己的资产，连同亚历山德森交流发电机专利以及该公司拥有的其他一些专利转移到了这家公司。然而，笼罩整个行

---

① AT&T 把组合式手持电话专利雪藏了整整 12 年；通用电气公司对白炽灯产品也采用了类似的做法。详见：Vaughan, *The United States Patent System*, pp. 75, 76. N. R. Danielian, *AT&T* (New York: Vanguard Press, 1939), p. 102.

业的僵局仍未打破，“解决冲突的唯一出路就是宣布休战：各方坐在一起，拟就一份协议，为雄踞各个科学前沿的霸主们界定权力。”1920年7月1日，AT&T与通用电气公司通过一份许可协议宣布休战。在接下来的一年里，陷于专利苦战的其他公司纷纷签订双边协议，加入了无线电专利池。[30]

合并后的无线电专利多达数千项，可以分为电话、电力、无线电等多个领域，并借助独家授权许可在每个领域实现了霸权。同时，这些协议还把其他厂商排除在无线电领域之外。比如说，AT&T“借助专利保持了对有线和无线双向电话业务的独占权”；通用电气公司和西屋电气“从AT&T和美国无线电公司接收了有关电灯行业的所有专利，作为交换，它们交出了自己手中适用于电话和无线电领域的专利”。“实际上，每一家企业都在自己的领域获得或者保有了专利权①。”[31]对于这些协议背后真正的意图，最准确的描述也许来自西电公司商务总经理奥特森（J. E. Otterson）。他在1927年指出：

> 对于AT&T和通用电气公司这两家如此庞大的集团企业来说，规范它们之间的关系、阻止它们对彼此领域的侵犯主要是通过对二者之间“无主地带”的双向调整做到的。在这里，各方与这些竞争活动有关的侵犯被视为针对其主要领域侵犯而做出的自然防御。各方通过这样的方式权衡和交换与竞争活动有关的授权许可、权利、机会和特权，从而在主导的各方之间建立一种恰当的平衡和令人满意的关系。

奥特森解释说：这一合同

> 可以成为一个例证。它说明了，为了避免彼此侵犯对方的领

① 该协议共由八方签署。它们分为两大阵营：其中“电话阵营”由AT&T和它负责制造的子公司西电公司构成；“电力阵营”或称“无线电阵营”包括通用电气公司、西屋电气、美国无线电公司、联合果品公司（它拥有数项无线电专利）、无线专用设备公司（Wireless Specialty Apparatus Company）和热带无线电报公司（Tropical Radio Telegraph Company）等。

域、阻止灾难性利益冲突，两大利益集团可能达成什么性质的协议。在两大利益集团之间存在着竞争活动的调整空间，这份协议正是通过交换与此相关的权利而达成的。两大利益集团各自的核心领域未被触及，完好无损。[32]

实际上，真正“完好无损”的不是这些领域本身，而是企业对它们的控制，是大型企业的“势力范围”。电力行业的大型企业在国内签订这样的协议，在国际上成立垄断联盟，管理全球“领域”。它们不仅要主导自身产品的市场，还要操控这些产品的生产。它们“对工业战争的定义是拿破仑式的，它们把发明和专利当作用来掠夺财富的兵卒”[33]，并因此获得好处。正如一家法院在1949年评判通用电气公司的所作所为时明确指出的那样：

这家公司为自身的工业成就设定节奏，把自己隔绝于竞争之外。它逐步建立了一套庞大的专利框架，并且远在这些许可的含义之外寻求专利的收购，以此扩张自己的垄断。它在美国和全球搭建了一张规模庞大的协议与许可网络。它们事实上锁住了美国的大门，把对其具有威胁的一切挑战挡在门外，无论是来自国内的企业，还是来自国外的制造厂商。[34]

企业借助公司间协议对专利的控制总是与它用来发起“专利攻势”的研发力量密不可分。工业研发是系统性专利生产与垄断的基础之一，它正在发挥日益重要的作用。从19世纪与20世纪之交开始，研发越来越多地决定着企业在协议谈判时的议价能力。尽管研发的首要目标是为技术问题找到立竿见影的解决方案，但是它还有另一个目标，那就是“预测发明趋势，用专利开道，走上技术进步和业务扩张之路”[35]。

AT&T的科研工作开始于1907年，也就是卡蒂（J. J. Carty）成为首席工程师的时候。卡蒂把研发工作带入了这家公司，那是他的前任哈蒙德·海斯（Hammond Hayes）原本留给MIT和哈佛大学学生完成的任务。在严重经济衰退的大背景下，研发对公司的重要意义日益凸显。同年，摩根大通正式接管这家公司的帅印，并在银行家们陷入恐慌时呼吁进一步提升效率、提高设备的标准化程度，以此降低成本。1910 年，在卡蒂手下从事研发工作的工程师有 192 人，每年经费开支为 50 万美元。到 1916 年时，这一人数增长到了 959 人，经费开支增加到了 150 万美元，等到 1930 年时，AT&T 的研发经费开支增加到了 2 500 万美元。1916—1935 年，西电公司与贝尔实验室完成了工程部门的合并，其后的工程和研发经费开支高达 2.5 亿美元；一位研究 AT&T 的历史学家估计，这个数字，"打个比方来说，远远超过了哈佛大学同时期的运营总预算。"[36]

这一扩张背后的主要推动力量来自卡蒂和他的上司们。他们很早就意识到了无线电通信的潜力，以及为长途电话业务开发中继器的必要性。从 AT&T 的繁荣发展和竞争能力来看，无线电的发展前景是卡蒂力图快速扩张研发的首要推动力量。他在 1909 年的一份备忘录里指出：

> 当前，美国和法国的科学家，加上美国的一些比较能干的试验者们，都在致力于解决无线电话业务问题。从成功的远景来看，这一技术如今距离我们似乎还很遥远，但是，只要合适的电话中继器（真空管放大器）问世，就势必会为它带来最有力的推动。无论是谁，只要能提供和控制这种必不可少的电话中继器，就能在无线电话业务研发成功时发挥主导性影响。如果我们不能从现在开始采取强有力的措施，那么这一中继器的缺失……加上从事该研发的有限人手……终将带来尴尬的局面，即局外人在我们之前开发出电话中继器。如果事实表明，中继器的确是一项重要因素，那么对它的成功研发很可能为我们带来无线电话技术领域的主导地位。[37]

从成立之日起，AT&T 的研发部门就致力于解决这个问题。贝尔实验室主任弗兰克·朱厄特（Frank Jewett）在 1932 年回忆道："AT&T 从很早就清楚地认识到……想要发展电话技术、保护投入其中的资金，公司必须时刻保持对无线电最全面、最彻底、最完全的认识。”[38]在背后推动这种研发的主要力量是通过专利获得商业上的主导权。事实证明，它是成功的；尽管 AT&T 不得不出钱购买德·福雷斯特的真空管，其实验室的研发还是为它在第一次世界大战后的无线电专利池协议谈判中赢得了更高的议价地位。奥特森在 1927 年备忘录里的一段话也许是对这一产业研发背后意图最清晰的表述：

> AT&T 最重要的目标之一是守住并维系在电话领域的现有地位……一切行动和政策都必须有利于这个目标的达成。该公司始终处于潜在竞争对手的重重包围之中，这些对手可能通过某种方式在某种程度上进入电话领域。最重要的是防止它们的入侵。
>
> 最好的防守似乎就是继续在“无主地带”活动，把与这些竞争活动有关的工程、专利和商业条件保持在合乎情理的态势下，让自己始终拥有可资交换他人成就的倚仗。在公司与潜在竞争利益集团之间的“无主地带”始终保持进取态势似乎是必不可少的……因为距离竞争对手的主要领域越近，我们所处的交易地位就越有利……必要的二级专利可能仅凭金钱或者极小的代价即可交易到手。要通过拥有二级专利来阻止根本性专利和主导性专利的拥有者完全实现这些专利的成果。[39]

对于“那些推动发明的大型组织”来说，彼此的谈判带来了一定的竞争优势，与此同时，它还彻底压倒了独立发明者——而美国专利制度的本意正是保护他们。发明者们要么在“无主地带”为了自己的权利孤军奋战，要么加入那些霸占该领域的强大主导势力。处于挫败感和生存本能之间的发明者越来越多地投靠到企业麾下。在此过程中，他们放弃了自己的专利权，用它换取了一份稳定的工作。[40]

如果发明者决定为独立地位而战，那么他们往往要在三条战线上面对挫败：努力获得专利、尝试出售它或者开发它、在售出专利之后见证它获得使用。拜大型企业有意为之的政策和丰富的资源所赐，孤军奋战的发明者们会在每一个转弯处遭遇障碍。就像弗洛伊德·沃恩看到的那样：

> 一旦发明者出售了自己的专利权，他换来的通常只是微不足道的一笔钱，而不是特许权使用费。如果选择进一步开发自己的发明——这种情况非常少见——他就必须从别人那里寻求投资。独立发明者的大多数发明既没有出售，也根本没有得到开发。无论是哪一种情况，发明者通常都得不到钱，或者只能得到聊胜于无的钱。随着发明者面对的障碍日益增强，专利对发明者的激励作用更多地带来了幻灭感，而不是经济回报。

在这三条战线中，获得专利也许是最难的：

> 在企业里，尤其是在那些财大气粗、拥有成群技术专家和专利律师的大型企业里，竭尽可能地获得本领域的每一项专利，并用它们来阻止一切可能的入侵者，这早已成为通行的做法。假如一位外来者想在这里寻求一项专利，他必须找出与类似创意有关的几百个先例，注意避开它们。原本充满创造力的人也许不得不为此耗费大量的时间，他们在获得专利或者避开其他专利这件事上投入的时间可能远远多于用来解决问题的时间。[41]

借助专利抵触和侵权诉讼，企业能够很好地——并且同样乐意地——袭扰他人的专利申请，促使他们放弃对自身权利的伸张。根据托马斯·爱迪生公司总裁的说法，爱迪生本人在获得专利、打专利官司、阻止他人侵犯这些专利方面花费的金钱多于他从专利中获得的金钱。德·福雷斯特虽然成功地捍卫了自己的专利，并把一部分专利权卖给了AT&T，获得了可观的收入，但他最终还是由于其他专利诉讼而被迫破产。1917 年，贝伦德（B. A. Behrend）在为尼古拉·特斯拉颁发美国电气工程师协会爱迪生奖章时指出："假如从工业世界里找出并清除特斯拉先生做过的所有贡献，那么产业的巨轮会停止转动，电力汽车和机车会止步不前，我们的城镇会变得一片漆黑，我们的磨坊会变得寂静无声。是的，他的贡献就是如此地影响深远，它早已成了工业世界的根基。”然而就像亚历山德森后来回忆的那样，特斯拉本人“最终沦为了一位失意的发明家。他的晚年是在穷困潦倒中度过的”[42]。

无论爱迪生、德·福雷斯特和特斯拉付出了怎样的代价，他们最终还是把自己的发明带入了商用研发，并且成功地出售了它们。然而绝大多数发明者并没有如此幸运。即使获得了专利，他们也无法吸引投资人的兴趣，或者无法卖出它们、创办公司。在议会委员会有关专利池的一场听证会上，一位证人提供了这样的证词：“（一项发明的）贡献越大，就越容易被树大根深的企业和它们奴颜婢膝的实验室人员否认。这种认可的缺失……（可以部分地）解释这样一种可耻的奇观：全世界的每一项伟大发明都会遭到雪藏，直到外部竞争迫使持有者采用它们为止，无论这一领域里的巨型企业多么狡诈、多么诡计多端——而这一切常常出现在发明者早已不在、无法领受自己应得的回报时。”[43]单独一家企业通常不会做出重大变革，因为它早已在这个领域建立了主导权；不仅如此，专利池协议允许竞争对手之间共享重要的新研发，这同样打消了单一企业投资新发明的动力。出于类似的原因，如果一家企业投资了新的发明，那很有可能是为了获得未来的议价优势，因此，专利的立即使用就会遭到搁置。

1912 年，路易斯·布兰代斯得出了这样的结论：“从宪法角度来说，这些巨型组织是冥顽落后的”。但是从独立发明的人力成本来说，它们远不止于此。亚历山德森曾经写道：“靠自身专利发家致富的发明家堪称凤毛麟角，埃德温·阿姆斯特朗（Edwin Armstrong）就是其中之一。不过他的结局令人伤感。由于专利诉讼造成了巨大的精神压力，他最终选择了自杀。”亚历山德森的交流发电机是举世瞩目的焦点，也是通用电气公司在无线电专利池协议中最强有力的资产，他还讲述了自己在专利池之外的生活和发现。他和通用电气公司董事长欧文·扬

（Owen D. Young）都收到过多封威胁信。亚历山德森回忆说："一位发明家宣称，我的一项专利侵犯了他的专利。这些威胁主要是针对扬先生的。他是公司的首脑。那封信的作者说，买凶杀人只要一千美元就够了，他口袋里刚好有这一千美元。通用电气公司被迫在专利法庭应诉，证明那位老兄的专利和我的专利是不一样的。我从未见过那个人……听有些见过他的人说，他是个比较简单、性情平和的人。"[44]

独立发明者的挫败感让大多数发明者走进了大型企业的研发实验室；在此过程中，发明本身也发生了转移。"大型企业实验室的团队研究极大地取代了个人的发明创造活动。就像生产流水线一样，发明的流水线是今日的主宰。各类工人和技师被集中在一起，由律师和企业管理者指挥调度，专利的获取是为了更加彻底地宰制一个生产领域。"[45]为了免于孤军奋战的艰辛，发明者们成为企业的雇员。他们的专利也因此交由企业雇佣的专利律师管理，而企业会用自己的经费让他们的发明变得在商业上有利可图。就这样，企业的聘用消除了法律诉讼问题。除此之外，企业还会为科研提供设备齐全的实验室、图书馆和技术辅助。然而发明者实际工作的性质发生了改变。"工作通常是在高压下完成的。作为员工的发明者要按照公司的商业策略来调整自己的工作方向，而不是信马由缰地追逐一切吸引自己的有趣想法。他要做出具有确凿商业价值的成果，而且不能花费太长时间。"研究实验室里的发明"集体化"是以每一项任务的专门化为预设前提的，"企业里的发明者通常被组织在部门或者业务单元里；分配给他们的都是确切的项目和待解决的具体问题"，而且如此分配的各项任务最后只能由管理者来统合。[46]

"作为员工的发明者"这一新身份进一步加强了塑造了他们的实际专利制度的种种变化。大型企业把技术发展的物质手段和人力集中在自身内部，有效地消除了外来者的威胁。就像专利制度历史学家弗洛伊德·沃恩观察到的那样："通过控制改进型专利的唯一市场，通过操纵工厂和实验室的运转——那里是最有可能产生新创意的地方，企业可以从头到尾地管控创造性思维的链条。”[47]

美国专利制度规定，只有真正的发明者才能获得有效的专利。在雇佣有能力从事发明的技术专家的同时，企业也是在获得法律上的必要手段，以便积聚企业专利。最初只有少数企业会为员工的专利发明提供有限的酬劳，比如通用电气公司。它曾经为此奖励过一位幸运的员工 1 美元。[48]不过这种情形慢慢地不复存在了，员工们必须把所有的专利都转让给雇主企业，以此换取工资。这成了劳动合同的一部分。不仅如此，“为了确保员工不会隐匿优质创意，并在离职之后自行开发……绝大多数劳动合同都会包含所谓的‘追索条款’。有了这一条款，企业不仅可以拥有发明者在雇佣期间的发明，还可以拥有他们离职之后一段时期之内（比如 1 年）的发明。”[49]贝尔实验室最早为员工提供工资以外的专利补偿，但是就像弗兰克 · 朱厄特解释的那样，这样的补贴反而会激励员工为自己劳动，而不是为企业劳动，而且会激发他们与同事之间的竞争。

> 这样的激励是为了尽可能多地从专利局获得专利。当一项发明完成时，我们可以为它申请一项大专利，也可以为它申请十几项小专利。为了公司的利益着想，应该申请一项大专利；但如果是为了员工的利益考虑，还是申请十几项小专利更划算……这会造成人们不愿意彼此合作的情况……但是我们面对的问题离不开团队合作……因此，这个问题非解决不可。[50]

贝尔实验室采用了普林德尔在 1906 年提出的办法：取消员工的专利奖励。“利益的热油”与“天才的烈火”被彻底分开了，就像一位作者写的那样，“美国发明的英雄时代”结束了。虽然企业员工不再享受自身创意的成果，甚至可能无法充分发挥自己的创造力，但是他们确实做到了衣食无忧，“这样的考虑无可厚非”。除此之外，就像亚历山德森指出的，他们还“拥有了一个安全的、资源丰富的工作场所”。然而企业内部安全的实现是以牺牲外部安全为代价的，是刻意违背外部安全而得到的。越来越多的独立发明者被迫“放弃自己的专利”，这是因为他们的追求注定失败，就像一艘正在沉没的船，他们不得不上岸寻求庇护——而他们的船是被炸沉的。20世纪40年代初，伯恩哈德·斯特恩（Bernhard J. Stern）在听完参议院专利委员会的证词后指出：

> 天才并未得到滋养，因为只要发明者成为工业实验室的一名员工，他就必须把自己研究成果的专利权让渡给雇主企业。相反，假如他选择继续做一名已经近乎绝迹的独立发明者，那么他通常是无力与行业里的巨头对抗的。后者控制着信用、技术设施和市场。面对侵权诉讼的巨额开支，独立发明者通常无力完成自身专利的开发工作。

1909年，面对美国电气工程师协会年会的听众，专利律师、企业总裁弗雷德里克·菲什言之凿凿地提出：“没人指望真正的发明者能够获得有效的专利。人们争论的是：在现代条件下，发明者有没有获得应得的工作回报。这种争论的基础并不是专利制度或者法律，而是占据上风的社会形势和行业形势。”[51]

专利局在19世纪最后的20年面对着不断上涨的专利申请洪流。到了20世纪，局面变本加厉。1900—1916年，授予个人的专利显著增加，不过在此之后，个人发明者的作用开始下降，企业操控专利的手段日益稳固。战争让它变得更加牢靠。因此，根据专利局局长在全国经济临时委员会的证词，授予大型企业（资产超过5 000万美元的企业）的专利占专利总数的比例从3%上升到了17.2%。[52]不仅如此，在这一时期，除了工业研发和企业操控专利的做法造成的专利制度的实际变革之外，专利局的实际架构和围绕它的法律机构同样经历了深刻的变革。这些变革，连同其他很多变革一起，都要在很大程度上归因于工程师和以科学为根基的产业中的企业代表的努力。

1870年，国会专门拨款，用于编纂现行专利法规和提高专利局的机构效率。它还授权哥伦比亚最高法院审理这些决议。然而到了世纪交替时，专利局再次变得严重落后，无力应对不断扩张的工业对它提出的要求。来自技术和商业期刊的一连串文章猛烈抨击专利局，说它是“工业的巨大累赘”，谴责“我国专利制度的滥用”和“陈腐的专利制度”。为了回应工业界的这些要求，美国律师协会在1896年提出了立法建议，力图清除代价高昂的拖延和旷日持久的诉讼，大幅提高专利系统的效率。在接下来的一年里，包括弗雷德里克·菲什和埃德温·普林德尔在内的一众专利律师成立了美国专利法协会，以专业主义和工业进步的名义推动这些工作。他们寻求提高专利律师和专利局审查人员的适任能力标准（通过学历要求），并相应提高了专利局员工的工资待遇，大幅扩充设施，以应对汹涌而至的申请洪流。1899年，专利局成立了专门的分类部门，用来为专利分门别类，帮助确定申请的新颖性。但是到了1905年，随着商标被纳入专利局的职责范围，已有机构的不足越发凸显。[53]

1909年，菲什在美国电气工程师协会发表了题为《从与工业发展的关系视角审视专利制度》（*The Patent System in Its Relation to Industrial Development*）的演讲，强烈呼吁专利制度改革。他号召提高申请的处理效率，提高人员工资和能力，扩大专利局员工队伍的必要规模。不仅如此，他还强调了专利制度在司法层面推行改革的重要意义。他指出，如果法院对专利案件的处理能做到更加便利和统一，那么通常与专利诉讼形影不离的不确定性就会大大减少。

> 法律申请在事实上的不确定性……使得人们很难预料法院会如何看待和解释一项专利，这也或多或少地造成了司法决策的彼此冲突……而成立一家上诉总院，取代现有的九家各自为政的上诉法院，这并非不可能，而且对如今的形势极有帮助。这样的法院一定会为司法决策带来前所未见的和谐一致。[54]

菲什和普林德尔等专利律师的努力是为了精简专利制度，使之适应新的“占据上风的社会形势和行业形势”。然而专利服务的需求日益迫切，这一点无可否认：美国第100万项专利是在1911年授予的，而第200万项专利授予出现在短短24年之后。[55]不过除了申请数量造成的负担日益加重之外，企业对专利处理、诉讼效率与可预测性的需求同样离不开专利制度的改革。因此，这些人和他们的同事寻求在专利局的实际操作中同时实现专利流程和法律评估的标准化。与此同时，他们还对专利局的工作人员提出了更高的学历要求（法律和技术），以确保更强的胜任能力。他们清楚地认识到，在专利局授予的全部专利中，很大一部分随后会被法院判定为无效。同样地，他们还对法律界的准入提出了更加严苛的要求，力图通过上诉机制的集中化在司法决策中打造一致性。他们希望更新这两个领域的人员队伍，希望撤换现有人员，代之以受过更好教育的新人。后者更有能力处理专利制度日益增长的复杂性并推动其发展。因为受过更好的教育，所以他们的想法更倾向于改革派的做法。

贝克兰是一位出生于比利时的化学家。他推进专利改革的原因大致无二，不过他是从另一个角度切入这个问题的。他同那些在工业领域大获成功的发明者的视角是一致的。就在菲什发表美国电气工程师协会讲话的同一年，贝克兰向自己在美国化学学会工业分会的同行们发表讲话，从发明者的立场论述了美国专利制度的实施和滥用。然而贝克兰并非普通的发明者。对当时羽翼未丰的化学工业来说，贝克兰的地位相当于电气工业里的爱迪生——他们都有能力把发明创造的才华与促生一个产业的天赋结合起来。贝克兰早年在比利时担任化学教授和工业化学家。1889年，他来到美国访学，并与美国最大的照相器材公司安东尼公司多有接触。后来他决定留在美国，从事相纸和胶卷的研究工作。两年之后，他离开了安东尼公司，成立了尼佩拉化学公司（Nepera Chemical Company），生产和推广自己的发明成果：一种名为维洛克斯（Velox）的相纸。贝克兰的发明获得了相当可观的成功，1899年，他把这家公司卖给了柯达公司，转而从事电化学研究。在担任虎克电化学公司顾问的同时，他还获得了一项再生电解质设备的专利。贝克兰最重要的发明出现在1909年，它就是电木（bakelite），一种耐热、耐化学腐蚀的合成酚醛树脂。这种材料即将在电气、无线电、汽车、航空和其他领域获得广泛应用。通过这一发明，贝克兰为新兴的酚基涂漆和面漆行业做出了巨大的贡献。几乎就在一夜之间，现代塑料产业呱呱坠地。1910年，他组织成立了通用贝克莱特公司，生产和利用这一发明。到1922年时，业务的迅猛扩张使得贝克兰不得不成立一家控股公司，也就是贝克莱特股份有限公司，以便统合公司各个方面的权益。这家公司在1939年被联合碳化物和碳素公司（Union Carbide and Carbon Corporation）收购。在此之前，贝克兰一直担任这家公司的总裁。

贝克兰的职业生涯堪称产业整合时代专利制度内在趋势的象征，并且明确揭示了它的隐秘倒退：从保护发明者的制度变成了阻挠发明者的制度。贝克兰是一位运气极好的天才发明家，他赞许专利制度，说它是一种设计极佳的社会制度，可以促进个人的创造力。同时，作为一名资本主义者和工业家，贝克兰关心自己快速壮大的企业的命运，他把这套专利制度视为以科学为根基的产业赖以扩张和垄断的立足之本，并把扩张和垄断看作企业繁荣发展的根基。在贝克兰眼里，专利制度既是发明者的朋友，也是企业的朋友。他并没有充分认识到，在这项法律之下，对二者的同等对待会自然而然地有利于后者。贝克兰曾在1909年呼吁改革法律，目的是加强而不是扼杀这一制度的有益之处：

> 我很难在不缩减可怜的发明者的特权和利益的前提下提出关于美国专利法的改革建议。不过话说回来，令人备感遗憾的是，虽然申请和注册专利的相关法律……几乎做到了法院想要的一切……但是可怜的发明者们完全被一套强盗制度玩弄于股掌之间，任其摆布……而且这套制度居然是合法的……这套把戏实在高明。我知道美国的一些财大气粗的企业主，他们的拿手好戏就是恐吓、霸凌并在金钱上毁灭那些不幸的发明者——仅仅因为他拥有一项专利，而

且不愿意按照这些大企业开出的条件转让这项专利；这里提到的所谓条件，其实接近于白白奉送……我因此认为，这项本该奉行自由、保护可怜的发明者的专利法已经变成了大型资本主义集团积累强大特权的暴烈工具。[56]

贝克兰为困境中的发明者建议的出路与菲什给出的答案不谋而合，尽管后者代表的是企业专利政策的利益，那就是更加高效便利的专利诉讼程序。他对同辈化学家说过："应当尽早成立专门的、胜任的专利法院，处理一切专利诉讼，彻底消除如今专利官司中荒谬至极的拖沓和令人生畏的费用。越早成立这样的法院，我们就可以越早叫停那些拟定专利制度的傲慢家伙，打消他们的慷慨，清除他们造成的挫败感。"三年之后，贝克兰在美国化学工程师协会的主席演讲中呼吁，要在华盛顿成立特别上诉法院，专门处理专利有效性问题。[57]

到 20 世纪的第二个十年时，专利制度的种种不公得到了政治改革者的详细研究。这些改革者赞同贝克兰对上述种种滥用的定性，但是，仅凭司法流程的精简就能力挽狂澜吗？他们对此提出了严重的质疑。因此，这些改革者追求专利制度的重大修改，以此逆转这项制度本身造成的垄断潮流。1912 年的《奥德菲尔德法案》（The Oldfield Bills）正是这一情绪的典型标志。这项法案建议，为了阻止企业对专利的压制，应当在政府许可处罚的基础上推行专利的强制实施；并且呼吁取缔"产品专利"①，因为它为化学产业的专利垄断奠定了基础。[58]

这项法案的听证会吸收了来自发明者、科学家、生产厂商和专利律师的证词。作为通用电气公司的顾问，弗雷德里克·菲什强烈反对专利的强制实施。菲什表示："如果专利法修改成这个样子，以至于实施结果超出可控范围……就会造成技术进步的停滞不前。"至于专利压制问题，菲什依旧认为，"委员会没有得到丝毫证据……可以证明这个问题

① 一项关于物质新组合的专利。它禁止同样的合成体，即使后者使用的是截然不同的过程。

的一丁点儿影响。”托马斯·爱迪生的看法并没有什么不同。他曾经在作证时说自己从未见过专利压制的先例。同样的还有贝克兰，他在美国化学工程师协会的一次演讲中强烈反对强制实施条款，反对取消产品专利，转而呼吁针对专利权要求的公众审查。尽管如此，公众对大型企业利用专利制度损害公共利益的怀疑并未消失。《钢铁贸易评论》的一位作者坚称，“因为对发明的压制，美国在很多活动中并未采用最高效的方法，我们如今使用的仪器都是10~20年前设计的。”然而最终占据上风的仍是企业集团。美国化学工程师协会、化学家俱乐部、美国电气工程师协会、美国采矿与冶金工程师学会、美国机械工程师协会以及美国专利法协会召开了联合会议，成功请求国会推迟了对专利立法的进一步研究，《奥德菲尔德法案》最终止步于委员会的审议环节。[59]

此后不久，托马斯·尤因（Thomas Ewing）——他是美国第一任内政部长（老托马斯·尤因）的孙子——被任命为专利局长。尤因是一名声名远播的专利律师，他接手过弗兰克·斯普拉格（Frank Sprague）铁路电力牵引的专利申请和米哈伊洛·普平长途电话的专利申请。除此之外，他还在哥伦比亚矿业学院担任科学导师。刚一履任，他就宣称“一个人有权决定自己专利的转售价格”，对基于专利控制的市场垄断传统表示支持。尤因大力支持专利改革。他和专利局的经济与效率委员会合作，想方设法地改善专利操作，提速增效。1917年，他成为战争部和海军部专利委员会主席。这个机构意在支持和鼓励军需和航空产业建立专利池，助力战争时期的技术发展。①[60]

这家专利委员会，连同战时的其他做法一起，不仅为无线电和航空及汽车领域的专利池奠定了基础，而且让当时专利制度的不足暴露得一清二楚。这进一步激发了改革的努力。1917年，专利协会成立。其目的是“促进和培养对美国专利制度的真正认识”[61]，并为改革措施争取

① 战争时期还有一次对化学产业专利整合的重大推动，即化学基金会的成立。详见本书第一章。

支持。更重要的是，战争期间出现了一个新的集中式机构：美国国家研究委员会。它成了促进工程和工业发展的主要力量。在尤因的要求下，国家研究委员会成立了专利委员会，专门负责专利改革立法的准备工作。这也是国家研究委员会在第一次世界大战后的主要项目之一。该委员会的执行主席是贝克兰，委员包括尤因、斯坦福大学机械工程教授威廉·杜兰特（他在新兴的航空领域持有多项重要专利）；此外还包括获得诺贝尔奖的物理学家、AT&T 顾问罗伯特·安德鲁·密立根，标准局局长塞缪尔·斯特拉顿，菲什和普林德尔等人。

国家研究委员会提出的建议实际上是对 1915 年失败的改革议案的扩充。这些建议措施包括提高专利局的运行效率、扩大人员编制、提高工资待遇、通过学历要求确保人员更高的胜任水平等等。除此之外，委员会还提议对法院授权，允许它偿付那些因为专利侵权而造成的损失；建议专利局独立于内务部之外；建议成立独立的专利上诉法院，协调与专利有关的法院判决。该委员会提出："必须成立一个独立于本地官员的、单独的专利上诉法院，履行修补法律原则的职能并且强制要求下一级法院一致运用这些原则。如果没有一个这样的法院，我们就永远不会有确定的、整齐划一的专利法，也无法确保它得到始终如一的贯彻。" 1921 年，这些建议首先作为《诺兰法案》（Nolan Bill）的组成部分被提出。这个法案的通过是为了缓解战争造成的混乱不堪的国际专利形势。这些提议中的绝大部分——主要包括精兵简政、提高员工素质、提高工资待遇等——获得了通过，成了 1922 年《兰珀特专利局法案》（Lampert Patent Office Bill）的一部分[62]。

《兰珀特专利局法案》得到了工程师群体的强烈支持。工程委员会正式宣布支持这一法案；普林德尔代表国家研究委员会在工程师中间宣传它。该法案还与另一个截然不同的法案不谋而合，即《斯坦利法案》（Stanley Bills）。后者要求美国政府强制外国企业许可其持有的美国专利。它的唯一目的是遏制海外发明在美国国内的生产。该法案要求，自授予之日起两年内，相关专利必须强制实施，否则就要面临政府的惩罚。作为美国企业群体的代表，律师们奋起反对，尽管他们仍然关心国际竞争，尽管这个法案似乎对国内企业颇具吸引力。身为美国化学学会主席，埃德温·普林德尔为这一压制做出了辩解："美国拥有的外国专利远远多于外国人拥有的美国专利。"而《斯坦利法案》很可能引发他国的反制，进而对美国的国际专利地位造成威胁。普林德尔还指出，它可能成为专利制度的一个"楔子"，可能同时导致美国专利和外国专利的强制实施。这一点同样重要。因此他指出，这一法案的通过势必对他本人在 1906 年大力推行的专利控制行为形成严重威胁。[63]

《兰珀特专利局法案》获得了通过，而《斯坦利法案》再没有出现在参议院委员会中。不过专利局的改革才刚刚开始。1925 年，扩编之后的专利局从内务部转到了商务部。就像标准局一样，专利局也成了赫伯特·胡佛手下的一个部门，它同样为工业的繁荣发展和效率发挥了重要作用。[64]《科学美国人》（*Scientific American*）的一位编辑向读者保证，这一变革会带来更好的结果。他写道："赫伯特·胡佛明白，美国工业的卓越地位在很大程度上是建立在专利保护之上的。"[65]胡佛进一步提高了专利局的效率：专利审查规定的反馈时间从 1 年缩短到了 6 个月。此后不久，1929 年，关税上诉法院更名为关税和专利上诉法院，并且"承担起专利局移交的专利上诉案件听证职责"①[66]。

1900—1929 年的改革努力堪称成功，虽然它离不开日益扩大的专利需求带来的后续支持措施，但是它仍然让美国的专利制度变得更契合企业的需求。它们为专利处理中的"正规主义"（formalism）奠定了基础。这也逐渐让个人发明者无处容身，因为他们没有大型企业那样齐装

---

① 应当指出的是，这个法院的成立并不能标志菲什早先关于专利上诉单一法院方案的完全实现。在此之后，专利申请人仍有多个上诉选择。他们可以来到这家新法院——它只评判申请本身的优劣，而且不听取证言；也可以像往常一样选择地方法院或者民事诉讼。于是，针对专利上诉法院的斗争就这样继续了下去。详见：Otto S. Schairer. *The Patent Problem from the Viewpoint of Industry*（New York：National Industrial Conference Board，January 19，1939）.

满员的法律部门，无力应对错综复杂的正规主义。然而就像罗伯特·林德（Robert Lynd）指出的那样，这一新的正规主义并没有建立起一种自主的“科层化”，它只是“极大地沦为企业律师玩弄精明花招的结果”[67]，极好地服务于企业和律师的利益。专利制度的改变是与企业专利垄断和产业研发的出现相伴而生的。它形成了一道令人生畏的屏障，把个人发明者挡在了门外——这些个人发明者正是林肯发表那句名言时心之所系的对象。专利局在1932年把这句名言刻在了自家门楣的石碑上。

然而，不到10年之后，当专利局长康韦·科（Conway Coe）在全国经济临时委员会作证时，他并没有认识到这一变革的含义。他为专利垄断的种种重要益处辩护，拒不承认它们与反垄断法之间的冲突。他随后这样结束了自己的证词：

> 根据我们对专利制度的估计……它对国家生活与命运的精神影响不容小觑……我们的专利制度已在人民中间培养起了一种创造性才能。事实证明，这一才能在解决一些重大问题时作用显著，有助于我们完成保持民主政府形式并使之长青的使命。[68]

听取这一证词的委员会，连同其他很多委员会一样，基本认同康韦·科对这一制度的评价。正是出于这个原因，他们才会凭吊专利制度的不复存在。这是康韦·科本人无法看到的。他们提出，“企业对应用科学的把控是解释它在政府决策过程中发挥主导作用的关键所在。”这一证词的另一位阐释者是社会学家罗伯特·林德，他也是赫伯特·胡佛主持的《近期社会趋势》（*Recent Social Trends*）研究的一名撰稿人和《中镇》（*Middletown*）的作者之一。他这样写道：“当前的问题在于，在一个生活越来越依赖科学技术的时代里，企业控制着科学及其满足人类需求的应用手段。这使得私营企业可以有效控制一切的民主机构，包括国家本身。”[69]

第七章　为产业服务的科学

——产业研究及高校研究的组织

搞科学和行善一样，都要从自身做起。目前看来，科学在这一点上表现欠佳。科学让万事万物井然有序，为它们分门别类，使之条理清晰——除了它本身以外……科学对自身的组织很不完善。科学界人士最近才意识到，把数量众多的科学家组织起来，可能会有效地增加他们的力量，就像军纪可能为数量众多的劳工增加力量一样。

……工商业的龙头地位及其丰厚回报属于那些有能力最有效地组织自身科学力量的国家。[1]

——伊莱休·鲁特（Elihu Root）

专利冻结了科学的进程，在以科学为根基的产业里，被冰封的天才碎片成了军火库里的武器。然而，借助专利垄断来操控科学同样存在严重弊端：它的优势只能在事实形成之后获得。在整个 19 世纪，工程师们关注的是怎样把大学出身的科学家们妙手偶得的发现变成可专利的产品和工艺；至于科学发现本身的产生，他们则很少关心。到了 20 世纪的前几年，他们的注意力发生了转移。随着有组织的研究型实验室进入工业界，随着产业机构以前所未见的力度整合大学，企业里的工程师们开始预测科学发现，开始把科学的供应当作现代工业的命脉加以确保和管理。

早在19世纪30年代，一些工业企业偶尔会从大学聘请科学工作者开展研究，不过这大多是偶发的孤例。塞缪尔·达纳（Samuel Dana）帮助梅里马克制造公司（Merrimack Manufacturing Company）研究了与纺织生产有关的化学过程；另一位化学家本杰明·达德利（Benjamin Dudley）建立了一家小型实验室，帮助宾夕法尼亚铁路公司研究钢轨的成分构成；安德鲁·卡内基聘请了一位名叫弗里克（Fricke）的德国化学家从事冶金研究；耶鲁大学的西利曼教授帮助初生的石油行业分析来自宾夕法尼亚州的原油样本。然而直到世纪交替时，工业研究基本上仍然属于没有组织的单打独斗。[2]

电气工业和化学工业率先把研究作为业务的系统组成部分。它们建立的早期实验室，以及随后在新兴的橡胶、石油、汽车、制药等行业里涌现的实验室，其主要目的都是应用研究与开发（流程测试、常规化学分析、成本削减和质量控制等）。然而一些行业的大型龙头企业逐渐开始扩展活动范围，进入基础科学研究领域。财力雄厚的大型企业完成了工业界几乎所有的基础研究和大部分应用研究，因为它们单凭自己就能为研究人员提供相对稳定的工作环境和齐全的设备。规模较小的企业转向了新兴的合作型实验室。它们分布在行业协会、政府司局、私营咨询公司和大学里。这些实验室完成了小型企业绝大部分的应用研究和全部的基础研究。

在1900年之前，美国工业界几乎不存在有组织的研究，但是到了1930年，工业研究成了一项重要的经济活动。1928年，一项覆盖将近600家制造企业的调查显示，52%的企业声称已经建立检测实验室，29%的企业正在支持行业协会、工程协会、大学或者捐赠研究项目的合作研究活动，还有11%的企业尚未或者很少开展研究活动，但是计划引入研究工作。[3]在不到30年的时间里，美国工业界的科学研究活动已达到饱和。这股科学热潮兴起的主要原因很好理解：它有利可图。

很多工业部门只有在确信自己能从投资中获得充足回报时才会转投

科学的怀抱，电气工业和化学工业却是从一开始就依赖科学。它们因此为后来者树立了可供效仿的楷模。这两个行业对科学的依赖迫使它们的领导者成为工业研究的先驱人物。也许更重要的是，它促使领导者们放眼行业之外，为行业之内的问题寻找出路。领导者们因此开始意识到，自己从事的具体活动是一套无所不包的工业体系的必要部分。这一体系是由彼此区分却又相互协同的部分组成的：产业界、大学和政府。对这些人来说，实践中存在于工厂车间与实验室之间、产业界与大学之间、应用研究与基础研究之间的种种历史上的、哲学思想上的、地理上的区隔正在这套工业体系的日常作用下分崩离析。

AT&T 首席工程师卡蒂声称："最终分析证明，纯科学研究与工业研究之间的差别仅仅是动因之一。"[4]前者的动力是对真理的无私追求；后者的动力是实现效用与利润最大化的意图。然而这两个领域并非看上去那样相互矛盾或彼此排斥，因为对真理的无私追求可能包含在对利润的追求之内。只要科学工作者的发现被转化为资本主义工业的发展手段，他们就可以免于现实和金钱上的顾虑，毫无挂碍地徜徉于宇宙的奥秘之中。然而不可或缺的并不是关于动机的共同认识，而是手段与目的之间令人满意的协调一致，以及因此变得必要的恰当的组织工作。

因此，在 20 世纪的前 30 年里，企业里的工程师着力在工业界组织和驾驭科学。他们的工作可以分为三个阶段，这三个阶段逐步演进、相互交叠。在第一个阶段里，有组织的研究型实验室在工业企业中成立并成为必要的组成部分。第二个阶段主要涉及外部研究机构的积极支持与配合，主要包括行业协会的实验室、研究基金会、政府司局和大学的科学与工程院系。其中大学院系是最重要的。第三个阶段是国家对五花八门的研究活动的统一协调。这主要是通过国家研究委员会对业界的支持做到的。其中前两个阶段大致出现在 19 世纪和 20 世纪交替时，第三个阶段出现在第一次世界大战期间。

通用电气实验室是美国工业领域的第一家研究型实验室。虽然它正式成立于1900年，但是它最早由托马斯·爱迪生和伊莱休·汤姆森开启。在朱厄特的领导下，AT&T结束了卡蒂长达25年的孤立活动，在1907年开始了有组织的研究工作。早在1903年，西屋电气就在斯金纳的带领下建立了研究部门，不过直到1916年，它才成为一个独立的持续运营部门。通用电气公司和AT&T是电气研究真正的先驱者，它们始终主导着美国的电气研究领域。

亨利·福特在20世纪20年代指出："人们习以为常地把当前时代称为工业时代，其实我们应当称之为爱迪生的时代。因为他是我国现代工业的奠基人。"诺伯特·维纳认同这一说法并补充道："爱迪生最伟大的发明是工业研究实验室……通用电气公司、西屋集团和贝尔电话实验室都在追随他的脚步，只不过爱迪生的实验室只聘请了几十位科学家，而这些公司雇佣了数以百计的科学家。"

爱迪生的实验室较少关注基础发现，较多关注实用商业性研发。这家实验室从事的工作就是爱迪生公司的早期工作，也是通用电气公司最终开展的工作。汤姆森-休斯顿电气公司与爱迪生通用电气公司合并，组成了通用电气公司。伊莱休依旧是这家新公司的科学圣哲。按照他的描述，最早的实验室"只是生产部门和测试部门留出的一块空地，那里只有少许工具和一两个人，设备和新器具搭建出的工作模型在那里得到改进，随后立即被投入生产"。由此可见，在20世纪之前，通用电气公司的基础研究工作还未成为例行规定，不过到1893年时，随着经济萧条的影响稍有减弱，这家公司开始焕发出新一轮乐观主义和创新精神。威尔伯·赖斯（E. Wilbur Rice）是汤姆森早期的合伙人之一，也是通用电气公司的副总裁和技术总监，他和汤姆森、斯坦梅茨以及阿尔伯特·戴维斯（Albert G. Davis，专利部门负责人）共同着手推动用来扩充基础研究的专用设施。1901年的股东年报明确表示，"我们认为，在过去的一年里，成立实验室、专注于基础研究实属明智之举。我们希望通过这一举措发现众多有利可图的领域。"[5]

赖斯成功说服 MIT 的物理化学教授威利斯・惠特尼来到斯克内克塔迪建立实验室。赖斯鼓动惠特尼把自身的研究带到通用电气公司，在那里继续研究，但是惠特尼选择了在波士顿和斯克内克塔迪之间通勤。他直到三年之后才彻底离开 MIT，把全副精力投入新成立的通用电气实验室。惠特尼后来回忆说："从一开始，赖斯先生的想法就是发展面向纯科学研究的实验室。他希望这间实验室独立于通用电气公司的组织架构，无须对公司当前的种种问题负责。"[6]惠特尼又吸引了威廉・柯立芝。柯立芝是一位电气工程师和物理学家，是惠特尼在 MIT 的老同事。惠特尼说服他离开学院，担任通用电气实验室的助理主任；惠特尼还鼓动柯立芝把自己的研究带到通用电气公司来，就像赖斯当年鼓动他做的那样。

在惠特尼的领导下，通用电气实验室迅速扩大。1901 年时，这里只有 8 个人；到了 1906 年，它已有 102 名员工；这个数字到 1920 年增长到了 301 人，又在 1929 年增长到了 555 人。然而惠特尼对于基础研究的兴趣并未得到完全满足。他曾经向欧文・朗缪尔保证，他的"兴趣远远不止于实用成果。我们的实验室当然要养活自己，但是，除此之外，它还应当为科学和知识的进步做出贡献……我希望，我们的实验室里有人为基础科学发现做出贡献"。朗缪尔在 1932 年为通用电气公司赢得了首个诺贝尔奖。不过他也抱怨说，赖斯寻求的独立于公司组织架构的超脱是"不可能长久维持的；通用电气公司的规矩是打电话给工程师寻求帮助，而且生产人员拥有最高地位……只要涉及公司的潜在损失，或者顾客的需求可能无法得到满足。"[7]与绝大多数工业实验室相比，也许通用电气公司更多地强调个人的创造性，较少开展统一指挥的项目。尽管如此，在这里，科学仍不过是企业利益的辅助。

宽泛地说，电话业务的应用研究始终没有离开过 AT&T。它的研究活动是同时根据地理位置和特定研究重点划分的。传输设备的研究工作放在波士顿，那里的实验室是由贝尔最初的办公地点发展而来的；交换和信令设备的研究放在芝加哥和纽约，在西电公司的“试点实验室”进行。一开始，这些活动之间相对缺乏协同，这种情况一直持续到1907年，也就是卡蒂成为AT&T总工程师的时候。卡蒂从1879年起就一直在波士顿的贝尔公司工作。在他的领导下，各种研究活动被合并在一起，成为西电公司的工程部门。[8]

这些实验室也开展一些基础研究，不过它们始终以实用为主旨，而且这种实用是最立竿见影的实用。卡蒂曾向美国商会的成员解释过这一点：

> 这些实验室专门用于最实用的目的。其组织建立在严格的商用基础之上，指导其工作的目标只有一个，那就是以更经济的方式改善、扩展和指导我们为公众提供的服务……衡量这些实验室工作的标准就是实际功用。如果一项工作不能产生实际成果，我们就不会做。如果一项工作在整体上无法产生实际的成果，它就不能，也不应该继续下去。最实际的问题只有一个：“这种科学研究能带来实际回报吗？”[9]

卡蒂这种讲究实用的态度实际上是企业责任体现在所有其他方面的一个侧影，它也被有意地用来为看似相当不确定的事业增加可信度。

然而用不了多久，卡蒂的谨慎方法就带来了更大胆的新尝试。乔治·坎贝尔，这位MIT和哈佛大学培养出来的欧洲物理学家当时正在完成重要的理论工作。他后来开发出了滤波器。坎贝尔也是第一个把弗兰克·朱厄特介绍给贝尔集团的人。朱厄特的父亲是一位土木工程师，是艾奇逊、托皮卡和圣塔菲铁路加利福尼亚州段的建造者。朱厄特毕业于史路普理工学院（加州理工学院的前身），并获得芝加哥大学的物理学博士学位，师从迈克尔逊。不过在获得博士学位之后，朱厄特决定放弃大学里前途大好的工作机会，进入MIT的电子工程系，为投身工业做好准备。朱厄特后来回忆说，“迈克尔逊很不理解我怎么会选择工业生涯……这无异于出卖自己的学识和理想…”[10]离开MIT之后，朱厄特先是做了一段时间的顾问，后来成了 AT&T 的传输与保护工程师。

1910—1911 年的那个冬天，朱厄特召集了一批科学家，组成了一个独立研究部门，专攻长途电话业务。朱厄特在 1912 年成为西电公司（西电公司是 AT&T 负责生产的子公司）的助理总工程师，他协调统一本部门和另外一个研究团队［它是工程部门的物理学家埃德温·柯比兹（Edwin H. Colpitts）创建的］之间的工作，为贝尔实验室的建立奠定了核心基础。后来成为贝尔实验室主任的朱厄特回忆："工业能力的增长速度之快，早已超越了单纯依靠随机发明所能达到的速度；它还超越了第二个阶段，也就是创造能力和天赋与科班出身的工程师的工程能力相互结合的阶段。在这个新的阶段，我们可以很明显地看到，许多问题的解决亟待新方法。"[11]这种新方法的表现形式就是基础科学研究。

贝尔实验室成立并得名于 1925 年。它以惊人的速度扩张并吸引了众多来自大学的科学人才。1916 年是贝尔实验室成为独立部门的第 4 个年头，它的年度支出已经达到了 220 万美元；到了 1930 年，这个数字增长了 10 倍。电气工业历史学家鲁珀特·麦克劳林（W. Rupert McLaurin）道出了贝尔实验室对大学科学工作者的巨大吸引力："贝尔实验室强调基础研究，这一点与很多大学里的顶尖研究中心非常相似。不过在第二次世界大战爆发之前，贝尔实验室的规模要大得多，而且它的科研预算也远远高于美国的任何一所大学。" 1925 年，贝尔实验室有员工 3 600 多人；1937 年，克林顿·戴维孙成为贝尔实验室的第一位诺贝尔物理学奖得主。[12]

在那时，在美国新兴的化学工业领域里，最具雄心和抱负的研究工作是由杜邦公司发起的。1888 年，这家公司成立了一间小小的实验室，用来测试无烟火药。在接下来的 15 年里，这项工作不断扩大，覆盖了炸药等高能爆炸产品。1902 年，该公司被杜邦家族的皮埃尔、科尔曼和阿尔弗雷德收购。他们都是 MIT 校友。新的管理层决定广泛开展研究项目，把它变成扩大公司利益的一种手段。同年，作为公司运营总体的一部分，杜邦公司在新泽西州的雷波诺（Repauno）成立了东部实验室，开展染料和有机化学研究。这间实验室的负责人是查尔斯·里斯，一位毕业于约翰斯·霍普金斯大学和海德堡大学的化学家。1911年，这间实验室成了杜邦公司新成立的化学部门的核心，里斯也成了这个新部门的总监。后来该实验室成了业内最大的实验室，1925 年雇佣了1 200多名化学家。在里斯的领导下，该公司扩展业务，进入众多新领域，包括合成有机化学品、重化学品、纺织品、涂料和颜料、玻璃纸、油漆和清漆等等。1927 年，杜邦公司上马了一个规模庞大的基础研究新项目，主要面向聚合化学。这个项目的领导者是斯泰恩（C. M. A. Stine），他同样毕业于约翰斯·霍普金斯大学，也在欧洲接受过教育。他后来接替里斯担任化学部门总监。在斯泰恩的带领下，这项基础研究为尼龙和其他合成纤维，以及合成塑料和橡胶的发展铺平了道路。[13]

其他化学公司纷纷效仿杜邦公司的成功典范。一位受过大学教育的化学家创办了陶氏化学公司。该公司早在 1901 年就建立了实验室，从事电解过程等多项研究。第一次世界大战爆发时，它召集了一群有机化学家，广泛研究苯酚衍生物和染料的生产。柯达公司是一家照相材料和设备制造商，它从成立伊始就非常倚重化学顾问的支持。1912 年，乔治·伊士曼成功聘请了杰出的化学家、物理学家和发明家肯尼思·米斯（C. E. Kenneth Mees）。米斯在罗切斯特成立了柯达实验室，它很快就成了业内最大、最先进的实验室。第一次世界大战期间，它已经成了研究用有机材料最主要的国内供应商。

美国氰胺公司也在 1909 年组建了研究部门，从事常规分析和测试工作，并在三年之后正式建立了研究型实验室。第一次世界大战期间，这家公司组织了一支特别的研究团队，专攻氨基氰衍生物领域。20 世纪 20 年代，这家公司并购了立达实验室和其他几家企业，使得研究工作极大扩张。斯坦福研究中心成立于 1930 年，由哥伦比亚大学著名化学家惠特克（M. C. Whitaker）主持。1921年，美国联合碳化物公司对各下属企业的研究活动完成了整合；该公司的基础研究是由合成有机化学家乔治·柯姆（George O. Curme）领导的。柯姆是Prest-O-Lite公司的研究员，曾在乙炔领域做出过开创性贡献。[14]

到了20世纪20年代，其他主要行业纷纷开始效仿电气行业和化学行业的成功先例。这通常是在受过科学教育的内部人士的推动下开始的。这些人拥有一定的业内经验，深谙工业研究的价值所在。1890年，威廉·伯顿（William M. Burton）帮助标准石油公司（印第安纳州）组建了一间分析实验室，主要研究裂解法。直到20世纪20年代，整个石油产业才开始有规模地进行研究。最早的行动者包括标准石油公司（新泽西州）、壳牌公司、海湾石油公司和环球油品公司等。查尔斯·古德里奇（Charles Goodrich）是一位受过大学教育的化学家，他在19世纪90年代建立了橡胶行业的第一间实验室。保罗·利奇菲尔德（Paul Litchfield）是MIT培养的一名化学工程师，他在1908年成立了固特异研究与开发实验室。亚瑟·利特尔是工业化学研究的积极推动者，他在1911年帮助通用汽车创办了实验室。1920年，通用汽车收购了查尔斯·凯特林的代顿工程实验室DELCO，即德尔科）。五年之后，两家实验室合并，组成了通用汽车研究实验室。此时的耶鲁大学化学家约翰·约翰斯顿（John Johnston）正在美国钢铁公司负责初具雏形的研究工作；与此同时，他的同辈化学家约翰·马修斯（John A. Mathews）、沙利文（E. C. Sullivan）和威廉·巴西特（William Bassett）分别在美国熔炉斯伯公司、康宁玻璃公司和美国黄铜公司担任实验室主任。制药行业在20世纪20年代开始了广泛的行业研究，执牛耳者包括雅培实验室、礼来公司、派德公司（Parke, Davis and Company）和施贵宝等公司。[15]

在电气行业和化学行业呼风唤雨的巨型企业率先启动了有组织的行业研究工作。这样做的目的是把那些为新行业奠定科学根基的人们的远见制度化，把从前的随机发现和天才发明变成精细管理过程的常规产物。根据弗兰克·朱厄特的描述，系统性的研究是一种“有控制的合作努力”，它可以减少人们对于变化莫测的天才的依赖；就像通用电气公司的菲利普·阿尔杰（Philip Alger）所说，它能产生“综合天才”（synthetic genii）——众多专家组成一支团队，“在共鸣与理解，以及企业管理制度之下团结一心”[16]。

最重要的是，研究型实验室能为企业带来操控科学探索方向的能力。在19世纪，科学思想产生了工业生产；如今，工业企业开始生产科学思想。朱厄特曾经扬言：“贝尔集团堪称完全整合的范例，从一项创意的产生到开发，再到生产和安装，再到运营，最后到衰败凋零，走向企业生命的尽头。整个过程都是在统一的号令下完成的。”[17]正是这种研发过程，以及随后的商业化应用，促使熊彼特（Schumpeter）提出，大型工业企业“创造了自己所利用的东西”[18]。不过他恐怕忽略了一点：它们是为了利用而创造的。

随着工业研究型实验室的规模不断扩大，身在其中的科学工作者的角色变得越来越像生产线上的工人。科学问题实际上变成了管理问题。产业界的实验室与大学实验室颇为不同，后者是为前者输送人才的源泉。大学研究人员相对自由，可以任意制订自己的工作计划、界定自己想要研究的问题（不过他们的资源少得可怜）；而企业研究人员更像是服从管理者指令的士兵，他要和其他人一起，朝着科学真理的高地发起集团冲锋。贝尔实验室的克拉夫特（E. B. Craft）这样描述他负责监督的工作：“也许我可以这样说，这些主要实验部门中的每一个人都是按照军事单位里的职能划分和组织的，最重要的是分工和监督。”克拉夫特和他的同事的主要目标是把“可供使用的人力资源”发挥出最大作用。[19]

> 也许这一组织的突出特征，也就是让它与其他组织有所区别的特征，就是集体研发……它是高度专业化的必然结果。我们的专家

遍布所有技术部门，包括化学家、冶金学家、物理学家、工程师、统计专家、数学家等等。他们都在科学和工程学的特定分支中学有所长，掌握娴熟的技术。这种组织形式使得他们的活动高度协调，帮助他们最大限度地发挥聪明才智，足以解决任何具体问题……每当一个问题被提交到实验室时，它都会被分解成不同的要素，每项要素被分配给一组专家。这些专家都是该领域里学识最渊博的人，不过他们仍然会彼此合作，为这个问题的整体解决贡献自己的力量。[20]

贝尔实验室率先引入了规模化的“集体方法”，它最终成了工业研究的标准操作规程。不过在一开始，它产生的问题和它解决的问题几乎一样多。克拉夫特后来解释说：“我们在推出这一计划时碰到了一些问题，

它似乎会破坏个人的主观能动性；而且恰如其分地为每个人记功授奖好像变得更困难了。这些都是非解决不可的管理问题。首先要给每个人树立一种信念，让他们真正相信，对自己最有利的结果只能通过与他人的合作获得。”[21]

于是，工业研究的组织带来了新的专业领域——科研管理。既然科学需要高效管理，那么科学工作者们也一定需要高效管理；这一管理方法就是在研究者中间培育合作精神。这一精神的重要性仅次于人们对企业的忠诚。1912 年前后，朱厄特在这个方向上迈出了第一步。在此之前，贝尔实验室的工程师们每贡献一项新专利，都会获得 100 美元的奖金。朱厄特认为，这项政策会助长单打独斗，有损合作精神，会产生适得其反的影响。于是他为这种做法贴上了陈旧过时的、“发明家时代”的余烬这类标签，全盘取消了这种激励政策[22]。实验室为此采用了详尽复杂的流程，用认可个人贡献取代了奖励个人贡献。克拉夫特解释说：“我们可以用同样的方法来分析成果，就像最初分析问题那样。如此一

来，我们就可以把每个人同他们做出的具体贡献结合起来。人们完成的所有工作都被完整记录在实验室的日志里。这些记录会被提交给专利机构，由它来判定谁是发明者。”未被专利机构判定为发明者的研究者会得到其他形式的认可，比如在技术期刊上发表自己的工作成果等。在这方面，管理者会鼓励研究者在文章中联合署名，比如六人署名，让尽可能多的人“共沐成就的荣光”[23]。

大型工业研究型实验室的管理者努力用企业“军事化”运营的迫切要求解决工作者的个人需求。他们不花费公司成本，提供惠而不费的激励，提升员工的自我精神；他们颂扬忠诚精神和合作精神，激发员工的最大干劲。然而，在为科研管理铺设基础的同时，他们忽略了非常重要的一点，因此为管理工作带来了无尽的祸殃。那就是真正的合作、集体活动的真正精神，是以个人的自主和意图为先决条件的。然而这些实验室里的员工既不是出于自身需要而发起合作，也不是为了实现某种共同商定的目标而推动合作。恰恰相反，他们走进合作并非出于自愿，而是出于劳动合同的强制要求。合作是工作分配的结果。因此，他们的活动反映的不是合作探究的精神，而是集体的顺从。

如果说大型工业研究型实验室在企业内部根除了科研人员的个人灵感，那么它们的做法同样对企业之外的独立科研引发了寒蝉效应。20世纪30年代，全国经济临时委员会发现：工业研究为具备实施能力的企业带来了一定的竞争优势。然而那些有能力追求它的企业（尤其当“它”指的是基础研究时）都是大型企业。13家这样的企业——它们的数量在1938年仅占受调查企业的1%——雇用了当时研究人员总数的三分之一。45家大型实验室占据了当时工业实验室人员总数的半壁江山，其中只有9家是由全美200强非金融企业所有或者控制的。全国经济临时委员会由此指出：“对于一般经济活动来说，恐怕找不到基本活动被少数几家巨型企业如此主导的例子。”工业研究型实验室的成功因此为早已占据主导地位的企业带来了更多的竞争优势，并进一步加剧了经济力量的集中。在全国经济临时委员会一次讨论经济实力集中问题的听证会上，委员会主席询问通用电气实验室主任威廉·柯立芝，“为了对抗来自巨型联合企业的竞争，现行制度对自然人给予充分的保护。你对此是否满意？”柯立芝回答：“我认为满意。我们始终密切关注新的发明（我的意思是，我们的企业始终在关注新发明），无论它们来自我们的实验室还是来自外界。”[24]

大型电气制造商和化学企业的工业实验室为美国提供了大规模、组织化科研的第一手经验。其无可否认的商业成功带来的经验，加上作为咨询顾问的化学家和研究导向的工程师近乎传教士般的热忱推动，共同促使不同制造领域里的众多企业开始尝试工业研究。然而，想要维系一个研究型实验室，为它配备复杂的设备和训练有素的人员，其成本是极其高昂的，只有最大型的企业才负担得起。即使在那些有能力同时支持一定基础研究和应用研究的巨型企业中（其中最引人注目的是杜邦公司、通用电气公司和贝尔集团等），内部工业实验室也无法满足全部研究需求。正如弗兰克·朱厄特在提交给美国科学促进会的一篇论文里提到的，“那些显然最依赖科学的企业已然组建了研究型实验室。这些实验室的唯一作用就是遍寻科学森林的每一处角落，找到可供使用的木材。”但是仅凭工业界的这一努力本身无法“推进知识的前沿，使之与工业的发展并驾齐驱”[25]。

最早用来弥补产业内部实验室不足的努力包括行业协会实验室的建立，以及私营和半私营的非营利研究机构的成立。Nela Park 是行业协会实验室的著名范例。全国电灯协会（Nela）是由克利夫兰电灯生产商约翰·克劳斯（John B. Crouse）创办的。该协会的宗旨是服务电灯产业的集体需求。1907 年，该协会在克利夫兰建立了 Nela Park，作为合作式工程与研究中心。它立即成了研究业内所有热点问题及活动的权威中心。该协会随即成立了电气化照明工程学校，Nela Park 于是成了闻名遐迩的“光之大学”。1912 年，通用电气公司从克劳斯手中购得了全国电灯公司的控制权，Nela Park 由此变成了通用电气公司的全国电灯厂。两年之后，威廉·恩菲尔德（William Enfield）成为 Nela Park 的新掌门人。恩菲尔德出身电气工程专业，是波特在堪萨斯州立大学的高足；他还在 MIT 学习过。1913 年，在俄勒冈州立大学化学教授威廉·毕格罗（William Bigelow）的主持下，美国罐头协会组建了自己的实验室。其他协会随后纷纷建立了自己的合作实验室，包括波特兰水泥协会、制革科学研究院（设于辛辛那提大学）、美国纺织研究院和美国烘焙研究所（AIB）等等。紧随《沃尔斯泰德法案》（Volstead Act）的颁布，美国烘焙研究所非常幸运地获得了美国几家顶尖酿酒厂实验室的控制权。美国钟表协会建立了研究机构，并且把主要精力放在也许是最重要的工业科学——计时和制表的推广上。[26]

除了行业协会的实验室之外，还有私营和半私营的非营利研究机构。这些机构通常隶属于高校。这些研究机构中最早也最重要的是匹兹堡大学的梅隆研究所。它的创建主要得益于加拿大裔化学家罗伯特·肯尼迪·邓肯（Robert Kennedy Duncan）。除了亚瑟·利特尔之外，没有人对推动工业化学研究的贡献大得过邓肯。在克拉克大学、哥伦比亚大学和几所欧洲大学完成研究生学业之后，邓肯成了一名化学教授和多产的科普新闻记者，为《纽约晚报》（*Evening Post*）和《麦克卢尔》（*McClure's*）等刊物撰稿。随着他的著作《商业化学》（*The Chemistry of Commerce*）大获成功，《哈泼斯杂志》（*Harper's*）委托他研究欧洲的化学与工业之间的关系。在这一研究过程中，邓肯再次被德国的大学与制造业之间的合作体系震撼了（就像当初他在欧洲读书时那样），他因此深信，这样的合作足以提高美国化学工业的效率。[27]

1907 年，邓肯回到堪萨斯大学，建立了产业学者项目。通过这个项目，生产厂商可以直接支持大学实验室里的研究人员，界定他们的研究工作。就像邓肯后来解释的那样，这个项目的宗旨是帮助大学紧跟产业界的潮流，同时帮助生产厂商获得急需的专业知识。厂商“不懂如何在工厂里对待科学人员，不懂究竟应该给他们权力还是信任……在美国的工厂里，很多研究工作的失败都可以归因于这样的踌躇。”[28]根据这个项目的规定，化学团队指定一名成员，在两年之内专门研究赞助企业提出的一个问题；相关费用由企业承担；合作期间产生的一切发现归企业所有，一切专利也归企业所有。该项目要求，研究者要定期向企业提交阶段性报告。项目允许研究者通过“在企业看来不损害其利益”的方式发表研究成果。在邓肯看来，产业学者项目具有双方面的优势。大学能够从中获得更多机会，完成推进科研的职责，企业赞助的教师每星期授课三小时，它还能带来“催化影响”[29]。与此同时，生产企业获得了充分的图书馆设施，极大增加了实验室资源，有更多机会向学者们咨询请教，避免出现对科研工作的错误监管，而且会有一位饱学之士专门满足公司的具体需求。在项目到期之前或者到期时，企业有权续约三年，继续拥有这位学者的全职支持。

很多人与邓肯所见略同。他们欣赏产业学者项目脚踏实地的成功，其中就包括安德鲁·梅隆和理查德·梅隆——匹兹堡的银行业、采矿业和石油业巨子。梅隆家族聘请邓肯在匹兹堡大学设立了类似的项目。为了把这个项目长期开办下去，梅隆家族在 1913 年资助建立了梅隆工业研究所。这座研究所拥有属于自己的财务资源、楼宇和管理团队。不到一年之后，首任所长邓肯离世，接替他的是该项目最早的学者之一、石油化学家雷蒙德·培根（Raymond F. Bacon）。在接下来的 20 年里，梅隆工业研究所的成功促使全国各地的类似组织纷纷成立。其中规模最大的是俄亥俄州哥伦布市的巴特尔纪念研究所（1929 年）和印第安纳州西拉法叶市的普渡研究基金会（1930 年）。杜邦公司早在 1918 年就开始仿照邓肯的思想，在多所大学赞助产业学者项目；化学家俱乐部同样设立了维克多·布勒德学者项目。同样地，芝加哥大学也在化学家朱利叶斯·斯泰格利茨（Julius Steiglitz）的推动下设立了产业学者项目，其宗旨是打造化学课程、界定研究活动，实现与企业界更加紧密的合作。[30]

个人承包是为工业研究提供外部支持的另一种方式。1910 年，威斯康星大学电气工程与化学工程教授伯吉斯（C. F. Burgess）创办了伯吉斯实验室公司；1912 年，卡尔顿·埃利斯（Carleton Ellis）组建了新泽西测试实验室；1920 年，赫希兄弟在纽约市创办了赫希实验室。美国最著名的独立顾问全部依托各大高校，例如约翰·蒂普尔（John E. Teeple）、威廉·格罗夫纳（William M. Grosvenor）、惠特克、卡尔·米内（Carl S. Mine）、威廉·霍斯金斯（William Hoskins）和塞缪尔·萨德勒等。不过在所有的独立顾问和研究承包商中，声名最盛的一位当数亚瑟·利特尔。[31]

1863 年，利特尔出生于波士顿。他先后上过波特兰市、缅因州和纽约市的几所私立学校，随后考取了 MIT 新设立的特别课程，学习化学工程。利特尔在 MIT 创办了《技术评论》，这让很多人认识了他。不过他还没毕业就去了位于罗德岛的拉姆福德，成了里士满纸业公司的一名化学家和主管。这家公司是美国第一家亚硫酸盐木浆造纸厂。利特尔在这里成长为美国最顶尖的亚硫酸盐法造纸专家之一，并在威斯康星州和北卡罗来纳州建设运营了更多的纸浆厂。1886 年，利特尔在波士顿开张营业，成为一名独立化学顾问；经过几次失败的尝试之后，他和 MIT 的一名年轻讲师威廉·沃克组成搭档，成立了利特尔-沃克公司。1905 年，沃克返回 MIT（他后来成了 MIT 产业合作部门的首位主任），利特尔整合业务，成立了利特尔咨询公司。这家公司在超过一代人的时间里雄踞于美国的研究外包市场。[32]

利特尔的专长领域本来是纤维素（造纸和纤维处理），不过他很快就把自己的活动拓展到了其他领域，例如氯酸盐的电解加工、石油精炼、皮革鞣制和人造丝生产等。也许比他的实际研究活动更重要的是利特尔为工业研究不知疲倦的鼓与呼。作为美国化学学会工业分会的创办者之一（他后来成了这家学会的会长）和创办美国化学工程师协会的主要推手之一，利特尔让化学界认识到了工业研究的重要性，并为新兴的化学工程领域奠定了稳固的基础。他在这些方面的贡献也许比任何人都大。与此同时，他还不断地游说实业家们，让他们认识到科研就是真金白银。利特尔会像这样“布道”——“科研，无论是基础研究还是应用研究，都是化学工程的生命线”，因此也是依赖化学工程的诸多行业的生命线。最重要的是，利特尔还是一位大师级的科研推广者。借用国家研究委员会主席莫里斯·霍兰德（Maurice Holland）的话来说，利特尔是“科研的代言人”。利特尔是很多行业巨头的顾问，例如联合制鞋设备公司、通用化学公司、通用汽车和国际纸业公司等，他确实在实践中履行了自己的“布道”。与此同时，他还告诫实业家们，要当心他提出的“灾祸之兆”，即现代工业不可避免的科学转型。[33]

联邦政府机构的不断扩张为工业研究问题提供了其他解决之道。土木工程师、垦务局局长弗雷德里克·海恩斯·纽厄尔主持的保护项目，加上 MIT 校长弗朗西斯·沃尔克和他的几位继任者领导的、扩建后的美国人口普查局，再加上 1910 年新成立的矿业局，共同对工业赖以存在的自然资源开展了广泛调查。与此同时，研究和科研人员培训成了一些机构的基本职能，例如美国地质调查局、美国标准局和扩大后的史密森学会等。1913 年，一项新的组织法案扩大了美国矿业局的职责范围，把“为采矿业带来安全、效率和经济效益的诸般基础研究与调查”纳入它的管辖范围。[34]第二年，石油分局成立，其目的是“为这个快速增长且缺乏科研的产业提供生产研究服务”[35]。再下一年，为了“指导和开展航空领域的科研和试验”，国会成立了美国国家航空咨询委员会。[36]这些形形色色的机构当然算是“产业界以及政府的仆役”[37]，而且它们会在实际工作中相互合作。1925 年，矿业局和专利局一道划归商务部管辖，当时，美国标准局、海岸和大地测量局以及美国人口普查局已经先一步归入商务部。在赫伯特·胡佛的领导下，这些机构的工作得到了进一步的协调和统一，统统指向了“为产业界服务”这一宗旨。

然而联邦政府大部分的科研拨款都很少，尽管它们有利于全国工业活动的统一和协调，并且发挥了信息交流中心的作用，但是政府司局本身的科研活动很少。而且获得最多拨款的并不是工业，而是农业。1937年，用于科研的政府开支仅有2%（相比之下，一些大学的科研开支比例高达25%，有些工业企业的比例也在4%左右），而且这些开支的一半以上流向了农业和社会科学的统计研究。在第一次世界大战之前，军事部门、陆军和海军内部的科研兴趣发展缓慢，不过它们在备战阶段和战争期间大大提速、几近疯狂。虽然这一激励对美国的科学和技术的影响深远绵长，并且让军方对工业研究的支持日益增强，但是到了战后，军事拨款“一落千丈”，以至于从中脱胎而出的国家研究委员会不得不依靠私人和工业资金维持正常运转。[38]

私营基金会是满足工业研究需求的另一条途径。1902年，安德鲁·卡内基为卡内基研究所资助了1 000万美元，用于“与国内兄弟研究机构合作，共同探索、研究和发现；支持知识应用，提高人类福祉；提供可能需要的房屋、实验室、书籍和设备；教育合格的学生、培养他们的优秀品质”[39]。这家研究所的首任所长是约翰斯·霍普金斯大学的丹尼尔·科伊特·吉尔曼（Daniel Coit Gilman）。短短两年之后，吉尔曼被罗伯特·伍德沃德接替。伍德沃德曾是亨利·普利切特在海岸和大地测量局的助手，他还在哥伦比亚大学做过机械学教授和理学院院长。担任这家研究所受托委员会主席的是企业律师伊莱休·鲁特，他是有组织产业科研的铁杆支持者。几年之后，在亨利·普利切特的建议下，卡内基又创办了一家基金会，为大学教师发放退休津贴。这家名为卡内基教学促进基金会的组织由普利切特担任主席。它不仅建立了一套教师养老金制度，还在教育设施调研方面开辟了新天地，资助过多项研究，例如亚伯拉罕·弗莱克斯纳极具革命性的医疗教育研究和查尔斯·曼恩的工程教育研究等。

1901 年，约翰·洛克菲勒创办了医学研究所。两年之后，他又创办了通识教育委员会，旨在促进美国国内教育事业。从严格意义上说，洛克菲勒基金会成立于 1913 年，后来，这家基金会在 1928 年与劳拉·斯佩尔曼·洛克菲勒基金会合二为一。在西蒙·弗莱克斯纳（Simon Flexner）的领导下，洛克菲勒家族的资金被用于支持物理和化学领域的基础研究，作为其医疗研究的一项职能。尽管如此，洛克菲勒基金会在 20 世纪 30 年代之前并未直接支持过业界所需的基础科学研究；不过它资助了国家研究委员会的国家研究学者项目，间接地为这个领域做出了可观的贡献。一位洛克菲勒基金会前主席写道："1919 年的那件事标志着这家基金会支持自然科学事业的开端。"[40]

工程基金会是由克利夫兰领先的机床厂商、科学信徒安布雷·史怀士（Ambrose Swasey）在 1914 年创办的。① 这家基金会由工程基金委员会负责管理。该委员会由来自美国机械工程师协会、美国电气工程师协会和美国采矿与冶金工程师协会的代表组成；这个委员会也是联合工程学会的一个部门，并作为"创始学会的一个机构激励、指导并支持科研工作"[41]。第一次世界大战之后，工程基金会接过了为国家研究委员会提供资金支持的重担。当时主导此事的是普渡大学工程学院前院长戈斯（W. F. M. Goss），还有 AT&T 的朱厄特、通用电气公司总裁威尔伯·赖斯、亚瑟·利特尔以及怀特工程公司的加诺·邓恩（Gano Dunn）等人。

化学基金会也是一家依靠私人资助的机构，主要致力于推进和支持本产业的科学研究。第一次世界大战期间，美国政府扣押了一批德国专利。它需要一个机构来留存这些专利，并且代为管理授权许可事宜。于是，一纸令下，化学基金会应运而生。成立这家机构的明确宗旨是使之成为美国化学产业的一家控股企业，激励产业发展。随后，外国财产保管人米切尔·帕尔默调任总检察长，他的助手弗朗西斯·加文接过了这

① 由于史怀士对科学发展十分关心，所以他的企业——华纳与史怀士公司——为乔治·海耳等顶尖天文学家（包括普利切特在内）亏本生产望远镜。

家基金会的管理大权。在加文充满活力的领导下，在化工企业和美国化学学会的强力支持下，这家基金会很快就成了业内活动的焦点之一。它不仅是4 500项专利的所有人和分配者，还承担着帮助日益壮大的化学产业管理公共关系的责任。在这方面，截至1935年，该基金会共计发放了大约3 000万份教育文献材料，支持了化学家斯洛孙（E. E. Slosson）的新闻报道工作。斯洛孙是大获成功的著作《创新化学》（*Creative Chemistry*）的作者，他还是《科学服务》（*Science Service*）的编辑。① 不过这家基金会最重要的工作也许是对各级化学教育和高校化学研究的鼓励和资金支持。在它的全部活动中，高于一切的使命始终是促进教育机构、国内主要科研中心和产业界之间的紧密合作。[42]

行业协会、半私营机构、独立承包商、政府机构和私营基金会的研究活动为以科学为根基的产业提供了必不可少的服务和补充。然而它们并没有能力满足现代工业的全部科学需求。这个国家里拥有无与伦比的科研设施和训练有素人才的只有大学。只有大学才能做到这一点。大学具备恰如其分的组织和合作精神，能为产业界提供不计其数的应用研究。更重要的是，作为基础科学研究的传统重镇，大学有能力支持工业研究赖以立足的基础研究。在大学之外，有能力承担这类探究的只有屈指可数的几家大型企业。威廉·威肯登坚称："大学实验室里存在规模庞大的研究队伍，他们不计报酬、不偏不倚，甚至不问世事。它们的存在恰恰预示着产业界重要研究项目的出现。"以科学为根基的产业依靠随机发现而成长壮大，这种发现可谓源远流长；大学的这一类研究可以扩展、升级，同应用科学家的相关工作结合起来——只要它们能像MIT的杜加德·杰克逊竭力主张的那样"做到紧密整合，在产业体系中扮演好研究中心的角色"[43]。

最后，大学能做到其他研究机构在产业界内外都无法做到的一点：

---

① 关于斯洛孙和《科学服务》的进一步讨论，读者可以参阅：Ronald Tobey, *The American Ideology of National Science* (University of Pittsburgh, 1971), pp. 62–95.

自我繁衍。如果说产业研究像朱厄特说的那样，是“消耗人才”的，那么大学研究就是“作育人才”的。大学里的研究中心同时也是科学教育中心，大学的设计本身就是为了“源源不断地提供训练有素的劳动者……满足不断增长的产业需求”。由此可见，作为应用科研、基础研究和研究型人才的潜在提供者，大学是以科学为根基的产业获得发展壮大的关键所在。杜加德·杰克逊指出，“美国的产业界认识到，关注大学里的研究，并且通过资助和咨询等方式支持它，这已经成为一件越来越有利可图的事情。在技术产业里，越来越多颇具影响力的人物开始意识到教育界与产业界合作项目的吸引力。”[44]

卡蒂在美国电气工程师协会会长致辞中解释说，由于产业研究实验室巨大的现实成果，加上它与大学的资源整合，“人们可能觉得，科学研究的舞台已经从大学转到了大型产业实验室……我们可以负责任地说，这样的想法不值一提……纯科学和纯粹科学研究的大本营永远是大学，这是不可更改的。”[45]卡蒂由此强调了产业界对大学支持的重要意义。大学研究的经费

> 理应来自产业界，因为它从科学中获益良多，理应给予回报。尽管无法证明某一家厂商或者某一家企业从某项特定的纯粹科学研究中收获了怎样的具体回报……但确定无疑的是，从长远来看，厂商和工业企业对纯粹科学研究的总体贡献会通过产业研究这一媒介获得多种多样的回报。[46]

卡蒂最后指出：“现在，我们的技术院校是时候面向产业研究开展工作了。大学应该完全立足于产业所需的科学研究方法，不断地、越来越多地为它供应人才。”[47]

弗兰克·朱厄特扩展了这些问题，使之在技术领域和大学日益普遍。他极力主张把重心转回大学。他认为，只要配备充足的资金和人员，大学实际上可以“从整体上长久地”满足产业界的需求。

> 大学不仅要推进知识的前沿，使之与产业进步的需求并驾齐驱，而且必须兼顾人才的培养，供应产业工作和大学自身工作发展所需的、经过科学训练的人才。近些年来，产业界有能力给予更多的货币奖励，常常也能带来更好的研究设施，所以它对大学教师提出了极其繁重的要求。这是众所周知的事实。
>
> 如今我们发现，摆在面前的问题是如何提高大学的议价能力和教师岗位的吸引力。在这个问题上，产业界对大学负有清晰明确的责任，而且这种责任会让产业界不可避免地充当最大的“吃亏者”。对产业领域里的每个行业来说，这副担子是人人有责的，因为说到底……对一个行业有益的事对其他行业同样有益。各行各业的有识之士都会看到，要恰如其分地协调美国的科学事业。只要满足这个关键需求，未来的美国必定吉星高照。[48]

越来越多的产业界代言人、科学工作者和大学教师加入了卡蒂、朱厄特、惠特尼的阵营，和其他企业工程师一道推动大学科研，促进产业界对教育的支持。大约从1906年开始，对于那些以科学为根基的产业来说，对工程行业和技术院校的教育者们来说，产学合作变成了急务要务；第一次世界大战期间，它通过工程师和科学家的努力获得了关注和支持。大战结束之后，它主要依靠国家研究委员会。然而并非所有支持这一运动的人都能像企业里的工程师那样意识到它的意义。后者很好地理解了朱厄特所说的“科学研究通过大学和高等教育机构发挥更加多样化的激励作用”是一条路径，它可以重新整备美国的高等教育“进程”。这不仅涉及大学本身的重新定向——这是大学内部各利益团体出于职业原因而追求的目标——还会从外部出发，从利于产业界的角度满足它的需求，而且有望在全国范围内为产业的进一步扩张和社会控制提供资源。此外，对于学术科学及其教育的投资回报确实有利于整个产业界，但这并不意味各个行业会获得同等收益。这种自利型慈善带来的丰厚回报不会随机回流，而是会依照“科学效益自发的经济分配”来实现。根据朱厄特的阐释，这意味着科学的效益“实际上会惠及所有行业，其比例高低是由各个行业的规模和重要性决定的”①[49]。

产业界对科学研究不断增长的需求与推动产业界和教育机构合作以确保科研进步的力量是与大学科研的发展并行的。德国大学的影响——在德美国学生数量在19世纪90年代中期达到了顶峰——为美国带来了约翰斯·霍普金斯大学和克拉克大学，以及哈佛大学、哥伦比亚大学、芝加哥大学和威斯康星大学以科研为导向的研究生课程。丹尼尔·科伊特·吉尔曼是19世纪50年代《莫里尔法案》的支持者，也是实用主义教育改革的支持者。他成了约翰斯·霍普金斯大学的首任校长。克拉克大学是美国第一所完全专注于研究生教育的大学，它的“主要目标是推动纯科学的发展”。这所大学的首任校长斯坦利·霍尔（G. Stanley Hall）来自约翰斯·霍普金斯大学。克拉克大学的初衷是打造一所“更纯粹”的约翰斯·霍普金斯大学。然而它从一开始就遭遇了财政困难，因此未能实现全研究生院校的最初目标。[50]

当时哈佛大学、芝加哥大学和哥伦比亚大学的掌门人同样对发展研究机构，“使之成为本校获得或者保持与时俱进美誉的手段”充满兴趣。到1906年时，一项由《科学》杂志编辑詹姆斯·麦卡恩·卡特尔主持的研究指出，美国人贡献了“全球科学研究的1/10～1/7”；在自然科学领域，美国人第一次收获了诺贝尔奖，并极力夸耀那些声望卓著的科学家，例如塞缪尔·斯特拉顿、迈克尔逊、伊拉·莱姆森、罗伯特·安德鲁斯·密立根、威廉·诺伊斯、亨利·普利切特、刘易斯、乔治·埃勒里·海耳和米哈伊洛·普平等。[51]

在20世纪的第一个十年里，产业界领导者们重塑教育机构，使之成为科研和人力资源富矿的努力恰好与大学扩展自身职能的努力交相辉

① 由于这个原因，那些未能像AT&T一样统摄一个行业的企业——并因此无法确信投资成果有利于自己（而不是竞争对手）——往往不愿支持高校的基础研究。关于这一点的进一步探讨，读者可以参阅：Lance E. Davis and Daniel J. Kevles, “The National Research Fund: A Case Study in the Industrial Support of Academic Science,” *Minerva*, Ⅻ, (April 1974), 214－220.

映。大学扩展运动发端于 19 世纪 70 年代和 90 年代，当时仅限于哈佛大学和芝加哥大学等少数院校，最初只是向更广泛的人群讲授艺术、历史、文学等类似课程。对于威廉·雷尼·哈珀（William Rainey Harper）这样的教育者来说，这是普及文化知识、打破精英阶层长久垄断的一条道路。从 1890 年到 20 世纪的最初几年，这项运动走过了碌碌无为的 15 个“荒年”。不过等到它在伊利诺伊大学等地复苏，这项运动立即获得了全新的意义。与先前在芝加哥大学的样貌不同，这项运动在威斯康星大学等高校表现出了一种“有意为之的实用性”[52]。

伊利诺伊大学工程学院院长拉斯·理查兹（C. Russ Richards）曾经指出：“大学对州内及国内的产业界负有责任。历史上对于这一责任的首次官方认可发生在 1903 年 12 月 8 日，由伊利诺伊大学的校董会做出。”[53]当天该学院成立了美国历史上第一个大学工程试验站。1887 年的《哈奇法案》（Hatch Act）为全美国的赠地（land-grant）学院创办农业试验站提供了必不可少的联邦政府拨款；虽然它由此极大激发了农业科研，并把《莫里尔法案》的意图向前推进了，但它未能激励《莫里尔法案》另外一面的同等发展，那就是“机械技艺的进步”。由于工业需求与农业需求之间的关系变得越发紧密，工业和工程对政府支持的需求也在相应增加。在联邦政府内部，标准局的创立，加上类似的以工业为导向的司局最终从内政部转向商务部——它们在这里不需要与农业争夺拨款——都反映了这一进步。在获得赠地的工程类院校里，对政府支持的需求表现为工程试验站的建立。这些工程试验站为工业领域提供的支持无异于农业试验站为农民提供的服务。著名的机械工程师理查兹是这一运动的领导者之一。他提出，工程试验站

> 带来了良机，帮助我们在产业和院校之间建立互惠互利关系……特定产业重要知识的免费交流形成的成果会实现标准化、改善产品，并在公众心目中树立起对该产业产品更强的信心，最终获益的是这个产业里的每一家企业。虽说工程师或者个别产业可能成

为主要受益者，但是公众无疑也会受益，因为他们所需产品的生产可能因此变得更经济，产品质量变得更上乘。[54]

伊利诺伊大学的一名教授曾在美国电气工程师协会学报撰文解释说，这一教育新试验的“开展方被视为科学研究单位”，“其目的是激励和提升工程教育，提高那些对职业工程师和制造业、铁路、采矿及州级和国家级工业企业尤为重要的问题的调查研究工作”。工程试验站有望提供必要的研究、为产业供应科学信息（通过定期发表的通信刊物），并对工程师进行科研培训。因此，在产业界和教育界人士的努力之下，工程试验站的数量不断增加。它们获得了产业资源和州一级资源的支持。艾奥瓦大学和宾夕法尼亚州立大学的工程试验站获得了州立法机构的特别拨款。堪萨斯州立大学、堪萨斯大学、伊利诺伊大学和康奈尔大学的工程试验站主要依靠私人资金支持。[55]

大学扩展运动的复苏，尤其是它在威斯康星大学的复苏，也对工程试验站运动起到了推波助澜的作用。研究这一课题的一名学生写道：“在美国大学扩展运动的整个历史上，没有哪件事的关键性和重要性可以与查尔斯·范·海斯校长和路易斯·雷伯（Louis E. Reber）院长在1906—1907年复建威斯康星大学扩展教育办公室相提并论。”范·海斯毕业于威斯康星大学工程专业，他说服雷伯放弃了宾夕法尼亚大学工程学院院长和该校试验站站长的职务，提出了后人熟知的“威斯康星理念”。两人努力把这所大学的教育服务延伸到整个威斯康星州，而且它不仅限于传统意义上的文化活动，还深入更加实用的领域。不出所料，“扩展教育部首批聘请的正是工程教师”，因为他们在自己的扩展项目中追求和提供的是先进的教育，而不是最基础的职业培训。范·海斯和雷伯还协助成立了威斯康星州工业教育委员会，负责该州职业学校体系的促进工作。通过他们的努力，这所大学摆脱了提供职业教育的负累，无拘无束地专注于工业和农业的教育和科研工作。[56]

赠地大学工程协会成立，由艾奥瓦大学的安森·马斯顿（Anson

Marston）担任主席，由堪萨斯州立大学的波特出任秘书长。该协会的使命之一是推动工程试验站运动；同样为了扩展教育，范·海斯在1915年协助建立了全国大学扩展协会。然而，尽管以产业为导向的教育改革获得了越来越多的支持，这种以公费资助工业的做法仍面对着极大的阻力。这一阻力同时存在于大学外部和内部。因此，随着1906年《亚当斯法案》（Adams Act）和1914年《史密斯-利弗法案》（Smith-Lever Act）的出台，农业试验站获得了额外的联邦政府拨款。相比之下，对工程和工业企业的类似支持甚至无人提起。在《史密斯-利弗法案》通过之后，一些大学和工业工程师们力图纠正这一情况。[57]

安德烈·波特是毕业于MIT的电气工程师。在上司的委派下，波特从通用电气公司位于斯克内克塔迪的工厂来到堪萨斯州立大学，协助打造电气工程课程（作为回报，通用电气公司承诺为他提供咨询报酬，以补贴学校的微薄工资）。结果波特很快就对机械化耕作产生了浓厚的兴趣，并对农业试验站的成就钦羡不已。作为一名与工业界联系紧密的工程教师——他后来成了该校工程学院的院长和当地商会的会长——波特看到了建立类似机构、为工业谋利益的巨大潜力。工业领域的需求已经在大约20个州催生了工程试验站，他强烈地感到，这项事业应该获得联邦政府的支持，“就像1887年的《哈奇法案》提供的支持那样”[58]。英国、德国、奥地利、法国、俄罗斯、瑞典和瑞士都已建立了研究扩展项目，波特呼吁美国政府，至少要跟上这些国家发展的脚步。很多来自工程领域和工业领域的领导者们和他站在了一起。

1916年，波特起草了一份关于在所有赠地大学建立和支持工程试验站的议案，并且获得了自己在MIT读书时的化学教授威利斯·惠特尼的支持。惠特尼当时不仅是通用电气实验室的主任，还是美国第一个国家科学顾问委员会（美国海军咨询委员会）的化学与物理组组长，因此在科学圈子里拥有相当可观的影响力。波特和惠特尼争取到了内华

达州参议员弗朗西斯·纽兰兹（Francis G. Newlands）的支持。纽兰兹同意在国会推介波特的议案，批准成立并

> 支持试验站，开展原创研究、验证试验、收集工程及机械技术其他方面的数据，为美国人民造福，尤其用于工业目的。[59]

除了为工业研究提供各类机构和人员，这份议案还要通过工业问题和科学研究两方面的经验鼓励工程师的科学训练。科学信息的传播也是方法之一，具体做法是“定期发表刊登研究结论的通信刊物，至少半年一期”。

惠特尼还记得他和诺伊斯“自掏腰包，在 MIT 开始物理化学方面的研究”，而且他们清楚地知道“美国的大多数教师和研究者不得不远渡重洋，到国外取得研究的第一手经验”。他因此感到，“这一试验站计划会为美国的科技合作打下良好的基础”，帮助包括通用电气公司在内的工业界“充分发挥大学里不计其数的现成设备的作用”①。他给很多人寄去了内容相同的信，为这一措施争取支持，结果收到了排山倒海般的热情回应。这和他的收信人名单的性质有很大关系。应用光学发展协会主席纳丁（P. G. Nutting）热烈支持这一方案。他写道：“这一预期的实验室发布将为研究和最有可能从研究中获益的企业带来更加紧密的联系。”亚瑟·利特尔对这一方案的盛赞不遑多让；不过他认为，波特把过多服务囊括在这一方案中，例如供水、污水处理、废弃物管理、防洪、道路建设与交通等，尽管这可能为此赢得一些支持，但也可能造成问题的混淆。他建议：“是否可以称之为工业试验站？这样可以更清晰地说明它的宗旨。”这一方案的强力支持者还包括众多声望卓著的工程师和科学家。他们来自耶鲁大学、哈佛大学、约翰斯·

① 惠特尼是美国化学学会产学合作委员会的活跃成员之一。和他在该委员会共事的还有威廉·诺伊斯，来自美国标准局；雷蒙德·培根，来自梅隆研究所；约翰·约翰斯顿，来自耶鲁大学和美国钢铁公司；朱利叶斯·斯泰格利茨，来自芝加哥大学；尼科尔斯，美国联合化学公司创始人等。此外还有几位著名的研究型化学家，包括刘易斯、理查兹和亚历山大·史密斯等。

霍普金斯大学、芝加哥大学、威斯康星大学以及多所赠地大学。

这份议案还得到了美国科学促进会（AAAS）①、政府各司局、纽约化学家俱乐部、多家基金会和行业协会，以及众多业界实验室研究主任的大力支持。然而这些支持未能帮助纽兰兹的议案获得国会的批准；很多立法委员担心，这可能造成农业拨款的缩减。在许多赠地大学内部的领导者看来，这是赤裸裸地使用公共资金来补贴私营产业。这是他们无法容忍的。一些职业顾问工程师同样持反对意见，认为这无异于政府在支持竞争。[60]

大学工程师的力量与日俱增。他们不仅想把大学当作自身职业实践的大本营，而且保持了独立顾问的合作态度，这终于克服了最初的阻力。即便它并未实现直接目标，但是纽兰兹议案有组织的努力终于说服了赠地大学，使之接受了科学研究的重要意义，同时，产业代言人们继续宣传，力争获得大学和政府的支持。截至 1937 年，美国的赠地大学已经建成了 38 座全面运营的工程试验站，“它们每年从州一级和地方一级获得的研究支出超过 100 万美元”[61]。

最充分表达产学合作思想的也许是 MIT。在 20 世纪的前 30 年里，MIT 连续四任校长都是这一合作思想的热切支持者。他们的努力为之后的几十年确定了方向。这个时期从亨利·普利切特的任期开始，随着塞缪尔·斯特拉顿的任期结束而落幕。不仅如此，MIT 董事会的管理者们同样对此大力支持，包括：弗雷德里克·菲什②、伊莱休·汤姆森、查尔斯·斯通、埃德温·韦伯斯特、皮埃尔·杜邦、科尔曼·杜邦、乔治·伊士曼、杰勒德·斯沃普、亚瑟·利特尔、威利斯·惠特尼和弗兰克·范德利普。电气工程系和化工系取得了该校产业合作最激动人心的

---

① 1913 年，美国科学促进会成立了百人委员会，务求促进“产业界与高校间的合作”；该委员会当时已经在着手准备美国研究人员、项目和研究支持机构的清单，它强力支持这份议案。当时担任这一委员会主席的是《科学》杂志的编辑詹姆斯·麦卡恩·卡特尔。

② 1907 年，普利切特卸任 MIT 校长，校方邀请菲什接任。当时，菲什刚刚卸任 AT&T 总裁一职，一心追求法律事业，于是拒绝了 MIT 的邀请。不过他保留了 MIT 董事会委员职务。

成就。这两个系的主任分别是杜加德·杰克逊和威廉·沃克。

电气工程系，也就是 MIT 的六系，成立于 1884 年。到 1891 年时，该系的招生人数已经雄踞全校之首。这样的情况一直持续到 20 世纪 20 年代末。1887 年，托马斯·爱迪生捐赠了物料、机器和发电机，用于该系的教学。西屋电气随后包揽了其余设备的捐赠。大部分电气工程系的毕业生获得了产业领域里的要职，这进一步加强了该系与产业界的已有联系。他们中最早的代表人物包括：弗兰克·皮克内尔（Frank Pickernell），AT&T 总工程师，任期为 1895—1899 年；埃德温·韦伯斯特和查尔斯·斯通，他们发表了联名论文并在合作成果的基础上创办了石威公司（Stone and Webster, Inc.）；卡尔文·赖斯（Calvin Rice），通用电气公司工程师，曾在 1906—1934 年担任美国机械工程师协会秘书长，极富影响力；艾尔弗雷德·斯隆，通用汽车总裁；杰勒德·斯沃普，通用电气公司总裁；威廉·柯立芝，通用电气实验室主任等等。[62]

MIT 早在 20 世纪初就开始向科研进军，其标志是 1903 年成立的诺伊斯-惠特尼研究实验室和同年创办的工学研究生院。后来，普利切特校长明确指出了这一做法背后的更深层次动机：

> 我们不要德国人在工业领域惧怕英国人，也不要他们害怕法国人，我们只要他们敬畏美国人。现在是时候了，美国的工程师必须保证胜任，不仅要胜任现代实务，还要胜任调查研究工作……美国每一所理工院校的第一要务就是做出不同于综合性大学的研究，使之走向工程学科。[63]

因此，电气工程系的研究合作变成了 MIT 更广泛研究工作的一部分；杜加德·杰克逊是这项工作的首要推动者。他本人就是技术教育者、职业工程师和科学产业领袖这三者利益融合的缩影。杰克逊做过斯普拉格公司的总工程师和爱迪生通用电气公司芝加哥分公司的总工程师，随后在威斯康星大学创办了美国第二个电气工程系（第一个在密苏里大学)。作为工程教育促进学会的创始成员和主席（1906—1907年）以及美国电气工程师协会会长（1910—1911 年），他在现代工程专业和工程教育的发展中发挥过关键作用。杰克逊是一名电力顾问，他参与了当时最大的几个电力和铁路电气化项目，并因此成为公共事业高效管理和私有制的主要鼓吹者。例如，他曾为费城市政当局辩护，对抗莫里斯·库克步步紧逼的攻击。范内瓦·布什当时是杰克逊在 MIT 的一名年轻同事，他后来成了计算机开发者的先驱、首位总统科学顾问，也是美国国家科学基金会成立的主要幕后推手之一。他后来回忆说，杰克逊每次讲授布什的电气工程导论时，学生们总会抱怨“学了一大堆关于公共事业及其管理的知识”，唯独没有学到这个课程本身应有的内容。杰克逊是在 1907 年受菲什和普利切特之邀来到 MIT 的，他们鼓励杰克逊在波士顿成立一家公司，这样可以在继续咨询业务的同时加强产业界与教育界之间的紧密联系。①[64]

同期成立的电气工程系访学与咨询委员会也是产业界参与院系发展的一个媒介。在这段时期里，该委员会始终保持活跃。它的首批委员包括通用电气公司的伊莱休·汤姆森（他同时兼任教师）；AT&T 的哈蒙德·海斯；西屋电气的总工程师查尔斯·斯科特，他还是耶鲁大学电气工程系主任；芝加哥爱迪生公司的路易斯·弗格森（Louis A. Ferguson）以及波士顿爱迪生电气照明公司的查尔斯·埃德加（Charles L. Edgar）等人。虽然委员会的人员组成时常变动，但是它的总体观点始终如一；后来的委员包括西屋电气的特里普（G. E. Tripp）、AT&T 总裁西奥多·韦尔以及朱厄特和柯立芝等人。随着杰克逊的空降，加上咨询委员会的坚定支持，该系启动了一个产业研究项目。一名后来的委员指出：“系里的现行政策和理念是在 1907 年确立的。早在那时，本系已经开始坚

① 杰克逊的聘任显然引起了一定程度的争议。普利切特聘请他担任电子工程系的系主任，事先并未征求过主席哈里·克利福德（Harry Clifford）的意见。详见：Samuel C. Prescott, *When MIT Was "Boston Tech"*（Cambridge: MIT Press, 1954）.

定地从事科研工作，开展高阶教学。”[65]

杰克逊坚信，无论是作为一种教学手段，还是作为一种面向产业界的服务，研究都是无价之宝。因此，随着面向波士顿商会和波士顿爱迪生电气照明公司的早期研究迅速扩大，该系也迅速跻身最顶尖的产业服务中心之列。1910 年，杰克逊在一封征求资金支持的信里向塞缪尔·英萨尔（Samuel Insull）保证，虽然“这种研究从性质上来说是纯科学的……但是我相信，它的成果会对电力分配带来无比巨大的影响”。杰克逊同年撰写的一份院系手册宣称，“我们已经准备就绪，随时可以在大型厂商或者其他商业性企业的赞助和支持下承担更商业化的调研工作；不过我们最希望开展的是更重要的研究工作，希望免受商业机构因资助而施加的诸多限制。”

此后不久，咨询委员会的一份报告表示了强有力的支持。[66]委员会充分认识到，如果产业界能在拥有一部分政府资金支持的大学里完成研究，就可以节约大量的时间和资金。

> 在设备齐全的理工院校实验室开展研究工作，开支势必低于生产企业的实验室，因为理工院校实验室里的标准设备还可以完成很多同类型的其他工作……此外，需要重申的是，技术院校通常拥有可用的工程师团队，他们具备丰富的经验，是各自专业领域的专家。[67]

咨询委员会督促电气工程系像私营咨询公司那样与产业界签订合同，在此基础上开展面向产业界的广泛研究。委员会还建议了一些可行的领域，例如有轨电车售票、机动车能耗和绝缘研究等。

1914 年，该报告指出，“计划的研究工作……取得了令人满意的进展，研究范畴得到了极大的扩展。”[68]该系帮助多家企业完成了研究，包括梅西百货、波士顿-缅因铁路公司、纽黑文和哈特福德铁路公司及多家电气公司。1913 年，AT&T 推动这项工作更进一步——它承诺在 5 年之内拨款 5 万美元。韦尔（德林图书馆）馆藏捐赠也许是“对科研最具价值的工具之一”[69]。该委员会和杰克逊反复强调科研的重要意义：它不仅是对产业界的直接服务，而且有益于培养未来的研究工作者。杰克逊曾致信公司总裁韦尔，总结该系对 AT&T 拨款的使用情况。他在信中阐述了科研的这一双重功用：

> 该研究的成果之一是我们得以把更重要的问题……呈现在研究生和研究助理面前，帮助他们在系统化、企业式的管理下勤奋高效地继续自己的研究。这样不仅有利于锻炼这些高水平学生，让他们的工作更加高效，而且可以把他们的工作热情引导到明确的目标上去……[70]

由此可见，科研是产业实验室的可贵延伸；它还具备一项重要的额外特征：它能够自我复制，同时为产业界提供人才。杰克逊在写给杰勒德·斯沃普的信中指出：“我们要担负起这一责任，为产业界贡献更多的人员力量。而且，也许我们应该谨慎地从产业界招揽人才，以免削弱它的力量……我们不仅要为产业培养人才，还要为自己培养人才。”“就目前而言，我们应该‘哺育’各个产业，而不是‘靠工吃工’。”[71]

杰克逊把 MIT 的电气工程系建成了全球第一。咨询委员会在 1922 年的报告中指出，“我系完全致力于毕业生的职业生涯建设和科研工作……截至目前，在文明世界里，还没有哪所学校能在电气工程教育的高级教学和前沿研究活动中达到与我系等量齐观的水平。”虽然朱厄特和他在 AT&T 的同事在 1925 年决定停止向该系直接拨款——他们在协调该系的研究与本企业实验室的研究时遇到了困难，担心会让别的大学“看笑话”——但是他们仍对该系的发展抱有浓厚的兴趣，并呼吁“应当另辟蹊径”地继续支持它。然而就在同一年，通用电气公司“认识到该系毕业生和教研团队对电气行业贡献良多”，决定给予年度资助，支持该系继续其极富价值的活动，并对更多的研究和教学团队给予支持。事实证明，杰克逊面向产业界大力推动研究工作是极其成功的；不仅如此，他还鼓励自己的同事（包括范内瓦·布什和威廉·威肯登在内）和学生们热心关注学会和协会机构，热情参与到这些组织统一协调的专业性、产业性和教育性活动中去。这些机构包括：美国电气工程师协会、美国机械工程师协会、工程教育促进学会、国家研究委员会、国家电气照明协会（公用事业同业行会）和国家工业会议委员会等。[72]

除了 MIT 的电气工程系，其他大学也在开展类似的努力，在研究中打造产学合作。其中最引人注目的是威廉·沃克在 MIT 化工系的工作。在此之前，沃克曾经离开该校的教学岗位，和亚瑟·利特尔一同从事私营研究承包。不过他在 1905 年回到了 MIT，担任化工系教授，随后很快扩大了该系的产业相关工作，并为此成立了应用化学研究实验室。[73]沃克的科学观与产业界优秀实验室的同道不谋而合。因此，他对科学工作者作用的认识与迈克尔逊尖锐对立。迈克尔逊曾经贬损过朱厄特，说他不惜向产业界出卖自己的才华。沃克在 1911 年写道：科学界人士

> 普遍认识到一个事实：科学的最高使命并不是积累只有极少数人懂得的自然真理，吟诵曲高和寡的绝唱，而是把对真理的探究同使得真理为大众福祉服务的明智努力结合起来。因此，早已存在于纯粹科学与应用科学之间的区隔正在加速崩解。[74]

沃克对科学的重新定义反映了大学科学工作者中的一种重要转变。正是这一转变让朱厄特在 20 年之后得出了这样的结论："我认为，科学工作者已经在整体上发生了改变；我很怀疑，如今流行的风气是不是和从前不大一样。"[75] 1916 年，沃克和利特尔共同组建了化学工程实践学院。该学院通过签订合同进一步辅助产业研究，这和电气工程系的做法如出一辙。他们还推出了合作式教学课程。学生的上课地点在教室和工厂之间交替。

1916 年，MIT 正式迁到了查尔斯河对岸宽敞的新址（这主要归功于乔治·伊士曼、查尔斯·斯通、埃德温·韦伯斯特以及杜邦家族的皮埃尔、科尔曼、伊雷内和拉莫特的慷慨捐赠）。对当时的 MIT 来说，产

业研究是统摄一切的主题。出席典礼的演讲嘉宾包括亚历山大·格雷厄姆·贝尔、卡蒂、米哈伊洛·普平，当然还有亨利·普利切特。然而此后不久，MIT 就一头扎进了财务危机的漩涡。这所大学当时的对策不仅影响了自身的研究，也影响了其他大学的研究。

1911 年，马萨诸塞州议会决定为 MIT 拨款，每年 10 万美元，连续 10 年。《莫里尔法案》面向机械技术教育的政府资助就是从这里开始的。① MIT 的另一个重要收入来源是戈登·麦凯（Gordon McKay）的捐赠。1903 年，戈登·麦凯——麦凯是制鞋机械大亨，也是贝尔的第一位支持者加德纳·哈伯德的雇主——的遗产执行人决定为哈佛大学拨款，用于成立工学院。结果哈佛大学无意成立自己的工学院，反而想借此机会吞并 MIT。经过 10 年漫长而激烈的争吵之后，两所大学终于达成了一项协议。按照协议的规定，MIT 将保持独立，但要为哈佛大学提供设施和人员，用于哈佛的工程学科教学，作为回报，MIT 可以得到麦凯捐赠款的五分之三。两校的工科师资并入 MIT 统一管理，授予毕业生 MIT 和哈佛大学的双重学位。按照时任校长理查德·麦克劳林（Richard C. Maclaurin）的说法，“该协议标志着美国教育发展史上一个全新纪元的开始。它追求的目标是建立对社会和国家更加有益的教育机器。这是单凭 MIT 或者哈佛大学一己之力无法做到的。”[76]

MIT 对这两大收入来源依赖颇深，电子工程系得到了麦凯捐赠款中的很大一部分作为它的运行预算。不过到 1917 年时，马萨诸塞州最高法院裁定，MIT 和哈佛大学的这项协议违背了麦凯遗嘱的本意，并强令解除了这项协议；州议会因此很快拒绝了对 MIT 拨款的续约，结果这笔款项到 1921 年即告终止了。

为了从财政困难中挽救这所学校，麦克劳林校长发起了一项重要的筹款活动，并且再次得到了乔治·伊士曼和一些以科学为根基的行

---

① 从一开始，作为一家机械技术学校，MIT 就获得了马萨诸塞州赠地大学拨款的三成。

业领袖的慷慨支持。不过麦克劳林和他的同事们发现，单凭私人捐赠是不够的。1920 年初，他们推出了后来广为人知的“技术计划”(Technology Plan)。用麦克劳林的话来说，这迈出了“也许是建校以来最重要的一步”[77]。

“技术计划”的管理机构是新成立的产业合作与研究部门（由威廉·沃克主管）。这个部门是 MIT 从全校政策层面系统管理和协调各项合作的具体手段。正如杰克逊向满腹狐疑的工程顾问们解释的那样，在此之前，面向产业的研究“或多或少存在偶然性和随意性；如今，学校开始……为这条战线规定了更加明确的秩序，这可以让产业界更完全地从学校拥有的各种关系中获益，从学校拥有的知识中获益，并从校友和学生身上获益，事实上，整体而言，它也可以从全国的工程师身上获益。”[78]这项计划的精髓是学校提供的一份标准合同。根据这份合同，企业可以利用学校的各项资源，作为交换，企业要为此支付一笔标准费用。① “技术计划”不仅促进了产业界的实际研究；从合同条款上来说，MIT 还要发挥产业信息交流中心的作用，并且保证企业可以随时获取技术知识，接触这些知识的拥有者。除此之外，就像沃克说的那样，MIT 还同意通过精心设计的人事流程“保持稳定的人才供给，源源不断地为产业界输送训练有素的人才，并且保证这些人才为可能从事的科技工作做好最上乘的准备”[79]。学校会因此积累经济效益，这是显而易见的，除此之外，杰克逊和他的同事们确信，与产业界的这种密切联系势必“对学校教育过程的丰富性和有效性带来极大的贡献”。由此可见，这

① 根据合同规定，MIT 同意向企业开放图书馆和档案室，并且安排企业与校内技术团队的会议，以解决涉及企业业务的相关问题。MIT 还同意保管校友资历及特殊知识的记录并建议和协助企业为长期聘用目的获得相关人员的信息。MIT 还必须向企业提供本科生的档案和资历背景，协助安排招聘面试。最后，MIT 还承诺为企业的以下工作出谋划策：如何最好地有偿获取长期咨询、调研和检验服务，以及如何最好地提供上述服务。该合同的完整文本由威廉·沃克公布。详见：William A. Walker，“The Technology Plan,” *Chemical and Metallurgical Engineering*，XXII（March 10, 1920），464.

项计划并不是为了筹款而上演的把戏。① 它是20年来产业合作工作水到渠成的结果。这说明它的创造者终于发现，“同样是产业单位与教育机构之间的紧密合作，在德国可以如此有效——因为国家对二者的主导力量非常强势，在美国却只能借助企业高管与院校领导之间主动搭建的个人关系来实现。”[80]

不出所料，“技术计划”大获成功；杰克逊本人就是一位声望卓著的顾问，他当然懂得怎样平复其他私营咨询者的恐慌。杰克逊让他们相信，这份计划只会在整体上激励产业界，让它加倍依赖科学咨询，因此有利于每一位咨询顾问。产业界的整体反应非常热烈。在极短的时间内，就有150多家企业与MIT签订了合同。② 全国企业院校协会主要关注产业人力队伍教育问题。该协会《通讯》（*Bulletin*）的一位作者告诉读者，就满足产业界对技术合格的人力资源的需求而言，这一计划大有裨益。他写道：“该计划必定对教育机构和产业组织带来深远影响。”[81]事实确实如此，MIT这一计划成了其他机构类似项目的原型。就在它正式发布后的短短几个月之内，《科学美国人》的一位编辑在一篇标题贴切的文章——《产业中的大学》（The University in Industry）——中指出：“已有少数院校采取了类似措施，还有更多院校正准备这样做。”[82]

1924年，正值首个合同期满，校长斯特拉顿再次向校董会重申了这项计划；他向MIT校董会财务主管埃弗里特·莫尔斯（Everett Morss）保证：

---

① 尽管产业界和“技术计划”的推动者对MIT的新角色充满热情，但是仍有一部分校友反对此事。他们把拥护者斥为“技术贩子”。详见：Editors of *Fortune*, *The Mighty Force of Research*, p. 16.

② 在这些签约企业中，规模最大的几家包括：通用电气公司、AT&T、美国钢铁公司、美国橡胶公司，以及美国国际公司，这家公司是弗兰克·范德利普在1914年创办的，旨在推进海外产业投资。详见：William A. Walker, “The Division of Industrial Cooperation and Research at M. I. T.,” *Journal of Industrial and Engineering Chemistry*, XII (April 1920), 394. See also “Dr. Walker Heads M. I. T. Industrial Division,” *Electrical World*, LXXIV (January 24, 1920), 10.

> 我从未怀疑过产业研究的重要意义。因此，我很乐意把它放在一个比现在更广泛的基础之上……我应该竭尽所能做到这一点，因为我认为，除了对产业界的价值，从育人的角度来看，它对学校也是极为重要的。[83]

1932年，卡尔·康普顿（Karl Compton）从斯特拉顿那里接任校长一职。他随即重申了“技术计划”的承诺。康普顿写道：“产业合作部成立的宗旨是尽可能有效地提供支持，协助学校为企业和产业界解决技术难题。”[84]第二次世界大战结束后，产业合作部重组成为赞助研究部，以便在产业研究的基础之上扩大管理范围，把政府和军队赞助的研究项目纳入其中。

大学与产业界的合作既为后者带来了无与伦比的基础研究及应用研究资源，也带来了熟练技术人才的稳定供应。随着以科学为根基的各个产业不断扩张，加上其他产业日益走向科学化，整个产业界对教育机构贡献的依赖也在相应增强。此外，大学还为企业投资者的过剩资本提供了一个巨大的出口，并最终为投资者带来了盈利。因此，1900—1930年，在大学录取人数增长了5倍（相比之下，同期的人口增长率仅为62%）的同时，大学资产的货币价值从250万美元跃升到将近20亿美元。[85]这一增长的大部分，尤其是1920年之后的部分，反映了这样一个事实：“很多企业和产业机构与大学合作，成立研究机构，尤其是工程和物理科学研究机构。”[86]举个例子，1916年12月，哥伦比亚大学校长、工业教育的长期支持者尼古拉斯·默里·巴特勒（Nicholas Murray Butler）宣布了在哥伦比亚大学组建大型产业研究中心的计划。巴特勒和当时的听众都很清楚，他们翻开的是产学关系史的新一页。它是一场革命，必将对产学双方乃至整个社会带来绵延不绝的深远影响。

> 这所大学拥有这样的实验室。全国的生产企业尽可以带来自己的难题，向这里的专家寻求解决之道，无论是化学问题，还是机械或者其他工程问题。我们的专家会为这些工作投入自己的全部时

间。多数大型工业企业拥有自己的研究型实验室，哥伦比亚大学的建议是，请把目前交给私营实验室的问题交给大学。

美国工业的未来与美国科学的未来密切相关。矿业、工程和化工院校……迫不及待地想要做出自己的贡献，承担具体任务，帮助美国企业改善产品、减少浪费、协调工艺、倍增资源，以便令人满意地处理人的问题——这些问题总是多面的，是产业关系和工业企业必然要面对的。院校早已为此准备就绪，并会尽心竭力。[87]

新增设施有助于大学更好地帮助产业界探究技术和科学问题、解决“多方面的人的问题”。这些新增设施大多在城市工业区，距离它们服务的产业单位很近。这些得到扩充的教育服务中心包括辛辛那提大学、戴顿大学、阿克伦大学、匹兹堡大学、位于费城的德雷塞尔学院和位于宾夕法尼亚州伯利恒市的理海大学等。柯达公司和博士伦公司同机械学会和罗切斯特大学合作；西屋电气与卡内基学院和匹兹堡大学的领导者与教师合作紧密；通用电气公司位于斯克内克塔迪的团队同联合学院合作，通用电气公司位于林恩的团队则与 MIT 合作；在美国西海岸的帕萨迪纳，美国国家科学院富有产业头脑的院长乔治·埃勒里·海耳与木材大亨亚瑟·弗莱明（Arthur Fleming）合作，把小小的史路普学院“变成了一座推动化学及其他学科发展，为产业提供臂助的学校”——它就是如今的加州理工学院。[88]

1929 年，在凯斯理工学院新的化学实验楼落成典礼上，校长威廉·威肯登在致辞中说道：“上天眷顾克利夫兰，让它成为化学生产的中心；命运垂青凯斯，使之成为克利夫兰的人才源泉。”[89]威肯登此前曾在罗切斯特大学机械学院、威斯康星大学和 MIT 做过教师，担任过 AT&T 主管人事的副总裁，不久前还主持过工程教育促进学会关于美国工程教育的研究项目。他为凯斯理工学院带来了三十年如一日的对产业服务的专注，他让这所学校始终如一地忠于他提到的“命运”——随时需要，随时施以援手。

甫一到任，威肯登就和安布雷·史怀士等克利夫兰本地产业家合作，扩大凯斯理工学院的校园设施，提高它的服务能力。他积极推动大学研究设施、人员、实验室和毕业生的产业应用，并在大萧条的顿挫之后成功地大幅扩展了凯斯理工学院的"产业服务工作"。他曾对克利夫兰工程学会的顾问们说过：

学校的大部分工作带有研究开发性质，签约方大多不具备足够的人员和设备完成这些工作……我们感到自己有责任尽可能多地提供这种服务……如果不签订这些协议，我们的工作就会逐渐下降到照本宣科的水平，这无法令我们自己感到满意，也无法让我们为之服务的行业和产业界团体满意。[90]

在这里，科研合作同样被理解为一种双向过程。不仅产业界可以从科研及其获得的信息中获益，教育机构也会从产业界的投入中获得"滋养"和"激励"，而这最终仍然有益于产业。国际镍公司的助理经理（也是威肯登的同胞兄弟）在写给威肯登的信中指出："我们的动机并不完全是为了慈善，因为我们感到，今天播种在学生心中的信息，终有一天会成为影响产业具体实践的因素。到那时，它们就会结出累累硕果。"[91]

技术教育者和产业同行的科研合作对大学设备设施的扩大贡献巨大，极大地帮助大学转变成一个更大的产业体系中的一个"功能单位"。实际上，这一新型产业资源的发展本身即形成了一个产业。1922年，塞缪尔·卡彭（Samuel Capen）就任布法罗大学名誉校长。他在就职演说中指出，"美国人民拥有一个卓越的全国产业，然而，有关生产型企业的总结从未提到过它。

它就是建造大学。这个产业吸收的创造力多得令人难以置信……它如今代表着高达12.5亿美元的资本投入。由于这一投入中没有一分钱的现金，所以在人们记录为国家贡献有形财富的生产事业时，它被普遍忽视了。然而它带来了怎样的间接回报呢？那就是科学发现与科学知识在生产、商业、农业、工程过程中的应用，以及科学对疾病的预防与治疗，它们占据了美国企业界实际获益的极大部分。纵观过去的50年，假如没有大学的贡献，美国产业界的面貌势必大打折扣。”[92]

虽然按照“产业规范”来说，大学在产业系统中的首要使命只是“高效培养人才”——这不仅带来了大学的建设，而且让教育本身成了一项产业——但是大学作为产业科研中心的作用同样至关重要。在完成美国史上第一次科研活动调查之后，国家研究委员会指出，“美国科研的源头是大学。过去如是，未来亦如是。”1957年，苏联第一颗人造卫星上天，美国随即展开了全国科研资源评估。在此期间，国家科学基金会发现，在此前的一个世纪里，科研工作最大的资金支持者是美国的产业界，而科研工作的主角是大学。[93]

产业界对大学科研的赞助和引导成功地把很大一部分成本和风险从私营领域转移到了公共领域。但这并非故事的全部。也许更重要的是，它重新定义了科研本身的形式和内容。这涉及的不仅仅是总体上的转变，即从为探究真理而研究转向为实用而研究（这一转变早在19世纪和20世纪之交时就已经展开了）。如今，这一转变又表现为特定的形式，它们是由私营产业，由那些意在提高利润率和实力的特定企业的具体需求和历史需求塑造而来的。这一重新定向影响的不仅仅是哪些类型的问题会被提出，哪些种类的解决方案会得到探索，哪些结论会被得出。实际上，科学已经被强令变成了资本的仆役。

在20世纪的前20年里，工程教育者和产业领袖越来越多地在全国范围内联手打造产学科研合作项目。不过在第一次世界大战爆发之前，美国还没有一个全国性的中央机构来推动和协调这些活动。在美国正式参战之前的两年备战期间，有三项各自独立的进步共同改善了这一局面，最终促成了国家研究委员会的成立。它们是海军咨询委员会（NCB）的成立、国防委员会（CND）的组建和美国国家科学院研究理事会的建立。

在1915年，政府内外都不存在一个足以为战争调动全国工业及科学资源的管理机制。美国的陆军和海军几乎什么都有，就是没有一套活力十足的方法来调动科学的潜力。认识到这一潜力的军方人士深知，政府的科学资源少得可怜，不足以解决可能的军事问题；他们认识到，为了战争而进行的任何科学动员必定涉及政府之外的全国科学资源的协同合作。对军方人士来说，这一合作是全新的，它有着令人激动的前景；而在产业界的工程师们看来，这早已算不上什么新鲜事。[94]

1915年5月30日，《纽约时报》发表了一篇对托马斯·爱迪生的访谈文章。爱迪生在访谈中强调了交通和通信在战争期间的重要意义。他由此得出了推论：技术人员和发明天才是有效战争行动不可或缺的重要资源。他不无自夸地说："无论哪个国家，只要它当真考虑攻击美国，美国就立即会有100名经过特殊训练的专家忙碌起来，研制出新的拒敌手段。我也会加入其中。"海军部长约瑟夫斯·丹尼尔斯显然读到了爱迪生这篇访谈。就在卢西塔尼亚号被击沉之后，丹尼尔斯在7月方案中采纳了爱迪生的意见。他写信给爱迪生，询问能否打造"机械和设施，让美国的发明天才发挥作用，以便适应战争的新情况"。这位发明家做出了积极的回应，两人在爱迪生位于新泽西州奥兰治的家里会面，把这项计划付诸实施。除了爱迪生和他的首席工程师哈奇森（M. R. Hutchison）之外——哈奇森是丹尼尔斯亲自委任的——新海军咨询委员会的成员来自美国最大的11家工程学会。① 海军咨询委员会的官方历史学家注意到，"这个委员会……召集了大批企业高管。这些人的成功无疑来自他们作为工程师或者发明家的能力，但是在入选这个委员会时，他们的主要身份是大型企业的高管。他们的观点主要来自大规模人力管理者的视角。"[95]

---

① 其中包括来自美国电气工程师协会的弗兰克·斯普拉格、美国化学学会的贝克兰和惠特尼，以及来自美国汽车工程师学会的霍华德·科芬。

很明显，这个工程师主导的委员会不包括纯科学人士，而且“与大学或者政府科学部门联系紧密的人寥寥无几”。在海军咨询委员会发展初期，爱迪生和其他委员们推动建立了一个特设海军实验室，由“非军方实验人员、化学家和物理学家”管理，并且获得了一笔数量可观的拨款。然而这一拨款引发了争议，1917 年 4 月战争爆发时，这个项目被废止。在战争期间，海军咨询委员会的主要活动并没有产生像样的成果，它主要负责筛选公众提出的建议和可能具备军事价值的发明（在它筛选过的 11 万条建议中，只有 110 条值得详细审视，只有 1 条实际投产）。不过这些结果确实渲染了国家对于协调一致的、集中指挥的、问题导向的科学研究的需求。海军咨询委员会最重要的贡献是霍华德·科芬做出的。由于对汽车产业标准化的贡献，科芬被推选为海军咨询委员会的工业战备委员会主席。科芬和他的委员们——其中包括后来成为 AT&T 总裁的沃尔特·吉福德（Walter S. Gifford，他当时还是一名企业统计学家）和格罗夫纳·克拉克森（Grosvenor Clarkson，一位来自纽约的公关人士）——对战备宣传活动做出了贡献，并且提供了大量的工业资源。这后来成了国防委员会和战时工业委员会动员工作的基础。①[96]

1916 年 4 月，萨塞克斯号沉没。这一事件推动了战备宣传活动。科芬和其他一些人认为，对德战争迫在眉睫、不可避免，在他们看来，美国备战的步伐太过松懈。他们担心的是，很多美国人还把对德战争看作一种遥不可及的可能性，仍然醉心于中立立场。霍利斯·戈弗雷是科芬的支持者之一。他是德雷赛尔学院院长，也是一名毕业于 MIT 电气工程系的管理咨询工程师。早在 1907 年，戈弗雷就曾预言英国与德国必有一战，到 1916 年时，他四处奔走，呼吁同胞认识到备战的必要性。他和科芬、亨利·克兰普顿（Henry Crampton）在华盛顿不知疲倦地四处游说，竭力鼓动国会成立国防委员会。克兰普顿曾是 MIT 的一名教

① 战争部长贝克曾在克利夫兰商会的讲话中盛赞科芬，称许他在海军咨询委员会中发起并指导工业战备活动的功绩。

师，当时是哥伦比亚大学的教授，并在美国自然历史博物馆担任动物学策展人。在尼古拉斯·默里·巴特勒和伊莱休·鲁特等人的参议之下，戈弗雷写好了委员会组建方案。这个委员会足以调动全国的工业和科学资源，并把它们投入战争。1916 年 8 月 29 日，戈弗雷方案获得采纳；六位内阁成员——战争部长、海军部长、内务部长、商务部长、劳工部长和农业部长共同组成了这个委员会；委员会主席由战争部长牛顿·贝克担任。为了处理好国防委员会的实际工作，他们还专门成立了一个咨询委员会。它的成员包括：丹尼尔·威拉德（Daniel Willard），巴尔的摩与俄亥俄铁路公司总裁；朱利叶斯·罗森沃尔德（Julius Rosenwald），西尔斯百货公司总裁；来自美国外科医师学会的富兰克林·马丁（Franklin Martin）；来自美国劳工联合会的塞缪尔·冈珀斯（Samuel Gompers）；还有华尔街的大人物伯纳德·巴鲁克、戈弗雷和科芬。AT&T 的沃尔特·吉福德被任命为行政主任，公关高管克拉克森被任命为秘书长。[97]

作为“军需与制造（包括标准化在内）”的负责人，科芬继续他在海军咨询委员会时开始的工作。戈弗雷成了“负责科学与研究，包括工程和教育在内”的委员会负责人，他主要投身于为战争开展的技术教育合作。除此之外，他还推动了人力指数的开发工作。这项指数是全国纯科学和应用科学顶尖人才组织工作的一部分。[98]

海军咨询委员会和国防委员会都是工程师的杰作；美国的科学家们同样在为战争做准备。1863 年特许建立的美国国家科学院原本是一个私营组织，主要在美国内战期间为政府提供科学和军事问题的咨询服务。另外，这个组织也是美国著名科学家群体集中控制全国科学的一次尝试——这些科学家包括路易斯·阿加西斯、约瑟夫·亨利（Joseph Henry）和亚历山大·贝奇等。然而层出不穷的政府科学机构夺取了该院的咨询功能，同时，大专院校、科研院所、基金会乃至产业界纷纷获得了科学研究资助，这阻碍了科学院一统美国科学事业的雄图。到世纪交替时，美国国家科学院已经陷入了垂死境地[99]。

是乔治·埃勒里·海耳让美国国家科学院重新焕发了生机。海耳的成功主要来自他与美国前国务卿、参议员伊莱休·鲁特的合作。海耳毕业于 MIT，他开发了一片全新的科学天地：天体物理学，将物理学原理与传统的天文观测结合在一起。他在加利福尼亚州建立了威尔逊山天文台（Mount Wilson Observatory）并担任台长。在那里，他和鲁特一见如故，过从甚密。鲁特的专业是数学，他的父亲是一位天文学教授，当时担任卡内基研究所的董事会主席。就在海耳刚刚当选美国国家科学院院长之际，鲁特通知他，该院获得了半政府机构的特许地位，并且成为美国政府在科学事务上的官方参赞机构；于是，海耳对科学院寄予的厚望终于看到了与政府合作的前景。[100]

海耳的目标是把美国国家科学院变成美国科学界一支众望所归的强大力量，通过它来统合全美国多种多样的科学资源，让它们的关注焦点变得更集中。这样一来，正如历史学家内森·莱因戈尔德（Nathan Reingold）形容的那样，海耳成了美国科学界的 J. P. 摩根。[101]另外，他还力图扩大科学院的职权范围，以此呼应纯粹科学与应用科学之间严格区分的崩塌。早在 1910 年，他就成功改写了科学院的规章制度，容许一个强有力的内部工程部门发展壮大。同样地，他还把自己担任校董的、位于帕萨迪纳的史路普学院变成了科学教育的卓越中心，使之成为纯粹科学与应用科学相互整合的旗帜性机构。海耳的这两项工作得到了很多产业经验丰富的同道科学工作者的支持，例如 MIT 的诺伊斯、哥伦比亚大学的米哈伊洛·普平以及芝加哥大学的罗伯特·密立根等。然而科学院的大多数成员并没有海耳一般的追求，而且他最初为了在华盛顿建造美国国家科学院办公楼和扩展业务的筹资工作开展得并不顺利。

海军咨询委员会的成立激励海耳加倍努力，他要保证美国的科学界发出强有力的呼声。海耳把美国的备战和开战的可能看作一次机会，认为它可以帮助科学院恢复政府咨询职能。海耳本人强烈反对德国，他曾推举美国国家科学院的科学家加入早被工程师们主导的海军咨询委员会，结果没有成功；不过，埃塞克斯号和萨塞克斯号遭受的鱼雷袭击，加上备战热潮的迅速升温，终于让局势转向了有利于海耳的方向。他立即抓住了这次机会。1916 年 4 月底，海耳在科学院的高层会议上提出决议："一旦美国与任何一国的外交关系破裂，我院唯望急国家之所急，不遗余力地服务政府。"海耳对此充满自信。他对一位同事说过："至于威尔逊总统怎样和德国人闹掰，那就不是我关心的问题了。"[102]

科学院采纳了这项决议，并且派出代表向总统面呈了这一请求。威尔逊总统表示认同，他也认为美国为了战争而预备科学资源是明智之举，但是他拒绝把自己的批准公之于众，因为那可能被民众看作美国迈向战争的一步。不过他建议科学院成立一个委员会，以便"承担他可能提出的具体工作"。这就为海耳和他的支持者们提供了舞台。海耳被任命为这个委员会的主席，这项决议的热情支持者密立根成了海耳最热切的合作者。海耳开始形成"国家服务研究基金会"的方案，他在写给朋友的信里表示："我真心相信，这是一次前所未有的好机会，是我们推进美国科研的天赐良机。"[103]

随后，备战情绪席卷了政府高层，鲁特得以发挥自己的影响力，趁势稳固了威尔逊总统关于成立国家研究委员会的正式命令。1916 年 7 月，海耳、诺伊斯和密立根拟就了一份详尽的委员会成立计划。密立根后来写道："把纯粹科学和应用科学融汇在一个包罗万象的组织里，这个想法是海耳思想的根本要义，也是我个人完全认同的。"①[104]海耳、诺伊斯和密立根获得了美国科学促进会百人委员会的合作。同时，通过海耳在工程基金会几位密友的帮助——包括米哈伊洛·普平、加诺·邓恩和

① 密立根对协调应用科学工作并不陌生；早在 1910 年，他就开始和自己从前的学生弗兰克·朱厄特在贝尔实验室着手攻关无线和电子管中继器课题。他热衷物理学的产业应用，曾派大批学生和助理前往芝加哥的贝尔实验室。除此之外，他还在 AT&T 与通用电气公司之间由无线开发引起的专利诉讼中表现活跃。借用莱因戈尔德的话来形容，密立根就是"获得诺贝尔奖的巴比特"。（巴比特是美国小说家辛克莱·刘易斯 1922 年同名小说的主人公。他代表了富足而世俗的商人的典型形象。莱因戈尔德借用这个典故，是想把密立根形容成一位既擅长纯粹科学，又积极投身世务的人。——译者注）

安布雷·史怀士等——他们终于得到了研究委员会不可或缺的资金支持。

当年9月，密立根、邓恩、海耳、惠特尼、卡蒂、斯特拉顿和普平主持召开了成立大会，国家研究委员会从此正式开启了自己的使命。委员会宣布的目标包括科学人才、设施及现行研究工作的储备，与教育机构及研究基金会的合作，推进国防相关研究的发展，以及打造研究项目与科学信息的“交换中心”。在鲁特的帮助下，这家委员会从卡内基基金会和洛克菲勒基金会获得了更多的资金（在第一次世界大战期间和之后，该委员会预算中的私人资金超过了政府拨款）。与此同时，MIT和史路普学院等院校预料自己会获得国家研究委员会的合作机会，纷纷开始扩充设备设施。[105]

1917年2月初，德国宣布展开无限制潜艇战，美国随即与德国断交。国防委员会因此得到了全面战争动员的任务。海军咨询委员会成了国防委员会的发明委员会，国家研究委员会则负责科研组织工作。虽然不乏争议，但是国家研究委员会在争议过后仍被看作美国为战争而协调科学资源的唯一机构。①[106]战争期间，国家研究委员会最重要的工作是反潜研究。它的其他工作包括海军枪炮测距仪、通信设备和防毒面具的开发等。1917年初夏，全美科学的协调工作获得了巨大的激励——军事当局的力量。乔治·斯奎尔（George Squier）将军是美国海军通信局局长。他拥有约翰斯·霍普金斯大学博士学位，原本是一名电气工程师、美国电气工程师协会成员。斯奎尔坚信协同研究的力量。他成功说服了当时担任国家研究委员会主要行政长官的密立根承担陆军职务。很快，美国众多顶级科学家和工程师纷纷披上了军装，其中包括并不情愿的迈克尔逊。不过，无论国家研究委员会在战时的军方地位如何显要，它都始终困于资金和行政人员短缺的束缚之中；出乎意料的过早停战进

---

① 霍利斯·戈弗雷曾希望通过自己的委员会来开展这些活动，但他选择了遵从国家研究委员会的意见。5月21日，他正式把自己委员会的名字从“负责科学与研究，包括工程和教育在内”删减为“负责工程和教育”。

一步削减了它的力量，使它无法完全施展自己的抱负。尽管如此，该委员会仍然发挥了信息交换中心的作用，并且成为科学人才的关注焦点。最重要的是，通过它的运作，“美国的科学工作者们习惯了一种新的工作方式，即为迅速解决紧迫问题而合作。”战争的协同作用“为整整一代的科学工作者带来了共同的经历”[107]。

国家研究委员会既是产业研究机构，又是军事研究单位。它从成立那一天起就是如此。它的最初宗旨是“在政府、产业和其他现有研究机构之间达成合作”[108]。在第一次世界大战初期，作为军事目的的实现手段，这样的合作迅速达成。如此一来，早在 19 世纪和 20 世纪交替时就已开始的科研整合路线及其努力终于从战争中获得了“契机”。尽管如此，距离停战还有 8 个月时，委员会的领导者们就在积极调整工作重点——明确地从军用转向产业服务。由于这个委员会是受命成立的，所以它享有与国防委员会和战时工业委员会平起平坐的地位：它是一个官方认可的超政治团体，非常适合那些具有管理思维的工程师和企业高管。而这些人早已习惯了远离效率低下的民主协调，自上而下地统合指挥各项事务。随着国家研究委员会的成立，产业界的技术领袖们终于找到了实现必要产业研究合作的捷径。在此之前，他们只能单纯地依靠大学教师俱乐部、企业高管或者他们的精英俱乐部的定期会议。国家研究委员会为他们提供了一条前所未见的途径，帮助他们协调全国资源，满足产业所需。1919 年 5 月，一份名为《国家研究委员会之源起与使命》（The Origin and Purpose of the NRC）的保密备忘录在它的执行委员会内部传阅，海耳在备忘录中明确指出：

> 美国国家科学院参与组建了国家研究委员会……其指导思想是激励科学及其产业应用的发展，尤其是达成研究机构之间的合作，帮助美国集中力量、行之有效地投入共同目标的实现，而不是陷入讲求民主和个人主义的组织里无法自拔。[109]

这个永久性委员会最早、同时也是影响最深最远的贡献之一是它通过国家研究学者项目对纯物理和化学研究的大力扶持。这个项目源自洛克菲勒基金会主席乔治·文森特（George Vincent）写给密立根、迈克尔逊和斯泰格利茨的一封信。文森特在信中建议，这个战时委员会应该在战争结束之后继续存在下去，并且建立一个统一的研究机构。他写道："战争结束之后，产业竞争必定随之而来。那将是对美国科学资源的一大考验。"[110]该委员会的一支团队立即投入工作，全神贯注地确保委员会的巩固和科学合作——这是美国维系产业霸主地位的必要前提。

文森特和他在洛克菲勒基金会的合作伙伴爱德华·皮克林的努力由来已久——皮克林曾任哈佛大学天文台台长、MIT 物理学塞耶讲席教授。早在 1913 年，他们就在美国科学促进会的会员中推广成立统一科研机构的想法。海耳、鲁特和普利切特大力支持这个项目，不过密立根和惠特尼等人更倾向于分散式方案，在各大院校成立多个研究中心。还有一个争议颇多的问题是，研究应由政府支持还是严格地保持私营？委员会的多数领导者倾向于私营，这样可以避免政府横加干涉的风险。旷日持久的争辩产生了一项折中方案，解决了这个问题。它并未采用文森特最初建议的集中式机构方案，而是建立一个国家研究委员会的奖学金项目，用来支持物理和化学专业的研究生学习。尽管这项奖学金是由准政府性质的委员会管理的，但是它全部由洛克菲勒基金会出资，而且只支持私立院校的学生。这个奖学金项目正式开始于 1919 年，它很快就成了鼓励基础研究和研究型科学人员教育的重要手段。密立根从来不是一个低调内敛的人，根据他的说法，这个奖学金项目是"美国科学发展史和文明史上最有效的项目之一，我辈何其有幸，恰逢这一盛事。"[111]

暂且抛开它对基础研究的支持不论，国家研究委员会当时面临的最紧迫问题是自身的长期存续。这个由战时领导者组成的委员会从卡内基基金会（它当时的领导者是伊莱休·鲁特）争取到了 500 万美元的捐赠。这为它提供了办公场所和持续运转的资金，也为它转型成为平时机构提供了坚实的立足点。两个月之后，工程基金会也承诺为它提供持续不断的支持。在鲁特的建议下，委员会还向威尔逊总统提交了一份计划，请求批准它转为平时组织。1918 年 5 月 11 日，凭借总统的一纸行政命令，作为平时组织的国家研究委员会正式成立了。[112]

海耳这样界定国家研究委员会追求的“共同目标”——“此前，我们把大部分精力集中在军事问题的解决上，但是我们务必牢记，推动产业研究的任务同样重要。”[113]他因此告知委员会的同事们，“为了这个目标，我们正在建立一个专门部门。”这个新部门就是产业关系部。它由六个人组成：AT&T 总工程师卡蒂、梅隆研究所所长雷蒙德·培根、西电实验室主任弗兰克·朱厄特、美国最大的工程咨询公司总裁亚瑟·利特尔、西屋电气研究总监斯金纳，以及通用电气公司研究总监威利斯·惠特尼。经过一个月的筹备组织，在获得威尔逊总统的行政命令和必需的资金支持之后，海耳在 1918 年 5 月 29 日正式推出了这个新的部门，并在纽约的大学俱乐部举办了正式宴会。

他在宴会上重申，“在此之前，国家研究委员会的活动主要集中在战争上，然而我们正在构思开展产业研究，如今是时候推进这些计划了。”[114]

对每一位出席者来说，宴会的演讲主题都是他们再熟悉不过的。①普利切特和麦克劳林强调了产学合作的重要性，强调了为产业界培养技术人才的重要意义；惠特尼“卖力”地呼吁对大学基础研究的支持；海耳和鲁特则强调了由国家统一组织产业资源的必要性。史怀士的讲话也许最能代表当天洋溢在宴会厅里的热情气氛。当天的会议记录这样记载：“虽然史怀士先生强烈谴责这场战争，但是他提醒大家注意，战争

① 出席这场宴会的嘉宾包括卡蒂、普平、邓恩、米斯、密立根、惠特尼和一些高校人士，例如耶鲁大学的约翰·约翰斯顿、加州理工学院的弗莱明、MIT 的麦克劳林和哥伦比亚大学的劳滕施特劳赫等。组成顾问委员会的成员有主席西奥多·韦尔，AT&T 总裁；克利夫兰·道奇（Cleveland H. Dodge），菲尔普斯-道奇矿业集团副总裁；乔治·伊士曼，柯达公司总裁；埃尔伯特·加里（Elbert H. Gary），美国钢铁公司总裁；安德鲁·梅隆，梅隆财团主席；皮埃尔·杜邦；伊莱休·鲁特；安布雷·史怀士；赖斯，通用电气公司总裁；以及亨利·普利切特，卡内基教学促进基金会主席。

为我们带来了非凡的进步，它们发生在精神领域、道德领域和心灵领域，将为人类带来久远绵长的益处……”史怀士高声宣称，“我们生活在一个奇妙的时代里，拥有令人激动的机会，因此我们也是天降大任的一代。”他还在一个没那么激昂的场合里指出，“举一个产业进步的例子，这个国家一年之前还造不出光学玻璃，如今这种原材料早已车载斗量。”在史怀士的同辈里，像他一样歌颂战争带来的进步——同时为美国接收德国专利而喝彩——的大有人在；就在普罗大众因为战争及其后果感到迷茫时，这些人正在被推向产业创造力更高的山峰。[115]

这场宴会成果不凡。它不只为顾问委员会确定了委员人选，还请一些最负盛名的嘉宾撰写文章。它们将被结集成册，用来宣传这个新成立的、永久性的研究委员会。做出回应的嘉宾有史怀士、梅隆、伊士曼、韦尔（他被推选为该顾问委员会的主席）、鲁特和普利切特。鲁特在题为《科研离不开组织》（The Need for Organization in Scientific Research）的文章中提出：

> 搞科学和行善一样，都要从自身做起。目前看来，科学在这一点上表现欠佳。科学让万事万物井然有序，为它们分门别类，使之条理清晰——除了它本身……科学对自身的组织很不完善。科学界人士最近才意识到，把数量众多的科学家组织起来，可能会有效增加他们的力量，就像军纪可能为数量众多的劳工增加力量一样。
>
> 战争结束之后曾经为人类的生产能力带来令人欣喜的进步的科学之力……将会再次获得应用。工商业的龙头地位及其丰厚回报属于那些有能力最有效地组织自身科学力量的国家。[116]

普利切特主要关注技术教育问题；和朱厄特一样，他发现由于大学在战争期间的损失，美国正在接近一种“科学人才培养机制几乎不复存在的状态”[117]。他提出的对策是在产业界与大学之间开展合作，如此一来，大学能够获得资金支持、恢复充实；产业界可以从更多的研究和技术人才的稳定供应中获益。他的最高追求是推动以产业进步为宗旨的各类研究项目之间的合作。

> 在美国，大学和研究所研究人员与工厂运营人员之间的关系谈不上紧密和富有成效，而德国早在多年前就做到了这一点。如今谈到我们面向未来的发展计划，其中一部分就是建立这样的关系，让研究人员和生产人员彼此了解与合作，共同促进科学和工业的发展进步。[118]

AT&T 总裁韦尔阐述了同样的问题——协调一致的知识和有组织的知识生产者是知识型产业存在的必要条件。

> 以产业为目标的研究，其组织和协同是必要且紧迫的……应该立即为之制订计划……无论采取怎样的行动，它必须覆盖美国……任何组织，只要能够行之有效地协调和关联知识的增长，产业界都应该慷慨地予以支持，因为产业的进步与成功主要依赖我们的知识。这如今已经成了人们的共识。[119]

几十年之后，当叛逆的学生和教师们猛烈抨击所谓的“知识工厂”（指大学等教育机构）时——也就是培育他们、雇用他们并且产生更多后来者的地方——几乎没人想到这些所谓工厂的最初用心何其良苦，因为他们不可能具备更加广博的企业的视野，这样的视野只属于攀登顶峰、俯瞰全局的人。这些叛逆者的自我认识远不如普利切特及其同道对他们的认识。普利切特曾经写道：“一个国家的研究人员并不是一个个孤军奋战的个体，而是一支有组织的、相互配合的队伍。”[120]

1918 年的普利切特当然只能从可能性的角度来谈论这个问题，而国家研究委员会的组建正是为了实现这种可能性。创建这一长期委员会的行政命令明确规定了它的职权范围，赋予它六大职能：激励和促进科学研究；开展科学及技术资源调查；协调全国及国际层面的研究工作；推动科学工作者与包括战争部和海军部在内的政府部门积极合作；引导研究工作解决军事及产业问题；帮助“正规人员”收集科学技术情报。

这道战时行政命令同时反映了军方和产业界的需求，它提到的“正规人员”就是产业界的高管。[121]

1919年初，国家研究委员会获得组织上的正式认可，成为永久性机构。为了履行各项职能，委员会组建了多个部门：军队、联邦、海外、州级和产业关系等部门（促进以上各个领域的合作）；物理科学、化学及化学技术、地质学和地理学、医学、生物学及农学、人类学和心理学等部门（推动产业研究）；教育关系部门（提供与教育机构及协会的合作）；此外还有一个研究推广部门（促进产业界的研究）。除此之外，在战争期间成立的研究信息服务部门得以延续，它的主要职能是为委员会搜集信息。

国家研究委员会享有准政府机构的地位，它与其他政府司局建立了紧密的工作关系，这也是它的各项工作如此高效的关键原因。政府特许该委员会在全美国范围内协调科学和技术工作者的工作以及科研设施与信息资源，所以它有能力为全美国的产业服务。在它新成立的国家产业实验室里，最流行的口号是“团队协作”。弗农·凯洛格（Vernon Kellogg）对美国昆虫学会的科学家们宣称：“我们多数人都不是天才。我们只是称职的、勤劳的、接受过良好训练的劳动者……我们有能力并且愿意彼此合作。”产业实验室让形单影只的天才变得不合时宜，这些天才即将被普利切特口中那支“有组织的、相互配合的队伍”取代。凯洛格还指出：“不要畏惧组织，

> 它并不意味着真正放弃个人自由或者成就。它只是要求我们更聪明地运用自己的才智，把它用于更重要的事业，拥有更实在的帮助和更多的相互鼓励。组织二字本来就是美国精神的组成部分。不信的话，请看它在美国的工业领域里实现了多么伟大的成就……没人想要把天才组织起来，没人这样提过，也没人做得到。不过我并不是天才，诸位多半也不是天才。然而你我可以共同商议、一起谋划、并肩合作，我们同样可以步步为营地推进科学知识。”[122]

除了“横向”组织一支称职的研究队伍之外，国家研究委员会还“纵向”地把科学与工程整合起来。而工程正是以科学为根基的产业的要义所在。该委员会工程部门主任康福特·亚当斯在1921年指出，“工程师与科学工作者之间的鸿沟正在逐渐缩小，不过有些地方鸿沟仍然较大。”亚当斯是美国工程标准委员会得以成立的最重要推手。他深知，想要解决现代产业问题，只能依赖基础科学，并把它同工程和产业实践牢牢结合在一起。亚当斯曾经指出：“我们要不遗余力地消除工程师与科学家之间的鸿沟，这对两个群体同样大有裨益。”[123]

国家研究委员会的产业导向并不是口惠而实不至的。在它的众多部门中，有四个为产业界提供了极其宝贵的服务。它们是人类学与心理学部门、教育关系部门、科研信息服务部门，以及产业关系、研究推广和工程部门。第四个部门是在1941年正式完成合并的。

早在第一次世界大战之前，产业界就在致力把美国的教育机构转变为“生产人才的机器”，使之供应的合格人才能够满足不断变化的产业规范。此时，国家研究委员会的人类学与心理学部门和教育关系部门让这项工作再次成为人们关注的焦点。它们还扩大了管理范畴，同时覆盖工厂和学校。在人类学与心理学部门里，罗伯特·耶基斯（Robert Yerkes）和沃尔特·斯科特（Walter Dill Scott）设计的智力测试工作开始于战争期间，当时主要为美国陆军服务。这项服务后来得到了改进和优化，并被用于产业界。另外，在国家研究委员会的主持下，这个部门还开展了广泛的工作，包括学生人事技能开发、大学入学测试、职业指导和一般性人事研究等。在教育关系部门，为战争开展的教育机构协调工作持续为工业目的服务。这个部门开展了关于大学科研机构和状况的调查，推动了教育机构的研究工作；在艾奥瓦大学迪安·西肖尔院长（Dean Seashore）和MIT的弗兰克·艾德洛特（Frank Aydelotte）的努力下，这个部门还率先根据天赋为学生“分班”、为潜力更大的学生开设高等课程，辅助提高教学效率。这个部门人才济济，包括MIT的泰勒、时任 MIT 教育学教授曼恩、塞缪尔·卡彭——他是当时初建的美国教育理事会（ACE）的第一任主席。教育关系部门与教育研究与管理领域的其他组织开展了广泛合作——例如美国教育理事会、工程教育促进学会以及国家研究委员会的其他部门等等。[124]

查尔斯·里斯（Charles L. Reese）是杜邦公司的科研总监，也是产业研究总监协会的创始人。他发现并指出："人们常说'知识就是力量'，然而信息和知识的关系如此紧密，因此，我们可以说信息也是力量，而协调一致的信息是更大的力量。"[125]国家研究委员会的科研信息部门就是这样一个为产业界提供更大的力量的机构。它是 1917 年遵照霍华德·科芬和霍利斯·戈弗雷的命令建立的；它当时被称为科研信息委员会，由塞缪尔·斯特拉顿领导，主要职责是在美国与欧洲盟国之间开展信息合作，帮助军队和海军情报部门完成科学技术和工业研究信息的保全、分类和传播工作。1919 年 1 月，该机构改称科研信息服务部门，并把工作方向调整为产业领域。在乔治·海耳看来，这项业务是委员会在和平时期真正的核心所在。

> 平心而论，科研信息服务部门也许应该被视为委员会的先锋队。它调查全球各地的科研进度、遴选并上报各种重要活动……让那些可能有效运用这些信息的人看到它。[126]

科研信息服务部门从一开始就编写了各种汇编、原始资料集、参考文献、手册和书目指南，保证可用信息的有序性和系统化，供"可能有效运用这些信息的人"使用。该部门还提供查阅服务和影印服务，并且按照《工程索引》（*Engineering Index*）的标准建立了自己的索引（《工程索引》是毕业于 MIT 电气专业的通用电气公司工程师卡尔文·赖斯在 1906 年赴任美国机械工程师协会秘书长时创办的）。除此之外，该部门还起草并持续更新多种科学文摘，效仿诺伊斯 1907 年创办的《化学文摘》（*Chemical Abstracts*）的形式，制定了有关科学和技术学会、产业研究实验室、科研人员、理科博士项目、现有研究和科学教育投资的清单。该部门还建立了科研信息的文献库，为全世界提供科研信息服务。1923—1925 年，科研信息服务部门成为国家研究委员会执行委员会的管理部门，活动受到限制。但它仍然完成了一项有关华盛顿特区政府科学部门的调研，撰写了全美可用科学设施手册、由产业界资助的奖助学金清单、化学领域的研究生科研目录等，它还完成了化学专业研究生的普查工作。如此一来，按照查尔斯·里斯的说法，科研信息服务部门成了活跃的“情报部门”，它实现了科研信息的系统化。这就像马格努斯·亚历山大的“产业界的科研大军”——国家工业会议委员会——曾经实现经济信息的系统化一样。这两个机构明显指向了同一个目标：企业要理解并掌控以知识为根基的产业社会的兴衰沉浮。[127]

毋庸置疑，在国家研究委员会里，最活跃的部门非产业推广部门和工程部门莫属，它们也是最具产业导向的部门。实际上，这两个部门共同组成了该委员会的实用机构，并对产业界带来了最直接的影响。产业推广部门最初是作为产业关系部门而组建，并在大学俱乐部那场晚宴上正式成立的。它后来变成了产业研究部门，其宗旨是“思考产业及产业集团内部科研高效组织的最佳方法”[128]，最后它又变成了产业推广部门。这个部门的顾问委员会威名赫赫，但它从未表现得特别活跃——这在很大程度上是西奥多·韦尔离世造成的。不过顾问们的意见并非不可或缺。因为这个部门的成员充分理解产业界的需求，全身心地投入到委员会的工作当中，力图满足这些需求。①

---

① 该部门的成员包括：主任约翰·约翰斯顿，来自美国钢铁公司；通用电气公司的里克特迈耶（F. K. Richtmeyer）；柯达公司的米斯；AT&T 的卡蒂；矿业局的科特雷尔（F. G. Cottrell）；专利律师汤森（C. P. Townsend）；惠特尼和贝克兰。虽然韦尔迫于公司其他事务的压力辞去了顾问委员会主席一职，但是他在临终之前始终是协同研究最热切的拥护者之一。他在写给约翰·约翰斯顿的信中指出，“要把所有分散的努力有效地组织起来，这样能够并且必将带来前无古人的成果……我始终坚信，教育和工业必将互惠互利，产业界慷慨捐赠一部分自己的收益，使得国家研究委员会和教育机构能够建立起密切联系。这些机构因此能够更好地运营和发展壮大，更好地服务我们的需求。”详见：Gano Dunn, letter to Albert Barrows, June 12, 1922, Division of Industrial Relations Records, NRC Archives.

国家研究委员会的早期工作令人瞩目。他们在搪瓷器皿厂商、耐火材料、玻璃和陶瓷厂商，甚至包括通心粉制造商之间打造了多个合作研究项目；他们和标准局在诸多领域合作启动了研究项目，例如电镀、金属切削和金属合金等。不过他们影响最深远的成就还是与多家行业协会合作建立了产业研究机构。[129]

国家研究委员会的工程部门成立于1918年大战期间。它从一开始就与产业界主导的工程基金会联系紧密。1918年5月，工程基金会正式成为美国工程委员会（它是创始人学会的统一协会）的研究部门，并因此与国家研究委员会合作成立了工程部门。工程基金会的安布雷·史怀士成为这个新建部门的成员。工程基金会为该部门提供资金，并在纽约的工程学会大楼里为它提供了一间办公室。这家由产业界主导的私营基金会与准政府性质的国家研究委员会这个部门关系融洽。这在几年之内一直是有争议的话题。有些部门成员，例如哈佛大学的康福特·亚当斯，希望这两家机构彻底合并，以便让整个工程界在科研问题上形成统一的声音，也可以让工程领域的研究单位获得准政府地位。包括史怀士在内的其他人则更倾向于二者各自独立、紧密合作，因为这样一来，基金会可以避免追求委员会之外的事务。还有一派——他们是委员会里的一部分科学家——主张完全废除工程部门，把它的工作移交给基金会，把委员会变成一个科学工作者的专属协会。这场争议终于在1923年趋于平静，该部门与基金会之间的关系基本保持了最初的样貌。正是这一密切关系把国家研究委员会同职业工程师们紧紧联系在了一起，并通过它与主导工程的各个行业联系在了一起。[130]

1918年，在亨利·豪（Henry M. Howe）——一位毕业于MIT的著名冶金学家——的领导下，工程部门主要从事战争相关工作；当时它并不清楚要把工作重点放在哪里，是基础研究还是应用产业研究。通用电气公司的威利斯·惠特尼呼吁，要把重点放在学校的基础研究上，因为只有这样，才能确保培养出产业研究潜在的新领域，并为大学和产业界培养研究工作者。① 他在写给豪的信中问道："用好现有资源，有力支持学术和科学研究，让大学的受益大于产业界——至少在初期如此。这难道不是上上之策吗?" 惠特尼在委员会对产业界的直接协助上表现得相当谨慎。他曾指出，"我不太认同那些依靠慈善支持的行业……它有一种风险是我不愿承担的，那就是获益的不规律性，因为如果我同情它们（换成别人也是一样），最后一定会有人抱怨不公平，说某些行业多占了（慈善机构和政府的）便宜。" 柯达公司的米斯也表达过类似的担忧；这些身在成熟产业研究实验室的人们不愿意帮助准政府项目支持那些初具雏形的产业研究——它们自己在举步维艰的初创时代从未得到过这样的支持。米斯强调，委员会应当专注于大学里的基础研究，而不是产业界的应用研究。比如说，伊利诺伊大学 "可以更好地探究氨基酸的结构，这比研究从浸泡玉米的水中分离出氨基酸的最佳方法好得多"。米斯指出，"对美国最有益的并不是个别工业企业的力量，而是大学的力量以及整个产业界的支持。"②[131]

1919 年，到康福特 · 亚当斯接管工程部门时，这个问题已经得到了解决：该部门将聚焦于直接的产业研究，同时把基础研究和研究教育工作留给委员会的研究奖学金项目和洛克菲勒基金会来完成。该部门将全力投入高效研究的推广，为具体产业目标协调大学和政府资源。而且它要尽可能在不为产业界增加成本的前提下做到这一点。

康福特在写给美国电气工程师协会的信里指出，该工程部门

---

① 此时惠特尼正忙于安排与联合学院之间的合作运营。这项合作同样是为了这些目标。他也是美国化学学会产学合作委员会的成员之一。他们始终相信，"大学能为美国实业发展所做的最大贡献就是源源不断地提供人才，而且是接受过完备教育和广泛培养的合格人才……"

② 在为失败的国家研究基金开展的宣传活动中，产业界为学术界提供资金支持的问题被再次提出。很多产业界人士不愿意出资支持那些无法立即带来回报的研究。详见：Tobey's discussion in his *Ideology of National Science*, pp. 200 - 225, and Lance E. Davis and Daniel J. Kevles, "The National Research Fund: A Case Study in the Industrial Support of Academic Science," *Minerva*. XII (April 1974), 207 - 220.

> 力图通过工业企业、大学、政府机构和其他有志参与其间的机构刺激工程研究；这个目标还有一种较平常的定义：鼓励和激发科学知识与科学方法的应用，解决产业问题。
>
> 有关行业已经为所有的重要研究……提供了资金支持。不过，还有很多有价值的工作是由我们的委员会独立完成的，相关开支没有直接或者事后得到任何资金支持；还有很多宝贵工作是我们委员会的成员完成的，他们来自政府部门、大学实验室、产业界的工厂或者实验室。我们这个部门发挥的是激励、组织和协调作用。[132]

为了指导这些活动，工程部门成立了两个咨询委员会。它们的主导者都来自产业界。① 该部门承接的第一个项目是关于金属疲劳现象的大型研究。该项目由工程基金会和通用电气公司共同出资支持，由伊利诺伊大学工程试验站负责实施。其他早期工作还包括一项有关碳钢热处理的研究和一个高速公路研究项目；前者的费用由美国标准局和矿业局承担，后者的费用由联邦政府和州政府的拨款承担。除此之外，在工程部门的主持下，杰克逊和惠特尼还开展过一项关于电气绝缘的研究项目。[133]

1923 年，西电公司实验室主任弗兰克·朱厄特成为工程部门的总监。他在 AT&T 的助手克拉夫特担任副总监，杜加德·杰克逊被选为第二副总监。朱厄特立刻发现，这个部门急需一位行政主任，因为总监的任期较短，而行政主任能够维系部门工作的长期延续性。他为此选定了莫里斯·霍兰德。霍兰德毕业于 MIT 电气工程系，曾在波士顿爱迪生电气照明公司担任工程师；第一次世界大战期间，他帮助美军空勤部门组建过工业工程局并担任局长。在任期间，他曾调查过 AT&T、西电公司、杜邦公司和通用电气公司之间的研究合作情况。

① 其中一个咨询委员会面向电气工程。它的成员包括朱厄特、惠特尼、斯金纳、克拉夫特、赖斯、杜加德·杰克逊、康福特·亚当斯和埃默尔·斯佩里等；另一个咨询委员会面向机械工程，成员包括波特和塞缪尔·斯特拉顿等，它的主席是西屋电气总裁赫尔（E. M. Herr）。

在朱厄特的领导下，这个部门的活动范围得到了较大拓展；原本各自为政的研究推广部门和工程部门被合二为一，由此而来的新部门——工程与产业研究部门——把研究促进工作变成了自己的分内职责。1923—1930 年，这个部门赞助了众多的研究项目，涉及螺纹锁定法，面向航空业的结构钢与钢管焊接，铝合金疲劳现象，钢墩、砖墙和柱体强度，混凝土防水性能，建筑材料声学特性，管道系统物理特性，通风设备风扇叶轮效率，气体混合物爆炸性能，油作为绝缘流体的诸般特性，发动机燃料的结胶特性，热传递，汽车防冻混合液热学性能，等等。除此之外，该部门还参与建立了美国石油学会和美国焊接局，这些工作极大激发了美国电焊产业的发展壮大。除了产业研究本身，工程与产业研究部门还启动了一项雄心勃勃的研究——照明质量及数量与产业效率之间的关系。这项研究由杰克逊、范内瓦·布什和他们在 MIT 的同事主持，在朱厄特的公司位于芝加哥的工厂里开展。这项研究最终演变成为举世闻名的霍桑实验，为工业心理学和工业社会学奠定了基础。[134]

1930 年，杜加德·杰克逊成了工程与产业研究部门的总监——早在 1907 年，他就开启了 MIT 电气工程系的产业科研活动。他进一步扩展了朱厄特的原有政策，邀请银行家和实业家出席部门会议，带领他们参观全美最顶尖的研究实验室，并发表调查成果和各种各样的宣传文章，包括广为流传的《科研不负投资人》(*Research: A Paying Investment*)。此外，他还扩大了部门的工作职责，精心加入了很多研究管理课题，例如研究队伍的培养、实验室工作分析（它是产业工作分析的余绪）、产业界的实验室与生产及销售部门之间的关系、对研究人员的财务激励、面向产业研究的专利政策等等。（这项工作最终成了该部门的工业研究所的职责。该所成立于 1938 年，主要是“为了提供一个思想交汇的场所，便于人们研究和讨论那些影响产业科学应用的普遍问题”。）这一聚焦研究管理的新重点反映了该部门科研推广方法的自觉转变，即从“为何研究”到“如何研究”的转变。三十年来日积月累的努力唤醒了产业界，使之清醒地认识到，对现代营利企业而言，科研何其重要；旧的问题已经解决，新的问题随之而来——如何教会产业界领导者们最好地开展和管理科研工作？[135]

第八章　技术即人——

高等教育的产业化过程之一

“大学”一词源自拉丁语中的“合并”；大学宿舍不过是古代行会做法的延伸——师父们不仅要带徒弟，还要把他们带到家里住。那是我们这个圈子的起点，只不过它的弧线甩得很开，所以教育领域才会和工业领域渐行渐远……曾几何时，索邦大学和牛津大学对科学世界一无所知、对工业领域不屑一顾。然而两个圈子渐行渐近，工业和教育越来越接近彼此，直到今晚，它们终于接近了最初的原点，即工业与教育合二为一的起点；企业和大学再次代表了同一事物。[1]

——威廉·威肯登

每一种社会过程都是活的，技术也不例外。人——尤其是特定时期、地点和社会环境里的人——既是现代技术的创造者，又是它赖以组成的、活的原材料。对于一件从未有过的、更加精密的生产设备来说，它的设计者和建造者同时也是它不可或缺的构成要素。如果缺少了这些设计者和建造者，生产设备就无法正常运转。在以科学为根基的产业里，企业工程师们非常清楚自己在技术型企业里的作用。因此，他们努力通过各种各样的改革来完成必不可少的生产和组织工作。而这些生产和组织的对象不仅包括现代技术的各种物质要素，还包括人的要素。

工程师们努力实现科学和产业过程的标准化，确保企业对专利系统的掌控，他们还引导科学研究中与人有关的过程，通过教育体系的创造来满足科研工作的人力需求。不仅如此，他们对教育的关心并不限于科学实验室这一高深领域。在他们看来，教育是一个至关重要的环节。只有通过教育，工业生产所需的人的要素才有可能合乎技术规范的要求。总体而言，这些“人的要素”可以分为两大类。第一类是熟练工人和非熟练工人。他们会落实工程师的各种设计、看管机器、完成生产中的人工劳动。第二类是作为管理者的工程师。他们是资本主义生产过程的设计者和管理者。教育也相应地被分为两大类。第一类是产业教育，主要训练第一类工人——有人称之为“新型学徒制度”。它主要取代原来以手工业为基础的、行将就木的学徒制度。第二类是高等教育，尤其是工程教育，它主要培养第二类工人；这一过程培养了一代又一代的企业工程师。进步的教育改革提出了“终身教育”的口号。在它的影响之下，两类教育都获得了推动和发展。不过，第一类教育是为了训练劳力者，而第二种教育是为了培养劳心者。

正式教育与产业机构的融合削弱了工作经验与升迁之间的旧有联系，在管理者和被管理者之间嵌入了一个楔子，用大学把两者分隔开来。当然，强调正式教育对职业流动性的决定性作用的并不限于工程师群体。法律和学术界对从业资格的学历要求非常严格，且它们的力量与日俱增。此外还有医学专业，它是所有专业人士的典范。1910 年，《弗莱克斯纳报告》刚刚发表，医学界随即提高了自身的教育标准。尽管如此，企业工程师的努力对产业界的整体影响是最深远的。得益于独一无二的社会身份，工程师们自动自觉地把自身的职业需求同产业和企业的需求结合在一起。工程师们强调，正式教育是自身职业身份至关重要的组成部分。这同时为美国的企业界在 20 世纪发生的以学历为依据的职业分化铺就了基石。

作为历史上首批大规模雇用大学毕业生的行业代表，企业工程师们还引导了产业和大学的发展。他们的方法是影响校企之间的紧密合作，例如课程和招聘等方面的合作。他们利用各种管理、行政和教师身份推动面向工人的产业教育。通过企业里的培训项目以及公立学校系统的改革，他们还寻求让现有和未来的劳动阶层适应产业纪律，训练他们最高效地执行管理者的指令。到1920年时，人们明显发现，这一转变在很大程度上是通过这些企业工程师的努力实现的。《纽约时报》一位编辑曾经这样评论全国企业培训协会的成立，他说："在过去，有许多企业总裁出身基层，我们热情歌颂这一点，把它看作自由制度的胜利和我国工业如此高效的主要原因。然而这一切都成了陈年旧事。专业化的科学对产业界的主导力量逐年递增。如果说晋升仍然是开放的，那么它可能仅仅建立在合格人员的通识教育基础之上。"①[2]

企业工程师眼中的工程教育比较特别；根据这一行业的招聘机制，工程教育不仅会为他们直接提供下属，还会提供未来的继任者。因此，工程师们力图开展种种改革，让工程教育的形式和内容符合产业的直接人力需求和企业持续发展不可或缺的长远人力需求。比如说，全国的学校各自按照自己独特的需求办学。它们需要更加紧密地相互合作，并与各行各业协同合作；学生的考核评价办法必须精简和标准化；必须让"教育产品"的用户，也就是各个行业，能够获得这些产品的信息；毕业生的招聘方式同样要系统化，由产业界和学校合作开展。简而言之，工程教育正在转型为产业系统中的一环，这就要求建立一种教育机构，根据不断变化的产业规范来遴选、培养和分配高等技术人才。

工程教育的内容同它的形式一样，都要与产业界的要求更加一致：教育内容决定了产品的类型和质量，教育形式有助于产品的恰当选择和分配。教育内容必须提供技术工作——尤其是早期工作——必不可少的训练；这些内容必须为学生灌输对企业的责任感、团队合作精神、服务

---

① 企业工程师把产业教育看作管理工作的一个方面，我们会在本书最后一章详细讨论这个问题。此处讨论的重点是高等教育的发展，尤其是工程教育的发展。

奉献精神和忠诚度。它还必须提供社会科学和人文学科的基本训练。人们越来越多地感到，社科人文修养是有效管理的关键所在。

在20世纪最初的几十年里，美国的工程教育逐步训练工科学生适应企业生活——帮助他们为产业领域的各种岗位做好准备，并融入其中；它因此成了高等教育整体改革的急先锋。弗兰克·朱厄特在1924年回忆道："随着技术产业的发展壮大，企业里的工程人员首先意识到，必须让大专院校和技术院校培养的人才加入企业。工程师群体第一个站出来，持续地组织高校招聘……建立顺畅的工作机制……以便认识和联系恰当类型的人才。"[3]

和科研的发展历程一样，高等教育转型的演进同样表现为三个层面。工业企业打造了内部培训项目，并通过全国企业院校协会协调彼此的活动；教育机构和产业界独立或者共同通过工程教育促进学会形成合作项目；第一次世界大战期间涌现出了一些新的机构，例如国家研究委员会、美国教育理事会（ACE）等。它们在全国层面统一协调这些活动。在全部三个层面中担任改革领导者的是电气行业，它对大学毕业生的需求也是最大的。

率先建立内部研究型实验室、创造科学进步、为产业奠定基础的是大型企业；率先在工厂里推行工程教育项目的同样是大型企业。这些机构被称为企业学校。其源头可以追溯到霍氏出版公司的早期销售培训，以及巴尔的摩与俄亥俄铁路公司的学徒学校。它们的设计目的是满足企业对人力的紧迫需求。绝大部分企业学校是由电气、铁路、石油和机械行业建立的，它们大多被用于商业、销售、办公和学徒培训。① 在这些

① 最早建立这些学校的企业包括：巴勒斯加法器公司（Burroughs Adding Machine Company）、耶鲁-汤制造公司（Yale and Towne Manufacturing Company）、美国机车公司（American Locomotive Company）、纽约中央铁路公司（New York Central Railroad）、卡内基钢铁公司、柯蒂斯出版公司、国家收款机公司（National Cash Register Company）、万国收割机公司（International Harvester）、凡世通轮胎与橡胶公司（Firestone Tire and Rubber Company）以及旅行者保险公司（Travelers Insurance Company）等。

创业者当中，声望最高的是三家电气企业：AT&T（包括它旗下的西电公司）、通用电气公司和西屋电气。不仅如此，这三家电气企业还关注了科学产业的另一个重要领域——面向大学毕业工程师的教育。[4]企业开设的培训项目同样是为满足行业需求而设计的：保证大学毕业的员工在技术上的精熟、确保他们恰当地适应企业生活、帮助他们为承担管理职责做好准备。

此外，这些项目还被用作毕业生招聘、遴选和分配制度。早在19世纪90年代，通用电气公司就在斯克内克塔迪和林恩建立了精心设计的项目，用来满足这些需求。查尔斯·斯坦梅茨解释说，这种被称为“实验课程”的项目“源自这样的经验：在电气生产企业里，为了确保运行的高效，一定的理论知识是必不可少的”[5]。当时大学提供的电气工程教学严重落后于该领域的工业发展——少数院校例外，例如MIT和威斯康星大学等；只有少数较大型院校拥有尖端教学必不可少的昂贵设备；这种情况限制了大部分的教学，教师只能用黑板讲解基本原理。探索这个领域最前沿的不是大学，而是企业。因此，企业学校同时承担了更新理论教学和把基本原理同工程实践的迫切需求结合起来的双重任务。基于以上原因，为了完成自己的职业培训，绝大多数电气工程毕业生流入了企业学校项目。企业学校是美国职业电气工程师培养的必要环节，它帮助学生为自己的职业生涯做好必需的准备，包括设计、生产、建造、咨询、研究、教育和管理等各个方面。

斯坦梅茨曾经提醒自己的同事，通用电气公司的实验课程“并不是一项福利……它是公司工作的必要部分；它就是公司的一部分”。针对大学毕业的“原材料”开展的教育对产业发展至关重要，通用电气公司对实验课程的设计“不仅是为了满足企业自身的需要，还是为了满足整个行业的总体需求”。1919年之前，在通用电气公司参加实验课程的学员里，有54%留在了通用电气公司，其余的46%在其他行业和领域担任要职，包括铁路、政府、公用事业、通信、采矿和制造业等。

而且，前一部分人的活动并不局限于国内事业，他们还投身美国企业的海外扩张。1919 年，一份面向实验课程毕业学员的调查指出：

> 实验课程的毕业生……遍布全球，做出了无与伦比的贡献，例如在印度治理瀑布、帮助西印度群岛的糖厂实现电力驱动、在阿拉斯加和南非的矿场用电气取代蒸汽或者人力、在澳大利亚建设铁路、在菲律宾群岛建造制冷设备等等。

因此，实验课程不仅是针对通用电气公司工程师和高管的一个培训项目，它还是整整一代工程师的集体经历。这些人具备企业思维，献身于美国的现代化，以及那些“门户开放”国家和地区的现代化——美国企业的繁荣发展有赖于这些地方的资源。[6]

因为通用电气公司的实验部门遍布公司的工厂，所以实验课程学员属于流动人群，他们会根据自己的职业选择不断地“从一类工作转向另一类工作”，还有一个原因是，“设备的测试会放在生产地进行”[7]。实验课程的设计宗旨是为学员提供宽广的眼界，使他们广泛认识电气专业的生产运营，同时也是为了满足公司的具体需求。1908 年，课程主管马格努斯 · 亚历山大向美国电气工程师协会同人介绍说：“林恩的学员课程

> 是为了满足通用电气公司的需求而设计的，其宗旨是为公司培养设计、估算、建造和商务工程师。
>
> 公司招聘技术院校的毕业生，用两年左右的时间培养他们，在此期间，公司帮助他们积累设备操作和测试方面的实践经验，这样可以修正学生对工程理论实践应用的认识，从整体上扩展他们的工程知识，让他们认识工厂产品的竞争价值，帮助他们不断成长，未来为公司创造更大的价值。”[8]

除了获得设备测试的实际经验，这些毕业生还要听课，学习与业内工程相关的理论知识。整个技术培训项目的重点在于工程的商业方面，

以及设计与利润之间的关系；亚历山大发现，“尽管时间要素和金钱要素在实际工作中非常重要，是决定一个行业能否成功的重要因素……但是它们在大学教育中遭到了彻底的忽视。”这样一来，实验课程就成了企业向大学毕业生灌输“商业的重要性”这一认识的手段，帮助毕业生们树立关于商业价值的“恰当认识”[9]。

实验课程中的技术训练得到了商务和管理培训的有益补充——这是在帮助未来的高管做好准备。1912 年，一项“面向工程销售人员的高效课程”正式建立。“对大学毕业生来说”，实验课程已经成为他们在工业领域里走上“负责岗位”的“最佳路径，甚至可能是唯一路径”。[10]截至 1919 年，在通用电气公司商务和管理部门参加过实验课程的学员数量超过了工程部门培训的学员数量。除了有组织的教学，实验课程的学员们还通过没那么正式的途径获得了管理方面的训练。他们从一开始就逐渐被专业和产业精英的特权世界接纳。人们会鼓励这些新手参加各类组织的会议，例如美国机械工程师协会、美国电气工程师协会、纽东工程师学会、全国电灯协会、照明工程学会等（通用电气公司总部是这些组织举行全国及地区会议的场所），并在斯克内克塔迪的爱迪生俱乐部和林恩的托马斯俱乐部（这对姊妹俱乐部同属通用电气公司，都是以托马斯·爱迪生的名字命名的）与企业领导们往来交际。

爱迪生俱乐部成立于 1904 年，它在 1918 年时已有 600 多名成员。他们“开展同样的研究……在实验课程中接受同样的训练，拥有同样的生活方式，同样被电气行业接纳。他们之间的‘同道之谊’不仅存在于年轻成员之间，各种各样的社交和体育活动同样为这些学生工程师们提供机会，帮助他们结交公司的很多领导者和工程师。”[11]这类场所和活动包括图书馆、保龄球馆、游泳池、电影院、网球场、划艇、音乐、高尔夫、餐厅以及美国电气工程师协会的会场和公司赞助的讲座等等。就像通用电气公司的一位作者描述的那样，这个俱乐部具有一种“大学精神”，它的成员们团结紧密，丝毫不亚于任何一所大学的校友；他们的共同经历带来了终生的友谊、制度化的纽带和共有的社会观点——一种从行业和职业领导者立场出发的企业视角。

通用电气公司的实验课程不仅为产业界准备了技术人才和管理人才，它还在这个过程中表现出了史无前例的高效。大学毕业生的招聘和评价方法的设计极尽精妙，企业内部保管着所有实验学员的档案，方便记录他们的进步、确定他们未来的潜在作用。学员要定期接受评测和定级，内容包括技术纯熟度、学习意愿、忠诚度、可信赖度、外观形象、机敏度、效率、协同水平、驭人能力等等。接下来，根据组织和行业内部的岗位要求，他们会被分类。由于把个人同工作更好匹配的有效方法不断涌现，评价和遴选技术一直处于持续精细化的过程当中。实际上，类似通用电气公司和其他大型企业的这些项目属于人力开发与管理的先行试点。在接下来的几十年里，美国高等教育的面貌将因它而改变。

同样在 19 世纪 90 年代，西屋电气在匹兹堡建立了面向工程专业毕业生的"特别学徒"项目。它和斯克内克塔迪与林恩的实验课程非常相似。西屋电气的教育工作由两位电气工程师领导：一位是查尔斯·斯科特，他毕业于约翰斯·霍普金斯大学，发明了用来连接变压器的、大名鼎鼎的斯科特连接器，他在 1911 年成为耶鲁大学电气工程系的主任；另一位是钱宁·杜利，他毕业于普渡大学，第一次世界大战期间离开西屋电气，到标准石油公司领导教育和人事工作。1907 年，斯科特曾对工程教师和企业教师说明，"谈到工科大学和电气企业之间的联系，尤其值得注意的是工科毕业生。他们是大学教育的产物，也是崭新的原材料，他们即将走进一个由人构成的组织体系。这个组织是电气行业赖以存在的基础……"斯科特观察发现，"也许没有哪个领域像电气行业这样需要越来越多的工科毕业生。"（斯科特提到的职业需求当然是整个行业的需求。）"这一需求是对培养这类人才的学校提出的巨大考验"，因此，制造型企业并没有"指望毕业生成为直接上手的工程师。他们会提供系统课程，作为补充教育”[12]。

和通用电气公司一样，西屋电气提供的补充教育也远远超出了技术教育的范畴。斯科特的解读和斯坦梅茨如出一辙：“该课程……的建立并非出自情感原因……而是非做不可的工作。想要这些人有所作为，首先要给予他们经验、训练和全新的视角。”因此，西屋电气的培训设计也是为了帮助毕业生适应企业生活。斯科特强调：“最根本的困难在于对新环境、新情况缺乏适应。我们当然不会贬低知识和教育的作用，但是，我们希望毕业生学有所用……我们想要的是能够认清环境、让自己融入其中的人……可能性和结果取决于……他们同周遭环境和谐共处的能力。这样的调整来得越彻底和高效，他们就越有用。”斯科特、杜利和绝大多数来自产业界的讨论参与者一致认同，大学毕业生并不具备恰当的“商务或业务视角”。而且他们过于个人主义，不愿在企业的“团队作战”中有效合作。一名教师观察发现，在业界代表的眼里，最主要的问题是大学毕业生“不懂得如何适应新环境……不懂得怎样根据上级的想法和愿望对自己的个性做出恰当的调整。他们执着思索的问题是‘我能赚多少钱’，下面这类问题很难进入他们的大脑：‘对别人来说，我们的用处有多大?’或者‘我们该如何发挥更大的作用?’”这名教师还发现，“他们还不明白，只有学会把公司的成功放在第一位，然后再想到自己；只有学会让自己的想法和观念服从上级的意愿和期望，才能有真正的胜任可言。”另一名西屋电气的代表这样总结这次讨论：毕业生们必须“投身团队合作，找到适合自己的位置”。他指出，“必须放下架子，忘我地投入其中。”[13]

在西屋电气，基层员工招聘的社会化是与管理层的社会化相伴而来的，这和其他企业毫无二致。斯科特指出，毕业生必须学会“和身边的人有效合作……他们要了解人。他们所受的教育不能仅限于工程学科，还应该涵盖人文学科”[14]。在写给工程教育促进学会的文章里，斯科特和杜利描述了产业界对受过广泛教育的工程师日益增长的需求。

> 随着电气产业日益发展壮大，它对电气设备的要求变得越来越具体……这对工程师和管理者提出了更高的能力要求，因为他们要与生产和设备运转打交道，要负责指导和管理企业的生产和运营。对这类企业各部门的很多负责人和顾问工程师来说，他们的许多重要经验是通过制造企业的培训课程获得的。我们描绘的计划面向同一个目标……跟上新情况，帮助人们为承担更大的职责做好准备。作为工程师，他们将来必定要面对这样的重担。[15]

为了满足这一需求，西屋电气付出了很多努力，包括开展密集的培训项目。到 1910 年时，这家公司的纯粹技术培训得到了很多课程的补充，包括销售、管理、经济学、商法和其他的类似课程。西屋电气同样有自己的非正式渠道——西屋俱乐部。和通用电气公司的爱迪生俱乐部非常相似，它帮助学员接触公司管理者，同他们交际，并接受公司的观点。

和通用电气公司一样，西屋电气的领导培训也被当作公司高效运营的一部分。斯科特认为，问题只有一个，那就是“有多少不同类型的年轻人能够得到个性化的培养，同五花八门的需求相匹配?”为了做到这一点，这家公司的培训部门专门设计了人事档案、评定制度、职位规范书和招聘流程。杜利在匹兹堡开发了这套体系。在此期间，这位普渡大学的高才生与波特紧密合作。波特参加过通用电气公司的实验课程，并在堪萨斯州立大学和普渡大学建立了学生人事档案系统。波特的人事卡片系统和常规考评聚焦学生的“性格、人格和体格”，此外还关注他们的技术能力；该系统和考评的筛选标准是毕业生的“优秀品质”（诸如恒心毅力、趣味、忠诚度、卫生、可靠性、通融性、圆通得体、脚踏实地、效率等）。它会提醒毕业生们注意可能的缺点，并为他们克服缺点、更好地适应企业规范提供建议。1913 年，杜利解释指出：“这种新方法研究每一个学生……因此能够尽可能科学地把每个人同最适合他们的工作岗位匹配在一起。”[16]

贝尔集团的教育负责人同样关心这些问题。纽约AT&T的阿尔伯特·维纳尔（Albert C. Vinal）早在1913年就“针对整个遴选问题开展过广泛研究”，涉及心理测试和人格分析；除此之外，他的部门还开发了一个新项目，针对不同职级的资深员工开展定期测试，以此确定工作规范和各个岗位的工作要求，作为考评和指导新员工的基础。在这方面，贝尔集团最详尽周密的工作是由另一位毕业于普渡大学的电气工程师完成的。他就是沃尔特·迪茨（J. Walter Dietz），他当时在西电公司位于霍桑的工厂工作。虽然西电公司的正式教育部门直到1910年才成立，但实际的教育项目可以追溯到1898年。迪茨在1913年的一次企业教师会议上反思，“如今回顾起来，我印象最深的是，我们曾让员工努力融入工作。接下来是按照业务等级培训员工的时代……如今我们进入了一个更激动人心的新时代——为员工提供组织完善的教育。”[17]

西电公司教育工作的重中之重是针对工科毕业生的“大学生学徒课程”。这门课程的设计宗旨是“帮助大学生迅速地、明智地、有组织地进入选定的工作角色”。另一位西电公司高级职员弗兰克·朱厄特指出，贝尔集团

> 同其他所有日益壮大的较大规模行业一样，同我们一直为之开发科学新应用的行业一样。我们发现，无论招聘来的新人多么优秀、多么训练有素，都有必要为他们提供培训课程，这样才能让他们融入本职工作……与通用电气公司、西屋电气或者任何一家大型电力或电气企业相比，我们对工程师的要求在本质上没有什么不同。

和其他企业的培训项目类似，贝尔集团教育部门的组织也是为了帮助刚走出校门的工程师做好准备，帮助他们在将来承担起管理和技术职责。朱厄特发现，“在我看来，在以科学为根基的行业里，

> 我们似乎要把技术出身的毕业生当作未来的高管来培养。这已经成为日益明显的大势。这些行业需要高管关注的问题……越来越

多地涉及如何正确地认识基础物理科学的力量……训练有素的工程师群体必定人才辈出，涌现出大量的优秀高管。”

由此可见，贝尔集团培训课程关注的问题与其他产业毕业生教育项目的重点毫无二致：技术和管理培训，对企业工作和意识形态的适应，高效的评定、遴选和分配程序。迪茨在 1913 年对最前沿企业工科学生教育的总结反映了产业界的总体情况。“工程、制造和商业工作的本质决定了，我们需要的是受过思维训练的人才。”然而从大学里招聘来的“原材料”刚开始接触这一需求；因此，毕业生们必须

得到广泛的培养，只要选拔得当，我们能够获得这样的人才：品行方正、具备独立思考能力和适应能力、忠诚、富有成长空间、乐于与同事和谐共处、体格健康。

迪茨指出，“我们目前还无法就这些要点提出确切的规范，所以，就算偶尔发现一个人的性格中带有某种‘人的本性’，我们也不会觉得意外。”[18]

企业学校把企业带入教育领域。除了公司单独创办的学校之外，行业协会也开始创办学校，提供行业和技术培训。在印第安纳波利斯，全国铸造总会在维诺纳技术学院开办了铸造学院；全国金属行业协会在辛辛那提创办了一所机师学校和通用学徒学校。① 全美国的企业教师们试验了各种项目，并在各类技术和商业期刊上发表成果——从劳动沉默、生产力和效率等方面做出评估。尽管因此产生了一些合作，但是这些组织基本上保持了一种相对孤立的状态。1913 年，为了扭转这一情况，全国企业院校协会（NACS）成立了。它首先完整提出了教育作为企业管理关键职能的概念；十年之后，随着组织活动的巨大扩展，NACS 变成了如今的美国管理协会。

① 其他行业组织也建立了自己的教育机构，例如美国银行学会、铁路教育局、美国保险学会、美国洗熨协会和美国联合印刷公会等。

NACS 是从纽约爱迪生公司的成功经验中脱胎而来的。为了找到一种方法，建立该公司面向工程师和销售人员的教育项目，纽约爱迪生公司开展了全国范围的企业学校调查。该公司发现，它急需一个集中式的统一机构，通过它来协调合作。纽约爱迪生公司总裁亚瑟·威廉姆斯本人也是一位电气工程师，曾在爱迪生早期的电力企业工作。他在 1913 年邀集全国的企业教师参加会议，在纽约大学成立了 NACS。这次大会和由此产生的 NACS 一样，完全是由电气行业代表主导的，包括威廉姆斯和纽约爱迪生公司的教育总监亨德肖特（F. C. Henderschott）、亚历山大、斯坦梅茨和来自通用电气公司的其他代表，西电公司的迪茨以及西屋电气的杜利等。其他关键人物包括纽约大学金融与商业学院教授李·加洛韦（Lee Galloway），巴勒斯加法器公司的埃尔莫·刘易斯（E. St. Elmo Lewis），以及《工程新闻录》（*Engineering Record*）主编梅伦（E. J. Mehren），他也是哈林顿·埃默森（Harrington Emerson）效率工程公司的合伙人。①[19]

从本质上来说，NACS 和企业教育者——例如通用电气公司、西屋电气和 AT&T 的教育者——关心的主要问题没有什么不同。在埃尔莫·刘易斯看来，企业必须处理好的“最要紧的问题”就是“人的问题”，因为人是企业赖以运转的基本要素。国家收款机公司的迪兹认同这一说法。他曾表示：“本人最感兴趣的问题是人这种机器和它不断提高的效率。”除了技术熟练度之外，这些教育者都强调管理教育的必要性。亚瑟·威廉姆斯发现，“从实际立场来看……电气工程师就是经过训练的、运行‘人这种机器’的人。”[20]

爱迪生公司的亨德肖特简述了教育和人才机制对人力高效发展和利

① 全国企业院校协会的创会成员单位包括：通用电气公司、西电公司、西屋电气、托马斯·爱迪生公司、布鲁克林爱迪生公司、波士顿爱迪生电气照明公司、纽约爱迪生公司和联邦爱迪生电力公司；此外还有纽约联合天然气公司、巴勒斯加法器公司、国家收款机公司、美国机车公司、耶鲁-汤制造公司、帕卡德公司、凯迪拉克公司、宾夕法尼亚铁路公司、旅行者保险公司和柯蒂斯出版公司等。

用的重要意义，他还向其他公司的同行分享了纽约爱迪生公司用来解决问题的“三管齐下”方法，即重点关注待填岗位（岗位规范描述、必要资质等）、人才（类型、倾向性、先天条件、适应能力等）和手段（机构培训和指导，帮助新人融入岗位）。亨德肖特称，“该机构面对的活动领域无限宽广。企业正在迅速转变观念，开始培养自己的人才。它们不再指望找到令人满意的、现成的帮助，而是自行培养人才——像制造商品那样培养人才。”亨德肖特成了 NACS 的执行秘书长和期刊主编。虽然没有明言，但是他把这一点表达得非常明白：企业正在把精力转向人的培养，即作为商品的人的生产。企业的教育方式也是 1913 年会议的每一名出席者共同采用的方式。国家收款机公司的布拉克特（C. D. Brackett）对它的表述简明扼要，谈到该公司的代理商培训学校时，他言简意赅地指出：“产品：人、收款机。”[21]

NACS 还被看作企业学校教育的信息交流中心。它明确提出了“提供思想交流场所，收集整理员工教育的成败案例数据，助力企业培训员工”[22]这一目标。由此可见，该组织最直接的职能包括在全美各个行业推动企业学校发展、促进教育方法和人事制度建设、信息的收集与传播，以及企业教育管理者的培训等。不过 NACS 创办者的眼光远远超越了这些平凡的工作。在他们看来，只要对企业的迫切需要加以恰当的引导，这种教育就可以成为企业繁荣稳定的关键；他们希望通过教育这一手段消除劳动周转率问题和劳资纠纷，形成更高的生产力和产业效率。组织大会临时主席李·加洛韦如此阐释这一愿景：

> 考虑到制造业的多种特性，我们成立了多家协会，包括各类技术工作协会、效率学会、科学管理促进会等等，不过，最后总体分析下来……我们发现，这项工作归根结底在于某些必须演进的教育特性。
>
> 我很想知道，关于工人的教育，我们还要忽视多久，还要把它

拱手交给工会、世界产业工会和社会党多久?……如果能在企业内部成立学校,贯彻企业强有力的实用目标,传授一个强大工业集团必不可少的技艺和能力——如果知识的传播是在企业内部通过一般教育的方式进行的……那将极大改变员工的工作态度;不仅如此,它还将改变公众的态度,因为是员工在接触和联系公众……

这似乎是任何一家工业企业所能获得的最高保险——通过打造强有力的教育系统来确保自己在如林强手中的行业地位。如果说大型企业在整个国家举足轻重,那么它们就必须为国分忧,承担起一部分责任。在这些责任当中,教育是极其重要的一项。对这些大型企业来说,教育自己的员工可能比任何其他方式都能更稳妥地保障自身福祉……[23]

NACS 第一次年度大会制定了三项组织职能。它们表明了加洛韦——以及他充满企业头脑的同事们——为这个组织设想的广泛的活动范畴。这三项组织职能分别是提高个体员工的工作效率、提高产业效率和影响现有教育机构的课程,使之更有利于产业发展。针对前两项组织职能,NACS(它在 1920 年更名为全国企业培训协会,即 NACT)广泛开展项目,帮助"个人融入终身事业"。它成立了专门的委员会,由西屋电气的杜利领导,集中培养教育主管。该委员会最初与纽约大学合作,后来也与其他院校合作。AT&T 的维纳领导组织与行政委员会,旨在"帮助发挥管理职能的教育工作找到最佳组织方式"。杜邦公司的霍普夫(H. A. Hopf)领导的委员会专司岗位分析和工作规范的开发工作。南方贝尔公司的肯德尔·韦西格(Kendall Weisiger)和通用电气公司的希尔(W. M. Skill)负责领导技术与行政培训项目。西屋电气的卡尔·科勒(Carl S. Coler)领导训练非熟练工人,力图"找到最佳培训方法,让特定任务的操作人员达到标准水平"。1917 年,当西电公司的迪茨成为 NACS 主席时,该组织的活动范围已经覆盖了多个领域,包括行业技校,会计和文员培训学校,广告、销售和分销学校，编纂计划，劳动力就业计划，安全及健康项目，特别培训学校（工科毕业生培训），非熟练工人培训，职业指导项目，人事培训体系，心理测试和档案系统，等等。除了这些教育导向的活动之外，NACS 还研究和推动其他方面的很多工作，例如分红和奖金方案、集体谈判、劳工补偿、福利计划、员工人寿保险、职工参与管理、职工食堂、工人委员会，还包括艺术、舞蹈和音乐等在人事关系中的运用，医疗部门，以及移民工人的美国化项目等等。简而言之，NACS 扩展了它的教育职能，涵盖了大部分的现代企业自由主义：要合作，不要对抗；劳资双方的自然和谐；把有效的行政和管理作为通向繁荣和公共福利的途径等。李·加洛韦指出了这一新管理方法的核心信念："必须尽力让人们拥有一种轻松愉悦的心态，因为我们清楚地知道，恐惧无法产生效率，但是愉悦可以。"[24]

NACS 的第三项组织职能是影响现有教育机构的课程，使之更有利于产业发展。这项组织职能的设计基本上让企业学校陷入了无事可做的境地。它让企业之外的成熟教育机构有能力，并且想要提供那些本该由企业学校提供的服务。加洛韦在成立大会上提出了这个目标："是时候让我们的教育系统与商业界建立联系了。"[25]布鲁克林爱迪生公司总裁斯隆（M. S. Sloan）后来解释了为什么 NACS 能够建立这样的联系：

> 无论教育机构多么乐于培养人才、帮助人才更好地适应工商业界的需要，如果它们不了解需求是什么，就不可能做好这项工作。
>
> 这个组织的成立顺理成章，它不仅从教师的角度推动实用经验的理念，而且帮助教师获得行业视角。这个组织的成立水到渠成，它有助于表达产业界的教育需求，帮助学校确切了解它们的实际应用。[26]

NACS 从此开始发挥产学合作机构的作用。它与多家组织建立同盟关系，包括美国电气工程师协会——该组织拥有自己的教育机构合作委员会；还包括工程教育促进学会、国家电气照明协会（这家公用事业行业协会在校园里开展了广泛的宣传活动）、全国制造协会和多所院校。NACS 致力把职业教育机构、公共教育机构和高等教育机构整合到产业系统中。这项工作极大受益于产业界与学界之间高层管理人员的稳定双向流动，而 NACS 在这一互动中发挥了主要的媒介作用。NACS 的早期著名成员包括欧内斯特·霍普金斯（Ernest Hopkins），他是新英格兰电话公司在 NACS 的代表，后来在 1916 年出任达特茅斯学院校长；威廉·威肯登，他是 AT&T 的代表，他先是担任 NACS 的高校关系委员会主席、工程教育促进学会的工程教育调查组组长，后来担任凯斯理工学院校长；查尔斯·斯坦梅茨，作为通用电气公司教育项目负责人，他曾负责实验课程项目，后来成为 NACS 早期主席，再后来成为联合学院的教授和课程改革者，他还在斯克内克塔迪教育委员会长期担任主席一职（他在那里重组了公立学校体系）。弗兰克·艾德洛特（Frank Aydelotte），他是 MIT 教授，兼职为 AT&T 员工教授英语，他在 1921 年成为斯沃斯莫尔学院院长，1924 年组建了古根汉姆基金会，并在 1939 年成为普林斯顿高等研究院的首任院长；沃尔特·斯科特，工业心理学家，他在 1920 年成为西北大学校长；此外还有赫尔曼·施奈德，他是“合作式教育之父”，时任辛辛那提大学校长。

1913 年，亨德肖特发现，“在这场全新的企业学校运动中，大专院校看到了一种寻求已久的纽带，它把教学机构和商业世界联系在一起。因此，这些高校迫不及待地想要参与并推动这一新型教育体制”。工程院校的教师们企业头脑比较发达，比较享受与产业界这种紧密无间的联系，他们率先从高校方面出发，努力弥合教育与产业之间的差距。NACS 联合协会与运动委员会主席梅伦在 1914 年指出，他的委员会“与两项运动的关系尤为紧密——匹兹堡大学的职业与继续教育学校运动、辛辛那提大学的合作式技术方法运动”。梅伦发现：“如果这些制度得到恰当的发展，员工就可以做好更充分的准备，更好地适应工作。这也意味着企业自身教育工作的极大缩减。”①[27]

工程院校与产业界之间的差距是历史造成的：大部分工程院校并不是作为产业的延伸，而是作为已有公立及私立大学理学院的延伸。大学的定位要求工程院系采用一种在学术上备受尊崇的工程学科方法，把重点放在科学理论上，而不是行业应用上。因此，这些院系始终与产业界保持相对独立，它们的毕业生可能在短期内很难适应讲求纪律的产业工作，而且在实际运用自身已有理论的时候显得训练不足。

弥合这一差距的最高呼声来自产业界的执业工程师，以及身在大学但是与前者志同道合的职业工程师们。到世纪交替时，工科院校的校友越来越多地走上了产业界的领导岗位。这些人开始向学校施加压力，要求它们革新教学，使之符合毕业生专业实践的要求。1912 年，费城的塔博尔制造公司（Tabor Manufacturing Company）总裁向工程教育促进学会成员解释说：“大学的产品即劳动者本身。对于急需劳动力的市场来说，这种‘原材料’的塑造自然形成了一个尤为重要的产业。”[28]

工程教育促进学会秘书长、匹兹堡大学工程学院院长弗雷德里克·毕晓普（Frederick L. Bishop）完全认同这种说法：

---

① 这当然不代表企业学校的彻底消失。在 NACS 的领导下，这项运动一度得到了极大扩张，不过在第一次世界大战后经济衰退的影响下，它也迎来了退潮。以科学为根基的各个产业一边推动与大专院校的合作，一边继续发展自己的内部教育。其中，电气产业在这项工作中始终走在最前列。柯达公司、陶氏公司、杜邦公司和国碳公司建立了化工产业最早的、针对大学毕业生的信息培训项目，不过直到 1934 年，陶氏公司才成立了首个全面教育项目，这比电气产业的同类项目晚了整整三十年。新泽西标准石油公司的教育工作走在整个石油产业的最前列，但它直到 20 世纪 20 年代初才成立了第一个学生工程师培训项目。固特异在 1913 年建立了著名的“飞行中队”培训项目，在 MIT 工程师保罗·利奇菲尔德（Paul Litchfield）的指导下，这个项目成了该公司产业大学的课程核心。在汽车产业，帕卡德（Packard）在 1919 年推出了工科毕业生课程；同年，福特汽车成立了技术学院；通用汽车在 1926 年组建了通用汽车学院。

如需进一步了解企业学校早期项目情况，可以参阅：John Van Liew Morris, *Employee Training: A Study of Education and Training Departments in Various Corporations* (New York: McGraw-Hill Book Co., 1921); John H. Greene, *Organized Training in Business* (New York: Harper and Brothers, 1937), p. 180; Nathaniel Peffer, *Educational Experiments in Industry* (New York: The MacMillan Co., 1932); Don Whitehead, *The Dow Story* (New York: McGraw-Hill, 1968), pp. 85, 1218; William Cabler Moore, “Industry's Interest in the Professional Training of Chemists,” *Journal of Chemical Education*, XVIII (1941), 576; S. L. Starks, “Training in Industry,” *Journal of Chemical Education*, XXI (1944), 285.

> 从某些方面来说，教育机构和制造企业颇为相似……企业制造的产品必须由某些设计、外观和材料构成，这样才能满足顾客的需求；同样的道理，教育机构的毕业生必须满足雇主单位的需求……一名毕业生的无能（在这里，我用“无能”一词来统括一切令人不满的特征）也许是糟糕的原材料造成的，也就是说，这可能是学生从入学到毕业都没有做好充分准备；或者是学校的教学很糟糕、教师很糟糕；也可能是课程太过陈旧或者不切实际造成的。[29]

为了弥合这一差距，欧洲人设计了多种多样的方法。以德国为例，文理高中的年轻毕业生必须在机械车间里工作至少一年，才可以进入综合性理工大学就读。斯堪的纳维亚国家采用的体制与此类似。苏格兰的格拉斯哥大学提出了一套“三明治体系”：六个月为一学年，剩下的六个月让学生在车间里劳动，勤工俭学。美国的技术院校组织产业研学之旅，这是帮助学生认识现实世界种种情况的一种方式[30]。众所周知的“车间运动”开始于伍斯特理工学院和 MIT（后者比前者晚了十年之久）。为了满足教学目的、模拟工业现场，这一运动把车间带进了大学。在 20 世纪的第一个十年里，这项运动席卷了大部分工程院校，然而它并不成功，学界和产业界都对它大加诟病。产业界坚定地认为，校园里的车间不可能模拟出实际情况，而且只有屈指可数的几所顶尖院校负担得起产业界正在使用的、最前沿的机器设备。不仅如此，除了工程院校之外的整个教育界对这种下等的车间工作充满了鄙夷，因此不愿意批准它出现在校园里，更不愿意为它拨款。

辛辛那提大学的合作课程是这个问题最有希望的解决办法。这项由赫尔曼·施奈德在 1917 年提出的方案充满吸引力，尤其是对工科教师来说。1899—1903 年，施奈德开展了一项自称“深入探究工科教育问题”的教育学研究。他当时是理海大学的一名土木工程学教师。在此过程中，他考察了“中东部各州规模最大的制造型企业，以便获得这些大型工程师雇主对这门学科的看法。这些受访者大多毕业于国内最好的院校”。在施奈德和那些受访者看来，学界与产业界差距的弥合最终可以归结为三个问题：“工科院校的毕业生应当满足哪些需求？”“为了培养出符合这些需求的毕业生，应该从哪里获取新生？如何得到他们？”以及“应当借助怎样的方法来教育这些新生，把他们培养成合格的‘产品’？”[31]

到1905年时，施奈德已经是辛辛那提大学的一名教授，形成了“比较激进的革命性”理论。他制订了一项“合作课程”计划，要求工科学生在就读期间轮流在大学教室和工厂车间里学习。1907年，施奈德成为辛辛那提大学工程学院院长，他正式推出了这项计划。这项课程最初为期六年，主要面向机械、电气和化学工程专业，合作方是辛辛那提本地的几家电气和机械企业。在整个学年里，学生们每个星期轮流在大学教室和工厂车间里学习。在总长四个月的“假期”里，他们必须在工厂车间里全时工作。总体而言，他们要在工厂里劳动四年，在大学教室里学习两年。学生要签订一份合同。合同规定，学生在校期间必须做到学校的各项要求；在工厂期间必须遵守企业的各项规定。他们在工厂的劳动报酬按照每小时10美分的起步标准计算。

施奈德解释道：“这项课程的宗旨并不是培养所谓的纯粹工程师。坦白地说，它是在为商业化生产培养工程师……”他满怀信心地指出，这个项目“会为制造企业培养综合型人才，他们对理论和实践驾轻就熟，而且他们身上没有人们诟病最多的那些缺点。”辛辛那提大学的合作课程开创了全球同类课程的先河。它聚焦的问题正是企业和学校教育者最关心的问题。施奈德发现，“车间的纪律对学生在校期间的学习造成了显著影响”。不仅如此，“他们还获得了关于劳工问题和时间概念的宝贵知识——它们是商业化生产的本质所在。”

> 归根结底，这项课程是在商业化生产中培养学生，同时帮助他们在大学里做好基础科学方面的准备……我们这所工科大学的运营效率是最高的……我们只培养在心理上、体格上和性情上具备适当

能力、值得培养的人才。[32]

一家课程合作企业的教育总监从生产厂商的立场证实了合作课程的种种益处，“现代工科教育面临的主要批评源自这样一个事实：我们总是试图把车间带进学校。实际上我们应该反其道而行之，把学校带进车间。”他进一步解释说，这项课程还让学生“与各色人等密切接触”，近距离认识劳工现状和态度。这对他们将来成为领导者、管理员工极富价值；“而且这会让他们……逐渐从商业角度领悟时间的价值。”与此同时，合作企业还“有机会了解这些年轻人，准确认识他们的各项能力和每个人未来的可能性……无论将来它想把这些人放在什么样的岗位上，都能做到知人善任。”[33]

相对来说，尽管辛辛那提大学这项计划在性质上比较激进和富有革命性，它仍然得到了工科教师和产业界的欢迎。1907 年大恐慌之后糟糕的经济状况阻碍了它的快速扩张，不过到 1919 年时，已经有 75 家企业加入了辛辛那提大学的这项计划——其中包括波士顿爱迪生公司，它距离辛辛那提可不算近。到 1929 年时，约有 20 所院校采用了“合作课程”计划，而且只做了些微调整，包括西北大学、阿克伦大学、佐治亚大学、路易斯维尔大学、佐治亚理工学院和安提亚克大学等。[34]

对产业界的教育者和大学教师来说，辛辛那提合作课程发展成了一项重要的实验，施奈德本人也成了合作课程在教育领域和产业领域里的顶级代言者。1914 年，他在 NACS 发表演讲，论述“为具体岗位选择年轻人才”问题，NACS 的一位编辑随即宣称，施奈德就这个关键问题“为产业界带来了当今时代最权威的真知灼见”。施奈德从八年的合作课程经验和 500 多名学生的培养经验出发，构建了一套职业指导和人事流程体系，他的主要依据是“鲜明特征分类”——它构成了知人善任的理性基础。

> 在现有条件下，年轻人找工作纯属碰运气……没有一种方法或一类机构可以确定某个年轻人在某一大类工作中具备某种天赋，更

没有这样的途径能罗列出哪些具体工作是属于这一大类的。

每个人都有某些广义特征，同时，每一类工作都需要某些特定特征。问题就在于阐明这些广义特征，设计一套合理的方式，在个体身上发现这些特征，根据它们需要的才能为工作分类，指导具有不同才能的年轻人找到自己的用武之地。[35]

施奈德列出了很多特征，包括体力、乐感、色感、认知准确性、操作准确性和专注力等等。他还把一些两极对立特征用于学生评估，例如原创型/模仿型、格局较小/格局较大、随遇而安型/自我中心型、深思熟虑型/热情冲动型、爱动/爱静等等。除了这些个人特征之外，施奈德还描述了一些总体性种族特征。它们也许能帮助雇主挑选员工。他发现，中国人喜欢安居，而阿拉伯人喜欢漂泊；西西里人容易冲动，印度人深思熟虑；日本人手很巧，波斯人拥有绝佳的色感。无论施奈德的判断是来自辛辛那提大学的经验证据，还是源于自身阶级的刻板种族印象，总之他在想方设法地帮助企业解决新的难题，即“如何把个人同终生工作匹配在一起”[36]。他的贡献广受好评。

首先认识到施奈德的项目潜力的是马格努斯·亚历山大。他当时在通用电气公司林恩工厂担任教育项目总监。1907 年 6 月，他写信给 MIT 校长亨利·普利切特，谈到自己为了见证这个项目的实际运行，特地走访了辛辛那提大学。亚历山大写道：“我的印象是，这个项目的各项安排都很务实。我提议在 MIT 和通用电气公司林恩工厂之间建立类似的合作关系。”亚历山大的方案是一项为期六年的课程，授予学生电气工程理学学士学位。它要求学生每隔两个星期在教室和工厂之间轮换学习，并在暑假期间到通用电气公司林恩工厂全职工作。他解释说，这项合作项目将由 MIT 和通用电气公司高级职员共同组成的联合理事会负责管理。亚历山大还随信附上了通用电气公司伊莱休·汤姆森的一段话，用来支持自己的提议，“我欣然支持亚历山大先生的这项方案。”通用电气公司实验室主任威利斯·惠特尼随即也表示了热情支持。[37]

就在亚历山大在通用电气公司为这个方案争取多方支持的同时，杜加德·杰克逊也在 MIT 付出同样的努力。亚历山大曾在美国电气工程师协会会刊上发表文章，概述“这种新的工程师培养方式”的种种优点。他指出，这个合作项目极富价值，它是“消除学术教育与实用训练之间差距”的途径，也是帮助工科学生适应产业和企业环境的手段。亚历山大认为，该合作项目会“让常规工科课程与现代产业生活的种种要求变得更加同步”。这样一来，“大学的理想”就可以照进“工厂的现实”。它会“很好地帮助学生快速适应来自大学和工厂交叉作用的影响”，让学生在教室和工厂里成为精力充沛的产业劳动者。亚历山大踌躇满志地指出，“有了这一计划，

> 学生们在大学里享受的悠哉游哉的自由会变成商业组织里必须遵守的严格纪律，这是一件值得高兴的事；而且有利于年轻人性格塑造的大学式自由并没有丢失，它只是反复而频繁地得到了工厂纪律的调节。如此一来，学生们也许可以避免以下情况的发生：在大学四年里无所事事，天马行空地遨游在不切实际的幻想里，到头来发现现实是严酷的，它要求一切力量相互合作，它会把天马行空的人强行拉回来，使他们重重摔在地上。”[38]

亚历山大指出，只要企业承担相关费用，“所有工科学生都可以为其所用”，而且“如果合作课程的工厂一方能做到组织有序、高效运行，这些工程新手就能完成数量惊人、质量上乘的商业工作”。亚历山大强调计划对培养高管人才和商业领袖的价值。他在这一点上和施奈德相当不同。他解释说，“这个方案的根本培养思想是贴合未来工程师的需求，尤其是那些将以管理和领导见长（而不是走纯粹工程路线）的工程师的需求。”亚历山大方案的终稿明确要求，参加这一合作课程的学生必须在 MIT 完整度过毕业之前的最后一年，按照科学设计的大纲集中学习，课程包括销售技能、成本核算、工厂管理和劳资关系等。[39]

针对亚历山大的方案，杰克逊在 MIT 同事中间开展了一项快速意

见调查。结果绝大部分人表示赞同，甚至给出了热情洋溢的拥护意见。在反对者当中，大部分人只是认为这个方案似乎达不到它描绘的目标，而对这些目标本身是强烈赞同的。美国机车公司的贝斯福德敦促自己的公司接受这一方案，因为它“真正对企业有益”[40]——美国机车公司是通用电气公司在斯克内克塔迪的近邻，也是它最重要的客户之一。赫尔曼·施奈德当然对此充满热情[41]，西屋电气的查尔斯·斯科特指出，“总体而言……这项方案会达到我们的目标，即培养训练有素、眼界开阔、远远优于一般毕业生的年轻人才。”不过他还提出了一点“预先提醒”，这来自斯科特在匹兹堡大学“特别学徒课程”中获得的亲身经验。

> 现有的特别学徒课程的目标之一是帮助年轻人扬弃学生眼光，赋予他们现实的和商业上的理想和启发……假如短期的车间工作被过多地灌输学校的思想，让这些年轻人自觉或者不自觉地把这门课程看作学校的一部分，以至于他们的思想保持在学术层面，而不是商业层面……那么可以说，这门课程的重要方面是失败的。[42]

在杰克逊收到的意见调查反馈中，只有一份没有对这一重要方面表现出强烈兴趣；它来自 MIT 英语系的阿洛·贝茨（Arlo Bates）。贝茨的意见是，“这一方案似乎会对英语写作和英语文学教育产生直接的不利影响”，不仅如此，“这一方案的间歇周期可能有利于那些与工厂工作直接有关的课程，但是它很可能对学校其他课程不利。”不过，贝茨的批评虽然敏锐深刻，却因为委婉的提出方式而大打折扣。和同时代的很多学者一样，贝茨深深地惊叹于工业的显著力量和工程师在现实世界里的游刃有余。因此，他被夹在确信的观点和一种畏惧心理之间——他害怕自己显得过于执拗、墨守成规，甚至显得脱离时代。他请杰克逊放心，“英语系当然不反对这个方案。我们没有那么刻板，也不会过度执着于现行做法，以至于无法适应鲜活的现状。”贝茨意识到这个合作计划是对自己智识生活应有自主的一种冒犯，但是他既没有准备好，也不愿意与之抗争。他因此选择了一条最便利的出路。他在写给杰克逊的信里提道，“关于这份报告，希望你明白，本人之所以没有对它提出看法，是因为我自认在智识上无力形成看法。”不过杰克逊显然听进了贝茨的意见，他提议，参加合作课程的学生在通用电气公司林恩工厂工作期间，每个星期必须撰写一篇练笔文章。[43]

虽然亚历山大的方案开局一片光明，但它还是在 1907 年大恐慌造成的经济萧条中被束之高阁。此后，由于战争的刺激，工业重返繁荣，亚历山大再次提出了这个方案，更有力地重申了它的主要目标：培养管理人才。他解释说，“这个方案的目标是精选合格的大学生，培养他们……帮助那些潜力巨大的初级工程师不断成长。”

新方案与施奈德的辛辛那提项目更加不同：在 MIT，学生要通过学校的筛选才能加入合作课程，而辛辛那提大学要求学生全员参加；MIT 的学生三年级才加入合作课程，而不是一年级；课程结束时，MIT 的学生会被授予硕士学位，而不是本科学位；在整个合作过程中，每一位 MIT 的学生只由一家综合性企业培养；而且在课程刚开始时，MIT 的学生会得到企业和学校的正式培训。此外，MIT 的培训转换期更长：13 个星期，这是为了让学生们更好地“沉淀”所学的课程。在这个为期五年的课程里，学生们要在 MIT 度过最后的半年，集中学习商法和组织学课程。这些课程都是由实践经验丰富的企业家讲授的。[44]

通用电气公司的管理者大力推动这个方案的实施，这和 1908 年时的犹豫不决形成了鲜明对比。公司总裁赖斯向 MIT 校长麦克劳林表示，“虽然这个方案每年会花费通用电气公司一大笔钱，但是我们愿意开展这样的试验……这或多或少出于自私的原因。我们相信，这标志着我们成功地开始了工程教育急需的改革。”麦克劳林同意这一说法，他回复赖斯，“如获成功，这个试验可能为工程学科的高等教育带来至深至远的影响。”（不过麦克劳林还向赖斯诉苦，提到 MIT 当时的财务压力巨大，恐怕要通用电气公司承担更多的费用。通用电气公司因此同意提供全部经费的三分之二。）项目正式发布之后，双方组建了一个监督委员会。该委员会主要负责促进试验项目的联合管理，担任主席的是来自MIT执行委员会的弗雷德里克·菲什，代表通用电气公司的委员包括马格努斯·亚历山大、伊莱休·汤姆森和查尔斯·特里普。特里普在林恩工厂负责新员工相关工作。来自MIT的委员有杜加德·杰克逊、康福特·亚当斯、威廉·廷比（William H. Timbie）和威廉·威肯登等。杰克逊随即发信给所有学员，告诉他们可以向威肯登办公室汇报，因为他与廷比共同负责这个项目MIT方面的具体工作；也可以向亚历山大在林恩的办公室汇报。他还提醒学员们，如果选择后者，“最好穿上工作服”[45]。

由于战争再一次短暂耽搁之后，MIT电气工程专业的合作课程终于在1919年秋天正式启动。杰克逊写道：“我认为，这是教育领域为制造业培养未来领袖最有前景的努力方向，尤其是电气工程方面的未来领导者。这项工作即将起步，大有可为。”[46]通用电气公司的课程“和MIT课程一样得到了精心安排”。学生们在这里学习的正式课程包括企业会计、商业心理学、当代英语和美国文学，以及人际关系等。MIT的课程覆盖更多科目，例如合同、采购、组织、生产、人事、销售和市场分析等。正如廷比解释的那样，学生们在学校和工厂里学会了“如何估计人的力量和特征，以及如何评估物质的力量和特性”。廷比还指出，

> 它还提供了真正开展团队合作、培养敬业精神的绝佳机会……这也是为什么一名学生能在一家企业里获得全部实践经验。他在这里获得对组织的统一认识，真正领会这家企业的政策和精神……假如学生没有获得这些品质，那么他们接受的大部分严谨学术培养最终都会被浪费。[47]

合作课程大获成功——有一半的学生毕业后进入了通用电气公司；他们的涨薪速度快于普通工科毕业生（因为一些人更快地升任领导）。于是，这个项目的规模迅速扩大。杰克逊和亚历山大的宣传文章在发表

后被广泛阅读，更多企业加入了这个项目，包括波士顿爱迪生电气照明公司、波士顿高架铁路公司和石威公司等。短短几年之后，又有更多企业加入，包括 AT&T、纽约电话公司、西电公司、西屋电气，以及多家铁路公司。[48]

这个名为“六系 A”（Course VI-A）的项目不断加强了 MIT 的服务能力（杰克逊语），与此同时，化学工程系也面向新兴的化工行业推出了类似项目。1917 年，化学工程实践课程高调推出。它是化学工程师在此前十年里根据行业和企业需求不断磨砺自身使命的巅峰成果。

密歇根大学化学工程系主任阿尔弗雷德·怀特（Alfred H. White）回忆，“在化学生产的初期阶段，

> 最重要的目标就是生产出理想的产品，效率和成本都是第二位的。然而，随着竞争的不断加剧……随着人们对机械操作和经济效益的日益重视，这个行业需要更多掌握专门知识的人才，对这类人才的恰当培养也引起了严肃认真的讨论。”[49]

早期的工业化学家接受的是实验室化学教育，而不是工程或者工厂管理方面的教育。这些人意识到自身教育为工业实践准备的不足，他们因此寻求一种新的教育，一种更令人满意地把实验室和工厂联系起来的新型教育。

这样的例子有很多。1910 年，著名顾问、威斯康星大学化学工程教授伯吉斯向同事提出了提高大学毕业生在化工行业工作效率的若干方法。同样地，卡内基理工学院化工教授詹姆斯发表文章，概述了面向行业的化学教育的合理样貌，并强调了实践和管理教育的必要性。这让人不禁想起查尔斯·斯科特和杜加德·杰克逊等人依据电气行业的需求定义教育需求的努力。1911 年，哥伦比亚大学化学工程课程的缔造者惠特克强调了在大学课堂营造制造业和商业效率气氛的重要意义；学生既要掌握最基本的物理和化学原理、应用机械学知识，又要学会关于工厂组织和管理的基本常识。为了应对这些挑战，美国化学工程师协会在第

一次大会上成立了化工教育执行委员会，使其发挥信息中心和教育改革活动先锋队的作用。在亚瑟·利特尔活力十足的领导下，这个委员会广泛开展教育调查（开始是独立调查，后来与工程教育促进学会合作），编写课程指南，委员会最终发布的报告为化学工程全部课程的认证工作确立了标准。[50]

然而美国化学工程教育和现代化工本身的真正开端还是围绕 MIT 发生的。1888 年，化学家沃伦·刘易斯（Warren K. Lewis）在 MIT 建立了化学工程系，到了 1904 年，在威廉·沃克的领导下，产业合作研究已经成为该系的日常活动。建立合作式化工实践学院的灵感产生于十年之后。它是由沃克之前的合作伙伴亚瑟·利特尔提出的。作为化学与化工系外部专家委员会主席，利特尔提议打造一门新课程，把化学、工程和管理教育整合起来。它的基本立足点是利特尔提出的关键概念——“单元操作”①。利特尔写道：“化学工程并非化学与机械工程及土木工程的简单叠加，它本身是工程学的一个分支，它的基础正是单元操作，即按照恰当顺序排列的、相互协调的单元操作，它们构成的化学加工过程已经实现了产业级大规模应用。”[51]

在利特尔的报告呈交 MIT 校董会两年之后，化工实践学院终于成立了。不过由于其成员的战时活动（沃克成了化学战勤务局局长），这所学院直到 1920 年才正式开始授课。利特尔思想的这一结晶得到了柯

---

① 利特尔提出了革命性概念“单元操作”，即把化学加工过程分解为协调一致的单元行为（例如粉碎、搅拌、加热等）。化工厂就是依据这些过程组织建造的。这个概念为化学工业大规模流水线生产奠定了基础。实际上，利特尔为化学工业做出的贡献相当于泰勒对机械行业的贡献。正如沃克和他的同事刘易斯以及麦克亚当斯在现代化学工程的第一本教科书里阐释的那样，“在基本工程设备合理设计与运行所依据的根本原理得到理解的前提下，它们在生产过程中顺利使用的关键全在于良好的管理，而不是单凭运气。”利特尔同样强调指出，“化学工程师想要成功，想要倾尽所能地为企业服务，就必须了解人，必须学会有效地与他人合作。” W. H. Walker, W. K. Lewis, and W. H. McAdams, *Principles of Chemical Engineering* (New York: McGraw-Hill, 1923), Introduction; Arthur D. Little, “Chemical Engineering—What It Is and Is Not,” *Transactions of the American Institute of Chemical Engineers*, XVII (1925), 172。对单元操作的讨论，参见 W. A. Pardee and T. H. Chilton, “Industrial and Engineering Chemistry,” *Journal of Industrial and Engineering Chemistry*, XLIII (1951), 295.

达公司乔治·伊士曼的资助，并由沃克领导（他当时已是 MIT 新成立的工业合作与研究部门主任）。这门课程仅对通过选拔的、已经获得学位的工程师开放。学员要在三个试验站完成学习（每个站为期八周），还要在学校完成两个学期的专门学习。试验站所在的工厂发挥教学实验室的作用，所有教学基于单元操作概念的顺序展开。[52]在整个过程中，理论和实践得到了融合，实验室中的物理学同生产中的经济学和管理学得到了整合。经过科学训练的化学家们从此适应和发挥工程师的作用，自动把市场的（和上司的）迫切要求融入科学和技术工作，据此组织和管理企业员工的各项活动。杜邦公司的化学总监查尔斯·斯泰恩解释道，“化学工程帮助商人和投资者从有用的、经济意义上的产品生产的角度审视化学反应，帮助他们精确预测化学反应在应用中会产生多少利润。化学家看到的是化学反应；化学工程师看到的是钱包的反应。”[53]

MIT 电气工程系和化学工程系的合作课程与辛辛那提大学的同类课程很不一样。MIT 把参与者限定在通过选拔的工科学生范围内——这些学生看起来有能力成为创办这些项目的企业工程师的接班人。所以当通用电气公司的杰勒德·斯沃普和 MIT 的弗兰克·艾德洛特创办 MIT 荣誉项目时，他们发现这些合作课程早已开辟了荣誉项目的先河。此外，参加这些项目的学生也很清楚自己的特别之处。电气工程系的卡尔·怀尔兹（Karl Wildes）还记得，“六系 A 出来的人有种异乎寻常的凝聚力，它也许是冠绝 MIT 历史的。”如果有人问起，哪里才是培养当代美国企业精英的新温床，那一定是六系 A。[54]

工程教育领域里最早，也最负盛名的合作项目于 1910 年出现在匹兹堡大学。这个项目融合了辛辛那提大学和 MIT 项目的诸多方面。它的提出者是工程教育促进学会富有影响力的领导者弗雷德里克·毕晓普。毕晓普是 MIT 培养的电气工程师，也是卡尔文·柯立芝总统的儿时玩伴；和弗兰克·朱厄特一样，他也在芝加哥大学获得了物理学博士学位，师从迈克尔逊、密立根和曼恩。不过毕晓普在毕业之后并未像朱厄特那样进入工业界，而是走上了教学道路，成为匹兹堡大学的一名教授，并担任工程学院院长。1914—1947 年，毕晓普担任工程教育促进学会秘书长，成为美国工程教育领域的领袖人物。作为匹兹堡大学的一名院长，毕晓普“最值得注意的首要工作”是建立了该校与匹兹堡当地工业界的合作体系。和 MIT 一样，匹兹堡大学的项目也是学校与合作企业共同管理的。不同之处在于，它要求土木工程、机械工程、电气工程、化学工程、铁路工程和卫生工程专业的学生全员参与，这和辛辛那提大学是一样的。[55]

毕晓普解释说，“合作制度的采用是美国工程教育发展的必然结果。在工程学院初建时，它属于纯粹的科学学院。然而它的产出并不理想，所以车间被搬进了学校，车间劳动成了课程大纲的一部分。”但是事实证明，这种教学方法同样不足以满足工业界的需求，后者不得不因此建立了自己的培训项目，“这说明，这些企业对工程学院培养的毕业生是不满意的。”毕晓普把合作体制看作前进的必要步骤，这一进步可以帮助教师在教育的早期阶段让学生“融入工作当中”，尽早地“熟悉工作规则”[56]。

匹兹堡合作体系的常规运转开始于 1911 年。到 1916 年时，它已有来自铁路、钢铁、石油、公用事业、化学和电气制造等行业的大约 50 家合作公司。从产业界的立场来看，这一合作体系提供了极富价值的服务。西屋机械公司（它是这个项目的主要合作公司）合作项目负责人指出，作为实践教育的回报，学员们帮助公司生产，并由此做到了“自食其力”。西屋电气的教育总监钱宁·杜利在写给毕晓普的信中指出，这个项目帮助他的公司“每年试用贵校的学生，最终为鄙司送来了俊秀之才”[57]。国家电气信号公司总经理告诉工程教育促进学会成员，这个合作项目纯属商业合作，它既帮助公司宣传了自己的产品，又让学生熟悉了自己的公司。

> 他得以接触一批刚刚开始接受教育的年轻人，而且这种教育的

目的就是为他所在的行业培养人才。他因此有机会详细了解这些年轻人，选出看起来特别优秀的人才。他可以根据自身的需求提出一些适合这些学员的教育方式，如此一来，他也有机会从中挑选英才，而且这不会为他的企业增加成本。[58]

在与匹兹堡大学合作的过程中，当地企业关注的不仅是学生的教育，还有产业导向的教师的培养。1922年，全国企业培训协会大学机构关系委员会主席威廉·威肯登宣称，该协会匹兹堡分会“正在考虑要求大学毕业生在正式从事教职之前必须积累一年或者两年的实际工作经验”。威肯登指出，很多企业高管对此深感兴趣。而西屋电气与制造公司已经开展了“一项针对大学教授的特别课程，帮助他们获得这样的训练”。除了师资教育之外，匹兹堡当地的全国企业培训协会分会还提出了“匹兹堡理念”——在本地公立学校推行合作项目和就业指导服务。这个项目的合作方是匹兹堡教育委员会和全国企业培训协会全国公立学校关系委员会。后者的负责人是西屋电气的科勒。这样一来，匹兹堡就成了采用新型企业-行业方法解决教育问题的“进步”城市之一。[59]匹兹堡大学校长宣称，“我们用更宏大的、行业效率的眼光看待这些问题，

我们无须担心年轻一代变得商业化，也无须担心我们的国民素质受到损害……我们完全可能引导教育，使之达到最高效率，同时在整个教育领域防止一切降低标准和有损崇高目标的可能风险。我确信，只要做到这一点，我们就一定能在整个体系中实现更明智、更理性、更有效的教育。持续不断的观点交流，来自社会、教育和产业单位的缤纷多彩的要素的融汇，必定为我国带来全方位的巨大物质和教育优势。我可以负责任地预言，企业学校运动以及对其他此类企业咨询与合作的呼吁，最终一定会为整个美国带来更富理性的教育体系。”[60]

在追求理性的、对产业负责的教育制度的道路上，辛辛那提大学、MIT 和匹兹堡大学并不孤单。帕克·科尔比（Parke Kolbe）在 1913 年创办了新的阿克伦市立大学并担任校长。他迅速推出了面向工科学生的合作计划——一套“二校计划”和一套“夜校计划”。这些项目的设计完全是为了“最大限度地帮助橡胶行业，为该行业的劳动者提供培训”。其他大学也建立了类似的项目，例如克利夫兰的凯斯理工学院、费城的德雷赛尔学院、斯克内克塔迪的联合学院、密尔沃基的马凯特大学、马萨诸塞州剑桥市的哈佛大学和纽约市的纽约大学等。①[61] 在尚未建立正式合作课程的其他方面，产业界同样获得了极富价值的服务。MIT 的杜加德·杰克逊发现，“工程院校应该更勤奋、更精准地保留学生兴趣、抱负和能力的记录以及有关校友成就的记录，打造一个不断扩大的全国工程精英的信息库。它对正在发展壮大的每个行业都是无价之宝，也是工程院校为产业界做出的贡献。”[62] 早在 1902 年，康奈尔大学西贝利学院的一个委员会就在一名电子工程助理教授的牵头下开始系统整理学院的人事档案，“以便应对企业对技术类毕业生越来越多的咨询要求”。在此之后的十年里，康奈尔大学的教师就业委员会采用了一套卡片加档案的学生校友资历评估系统。它能把康奈尔大学的人员同产业界的职位要求迅速而系统地匹配起来。同样地，达特茅斯学院副院长也指出，“我们发现，对于用人企业来说，大学毕业生的档案信息极富价值。”达特茅斯学院当时的校长也是从新英格兰电话公司招募而来的，他还是该公司在全国企业培训协会的代表。[63]

当时最精细的人事与安置体系也许是波特在他成为普渡大学院长时

---

① 虽然罗切斯特机械学院够不上大学级别，但是它发挥了行业院校合作的楷模作用。柯达公司和博士伦公司这两大合作项目运动和企业学校运动的领导者都曾把教育工作委托给这所学院。因此，正如一名行业教育学员解释的那样，“这所学院并不是为个人开办的，而是为企业开办的。”1921 年，这所学院正式建立了合作体系。值得注意的有趣之处在于，威廉·威肯登这位曾经极大改变了美国工程教育面貌的改革家最早也是在这里开始教学生涯的。详见：Nathaniel Peffer, *Educational Experiments in Industry* (New York: The MacMillan Co., 1932), p. 176.

开发的。① 这套体系是为普渡大学与印第安纳制造商协会的合作设计的。它广泛收集学生和校友信息——学业成绩、智力测试得分、能力倾向测试得分、职业志向、教师评语、实践经历、个人爱好、雇主推荐、性格剖析等。波特这套体系聚焦性格优点，在这一点上得分较低的学生会被认为在某些方面存在缺陷，例如忠诚度、效率和适应能力等。学校专门为这些学生提供咨询，帮助他们找到提高得分的方法。波特解释道，“通过人事档案和面谈帮助学生认识他们的缺点，提醒他们注意。优秀的人格品质是可以培养的。”[64]

谈到什么是优秀的人格品质的培养，波特的看法非常明确。在写给普渡大学毕业生雇主单位的信里，波特给出了如下解释：

> 普渡大学的志向不仅在于开发学生的心智，还在于培养学生的性格、人格和体格。
>
> 我们努力培养学生成为工程领域的高效工作者。我们迫切希望帮助学生为现实情况做好准备，如此一来，他们就可以在为了适应行业需求而进行自我调整时尽可能少地浪费时间。我们的整个课程都是从这个立场出发来不断研究和调整的。
>
> 我们的人事系统在发现学生才能方面颇具价值……在过去的两年里，我校工程专业毕业生的雇主单位一直使用该人事系统来挑选工程师，满足具体需求。我校收到了很多工程领域著名雇主企业的信件，赞许这套系统把合适的人才安排到了适当的岗位上。[65]

波特这套体系被大量模仿。它成了西屋电气人事体系的基础。这套体系是波特和杜利共同开发的，它也成了其他大学竞相效仿的模板。举例来说，明尼苏达大学工程学院院长仿造了该体系并指出，“这套履历档案中的信息，尤其是学生性格评价信息（它独立于学业成绩信息）

---

① 应该注意的是，波特之所以能获得普渡大学的工作，部分原因来自两位极有影响力的普渡大学校友的支持：西屋电气的杜利和西电公司的迪茨。详见：The Biography of Potter by Robert Eckles, *The Dean*（West Lafayette：Purdue University Press，1973）.

给大型用人单位带来了极大的帮助。”在 1926 年的贝尔集团教育大会上，AT&T 主管教育的副总裁里斯为在场的教师和产业界人士带来了名为《人才的选拔与培养》（The Selection and Development of Personnel）的演讲。他说明了自己和波特院长“探讨普渡大学依据具体规范提供人才的可能性”。AT&T 为波特提供了岗位描述，说明了它期望的必备资质，并且为普渡大学提供了用人指标。里斯指出，“它当然是非常粗略的，但是毕竟时间紧迫”，不过在收到这些规范之后，“波特院长同意提供两倍于所需数量的人”[66]。

虽然合作教育运动发源于工程院校，但它并未局限于此；对训练有素的管理人才的需求促使商业界和工业界把目光投向了人文院校。在弗兰克·范德利普的领导下，纽约国民城市银行首开风气之先。范德利普曾经承认，“我知道，绝大多数的商业领导者都是从日常工作这所学校毕业的，他们掌握的很多原则来自多年的经验。因此，学校能否科学地、有条理地教会人们这些原则？他们对此表示怀疑。”不过他也提出，

> 先前的工程师认为，新手工程师的恰当着装是蓝色工作服，而不是博士学位服……然而我们很久以前就认识到，成为一名成功工程师的必经之路是技术院校。所以我相信，假以时日，我们会发现……通向成功商业领导者的道路是大专院校，是那些专门为了满足商业生活需要而设立课程的高校。[67]

为此，纽约国民城市银行与多所院校合作设立了商业奖学金计划。按照这项计划的设计，学生要在四年的大学时光里花费一年时间到这家银行工作。纽约国民城市银行副总裁基斯（W. S. Kies）在写给华盛顿大学校长亨利·苏萨罗（Henry Suzzalo）的信里提到，“要训练年轻人广泛地管理各项事务”，就必须做到“系统和有效”，这样才能提高行政效率，进而提高产业效率。[68]

出于类似的目的，阿克伦大学、辛辛那提大学和纽约大学的文科院系也推出了合作课程。其中最雄心勃勃的行政人才培养计划是由亚瑟·

摩根提出的。摩根是美国最顶尖的防洪工程师，后来成为田纳西河流域管理局的首任局长。1920年，他成为安提亚克大学校长。安提亚克大学规模不大，位于俄亥俄州，创办人是霍勒斯·曼（Horace Mann）。刚一上任，摩根就推出了著名的安提亚克合作教育方案。它的特色包括校园工业，以及技术教育与人文教育的密切合作。这项方案的设计宗旨是培养“所有者和管理者，而不是听命行事的员工”；它最重要的目标是培养全美最顶尖的高级管理人员：

> 安提亚克大学一切职业训练和技术教育的核心都是为了帮助学生做好准备，将来承担起领导职责……美国拥有高度发达、极富价值的行政管理技术。这一技术包括分析一项工作各个成功要素的能力和习惯。这些要素包括成本分析、工厂运营、财务管理、人力组织、采购、销售、士气的培养、生产方法以及供求分析等等。与此同时，一切的基础在于行使职权、成为政策事务最终权威的习惯和能力。如今能够掌握这一技术现代先进形式的能人寥寥无几。这就是安提亚克大学职业课程的要务。我们要成为媒介，把这一技术传授给精挑细选的学生。[69]

“知识就是力量”，摩根深知这句老话的含义。他知道，尽管知识本身无法产生力量，但它是所有拥有力量的人们须臾不可缺少的。因此，安提亚克大学的设计不仅要教育学生，而且要赋予他们力量，同时培养有效运用这一力量所必需的习惯和知识。摩根采用了一套精密的人事系统，用来筛选申请者、评定学生的进步；除了上佳的学业成绩之外，它还用严格的标准考核学生的品格和态度。摩根观察发现，“教育机构和工厂颇有些相似之处，尽管学术教育者也许反对这一比较……这种比较研究也许对很多院系大有裨益。”他还发现，规模较小的院校尤其适合培养要求明确的“产品”，例如高级管理者。因为大型院校标准化的批量培养无法满足这一需求：

> 小型院校就像小型工厂，它们必定选择生产那种大型机构忽视

或者无法高效产出的成果，而且它们会通过原材料的精挑细选来巩固这一成果。对于体量巨大的、采用批量方法的竞争对手来说，小型院校的这种筛选方法是不切实际的。[70]

摩根继续指出："大型工厂只会生产最廉价的小提琴。只有小型作坊才造得出斯特拉迪瓦里琴。"因为安提亚克大学志在打造稀有的、精雕细琢的产品，也就是培养全国最顶尖的管理人才，所以摩根选择的校董都是最懂得这种"产品"——也就是顶级管理者——的重要意义的人。他们包括弗兰克·范德利普，纽约国民城市银行总裁；查尔斯·凯特林，通用汽车首席工程师；威廉·梅奥，福特汽车首席工程师；乔治·维里蒂（George Verity），美国轧钢公司（American Rolling Mill Company）总裁；亨利·丹尼森（Henry Dennison），丹尼森制造公司总裁，他也是管理运动的著名领导者之一；爱德华·盖伊（Edward F. Gay），哈佛大学商业管理学院原院长，他也是培养权力精英的资深专家。

由此可见，"安提亚克计划"是为了满足私营行业对称职高管的需求而特别设计的。一位来自多伦多大学的工程学教授从一开始就注意到了这个重点。他写信给《工程新闻记录》（*Engineering News-Record*）的编辑，指出："尽管培养学生执掌最高职权的思想被再三论及，但是摩根并没有特别提到管理公共事务……从他做出的阐释和方案对实际工作的概述来看，这所学校的主要服务对象似乎是产业界。"摩根回复指出，安提亚克大学的教育实际上兼顾公共事务管理和企业管理；不过他没有提到的是，企业化产业系统发展涉及的政治生活转型丝毫不亚于教育领域；这一过程——它当时已经进行得轰轰烈烈——表明的最重要一点是，公共领域与私营领域之间所有的严格区分已经土崩瓦解了。①[71]

① 关于公共领域与私营领域之间模糊分野的进一步探讨，以及关于企业资本主义总体上的政治化，可以参阅：Gabriel Kolko, *The Triumph of Conservatism* (New York: Free Press, 1963); James Weinstein, *The Corporate Ideal in the Liberal State* (Boston: Beacon Press, 1968); Ronald Radosh and Murray Rothbard, ed., *A New History of Leviathan* (New York: E. P. Dutton & Co., 1972); and Jerry Israel, ed., *Building the Organizational Society* (New York: Free Press, 1972).

从产业一侧来说，面对产业和高校之间的差距，促使教育适应产业需求的努力主要是通过行业组织推动和协调的，其中最重要的组织是NACS。从高校一侧来说，全国范围内的主要牵头机构是工程教育促进学会。

1893年，世界工程大会在芝加哥组建了工程教育促进学会。在成立的前十年里，这家学会主要由来自中西部的公立工科院校教师把控。它当时关注的主要问题是课程的扩展、科学工作与车间工作之间的恰当关系，以及工科教师与人文教师在学术上的紧张关系等。在这个阶段，教育与工业之间始终比较独立。正如波特回忆的那样，“在1910年之前，工程教育与产业界的合作几近于无。”[72]然而在此之后，这样的合作变成了主要任务。这在很大程度上是社会对大学和产业界培养电气工程师的需求缺口引发的反应。

电气工业发展的重要性提升标志着电气工程师在工程领域和工程教育者群体中影响力的相应提升。到19世纪和20世纪之交时，工程教育者最关心的话题是建立与机械工程截然不同的电气工程课程体系，来自产业界的代表是这一讨论最活跃的参与者。1900—1904年，科技期刊上出现了20多篇关于电气工程师恰当培养方式的重要论文，其中很多出自产业界人士之手。① 这些文章的主旨都是一样的：如何把工程师培养同产业界对于技术工作者和高效管理者的具体要求联系起来。[73]

1906年，杜加德·杰克逊成为工程教育促进学会主席，这一努力成了该组织的工作重点。翌年7月，工程教育促进学会在克利夫兰召开

① 在美国电气工程师协会主席、西屋电气的查尔斯·斯科特的建议之下，美国电气工程师协会和工程教育促进学会在1903年召开联席会议。西屋电气首席工程师洛亚尔·奥斯本在会上作了重要讲话，题为《电气工程院校毕业生的恰当资格：厂商角度》（The Proper Qualifications of Electrical Engineering School Graduates from the Manufacturers' Standpoint）。在此后的几年里，斯科特本人和杜利（他在匹兹堡大学的同事）、当时还很年轻的波特还有通用电气公司的马格努斯·亚历山大都发表过类似的论文。

第十五届年会，杰克逊宣布决议，倡议成立工程教育联合委员会。① 杰克逊提出，这个委员会将推动教育者和职业工程师之间的合作，并通过他们促进教育界与产业界的合作。在接下来的四年里，该委员会收集材料，准备开展一次针对美国工程教育的全面研究。不过由于这些久负盛名的工程师身兼多职，很少组织会议，所以这项工作的进展颇为缓慢。到了1911年，工程教育促进学会和另外三家技术学会认识到，这项任务过于庞大，而它们的资源有限，必须寻求外部支持。它们因此把目光转向了卡内基教学促进基金会和它的负责人亨利·普利切特。普利切特同意为这个项目提供必要的资金，并指定了一名由卡内基教学促进基金会资助的“公正观察者”来负责实际工作。他就是芝加哥大学的查尔斯·曼恩。一名工程教育促进学会的历史学家指出，从那时开始，“就成果而言，这个产生于1907年决议的联合委员会……毫无疑问地变成了工程教育促进学会所有委员会中最重要的一个。”[74]

普利切特之所以选择查尔斯·曼恩担任工程教育领域首次重大研究的负责人，不仅因为他是一名德高望重的物理学家，还因为他曾在柏林深造过，对普利切特推崇备至的德国技术教育模式非常熟悉；而且他当时已经加入了美国的“生活教育”促进运动。曼恩不仅是久负盛名的美国物理学会会长，还是科学与数学教师联合协会主席、中北部大学及中学联盟主席。在物理教师把科学教育同产业现实联系起来的全国运动中，曼恩同样发挥了领导作用。曼恩写道：“产业教育和纯科学学科之间并非天然地互不相容。实际上，它们是一而二、二而一的。”《道格拉斯委员会产业教育报告》在当时颇具影响力。曼恩充满热情地支持这份报告。他对克利夫兰、辛辛那提、芝加哥和马萨诸塞州菲奇堡（Fitchburg）等地高中开展的各种合作试验给予了同样热情的支持；在

① 该联合委员会初建时共有四位成员：弗雷德里克·泰勒，“科学管理之父”，代表美国机械工程师协会；约翰·哈蒙德，古根海姆矿业集团总经理，代表美国采矿与冶金工程师协会；查尔斯·斯科特，代表美国电气工程师协会；杜加德·杰克逊，代表美国工程教育促进学会。

自身工作中，他推行的教育方法“既有利于学生，又有利于支持学校所在的社区，要针对科学开展产业研究，或者面向产业开展科学研究……要成为真正教育的有力工具”。曼恩是个言行一致的人，他从一项针对企业式产业需求的调查做起，开始了工程教育的研究工作。[75]

曼恩曾对NACS会员坦承：“几个月之前，我还对工程师及其教育一无所知，因此，我首先想搞清楚的是，职业工程师们希望工科院校做到什么。”然而曼恩发现，他“从通用电气公司和西屋公司的档案里获得的详细信息”远远多于他“与工程师谈话和采访所得”。因此，在走访AT&T匹兹堡、斯克内克塔迪、林恩和纽约分公司时，他直接采用了产业界针对工程教育问题的思路，形成了解决这些问题的办法。

> 这些档案说明的最重要一点是——对我这个教书匠来说，这本身就是一次震撼——当学生走出工程院校大门、进入企业之后，用来衡量他们工作效率的指标包括直觉、机敏度、诚实、精确度、勤奋、性格和其他同类特征。从来没有哪名教师想过用这样的方式评价自己的学生。
>
> 那么问题来了：怎样让学校里的教师理解产业界的观点，明白专业人士的看法？办法只有一个，那就是由产业界的专业人士明确它的定义。这最好通过考试的形式进行——申请者必须成功通过这些考试才能获得某个岗位。也就是说，当你提出“产业界人士如何帮助教师理解他们的需求和期待”这个问题的时候，你得到的答案和下面这个问题的答案是一样的——我们会把哪种考试当作就业的指挥棒？只要为每种职业设计一种考察申请人能力的考试，并把它作为录用条件，广大院校就会迅速改变自身的教学方式，帮助学生获得通过这些考试的能力。职业引导就会因此取得进步。
>
> 我想向你清楚说明的重点是，用明确的客观性测试界定我们期望培养的能力。这种办法是最有价值的。它不仅有利于雇主单位挑选人才，而且是影响学校教学的最有力手段。[76]

作为工程教育促进学会联合委员会这项调查的负责人，曼恩用类似的语言描述了它的目标："要让学校明确认识到它的目标和理想，越来越多地认识到不断针对教育方式进行科学研究的重要性，以及运用更积极和客观的方式衡量教育成果的重要意义。"企业学校的理想更全面、更刻意地变成了大学的理想，这是史无前例的。在他为这一调查撰写的报告——《工程教育研究》（*Study of Engineering Education*）中，曼恩追溯了技术教育的历史，阐述了产业的需求，简述了当时的工程师教育方式，提出了可能带来提升的培养方式。他的建议包括心理测试、入学考试、严格的学生考评标准、针对管理岗位的商业和行政培训、岗位分类、人事体系、合作教育项目，以及大学认证的统一管理机构等。虽然这份报告的影响力在一定程度上受到了战争的削弱，但它仍然得到了有利的反响。工程教育促进学会秘书长弗雷德里克·毕晓普注意到，"该报告在很大程度上代表了工程教育的现有地位和它未来发展潜在轮廓的复合理念。"它指出了工程院校为了满足产业领域的需求而最有可能采用的未来发展形式。毕晓普认为，这是该报告的"根本结论"[77]。

第一次世界大战刚一结束，工程教育促进学会就成立了一个专门委员会，负责评估曼恩的报告。委员会最重要的建议是，高校应当采用客观性测试的形式来衡量其教育成果。他们"推动建立和采用标准或考试的形式，以此掌握学生的心智成长程度，并用教师和雇主都认可的形式来评价它"，进一步敦促高校开展管理教育。除此之外，他们还强烈建议"学会和工程协会合作，开展职位分类，帮助工科学生更清晰地理解自己为之学习和准备的工作，不断提醒教育者，教学工作的主要目的是什么"。简而言之，曼恩报告的根本建议完全形成了电气产业的教育改革项目。这些建议被工程教育者充满热情地全盘接受。威肯登研究项目的助理主任哈里·哈蒙德后来发现，"从曼恩的调查和报告算起，美国的工程院校开始了积极的、不间断的自我审视，并在学会的领导下开展研究工作……高等教育的其他领域从未投入过如此巨大的气力，让自己的学术工作跟上产业界不断变化的需求”。曼恩的报告发表于1918年，它出现在这家学会会员增长高峰的末尾：它在1907年只有375名会员，到了1917年，这个数字变成了将近1 500人。工程教育促进学会期刊《通讯》（1912年号）的一篇评论文章解释了该学会会员在1907年——杜加德·杰克逊成为主席的那一年——之后的显著增长，“尽管工程教育促进学会会员中的教师人数并未大幅上涨……但是非教师的工程师和商界人士的数量大大增加。”[78]

第一次世界大战影响了产业融合的方方面面，包括标准化、专利改革、科研的组织工作等众多领域，它同样影响了身在产业界和高校的企业教育改革者，为他们带来了“独一无二的良机”（弗雷德里克·毕晓普语）[79]，帮助他们迅速扩大活动范围。在1917年和1918年这两年里，NACS和工程教育促进学会的主导者得以控制美国的整个高等教育系统，开展了规模空前的协调工作，使企业的迫切需求充满了整个高等教育系统。历史学家威廉·艾普曼·威廉斯（William Appleman Williams）对美国的高等教育多有评论。他指出，“企业精英们

> 发现市场上的专家供大于求。他们采用的策略非常高明：打造一个庞大而无趣的职业教育系统并饰以伪装，让大多数民众把它看作大学教育。为此支付学费的家长们把它看作提升子女实力的所在，看作打开幸福之门的钥匙。它实际上是一次堪称经典的秘密政变。”[80]

企业工程师的战时活动也许是造成这一“政变”的最大原因，可以说，他们的作用是空前绝后的。这个时期值得我们密切注意。

说到把第一次世界大战看作一次“独一无二的良机”，也许没有人比查尔斯·曼恩表述得更透彻。提到这次大战对工程教育带来的可能影响，他指出：

> 进步总是遭到个人或者社群既得权利的阻碍，因此没人敢构想

> 这样一个完整的群体：它像一个单体加工厂那样运行，它的组织是为了用最智能的方式为人们创造福利。我们如今可以做到这一点。大战让很多人睁开双眼看世界，他们发现，如果把每个人的力量与组织的集体力量融为一体，每个人的收获都可以远远大于付出。而这种组织的建立就是为了让每个人各展所长、发挥创造力。
>
> 每个社区和每个州都应该建立这样的组织，现在恰逢其时，因为联邦政府本身就在努力成为一个这样的组织。这副重担最终要由工程师挑起。他们既是机械技术的行家里手，也是人才的塑造者。[81]

工程师是首先认识到这一责任的群体之一。最早尝试把大学变成“单体加工厂”的努力来自海军咨询委员会、国防委员会和国家研究委员会的企业工程师们。截至 1916 年末，他们已经着手建立途径，识别并协调全国的科学资源，并为可用的科学人才设计了一套人员索引。1917 年 2 月，宾夕法尼亚大学沃顿商学院院长威廉·麦克莱伦（William McClellan）在这个方向上又迈出了一大步；在国防委员会主席沃尔特·吉福德（他后来成了 AT&T 总裁）、总医官威廉·戈加斯（William Gorgas）以及战争部长和海军部长的合作之下，麦克莱伦组建了校际信息局，旨在“为大学生（尤其是已经获得学位的毕业生）在政府机关里安排现成的工作岗位”。两个月之后的 1917 年 4 月，为了满足军事需求，国家研究委员会成立了由罗伯特·耶基斯（Robert M. Yerkes）领导的心理委员会。它的成员包括刘易斯·特曼（Lewis Terman）、桑代克（E. L. Thorndike）、西肖尔、瑟斯通（L. L. Thurstone）、斯坦利·霍尔、约翰·沃森和沃尔特·斯科特等人。国家研究委员会的这个委员会代表了行为与应用心理学科的最前沿，它接到的任务是开发心理测试，用它来招募和分配新兵。[82]

与此类似的另一项进步是陆军人员分类委员会（CCP）的成立。1917 年夏天，沃尔特·斯科特和他在卡内基技术学院销售研究办公室的同事们加入了格伦维尔·克拉克（Grenville Clark）少校设在迈尔堡和普拉茨堡陆军训练营的副官长参谋部，他们要把自己开发的人事评分系统用于陆军。由斯科特和桑代克开发的这套系统已经成功帮助很多企业完成了人员分类，例如美国橡胶公司、温彻斯特连发武器公司、大都会人寿保险公司和切尼兄弟丝绸厂等。这些试验由销售研究办公室负责管理，并同 NACS 合作开展。[83]

有了普拉茨堡和迈尔堡的经验，斯科特成功说服了战争部长牛顿·贝克，让他相信这套系统可以根据产业能力为人们打分，发现那些有潜力成为军官的人才；贝克因此在 1917 年夏末建立了 CCP，用来落实这项工作。CCP 主要由商务人员、心理学家、工业人事管理者和“在工业人事领域有所专长的其他人”组成，它是 NACS 在陆军的绝佳代表。从名义上来说，CCP 被分为两大部分：本部和医疗部门的心理处——前者由副官长参谋部领导，后者由总医师领导。除了心理学家斯科特、特曼、沃森和沃尔特·宾厄姆（Walter Bingham）之外，CCP 成员还包括在各个军营里管理人事工作的“平民管理者”。其中包括很多企业的教育总监和人力总监，例如西电公司、西屋电气、通用电气公司、托马斯·爱迪生公司、南方贝尔公司、宾夕法尼亚铁路公司、万国收割机公司、温彻斯特连发武器公司和丹尼森制造公司等。简而言之，他们都是 NACS 的领导者。CCP 全面而详尽地描述了军队的培训需求，为 84 个工种建立了标准规范（这在当时是一门新兴技术），开发了根据测试（与国家研究委员会的心理委员会合作）来评定人员资格的方法，确立了人员与岗位的恰当匹配机制。一位研究 CCP 的历史学家在 1919 年写道：“大战当前，需要接收的人员动辄达到数万人……这套新系统必须像巨型工厂一样运转，通过严格的分工和组织来确保每一道程序彼此分开，保证大规模生产。它要像大型仓库对待货物一样分类、记录和分配大量的人员，还要按照要求完成接收、检验、分类和发送。”战争结束之后，CCP 又被委以重任，承担了大部分的复员工作并为此设计了专门方法，“帮助士兵转业，在工业战线找到新的岗位。”[84]

虽然心理委员会和 CCP 建立了测试程序和人事制度，而且它们构成了战时教育工作的核心，但是当时教育活动的主要核心是国防委员会，尤其是霍利斯·戈弗雷和他领导的工程教育咨询委员会。如前所述，戈弗雷是一位毕业于塔夫茨大学和 MIT 的电气工程师，是弗雷德里克·泰勒的弟子和同事，也是费城德雷赛尔学院的院长。他最关心的问题包括提高工程师的声望和地位；扩展教学范畴，把管理学加入其中；把德雷赛尔学院建设成为教育改革的“示范工厂”（泰勒制的信奉者通过“示范工厂”来展示科学管理的成就）。除此之外，戈弗雷这位有些怪异的极端自我主义者还在全身心推进自己高人一等的“企业家”事业。①

身为德雷赛尔学院院长和工程教育促进学会机构委员会主席，戈弗雷与全国的工程教育者过从甚密，也熟悉战争给他们造成的种种问题。最要紧的是，戈弗雷想要阻止美国重蹈英国和加拿大的覆辙，防止征兵入伍造成技术高度娴熟的劳动者的灾难性消耗。他四处游说，想把技术专业的学生留在学校里。在那里，他们可以继续学业，发挥自己对美国打赢战争的终极作用。这样一来，他们不仅可以为大学生提供军事教育，还能协调大学与军队和工业界之间的活动，让受训人员的稳定供应达到最高效率。为此，早在 1917 年 5 月，戈弗雷就召集教育界的领导者开会，要“形成一套全面的政策，加强政府与高等教育机构之间的合作，让这些机构发挥出最有效的作用”。为了迈出这一步，戈弗雷发起了“高等教育史上的一项重要运动，其价值是无法估量的”（来自阿克伦大学帕克·科尔比的评价）。如果换个视角来看，也可以说它引发了美国教育战时“政变”的第一个阶段。[85]

共有 187 名教育机构代表出席了在华盛顿特区宪政纪念堂召开的大

---

① 认为戈弗雷有些“古怪”和“肤浅”的人不止卡彭、曼恩和毕晓普；不过他们都很仰慕戈弗雷，因为他摆布他人的能力出类拔萃。卡彭曾经写道：“他开创了新事物，收获了良好的成果，我们无须考虑他的动机是什么，或者他的做法有多么粗陋。这就是比利（熟人对戈弗雷的昵称）行走世间的方式和我们敬仰他的原因。”详见 Capen’s letters to Mrs. Capen，September 2，1917，and September 11，1917；and to John A. Cousens（Presidents of Tufts），July 23，1920，in the Capen Papers in the Archives of the State University of New York at Buffalo.

会。战争部长贝克和美国教育部长克拉克斯顿（P. P. Claxton）都在会上强调了教育机构必须在战争中发挥的重要作用，尤其是供应熟练技术人员这一作用。作为回应，与会的教育者认为，应该修订课程大纲，满足技术和职业教育的需求，统一协调力量，以便“高效利用工厂、人力和设备”，敦促未到入伍年龄的学生——尤其是工程及其他技术专业的学生——留在学校完成学业，为所有身体健康的大学生提供军事培训。除此之外，他们还建议成立一个机构，在联邦教育署、国防委员会和农业部国家关系服务处之间发挥联络作用。该机构本身应当发挥联邦政府与高等教育之间的沟通媒介作用。

戈弗雷的国防委员会顾问委员会教育科由此宣告成立。它的作用是“知会所有大专院校”，组织“关于当前战争要务的一切沟通”。该委员会由戈弗雷和国防委员会的亨利·苏萨罗（Henry Suzzalo）领导，成员由教师组成，包括华盛顿大学的亨利·苏萨罗、凯斯理工学院的豪、肯塔基大学的弗兰克·麦克维伊（Frank McVey）、普渡大学的温思罗普·斯通（Winthrop Stone）、威廉姆斯学院的弗雷德里克·费里（Frederick Ferry）和哈佛大学的劳伦斯·洛厄尔（A. Lawrence Lowell）等。为了指导该委员会的活动，戈弗雷请来了自己的好友、塔夫茨大学同窗塞缪尔·卡彭。卡彭在这个新岗位上成了推动美国高等教育转型的关键人物。[86]

卡彭是联邦教育署负责高等教育的第一位专家，他当时已经是该领域一位见识渊博的杰出人物。不仅如此，他和工程师的观点并不存在本质差别。这是有充分理由的：至少在工程师们的眼里，卡彭是他们的一分子。① 卡彭的父亲是塔夫茨大学校长。他一直沿着父亲的足迹前进，

① 这里有必要指出卡彭式人物的阶级偏见。他们明目张胆地自视为“高等族群”，并对“低等人口”不屑一顾。在我们评价其教育改革努力的意义时，牢记这一点非常重要。卡彭曾在1907年向自己的妻子提到一件轶事，可以很好地说明他的阶级意识。在一次乘坐远洋班轮时，卡彭站在上层甲板上。他故意在护栏上磕自己的烟斗，只为了让烟灰落在一位统舱乘客的头上。那位乘客大怒，用“外国话”好好回敬了他一番。卡彭在信里告诉自己的妻子，“我简直学不出他的腔调，也无法再现他恼羞成怒的样子。不过这幅阶级区隔的经典画面让我足足回味了半天。这让我感到心旷神怡。”详见 Capen to Mrs. Capen, June 1, 1907, Capen Papers.

从塔夫茨大学到哈佛大学，从莱比锡大学到宾夕法尼亚大学，而且即将成为一名现代语言学教授。不过卡彭在伍斯特的克拉克大学谋得的第一份教职为他的职业生涯带来了新方向。克拉克大学本来是一所研究生学院，然而1902年的财政危机迫使它成立了本科生学院。卡彭正是在本科生学院初建时加入的。当时克拉克大学刚换了新校长卡罗尔·赖特（Carroll D. Wright），卡彭因此在新学院发展的过程中扮演了重要管理角色。卡彭的教育观受到了赖特校长的强烈影响。赖特是美国第一任劳工部长，也是产业教育支持者的领袖人物之一。1908年，年轻的卡彭成了赖特教授的东床快婿。[87]

卡彭先是在克拉克大学研究生学院学习了教育学课程，随后讲授教育管理课程并成了伍斯特教育改革的一位领袖人物。作为伍斯特公共教育协会主席，卡彭大力促进高效的公立学校管理，力图推翻“政治化”的分区制度。他在这里结识了马萨诸塞州教育委主任、AT&T原总裁弗雷德里克·菲什。卡彭的主要项目之一是大学教学管理方法的开发。这类方法当时尚未出现，或者用他自己的话来说，“本质上毫无条理和规则可言”[88]。在这项工作中，他主要与另外两位教育改革者合作。他们是塔夫茨大学工程系的塞缪尔·厄尔（Samuel Earle）和康奈尔大学西贝利学院电气工程系主任诺里斯（他是毕晓普之前的一任工程教育促进学会会长）。1912年，在诺里斯和另一位塔夫茨大学同学安东尼（时任工程教育促进学会副会长）的邀请下，卡彭第一次在波士顿出席了工程教育促进学会大会。那是工程教育促进学会与美国电气工程师协会的一次联合会议，有斯坦梅茨等电气行业的代表人物讲话，还安排了企业和校园走访，受访单位包括爱迪生电气照明公司、波士顿高架铁路公司、通用电气公司林恩总部和MIT电气工程系等。[89]

1914年，卡彭被美国教育部长克拉克斯顿任命为高等教育专家。这是他在伍斯特和克拉克大学投身教育的结果，也是他通过岳父建立的人际关系网络得到的回报。他的工作职责主要是报告所有与美国大学教育有关的运动和现状、准备大专院校的有关统计信息、对高等教育中的特殊问题开展特别调查等。1915—1919 年，他开展了广泛的调研工作，足迹遍及 12 个州的多家教育机构。他在这个过程中结识了一些美国最顶尖的教育者。其中最令他敬仰的是亨利・苏萨罗、帕克・科尔比和赫尔曼・施奈德，他们都成了卡彭的挚友；他还在这个岗位上听说了波特——一个“远在堪萨斯州的人”——和他在人力工作方面的成就。卡彭合作的另一位美国顶级教育家是卡内基基金会的亨利・普利切特。他们的合作主要集中在录取标准和高校分类问题上。毫无疑问，类似与普利切特的这种合作关系事实上至少部分印证了一部分人对卡彭的批评指责。一位北达科他州的大学教师提出，“教育部与洛克菲勒基金会和卡内基基金会同谋，费尽心机地企图控制公立大学、主导高校的政策。”[90]

卡彭开展的高校调研离不开调查技术的发展，他需要这些技术来发现“关于大学政策、录取、财政和教育效果等方面的关键情况”。他曾向自己的妻子抱怨说，克拉克斯顿部长“对教育工作的管理层面，对那些可供衡量评测的对象”毫无兴趣。卡彭决心改变这种情况。他告诉妻子，“无论我的部门做出了怎样的工作，恐怕那都会是科学化的、冷冰冰的，我对此无能为力，这让我十分焦虑。”卡彭在调研工作中得到了好友戈弗雷的帮助（作为管理专家，戈弗雷此时已经帮助费城完成了类似的调研工作）。由于他当时的工作“似乎代表着一种效率工程”，所以卡彭被邀请加入工程教育促进学会，并被列入《工程界名人录》（*Who's Who in Engineering*）。1914 年，作为一名代表教育部的新成员，卡彭在工程教育促进学会委员会上讲话并会见了毕晓普和曼恩。那是卡彭人生的一大转折点。他对曼恩佩服得五体投地；在卡彭看来，曼恩关于工程教育的研究报告是“革命性”的，他在写给妻子的信中提到了曼恩，说他“是一位伟大的思想家……我从未领略过像他这般高明的思想，几乎没人能学会他那种极具说服力的演讲艺术”。卡彭完全被这些工程师折服了，甚至在他们面前显得战战兢兢。他这样形容那次大会："堪称绝妙，那是我参加过的最好的教育会议"，他还不无兴奋地向妻子坦承，"我不够资格和他们坐在一起。我深知这一点，但是我很害怕他们也知道这一点"，尽管如此，他仍然"深感荣幸能够忝列其中，成为他们中间最谦卑的一分子"[91]。

1917 年 5 月底，卡彭成为戈弗雷执掌的教育科的执行秘书长，并成为该部门与联邦教育署的联络人。于是，曼恩的这位"谦卑的朋友"同毕晓普和同事们干劲十足地合作起来，共同"面对美国的教育现状"。卡彭在家信里写道："我会认识很多工程师和教育工作者。"[92]教育科负责检查政府和高校的发展情况，帮助它们了解彼此的工作进展。不过它当时面临的最紧迫的问题——正如戈弗雷和工程师们看到的那样——是协调技术院校与政府之间的关系，保护这些院校免受征兵和招募造成的严重人员损耗。为了应对这些问题，教育科成立了高等教育委员会，由戈弗雷领导。该委员会下设工程院校与政府关系分会。它的委员包括戈弗雷、曼恩、凯斯理工学院的豪和工程教育促进学会会长米洛·凯彻姆（Milo Ketchum），由毕晓普担任主席。

工程教育分委员会是戈弗雷执掌的所有机构中最活跃的一个。与 NACS 和国家研究委员会的会议刚刚结束几个星期，这个委员会就促成了克拉克斯顿、牛顿·贝克和威尔逊总统发表宣言，敦促学生留在学校里，尤其是工程和其他技术专业的学生们。通过哥伦比亚大学弗雷德里克·凯佩尔（Frederick Keppel）院长——他是贝克部长的秘书，后来成为战争部第三助理部长——的居中介绍，他们成功地建立了预备学生军官团，让工程、医学和农业专业的学生以在训军官的身份继续学业。除此之外，他们还向贝克部长建议，工程教育者应该受命于军队，应该委派他们"协调军队对技术人员的需求与现有教育设施之间的关系"[93]。

然而战争部并不准备采取这样的措施。在贝克部长看来，当时最迫在眉睫的问题是陆军急需普通技术人员——电工、木匠、机修工和无线电技师等，而不是工程师。在国防委员会电报电话委员会（它由

AT&T、西联公司和邮政电报公司的代表组成）的指导下，通信预备团已经在训练这样的人员，而且“正在为这项工作制订计划，准备把各种教育机构全部动员起来”①[94]。

毕晓普的工程教育委员会从军队的需求中看到，职业教育获得了前所未有的良机，可以借此机会与大学协同并发挥其作用。该委员会随即公开指出，专为管理新的《史密斯-休斯法案》② 而设立的联邦职业教育委员会不足以胜任这项工作，并且大力游说，呼吁战争部为此成立一个专门委员会。1918 年 2 月，战争部教育与特别训练委员会（CEST）正式成立。这在很大程度上得益于曼恩和凯佩尔的奔走呼号。CEST 正式接管了美国在大战期间的职业教育和高等教育，实际上也让戈弗雷的委员会的教育科变成了明日黄花。[95]

CEST 成员包括三位陆军军官：格伦维尔·克拉克、罗伯特·里斯（Robert I. Rees）和休·约翰逊（Hugh Johnson）。克拉克后来成了一名杰出的律师，他曾是陆军负责斯科特人事考评工作的军官和迈尔堡与普拉茨堡的联系人；里斯是一位电气工程师，他在战后加入了 AT&T 公司，后来接替威肯登，成为这家公司主管人事的副总裁；约翰逊在罗斯福“新政”期间成为国家复兴管理局（NRA）负责人。不过 CEST 真正的管事机构是它的顾问委员会。这个委员会由曼恩、卡彭、施奈德、皮尔森和迪茨组成。其中皮尔森是艾奥瓦州立农业与机械技术学院院长，迪茨

① 1917 年 10 月，在德雷赛尔学院建校 25 周年之际，戈弗雷指明了这项工作的可能方法。他把德雷赛尔学院当作自己的“示范工厂”，为到现场祝贺的观众们带来了题为《大学的家国责任》（The Service of the College to the State）的演讲：“关于工业动员，我们都听说过很多。依照我的粗浅见解，它是对民间力量的动员，而教育是这一力量的重要组成部分……教育和工业终将走到一起。我们如今只有一个目标和想法，那就是为国家服务。”令人钦佩的是，戈弗雷当时不顾卡彭所说的“有组织的教师阴谋集团”的反对，指出了课程大纲是怎样按照职业和军事路线的需要而扩展的。在场的其他演讲者——包括卡彭、毕晓普、苏萨罗和范德利普等人——都认同这一新特征是教育改革的重要一步，认为它将满足战争的需要，而且能满足工业界在战后的需要。详见：Edward D. MacDonald and Edward M. Hinton, *Drexel Institute of Technology, 1891 – 1941* (Philadelphia: Drexel Institute, 1942), pp. 59 – 65. Capen to Mrs. Capen, July 15, 1918, Capen Papers.

② 见下文第 321 页。

是西电公司教育总监和 NACS 主席。

CEST 分为四个主要部门。职业培训部负责所有普通岗位和技术培训工作，主任是西屋电气的教育总监钱宁·杜利。战争事务部负责确切阐释战争问题，由 MIT 的弗兰克·艾德洛特构思并直接管理。① 教育标准与考试部分为两个委员会。它们与 CCP、医疗部门的心理处以及国家研究委员会密切合作。其中负责人员分类的委员会由 AT&T 的维纳尔领导；协调与需求委员会由迪茨、施奈德和里斯共同领导。最后是大学培训部，由 MIT 校长理查德·麦克劳林领导。CEST 另设一个出版部门，由 MIT 电子工程专业合作课程主任廷比领导。除此之外，CEST 还在全美设立了地区级机构。波特是负责中西部 15 个州教育机构的地区总监；其他区级总监包括亨利·苏萨罗和威廉·威肯登等。[96]

贝克部长在宣布 CEST 成立时做了一番解说，明确它的成立宗旨是"为了结合陆军的需求而组织和协调全国的教育资源……为了代表战争部与全国教育机构处理关系，为了在大专院校与战争部之间建立各项政策并实现这些政策的标准化"[97]。实际上，在大战期间，美国军队的教育工作落在了 AT&T、西电公司和西屋电气的教育总监手上，落在了对工程教育实施企业式改革的支持者领袖的手上。

CEST 的早期工作包括在大专院校推广战争目的课程、获取支持。这项工作由艾德洛特、卡彭和全国战争问题教育大会的拉尔夫·巴顿（Ralph Barton）负责，主要目的是唤起民众对战争行动的支持。它开展的第一个大型项目是在杜利的职业培训部以及教育标准与考试部领导下的职业培训项目。1918 年的整个夏天，职业培训部一共培养了 20 个基本岗位的 3.8 万名应征入伍者。这项工作的基础是 CCP、医疗部门的心理处还有国家研究委员会（尤其是沃尔特·斯科特、瑟斯通和刘易斯·特曼）共同编写的全面岗位规范。这一规范的编写运用了智商测试、

---

① MIT 的艾德洛特教授是战争目的课程的创造者和导师。详见：Samuel P. Capen, letter to George Zook, March 16, 1920, American Council on Education Archives.

能力倾向测试和斯科特的评分体系。在维纳尔的领导下，他们开发出了当时最复杂精密的系统，用来“根据资质分配受训人员，以符合不同军事部门的需要”，并把心理测试程式和人事分类技术引入高校。除此之外，在廷比的带领下，他们还设计并发布了一种史无前例的短期课程，用来开展技术、工种和军事科目的密集训练。[98]

协调与需求委员会是上述所有工作的信息集散中心。它获取和提供的信息主要涉及军队的用人需求，包括用人的数量和时间，教育机构现有的供应情况，包括院校、课程、年龄和班级等各个方面，以及人员的成功或失败情况。除了引进最先进的人事管理方法，提供最好的产业服务之外，CEST 还在大战即将结束时为产业界提供了可供援引的、极富价值的信息库。举例来说，1919 年 1 月，杜利为国家无线电学院提供了 CEST 关于已完成无线电操作员或无线电技师课程的人员数据。不过，CEST 职业培训部对产业界的最重要贡献是为更好地开发人事管理新方法而开展的大规模试验。实际上，自从杜利在联邦教育署的支持下召开那次大会之后，开发的号角几乎从未停歇过。那次大会是为了“思考一类计划与方法对产业教育的长期影响。这里提到的计划与方法是在战争的迫切压力之下开发的，目的是在制订计划时最好地利用由此获得的经验”①[99]。

尽管 CEST 的每个部门都取得了辉煌的成就，但是对于美国高等教育的未来而言，没有哪个部门的贡献能与大学培训部相提并论。它的工作重点基本上就是教育和训练大学生，为战争输送军官。1918 年夏天，杜

① 到了 1940 年，迪茨和杜利再次把他们的经验用于军事用途。他们和通用电气公司的迈克尔·凯恩（Michael Kane）以及美国钢铁公司的威廉·康诺弗（William Conover）合作，在第二次世界大战期间建立并主持了应急训练项目。他们培训了将近 200 万名岗位督导人员，开发了名为“业内训练”（TWI）的正式计划。他们在战后成立了 TWI 基金会，由杜利担任主席。该基金会负责 TWI 技术的推广，使之成为全美国和整个西欧提高生产力的手段。详见 MS thesis，1954，School of Industrial Management，MIT，MIT Archives；Fred Tickner，*Training in Modern Society*（Albany：Public Affairs Monograph Series，State University of New York at Albany，1966），p. 112.

利设计了一个新计划，它就是后来的学生军训练团（SATC）①。它的设计初衷是避免无差别的志愿参军或征兵对大学造成不必要的损耗，它为学生提供了一种“确切而直接的军事身份”，同时把他们留在学校里。这是为了把“学生群体中的大部分人培养成高价值的军事资产”。当时的应征年龄是21岁，所以，18~21岁的年轻学生“被鼓励在校入伍，加入SATC项目”；如此一来，他们算是服了兵役，归属军事当局，也就是CEST当局指挥。

整个1918年夏天，曼恩一直在为这个计划四处奔走游说，他不断地和贝克部长谈话，还不止一次地向威尔逊总统汇报。等到麦克劳林在一番耽搁之后终于被任命为大学培训部部长时，卡彭在给妻子的信里写道：“大局已定”。他还提到，在听到SATC计划时，麦克劳林大声说：“啊！你要干的事儿比成立一个教育部还要大……它的未来不可限量，它的意义无与伦比。”[100]卡彭完全同意。他和曼恩到海军部“争取合作机会”，他们还获得了国家研究委员会的支持。卡彭写道：“用不着画图，科学家们也能清楚看到我们在战争部CEST上下求索的是什么。他们的热情支持和并肩作战的强烈愿望为我们带来了双重慰藉。”国家研究委员会的约翰·梅里安姆（John Merriam）向卡彭透露，“这是大学有史以来做过的对未来影响最为深远的事。”就在曼恩、麦克劳林和戈弗雷为SATC计划积极游说的同时（据卡彭讲，他们“和威尔逊总统一样广受崇敬”），卡彭也开始“设计并开展宣传活动，在全国范围内推广这一计划”。要做到这一点，他必须首先说服大学教师。[101]

教师们已经为战争自发组织起来了，这在很大程度上是戈弗雷于1918年5月在华盛顿特区召开的大会促成的。1918年1月，芝加哥大学校长亨利·普拉特·贾德森（Henry Pratt Judson）召开了全美主要大学协会的执行委员会会议——贾德森也是最初推动曼恩加入物理教师运

① “纽约标准石油公司的教育总监杜利先生是SATC教育工作的真正创始人和领导者”。Capen, letter to George Zook, March 16, 1920, American Council on Education Archives.

动的人。出席会议的教育者要求威尔逊总统采取措施，迎接即将到来的全国教育战时总动员。这一动员将统一管理，协调一切力量，激励国防行动。当月晚些时候，他们在华盛顿特区会见了卡彭、克拉克斯顿和戈弗雷，协调国防委员会、联邦教育署和战争部之间的工作关系。卡彭很快当选为组织委员会主席，获得了领导权。这个委员会里还有毕晓普、曼恩和里斯。在它的建议下，负责统一管理大学活动的教育应急委员会（ECE）成立了。卡彭的委员会提出，“教育应急委员会的目标是

> 将我国教育机构的资源更彻底地置于全国政府及各部门的支配之下，以期通过这样的理解与合作增强公立院校、职业院校和大专院校的爱国力量，促使它们持续不断地为国家输送训练有素的人员、更加有效地解决战争期间和战后出现的各种教育问题。”

在卡彭看来，教育应急委员会将为他和 CEST 带来“在全国推动 SATC 计划”的具体方法。[102]

一部关于大学在第一次世界大战期间作用的历史近作指出，美国的教育者故意允许，甚至刻意促进了大学校园的军事化。卡罗尔·格鲁伯（Carol Gruber）这样写道：

> 大学校园的军事化没有遇到坚持原则的反对意见，尤其没有遭到教授们的反对，这让人感到万分讶异。谈到把大专院校变成军事训练营这件事的意义，人们找不到美国学者对此的系统评价，反而会对他们热烈拥抱下面这一概念时表现出的喜悦畅快而感到错愕不已：大学在战时成了美国“必不可少的产业”。确实，学术圈里的人通常对 SATC 鄙夷有加，认为它是失败的；但是他们的不满仅仅是因为该项目运行不畅，而不是对它的目的表示反对。[103]

正如卡彭在写给妻子的信里反映的那样，他在教育应急委员会的经历也证实了这一评价。不仅如此，他还认为，教育者们很明显被那些设计出 SATC 的工程师们震撼了或者吓到了。这很像卡彭最初被曼恩震撼

甚至吓到的情形。就算有一些坚持原则的反对意见，他们也不敢说出来，因为害怕自己显得不够爱国，或者担心人们认为自己无论是智力还是实践能力都比不上强有力的工程师们。有了陆军权威的支持，CEST 领导者们当然表现出了惊人的力量，远非学者们能够匹敌。卡彭因此把教育应急委员会形容为"我们遇到过的最驯服的组织。它只会服从指令，无论这指令多么令它失望"。不久之后，他又扬言，"我和曼恩成功说服了委员会那群人采用了我们的路线，他们会支持大学生，不是为了大学，而是因为陆军提出了这项措施……他们听懂了我们的话，同意再次按照我们的意见办。"[104]没有人会认为卡彭所说的"我们"指的是美国最大的 12 所教育机构①的代表们。

成立 SATC 的最后一道障碍是联邦教育署，尤其是它的署长。卡彭曾经写道："克拉克斯顿署长无法理解 SATC 的意义……他还活在 1917 年——毕竟时过境迁了嘛！"卡彭简单地认为自己站在一场教育革命的中心，在极大兴奋的催动之下，他对联邦教育署领导迟缓的行动由批评逐步升级为愤怒。卡彭宣称："他就是个不负责任的混球。他让事情变得令人难以忍受；和我们比起来，他还生活在一年之前。他还在从调查角度谈论问题，还在用老一套管理学校。他还想着国会也许会派专家——更多的专家——来研究美国教育的这些有趣的发展阶段，然而美国的教育正在他的眼皮底下发生着日新月异的变化。"既然无法让克拉克斯顿明白 SATC 的意义，卡彭索性决定把他完全排除在外。他写信告诉自己的妻子："最让人安慰的是，他无法为害，就算没有他，这台机器也照样运转。"[105]

SATC 终于获准成立，卡彭兴高采烈地宣布："各大机构终于走上了正轨，其中大多数盛赞我们，说我们不仅拯救了全国的教育，而且拯

① 它们是：美国科学促进会、美国大学教授协会、美国高等院校协会、美国大学协会、城市大学协会、美国农学院及试验站协会、美国赠地大学与州立大学联合会、美国医学院校联合会、天主教教育协会、国家州立大学联合会、全国师范院校校长委员会以及全国教育协会等。

救了所有受过教育的人。”他对妻子透露：“不谦虚地说，我觉得他们的称赞是对的。”[106]1918 年夏天，SATC 正式成立，结果总医官、总工程师、总军械官、通信长和军需长全部转向了 CEST。卡彭指出：

> 无论是学生还是教师，所有到了应征年龄的男人，他们的命运都和大学联系在了一起。因为他们已经是或者可能成为这五个部门陆军预备役的候选人。换句话说，如今大学与征兵的关系完全掌握在我们手里。我们可以决定哪些教师或者学生留下来，哪些应该上战场……通过 SATC 和预备役，我们可以把该留的人留在校园里。[107]

SATC 当然是一项了不起的成就。工程教育者和企业人事官员们事实上成了军职人员，被赋予监察大学的职责，他们深刻体会到了戈弗雷成立第一个委员会（即高等教育委员会）的本意。

随着 SATC 志愿体系的全面运转，CEST 的成员们充满骄傲和兴奋地看着大学变成了军营、学生变成了士兵。卡彭这一时期写给妻子的家信也反映了大战带来的这一超现实场面：这些人身处战事之中，却带着一种奇异的轻快心情看待战争的恐怖。卡彭愉快地写道：“刚一到匹兹堡，毕晓普就拉着我参观了匹兹堡大学的兵营和那里的学生兵。他是处理这些事情的奇才，而且他做梦都想把它做得越来越大。”一个月之后，卡彭去旧金山参加了 SATC 的地区大会。他写信告诉妻子，“大会的最后两天，我住在旧金山普西迪基地的军官营房里——那里好玩儿极了，

> 他们表演了一场演习、一场野外操演，还为我们举办了一场军官训练团的阅兵仪式。我之前从未见过拼刺刀练习——它实在很吓人。挖战壕和跳出战壕的训练还有其他活动我也没见过。那是个很漂亮的地方，就在金门大桥旁边。”[108]

1918 年 8 月，CEST 战士们的迷梦被猝然击碎；由于在海外战场遭

受了出乎意料的损失，美国把征兵年龄降低到了 18 岁。新形势对志愿 SATC 形成了严重的威胁。CEST 必须想出一个合适的办法，既要保住大学里正在受训的军官生，又不会显得过分偏袒大学生、歧视他们没上过大学的同龄人。按理说，他们那时负有同样的入伍义务。CEST 的创新者们用一个新方案解决了这个问题，那是他们提过的最大胆的方案，目的是真正把大学抓在自己手里，它就是强制加入 SATC。按照当时正在实施的 SATC 最初方案，大学是独立于战争部的；实际上，只有志愿加入的 SATC 项目直属于军事当局——虽然它“强烈建议学生们志愿加入”。曼恩、麦克劳林和凯佩尔再次出马，游说推动新的强制方案，以此解决战争带来的紧迫的新要求。这一方案的公开宗旨是“高效利用大学的厂房、设备和组织，挑选和训练后备军官，以军用技术专家的身份服役，满足当前的战事所需”。正如科尔比后来描述的那样，这一新方案“等于政府接管大学，把它们变成军官训练营，具体工作由战争部负责实施”。既然 CEST 变成了战争部下属负责教育事务的办事机构，实际上它此时已经掌控了美国所有的大学，无论是文科、技术、商业、农业、医学专业的院校，还是法学、药学、牙医学或者兽医学专业的院校，以及所有的研究生院和一切教育机构。美国的教育就这样被置于公司产业的教育和人事总监的军事权威之下，被置于新的、打着企业招牌的工程教育领导者的支配之下。[109]

教育改革者们因此获得了梦寐以求的机会。科尔比欣喜地宣布，SATC 会让他们一举扫平多年来碍手碍脚的学术障碍，抛弃陈腐冗赘的做法，顺利实施课程改革，引进现代化人员管理与测试程序。沃尔特·斯科特被委以“恰当安置 SATC 成果”的重任，他称之为“战争行动过程中能想象得到的最大动作”。面对全新的改革前景，最激情澎湃的人非弗雷德里克·毕晓普莫属。这位来自匹兹堡大学的工程教育促进学会全国秘书长即将走马上任，成为一名“将军”。他在工程教育促进学会的内部期刊《通讯》（当年 9 月号）上高调宣传了这项新计划，他用大写字母写下标题：一次千载难逢的良机。[110]

> 实际上，战争部已经在10月1日通过CEST掌控了大专院校。所有身体健康、年龄不低于18周岁的男性学生都将加入SATC。
>
> 这意味着，旧有的研究型课程实际上已经废止，取而代之的是更短期、更集中的课程，它专门针对陆军的特定需求训练合适的人员。
>
> 由此而来的变化为工程教育者带来了绝佳的机会。这个机会是任何一名教师都未曾见过的。大纲的修订、教学方法的更张、新材料的引进，一时俱备。如果放在和平年代，即使是这些变革的冰山一角，恐怕也需要动辄数年的宣传推动之功。
>
> 同CEST职业部门训练中心打交道的工程教师们……学到了很多宝贵经验，学会了如何为特定行业训练人才。如今，工程教师们应当把战争部一手打造的新课程当作试验场，一种可以按照曼恩的报告中的路线孕育思想的试验场……它可以满足产业界对训练完备的人才的日常需求。
>
> 另一个获得独特机会的组织是工程教育促进学会，它可以在可能的范围内开发出最佳的协调方式。大战一旦结束，重建时期将接踵而至，它有利于帮助人们提前做好准备，以便在那时大展身手。[111]

1918年10月1日，新的SATC在全美国的500所大学里正式推出，美国的高等教育正式归入军方麾下。为了展示协调工作达到了怎样的水平，CEST命令所有学校采用一模一样的典礼形式，并且在同一时刻召开。里斯指出："美国的历史必将铭记今天，因此，应该让人们通过一种符合其意义的方式看到它。"就这样，在美国东部标准时间的正午，美国大地上的每一所校园都准时响起了国歌，接下来是对国旗宣誓和朗读威尔逊总统的贺电。随后宣读当日的总命令："此时此刻，全美国有你们超过15万名的同袍，他们同样肃立听命，接过自己作为美国陆军战士的新使命。"阿克伦大学校长科尔比后来回忆，"那是令人难忘的场面，是美国高等教育系统的重要时刻之一。”[112]

在新方案的指导下，CEST 的整个运行被彻底重组为两大部分：A 部分负责与大学有关的所有工作；B 部分负责所有涉及职业训练的工作，包括全美国的训练中心在内。在方案启动后的 5 个星期里，SATC 共计组织了 527 所大学，共有 15.8 万名新兵入伍，超过 1.5 万名新候选人入选军官训练团。借助这一全新的强制性项目，CEST 把心理测试（其中最引人注目的是大名鼎鼎的阿尔法智商测试和贝塔智商测试）和人事体系引入了大学，从此打破阻碍、创造了公司产业必需的“高效教育机制”[113]。

强制实施的 SATC 为企业改革者带来了一次前所未见的良机，帮助他们实现了“政变”的目标。然而这次机会并不长久；11 月 11 日的停战让所有人措手不及，包括 CEST 的成员在内。然而大多数美国人并没有像他们那样大失所望。CEST 在最后的报告中深表遗憾，“因为没有更多的时间来完善训练团的组织，尚有一部分阻碍未及清理。我们相信，只需要再多 60 天的时间，这些阻碍就能彻底清理……这应该不会是军事训练与大学学术训练之间的最后一次合作试验，更不会是结论性的试验。”[114]战争让企业教育改革者打着军事上便宜处置的幌子推行自己的产业目标；战争的结束带走了军事上的权威和“伪装”，他们不得不打起各式各样的“试验”旗号。然而，因为从这一运动开始的第一天起就在有意识地加紧准备，所以他们没有浪费一点时间，径直开始了这一转变。

第九章　技术即人

——高等教育的产业化过程之二

美国的教育系统影响着公共效率和个人机会的平等。它是把人的头脑用于公共目的的专门系统。要让这一前景变得更加实际有效，这是大学教育者的直接责任……我们早已在科学方法上做到了足够明智；很快地，我们要在教学方法上做到同样明智。对整个社会来说，通过智识经验处理人才问题远比处理物质材料重要得多。然而，实体技术始终占据着崇高地位，而与人有关的技术尚未赢得这样的地位。[1]

——亨利·苏萨罗

从对企业教育改革活动造成连续性干扰的角度来看，从战争到和平的转变并不强于 1916—1917 年从和平到战争的转变。如果非要说些什么的话，战争反而为这一连续性带来了新的媒介。正如查尔斯·曼恩说的那样，虽然“CEST 的实际成就让委员会大喜过望”，但是实际上，它的成员们发现自己的工作才刚刚开始。全国企业院校协会、工程教育促进学会、最新成立的 CEST 和隶属于陆军的人员分类委员会以及各种心理学委员会继续推进那些始于企业学校和工程院校的活动，在此过程中，上述组织里的改革者们得到了四大全国性机构的赞助和支持：美国陆军、永久性机构国家研究委员会、永久性机构教育应急委员会——后更名为美国教育理事会（ACE），以及工程教育促进学会。战争让他们明白地看到，在“军事训练和军纪的影响之下”，教育改革工作能够获得多么巨大的发展潜力。谈到学生群体在军事政权支配下焕发出的更高效率，无论是在身体健康方面、礼貌培养方面，还是风险与自我牺牲精神的养成方面，卡彭都不是唯一的发现者。第一次世界大战之后，改革者们通过这些新的机构寻求新的方法，试图“保留战争训练时期创造的这些实在的益处……它们是战争结出的最好果实”[2]。

1916 年的《国防法案》（The Defense Act）不仅促成了 CEST 的建立，而且让它的成员在和平时期继续保有军事地位和军事权威。它事实上按照 1862 年《莫里尔法案》的精神批准建立了一家陆军教育机构。该法案的早期影响之一是在“平民教育机构”中建立了美国预备役军官训练团（ROTC）。第一次世界大战期间，ROTC 各单位与预备学生军官团合并。后者是毕晓普负责工程教育的分委员会不懈坚持的结果，它的目的是保护 21 岁以下的工科学生，使他们免于征兵入伍。然而刚一停战，就在 SATC 进行复员工作的时候，CEST 就开始重整 ROTC，并把它作为自己的主要工作。同年 12 月初，陆军总参谋部战争计划处成立了 ROTC 部门，并把它划归 CEST 领导。该委员会的最后一次报告上写着，“ROTC 的行政管理由 CEST 负责。因此，CEST 将继续活跃在我国的教育组织当中。”1919 年 8 月和 9 月，这些组织陆续更换了名称，但是人们看到的还是那些熟悉的面孔。CEST 正式解散，但是战争计划处成立了崭新的教育与娱乐部门（简称 E&R 部门）。该部门的负责人是里斯上校。他要监管陆军的一切教育工作，包括 ROTC 在内；它的平民顾问委员会由曼恩主持，成员包括塞缪尔·卡彭，时任美国教育理事会主席；詹姆斯·安杰尔（James Angell），来自耶鲁大学和国家研究委员会；弗雷德里克·凯佩尔，时任美国红十字会外事关系主任，他即将成为卡内基基金会的新任主席。这个新的教育与娱乐部门将负责管理军队在 20 世纪 20 年代的一切教育活动。[3]

尽管拨款遭到了缩减，ROTC 的登记人数仍然从 1916 年的 3.5 万猛增到了1925年的12万。这个项目在大学校园里维系军事存在，并且由此把“军纪”的种种益处扩展到了本已活跃的陆军之外。从产业界的立场来看，同样重要的是校园里的ROTC单位可能帮助工程学科利用政府经费培养未来的军官，在纯粹的军校教育之外另辟蹊径。不过在军队内部教育改革者的活动中，ROTC发挥的实际作用较小。教育与娱乐部门实际上是新的“国民部队”的先声。这个概念是1920年修订的《国防法案》提出的。该法案试图通过各种教育活动、行业协会和ROTC项目推动军纪的延伸，把它产生的道德活力扩展到国民生活的每一个领域。所谓“国民部队”的提法极大扩张了军事活动的范畴。它如今的目标是为可能的兵役训练所有国民，帮助他们做好准备；这一军事信条把为产业进行的训练等同于军事培养。这正中企业的下怀，和企业对调整工业战线、聚合经济单位的需求不谋而合。

战争的结束并不代表“大学军事培养”的落幕；它仅仅意味着这样的训练如今只能在部队之外开展——不穿军装，本来战时也是如此——由全国各个教育机构负责实施。教育与娱乐部门的各单位划分完全仿照其前身CEST，包括职业和技术教育、一般教育与考试等几大部分。在一般教育的旗帜下，该部门努力促进体育健康，培养态度和倾向，帮助人们“认识并忠于美国的习俗和理想”。该部门的领导者们要求一些组织——例如全国业余运动联合会、童子军、基督教青年会（YMCA）和女童军营火会（Camp Fire Girls）等——负责制定健康标准，即各个年龄段的青少年应该达到怎样的具体健康指标；它还与联邦公民训练委员会①合作，推动适宜的公民教育。[4]

不过教育与娱乐部门的主要活动是围绕职业和技术教育委员会展开的；这个委员会的主席是查尔斯·曼恩。它在成立时特别强调，要把始于人员分类委员会、CEST以及战时各个心理部门的人事工作推进下去。

① 它由美国联邦教育署、联邦职业教育委员会、退伍军人局、劳工部归化局以及其他负责“美国化”问题的多家机构组成。

曼恩写道："如何选人、如何培养人、如何做到人尽其用——这些是人力有效利用的基本问题。无论是在军事单位还是平民生活中都是如此。"教育与娱乐部门最紧迫的任务是"把军事动员中已经被证明有效的做法创造性地推行下去，更好地组织人力；巩固战争期间在人力方面取得的成果，即统一、可靠、迅速地完成人员选拔、分配和训练的方法"。如此一来，教育与娱乐部门利用政府资金资助了产业人事问题各个方面的研究工作：岗位描述和规范，人员能力评估技术，根据职业规范进行人员评价、分类和定级的系统等。截至20世纪20年代初，该部门已为117种技术熟练职业起草了详尽的规范，即所谓的"工作单"(job sheets)。它的立足点是基于"单元操作"的分析。在此基础上，该部门进一步扩展了人员分类委员会在战争期间建立的"职业类别表"(occupational index)。它还以威廉·廷比在战争期间的工作为模板，出版了23种职业手册，供短期课程教学使用；1920年夏天，在全国企业培训协会、国家研究委员会和美国教育理事会的合作下，该部门针对军官和平民开展了密集的产业和教育就业指导培训；它还在考试中尝试了各种试验，试图"完善战争期间用过的方法，让这个领域的工作在军队内外取得协调一致的进展"。[5]

位于伊利诺伊州的格兰特营（Camp Grant）是教育与娱乐部门开展早期考试工作的试验中心。它被称为该部门的专门学校。1920年6月，《国防法案》修订通过后，这所学校被四所永久性专门学校取代［这四所永久性专门学校分别位于亨特堡（Fort Hunt）、汉弗莱堡（Fort Humphries）、荷拉柏堡（Fort Holabird）和韦尔（Vail）］。战争计划处变成了作战与训练部（G-3）。然而顾问委员会纹丝未动。除了休闲以外，这些专门学校里的活动包括阿尔法测试和贝塔测试在受控条件下的试点应用。这两项测试是罗伯特·耶基斯的国家研究委员会在战争期间开发的，用作确立岗位规范和补充人员训练与评级的基础。1922年6月，由于军事拨款的进一步缩减，这两项测试工作被限制在韦尔营的范围之内——那里是军队的通信学校，得名自 AT&T 总裁的大名。之所以选中这所学校，是因为它距离纽约市和“那些了不起的电报、电话和无线电企业总部比较近……有利于军队与民用产业在人事研究问题上的密切合作”①。

除了联合研究项目之外，教育与娱乐部门还与 AT&T 合作，把韦尔营开发的试验性人力流程应用到工业实践当中。首批项目落地切萨皮克和华盛顿的波托马克公司。这些项目的成果让曼恩做出了这样的预测：“我们可能在两三年之内……为这个领域打造出一套标准术语和培养方法。”它们既可以帮助工业领域的劳动者为可能的兵役做好准备，也可以帮助军人做好转业进入工业领域的准备。[6]由此可见，陆军教育与娱乐部门在工业领域的人事及培训技术开发中发挥了重要作用；在国家研究委员会、美国教育理事会工程基金会和美国管理协会（原来的 NACS）的合作之下，它随后还协助建立了全国人事评级委员会和人事研究基金会。它们在这类工作中发挥了信息交流中心的作用。

美国陆军曾是在和平时期继续推进 CEST 各项活动的唯一机构。授权成立永久性机构国家研究委员会的行政命令为它的长久存在提供了又一条途径。在国家研究委员会之内，由耶基斯领导的心理委员会是它与陆军保持联系的纽带。第一次世界大战结束时，耶基斯在心理委员会最后的报告中描述了战时测试和人事评级工作取得的成就。它们极大提高了“作为一门科学的心理学与作为一项技术的心理学之间的关系的地位”。他还指出，该项工作的成果将很快发表，“这对军方和其他政府部门有利，同时对工业和教育领域也大有裨益”②。

① 因此，丝毫不足为奇的是，这些试验的结果与电气和电话行业的需求“恰好”吻合；教育与娱乐部门确定的阿尔法得分或职业关系如下：103 ~ 120 分，电气操作工程师；87 ~ 102 分，电工、无线电总报务员；72 ~ 86 分，仪器维修人员；57 ~ 71 分，电话安装人员；46 ~ 56 分，电报线路工人。

② 如需进一步了解战时经验对产业界人事流程的影响，可以参阅：Loren Baritz, *The Servants of Power: A History of the Use of Social Science in American Industry* (Middletown: Wesleyan University Press, 1960).

> 大家都看到了，国家研究委员会这个委员会和陆军心理团队对实用心理测量方法的贡献正在发挥深刻影响。它不仅影响着心理学者，而且影响着教育者、工业领域的雇主以及各行各业的专家们。陆军的心理研究服务显著推进了精神工程学的进步，确保精神评定方法及时地用于解决教育机构和产业领域里的评级和工作分配问题。[7]

早在1919年6月，国家研究委员会就已经开始协调各类产业和教育的战时成果在和平时期的应用。为国家研究委员会提供资金支持的工程基金会建议它满足“并行不悖的研究需求，在工业医学、心理学、管理学和工程学等领域……借助广泛的调研计划全面覆盖产业人事问题——包括智识上的、道德上的、身体上的和心理上的每个方面”。在各个部门完成初步讨论之后，国家研究委员会成立了产业人事研究委员会，专门负责起草方案，发现和提出至关重要的研究和试验领域。担任该委员会主席的是耶基斯（他此时已成为国家研究委员会人类学与心理学部门主席）和卡彭（他此时担任国家研究委员会教育关系部门负责人）。[8]这些领域包括劳工动荡及由此造成的人员流动率过高、生产率过低和成本过高；从生理及病理层面审视与健康、效率及工业生产率相关的劳工问题；以及正在进行中的产业就业的分析、分类及规范等。该委员会还提议，针对劳动激励方案和缩短每周工作时长开展试验，想方设法地阐明“产业指令要素……科学地选拔、分派和擢升员工”。最重要的是，它力图打造消除劳动者误解与偏见的方法，在学校里清除关于产业的不良倾向和谬论，逐步理解和应对麻烦制造者的心理和精神问题。由此可见，产业人事研究委员会从一开始就看到了新时代资本主义社会生产的全貌，抓住了战后企业秩序的迫切需求。他们还提出了一个重要问题，它不仅挑战了很多管理者在大战之前的习惯假设，还打开了消费经济的大门。这个问题就是：想要实现持续不断的产业繁荣，不断提高生产力是唯一可能的道路吗？[9]

1919年8—12月，在联邦基金会的资助下，产业人事研究委员会召开了一系列会议，与多家组织的代表讨论上述问题。这些组织包括全国人事经理联合会，它在大战期间成立于纽约州的罗切斯特（代表该组织的是西屋电气的鲍尔和托马斯·爱迪生公司的马克·琼斯）；国家工业会议委员会（它的代表是主席马格努斯·亚历山大）；NACS（它的代表是纽约爱迪生公司的亨德肖特和迪茨，后者当时供职于纽约标准石油公司）；此外还有美国商会。尽管出席会议的代表们一致同意，每个集中式人事机构都应邀请美国劳工联合会代表，但是他们最终认为，更明智的做法是等到这个项目初具规模时，再邀请塞缪尔·冈珀斯加入。① 趁着劳工代表缺席的机会，马克·琼斯提议，新的组织应当考虑语言文明问题。琼斯抱怨："普通工人之间的对话过度表现出一种污秽粗俗的性质。它鼓动的心态必将成为最大的温床，孕育一切摧毁道德的不良影响。"[10]

国家研究委员会系列会议产生了永久性组织人事研究联合会(PRF)②。它成了美国人事问题的核心研究机构。人事研究联合会担负着多项职责，包括信息收集与传播、激励研究、研究机构的协调工作、问题的阐述与研究的分配，以及支持人事问题的相关培训等。最重要的是，它集众多机构的人事活动于一身，包括美国劳工联合会、工业研究

① 到1920年11月时，冈珀斯已经受邀加入了这一项目，不过他当时得到的保证是一切工作尚未开始，他将从头参与这项工作。产业人事研究委员会在接触冈珀斯时可谓小心翼翼——他们向冈珀斯保证，工程基金会"绝无可能被视为资方代表"，而且从未向他提供过任何书面材料。实际上，他们没有看到的是，冈珀斯非常乐意为这项事业做出贡献；他把产业进步欣然视为劳工的进步，他甚至提出，应该邀请来自全国公民联合会（一个以全美最进步企业领导者为成员的组织）和泰勒学社（Taylor Society，科学管理论坛）的代表加入这项事业。详见：Alfred Flinn, memo on Conference with Samuel Gompers, December 9, 1919; and Gompers to Flinn, July 14, 1920, NRC Executive Committee, NRC Archives.

② 人事研究联合会的主要支持者和启动者包括：卡彭，来自国家研究委员会教育部门和美国教育理事会；耶基斯、康福特·亚当斯和詹姆斯·安杰尔，他们来自国家研究委员会；弗兰克·朱厄特和阿尔弗雷德·弗林（Alfred Flinn），来自工程基金会；沃尔特·斯科特、沃尔特·宾厄姆和比亚兹利·拉姆尔（Beardsley Ruml），来自斯科特公司及卡内基学院人事研究办公室；罗伯特·里斯，来自战争部和AT&T。里斯担任人事研究联合会秘书长。

局、美国劳资关系协会（前身为全国人事经理联合会）、泰勒学社、国家经济研究局、卡内基技术学院人事研究办公室、国家工业会议委员会、美国劳工统计局以及联邦政府的其他机构。来自企业的力量空前集中在这家机构里，力图实现人这种“原材料”的标准化，以形成人人讲求效率、以逐利为己任的美国社会。[11]

除了协调产业领域的人事研究，国家研究委员会还对职业术语的标准化和岗位规范的撰写做出了贡献。尽管人事研究专注于人员有用性的度量问题，但是这些工作同样重视恰当岗位的分析问题。这一领域的主要推动者是陆军教育与娱乐部门的查尔斯·曼恩。1922 年 11 月，曼恩已经在战争部和 AT&T 的联合支持下开展了两年的试验工作，他推动国家研究委员会支持成立了一个中央协调机构，“旨在协调全国的职业规范撰写和术语定义工作”。曼恩敦促道，“既然美国国防的基础是国民部队”，那么产业界的需求和陆军的需求就是不谋而合的，因此“管理职业技能纯熟的劳动者”就是他们的头等大事之一。

> 如何让这一问题的所有努力……归于同一道路？如何指引它们走向共同的目标，在全美国使用整齐划一的标准化术语？如何激励技术院校和各行各业制定更精确的职业规范？如何按照政府机构和行业组织构想的那样统一协调术语和职业规范？想要实现术语的标准化，想要做到岗位规范的协调一致，我们应当成立什么样的中央协调机构？[12]

在战争部新任部长约翰·威克斯（John W. Weeks）的支持下，曼恩取得了与国家研究委员会的合作。后者赞助他在 1923 年 1 月主办了一场关于职业术语标准化的大会。这次会议成立了新的全国人事评级委员会。这个委员会代表了所有关心岗位规范、职业术语、人事测评及定级标准化实施工作的政府、产业、教育和工程机构。如此一来，面向产业的测量和“原材料”标准化运动就与人的标准化运动合流了。[13]

1923 年 1 月这次会议的讨论提出了这样一个问题：谁来负责实现

术语和规范的标准化?曼恩指出,“假如把这项工作交给军方,它会立刻陷入失败的厄运,因为人们不会关心军用分级”;但是话说回来,如果“简单地把它交给商会和用人单位,这项工作也会出现极大的缺陷,因为人们会想,这不过是诱骗工人、压低工资的又一伎俩。反之,单独交给劳工组织也是行不通的”。那么,究竟该由谁来集中负责这项工作呢?曼恩指出,这个问题唯一可行的答案是“由教育机构正式负责该工作的具体实施”。

> 这些规范不仅对行业和员工具有巨大的价值,而且对教育具有根本意义。这是因为,人们早已公认,我国的教育系统没有生产出一种可供产业领域使用的现成产品。最根本的困难之一就是缺乏规范,没有清晰地阐明教育机构应该尽力做到什么,所以它具备一种最基本的教育含义。因此所有人都愿意把这个问题交由教育机构负责。这些机构拟就规范,与各个行业合作确立这些规范,再把它们带回校园,用来定义教育的目标。教育机构决定教学课程的组织方式,培养合格的人才,实现上述规范确立的目标。[14]

曼恩认为,教育机构应该挑起全国岗位规范和职业术语标准化的重担——因为无论怎样,真正根据这些规范和术语来培养人才的还是教育机构。总体而言,新的全国人事评级委员会里的政府代表以及教育界和产业界的代表也抱有同样的想法。这个委员会发挥的是与这类活动有关的信息交流中心的作用,绝大部分的实际工作是由全国的教育机构完成的。为了协助教育机构完成这项工作,国家研究委员会在整个 20 世纪 20 年代资助了多项研究和多次会议。1923 年,瑟斯通成为国家研究委员会人类学与心理学部门总监。他曾依靠工程教育促进学会的支持,在工程院校广泛开展过职业指导试验。从那时起,这个部门就成了“高校的信息中心和服务机构”,它还赞助过很多其他活动,例如智商测试、录取测试、考试、学生分级、人格特质和职业指导等方面的研究。1923—1925 年,该部门组织了一系列会议,讨论“职业咨询”问题,会议聚焦如下问题：分析各类职业所必需的心理及生理特性、依照职业目标评判或量度个体学生心理及其特性、管理大学和高中的就业指导工作等。

1925年，人类学与心理学部门和美国教育理事会（此时曼恩已经成为主席）、美国大学注册协会、人事研究联合会以及国家研究委员会的教育关系部门合作，逐步走向大学生人事问题的统一研究和系统研究。这个项目是波特20年前在堪萨斯州立大学发起的。其中最活跃的与会者是那些在工程院校里推进教育改革的领导者们，这些人关于这项工作的最初经验来自以科学为根基的行业的合作院校。[15]

国家研究委员会教育关系部门的资金来自洛克菲勒基金会通识教育委员会。它的领导者是卡彭、里斯、耶基斯、曼恩、泰勒、安杰尔、艾德洛特、西肖尔和普利切特。除了它的主要职能——从研究工作和科研工作者培养的角度调查美国的教育机构——之外，教育关系部门还承担了"天才学生"的研究工作。这项工作是由艾德洛特领导的。它直接带来了全美大学的"荣誉项目"；此外还包括针对按能力分班、大学生选拔、录取考试、大学职业分配与就业指导服务开发等问题的研究工作。卡彭当时已经是布法罗大学的校长。由他担任主席的美国教育理事会主要处理"行政管理部门的可能重组，这是为了节约时间、提高整个教育过程的效率"，并进一步推动"冷冰冰"的科学教育工作。早在10年之前，他就以美国联邦教育署高等教育专家的身份开始了这项工作。然而国家研究委员会教育关系部门从未成为改革活动的中心。在整个20世纪20年代，它始终困于资金的匮乏，更重要的是，它参与的主要改革活动都是由其自身成员在别处完成的，比如工程教育促进学会和新成立的美国教育理事会等。[16]

和第一次世界大战前一样，战后工程教育改革的主题仍然是产学合作和管理教育。曼恩的报告极富开创性，它曾前所未有地宣传过这些教育目标，不过受到了战事的暂时影响。然而大战终究还是渲染并深化了这份报告的主旨。比如，堪萨斯大学的沃克院长在1919年秋天发现，“总体而言，高校里的师生似乎从未像现在这样渴望新思想的交锋……人们认识到，技术院校是产业系统的真正组成部分，这种思想越是生动大胆地被提出，产业氛围就越会占上风。”后备工程兵团在大战期间的军官训练工作让沃克和他的同事们深刻认识到管理教育的必要性，要广泛地培养人才，帮助他们做好准备，有朝一日走上战争和工业战线的领导岗位。沃克还注意到，

> 大战极大促进了这样一种思想：要测试和评价人才，把它作为测定人员能力的手段。智商测试（或者心理测试）和行业技能测试的作用是最明显的，人格特征分级系统也不逊色……各大院校都在开展这项工作，这已经达到了蔚然成风的程度。从一开始，去粗取精、为产业领域雕琢合适的人才……始终是一道难题。任何一种系统，只要有助于解决这道难题，就都会受到教育者的欢迎。[17]

曼恩本人在工程教育促进学会期刊《通讯》上评价过大战对工程教育的影响。他重申了自己在战前的结论，曼恩敦促指出：“产业界和高校之间必须建立更紧密的合作，要更多地重视价值和成本核算。”曼恩重新提出了自己报告中的主题，他发现，在1862年《莫里尔法案》的支持下，“很多新学校自称‘工业大学’，但是他们很快就把‘工业’二字从校名中剔除了，唯恐在学术江湖里失去地位。”然而到了战后，“如果有机会，它们一定会充满自豪地重拾那个曾经被自己弃如敝屣的‘姓氏’”，建立一个“真正意义上的大学，把自己的根基牢牢扎在产业的土壤里。”[18]

实际上，大战的经历已经把战前的合作试验推向了更高的全国层面。有了陆军人事定级和军官培训的新鲜经验，工程院校的教育改革者们开始构思更大规模的合作：整个产业界会提供高校急需的工作规范和聘用需求；高校会为产业界提供补充测试和人才的培养、选拔和分配服务。谈到这种大生产式的教育方式，温彻斯特连发武器公司财务主管在

1921 年撰写的一篇文章也许是最好的论述：

> 工科毕业生的雇主也许比教育专家更有资格评判工科院校的教育“产品”。话说回来，假如工科院校的“产品”规范是确定的，那么，教育专家远比雇主更有资格对这一教育过程做出评判。[19]

1920 年春，时任德雷赛尔学院院长霍利斯·戈弗雷开始尝试为这种合作建立战后第一个全国机制。作为弗雷德里克·泰勒的弟子，戈弗雷很早就号召在工科院校开设科学管理课程。就在一年之前，他刚刚在德雷赛尔学院正式推出了工程教育的合作项目。然而戈弗雷新事业的规模远不止于此。和产业界的众多领导者一样，他当时满心考虑的问题是，可供产业界使用的、训练有素的人才过度匮乏。造成这一过度匮乏的原因是战争伤亡、高校的流失、移民的减少等等。为了改善这种情况，他构思了一项庞大的产学合作计划，其中包括“联合工作规范”的准备。它同时涉及技术人员和管理人员。戈弗雷因此在德雷赛尔学院召开了一次大会，来自东海岸多所高校的代表和约 75 位企业高管出席了这次大会，力图“研究出一种适用于高校的、切实的技术训练课程，以满足美国工业的具体需求”。戈弗雷提出的方案包括建立一个同时代表教育界和产业界的联合委员会。这个委员会将“定义具体类型的产品规范，使之对教育机构有用并且易懂……它会审阅产业界提交的规范并做出评价……它会提出意见并使之在不同类型的教育机构中传播”。这个联合项目雄心万丈，为了代表产业一方，戈弗雷成立了新的管理学教育委员会（CME）；同时，在教育方面，他说服自己的好友、当时的美国教育理事会主席卡彭成立了一个专门委员会，负责与各行业的合作（这个委员会由卡彭、毕晓普和曼恩组成）。[20]

在德雷赛尔大会结束后的一年里，戈弗雷大力推广新的管理学教育委员会，称之为“把战时工作延续到和平时期的唯一组织”。他为行业期刊撰写文章、召开新闻发布会，利用他在战争期间获得的声望取得了很多产业家的支持，包括迈阿密铜业公司的山姆·刘易森（Sam Lewisohn）在内。刘易森是美国管理协会的首任会长。然而这个项目到1921年底彻底崩溃。它唯一的成功之处是起草了一套仅仅覆盖了一个行业的联合教育规范样本——这项工作主要是由曼恩完成的。该项目失败的原因不止一个。第一，这个项目相当庞大、难以驾驭，需要长期的耐心调查。这不是单凭戈弗雷的三寸不烂之舌就能推动到位的。第二，当时的产业家普遍对戈弗雷浮夸油滑、自高自大的做派抱着谨慎态度，教育者们也是一样。除此之外，美国教育理事会始终对这个项目不冷不热，它之所以被拉入其中，只是因为卡彭和戈弗雷的个人交情。① 最后一点，也是最要紧的一点，是本来最有可能支持戈弗雷项目的那些实业家和教育者们正在着手打造一个类似的项目。支持这个项目的是两家树大根深的组织——工程教育促进学会和国家工业会议委员会（NICB）。[21]

国家工业会议委员会是马格努斯·亚历山大的智慧结晶。早在1914年担任通用电气公司人力总监时，亚历山大就倡议建立一个产业研究部门；对劳工流失这一复杂问题的深入研究让他深信，必须建立起某种机制，帮助产业界研究迫在眉睫的社会和经济问题，设计并推广解决方案，并由此培育可能具有颠覆性的政治改革。亚历山大指出，这样一个委员会也许会意识到，比如说，

> 工伤立法是不可避免的，它是对我国民众经济理念的必要反应。可以认真研究这个问题……为在各种立法机构的陈词做好准备。同时，它也可以教育雇主单位，帮助它们更好地理解这个问题，提出更加实际、合理而稳健的方案。这样一来，无论在哪个州，只要民意呼吁工伤立法，我们都可以应付裕如。结果必定是更

① 卡彭从一开始就倾向于由工程教育促进学会掌控这个项目的教育一面，这样他就可以把时间用于打造一个广泛坚实的基础，更好地支持美国教育理事会。而戈弗雷完全不想和工程教育促进学会打交道——1918年，他在竞选工程教育促进学会主席时经历过一番激烈的竞争，最终落选。戈弗雷想要得到美国教育理事会的支持，还因为它既代表文科院校，也代表技术院校。

高的政令一致性和更高的法规安全性与可行性。虽然这个千载难逢的机会已经消逝，但是类似有利于高效合作的机会此刻就摆在这里，我们不应该对它视而不见，任它从眼前溜走。[22]

为了推动他的“产业研究部门”计划，亚历山大在卡茨基尔山脉的雅玛农舍（Yama Farms Inn）召集了一系列的雅玛工业效率会议，并在那里款待美国商界的各路精英。和亚历山大并肩推动这项事业的还有他的朋友们：西屋电气副总裁洛亚尔·奥斯本、通用电气公司总裁赖斯、AT&T 前总裁弗雷德里克·菲什、纽约国民城市银行总裁弗兰克·范德利普等。在 1915 年 9 月的第二次雅玛工业效率会议上，他们倡议成立国家工业会议委员会，为亚历山大最初方案中提出的需求服务。1916 年 5 月，NICB 正式成立。[23]

在成立的前四年里，NICB 主要由全国铸造者协会的威廉·巴尔（William Barr）和全国制造协会的领导者们把控。他们并不认同通过自由合作主义的道路解决社会问题的思想。因此，这个委员会发挥的是自由雇佣（open-shop）宣传平台的作用，一时站在美国反工会力量的风口浪尖上。NICB 是美国最重要的 12 家雇主协会的代表组织。这 12 家雇主协会共计代表 1.5 万家雇主单位（雇工比例高达全国总数的 75%）。这就不难理解，为什么劳工会把 NICB 视为反工会组织，视为在管理层面的主要反击目标（为了应对 NICB 的成立和巴尔极具挑衅意味的反工会言论，铁路工人兄弟会被迫与美国劳工联合会建立了防守同盟）。不过到了 1920 年，亚历山大和最初构思这一委员会的企业自由主义者们重新获得了 NICB 的主导权，开始转向它最初设定的方向。为了表达善意，他们发表了公开宣言，明确宣布“从此以后，委员会会远离一切政治活动”。①[24]

20 世纪 20 年代，摆在 NICB 乃至整个产业界面前的最紧迫问题之

① NICB 继续发挥企业式产业“研究部门”的作用，它如今被简称为“大会委员会”。

一是熟练技术人才的匮乏，尤其是工商管理专业人才的奇缺。以科学为根基的产业的领导者们（如亚历山大、赖斯和奥斯本之流）当然对这些问题再熟悉不过。因此，1921 年夏天，在工程教育促进学会的合作下，由亚历山大发起的一个合作项目成立了。它的宗旨是在全国范围内解决这个问题。[25]

与此同时，在教育界，工程教育促进学会本身也开始把“大战的果实”付诸实践，提升工程院校的地位，使之更好地为产业服务。1919 年，该学会大大扩展了工科学生的心理测试工作。这项工作是 1915 年由瑟斯通在卡内基学院开创的，它最初的覆盖面非常有限。① 瑟斯通当时在芝加哥大学工作，他借鉴了耶基斯在大战时期在国家研究委员会和人员分类委员会的经验，在工程教育促进学会的支持下，他在 29 个工科院校开展了大量的就业指导测试试验。截至 1927 年，他已经建成了一套针对各种（作为工程学科基础的）心理特质的评价流程，并且建立了就业指导服务机构，引导有能力的高中生选择工程师作为终生职业。除了测试和其他人事流程之外，工程教育促进学会还在 1920 年开始聚焦全国工业教育的合作工作并为此投入了空前的力量。在 1920 年的主席致辞中，亚瑟·格林选择的主题是“从教育者的立场看预备院校与产业界之间的合作需求”。这一致辞和随之而来的讲话传递了同一个信号，哈德逊汽车公司总裁罗伊·查宾（Roy D. Chapin）探讨的主题是对格林的主题的补充：从制造商的视角审视教育与产业的合作；塞缪尔·卡彭阐述了管理学教育委员会的目标；AT&T 人力总监威廉·威肯登报告了该公司一项全国技术及管理人才的调查结果，他当天演讲的主题是“作为企业领导者的工程师”。每位演讲者都在强调同一个

① 在大战之前，哥伦比亚大学的桑代克教授也设计过类似的测试，主要针对在西屋电气工作的电气工程专业的高年级学生和研究生一年级学生群体。这项工作的合作者是查尔斯·曼恩、哥伦比亚大学的凯佩尔院长以及西屋电气的杜利。他们还合作开展过其他工作。他们后来都在战时 CEST 中担任了重要职务。可参阅：Mann's *Study of Engineering Education*（Boston：Merrymount Press，1918），pp. 70－71.

重点：全国产学合作的迫切需求和扩大工程教育课程范围，帮助工程师做好成为企业领导者的准备，更好地把控战争凸显的工业生活的复杂性。[26]

在新任主席查尔斯·斯科特的领导下，工程教育促进学会执行委员会在下一次年会上推动工程教育沿着这一方向发展。为了把曼恩报告中的各项方案付诸实施，工程教育促进学会成立了一个专门委员会。其中最活跃的成员包括沃尔特·斯科特、杜加德·杰克逊和弗雷德里克·毕晓普。该委员会成立后不久，马格努斯·亚历山大联系了斯科特和杰克逊，提议成立一个联合机构，协调两个组织的互补活动，即由 NICB "从产业界人士，即工程师雇主的角度和执业工程师的角度" 掌握这个问题，同时由工程教育促进学会 "从教育的视角" 走近这个问题。其结果就是工程教育联合顾问委员会的成立。其中 NICB 的代表除了亚历山大之外，还有哈德逊汽车公司的霍华德·科芬和西屋电气的总裁赫尔。工程教育促进学会的代表多是合作运动的先驱者：辛辛那提大学的赫尔曼·施奈德、MIT 的杜加德·杰克逊、哈佛大学工程学院的休斯和纽约大学的罗伊。联合委员会的主席由弗雷德里克·菲什担任。由此可见，工程教育联合顾问委员会实际上是 MIT 和通用电气公司的合作项目上升到了全国层面，因为这两个组织的班底是同一群人。[27]

工程教育联合顾问委员会的第一个项目是赞助关于技术人员和管理人员问题的初步调查。调查结果由 NICB 发表（其中最全面的研究报告名为《工程教育与美国工业》①；委员会还针对电气、化学和金属等行业发表了篇幅稍短的专门报告）。亚历山大提出的基本主旨是：教育是 "工业系统的一条大动脉"，教育承担的主要责任是培养年轻人，使之 "有效地为工业服务"。就这个主旨而言，上述报告本质上都是它的变体。1922

① Oliver S. Lyford, *Engineering Education and American Industry*, Special Report Number 25 (New York: NICB, 1923), published also as "The Engineer as a Leader in Industry," SPEE Proceedings, XXXI (1923), 135–265.

年，亚历山大向工程教育促进学会厄巴纳大会发去电报，正式呼吁开展一项关于美国技术教育的重要合作研究。亚历山大在电报里写道：“作为工业系统的一分子，我们对工程教育的兴趣是热诚的。我们全心全意地盼望与工科教授合作研究基本问题。为工程教育和产业界之间的关系打好必不可少的基础。这样一来，工程师的培养就会更高效，他们就能更有效益地服务产业界。”[28]工程教育促进学会主席斯科特毫无意外地对亚历山大提议的研究提供了强有力的支持。在工程教育促进学会与美国科学促进会的一次联席会议上，他曾表明自己对教育的看法。他的看法和亚历山大的看法相差无几：

> 产业形成组织，工程通过这些组织利用自然的力量和原料，组织和引导人类活动，为人类谋福利。今天，执业工程师和产业代表们与工程教育者协会的同人们共聚一堂；这是产业未来领袖的聘用者与培养者的一次大会，是团结的大会，是胜利的大会。
>
> 假如铁轨的用户和厂商坐在一起开会，他们一定会讨论铁轨的用途，把服务分出不同的等级，思考过去产品的败笔在哪里，在化学分析和冶金处理方面作一番考证；他们会发现生产过程中可以改进的地方，在使用中作一番鉴别。管理人才、技术人才和行政领导人才也是一样的道理。这更困难，得到的关注反而更少……试问，来自工程领域和工程教育领域的代表们开过几次这样的会议呢？然而他们是这一关键“产品”的使用者和生产者。让我们努力就自己想要的结果达成一致，确定如何实现它和使用它。有多少类型各异的年轻人可以分别培养，满足千差万别的需求。[29]

就在 NICB 持续开展技术和管理人员产业需求调查的同时，工程教育促进学会也在继续推进机构建设，以便开展关于工程教育的重要研究，调查可供满足这些需求的现有工具和潜在手段。1922 年夏天，发展委员会正式变为调查协调委员会，它是工程教育促进学会用来指导这项研究的专门机构。① 在接下来的一年里，它为这项研究提出了一个纲领；亨利·普利切特为这项工作提供了帮助。他当时是卡内基基金会的临时主席——当合作计划在 MIT 孕育成形时，他正是 MIT 的校长。1923 年，卡内基基金会选出了新的主席弗雷德里克·凯佩尔。我们都记得，凯佩尔曾是战争部第三助理部长，曾在 CEST 和 SATC 的创办中发挥作用；上任伊始，他就知会工程教育促进学会的新任主席波特，卡内基基金会非常乐意支持这项研究。工程教育促进学会为调查协调委员会选择的主席是威廉·威肯登。他此前已经帮助 AT&T 主持过一项技术教育调查，给人们留下了深刻印象。威肯登当然对委员会的成员都不陌生；此前在 MIT 工作期间，他曾作为学校的代表管理过通用电气公司合作课程。[30]

著名的工程教育促进学会威肯登调查项目由此诞生了。它的合作方包括 NICB、美国联邦教育署、多家全国工程学会，以及美国电气工程荣誉学社（Eta Kappa Nu）等。②

威肯登的工程教育研究是当时关于美国产业对技术人力需求以及满足这些需求所需的教育手段的一次最全面的调查。它覆盖了大约 150 所学校在六年内的合作情况，包含了针对以下问题的研究：本科课程结构、课程的社会内容及经济内容、工科大学的功能及范畴、美国及欧洲的技术教育历史、合作式技术教育的价值、工科学位、研究生教育、教

① 该委员会成员包括斯科特、杰克逊、毕晓普、波特、里斯、金伯尔、艾德洛特和西肖尔等人——他们都是合作式教育的领袖人物。

② 除了卡内基基金会的最初拨款，该项目还获得了以下机构的资金支持：普利切特管理之下的卡内基教学促进基金会、工程基金会、通用电气公司、西屋电气、AT&T、西电公司、底特律爱迪生公司、西联电报公司和石威公司等。个人捐资者有：英萨尔，联邦爱迪生公司的掌门人；弗雷德里克·普瑞特（Frederick Pratt），他的父亲是约翰·洛克菲勒在标准石油公司的合伙人，他本人也是普瑞特学院的院长；詹姆斯·麦格劳，他是出版帝国麦格劳-希尔的创始人，他是从获取电气行业主要期刊的所有权起家的，例如《电气铁路期刊》（*Electric Railway Journal*）和《电气世界》（*Electric World*）等。麦格劳是美国电气工程师协会和全国电灯协会的终生会员，也是这个行业的精英分子们的密友。详见：*Report of the Investigation of Engineering Education*（Pittsburgh: Society for the Promotion of Engineering Education, 1930），Ⅰ, 15, 16.

学队伍、教学质量、毕业生与非毕业生在成就和经济地位方面的比较、入学条件、测试以及失败的原因等。威肯登的团队调查了毕业生、非毕业生、教师、产业雇主单位和执业工程师的意见，他们要科学地总结现行教育方式的缺点，并提出克服这些缺点的手段。该项目出资开办了面向教师的暑期课程，并为学生和教师提供了进入工业领域的就业机会；它交出了首个关于技术学院的重要研究；它还提议，如果把大学调整为培养未来经理和高管的场所，那么就应该调整学制两年的技术学院，满足产业界对于技术工人的需求。不难想到的是，这个为期六年的研究项目的主要建议是呼吁产业界与教育界更加密切地合作，倡导拓宽课程，为未来管理者同时提供最基本的科学训练和社会科学训练。[31]

威肯登的调查成了工程教育界在整个20世纪20年代的关注焦点。除此之外，NICB还在工程教育促进学会和NICB联合委员会的支持下提出了关于产业需求的更多报告。[32]产学合作这一主题以及为工程师提供管理学训练这一主题还得到了其他方面的促进，例如全国电灯协会各个教育委员会，以及一系列的贝尔集团教育大会。后者既面向技术院校，也对文科院校开放。在里斯的管理下，贝尔集团教育大会分别在1924年、1926年和1928年召开。1926—1930年，美国管理协会主席山姆·刘易森也在自己位于纽约市的家里召开过一系列工程教育者的非正式会议。他的宗旨是在学校里推动劳资关系教学。[33]所有这些工作，尤其是威肯登的调查工作中，最长久的成果是1932年工程师专业发展委员会（ECPD）的成立。

在工程教育促进学会调查协调委员会的支持下，一个新成立的委员会专门负责与各工程协会之间的合作。该委员会与美国机械工程师协会的一个委员会协同工作。后者当时正在开展一项关于工程师经济地位的研究。① 1932年，美国机械工程师协会委员会提议成立永久性机构，统

① 美国机械工程师协会的这个委员会由以下人士组成：赫希菲尔德，电气工程师和底特律爱迪生公司的科研总监；劳尔，费城煤气厂厂长、著名的科学管理拥护者；德克斯特·金伯尔和威肯登本人。

一指导一切与工程教育和职业实践有关的活动；这一举措的主要支持者包括威肯登、毕晓普、杰克逊、美国机械工程师协会主席赖斯、斯科特、赫希菲尔德、里斯和波特。新成立的 ECPD 和最初一样，都是由四大创始协会（即美国机械工程师协会、美国电气工程师协会、美国土木工程师协会和美国采矿与冶金工程师协会）加上其他机构组成的，它们包括工程教育促进学会、美国化学工程师协会以及国家工程监理委员会的全国理事会。它的直接目标是建立和推行“底线职业标准”，为职业人士自我监管确立指导方针。它可以成为工程师的防御堡垒，让他们免受州政府强制执照的束缚。不过它的终极目标还是把控工程行业的方方面面——从头至尾地全面把控。

ECPD 的关注焦点是工科学生、工科院校和执业工程师。总体而言，它关注的是落实威肯登报告内容的长期项目。它很快就成了公认的核心机构，统管与工程行业有关的所有问题，包括大学认证、职业道德规范、实践能力认定、高中生招聘等，它还在总体意义上规定了什么是美国的职业工程师。与此同时，它宣布了企业工程师和它们特有的、标志性的专业主义的胜利。在那时，职业成功的标准含义是沿着企业的职级阶梯一路攀升。专业教育的标准含义既包括对基层工作者的技术教育，也包括为产业界培养企业管理者的教育。ECPD 的第一任主席是底特律爱迪生公司的科研主管赫希菲尔德。在它的 21 位首届委员中，有 12 位投身企业产业领域，3 位是 AT&T 的在任副总裁或原副总裁，1 位曾经担任西屋电气的教育总监，还有 1 位在通用电气公司从事过早期教育工作。① 美国的技术教育和工程行业的训练变成了企业产业体系的一个组成部分。这是历史上不曾有过的。[34]

虽然这一切发端于工科院校和以科学为根基的工业企业，但是到第

① ECPD 工科院校委员会主席是 MIT 校长卡尔·康普顿；ECPD 职业认证委员会主席是费城煤气厂厂长劳尔；ECPD 职业培训委员会主席是 AT&T 人力总监里斯。统管 ECPD 早期教育活动的领导者有威廉·威肯登，他当时是凯斯理工学院校长，以及里斯、查尔斯·斯科特、杜加德·杰克逊、波特和弗雷德里克·毕晓普。

一次世界大战结束时，美国企业对于美国教育的改革运动早已远远超出了这两者的范畴。1921 年，全国企业培训协会的一项调查发现，当时的产业领域已经存在“对高等教育机构的逐渐依赖，把它当作新员工的供给来源”，而且“很多商业人士对高等教育作为用工要素的偏见正在被快速纠正”。这项调查指出，“产业界明显乐于接收那些未经考验的、没有经验的新人，并通过必要的培训和规范把他们塑造成各自需要的模样。”企业开始逐渐招收兼职工或暑期工，以便“考察潜在的员工”，并且“让招聘经理的候补名单上总是列满前程远大的候选者”。这项调查还发现，越来越多的企业同学校分配部门和管理者就具体培养问题和所需人才展开“谈判”。查尔斯·曼恩欣喜地发现，“产业界开始意识到自己从根本上来说也是教育性机构”，院校和产业之间的屏障正在慢慢消融。[35]

院校和产业逐步融合最明显的反映发生在学校，尤其是大学里。早已在教育机构里得到应用的管理原理改变了高等教育的面貌。托斯丹·凡勃伦在 1908 年写成了《美国的高级学术》（*Higher Learning in America*），并在 10 年之后出版。他为这本书选定的副标题是“关于商人左右大学行为的备忘录”。凡勃伦观察发现，

> 商业原则影响学术事务的最直接、最明显和最无从避讳的表现就是用企业式方法来管理学术常规。这立即造成了科层式组织和会计式学术体系……因此，商业式的根本假定前提似乎是：学术是一种可供交易的商品，它可以按照标准单位计件生产、评价、买卖、度量和计数，可以通过非人的、机械的测试使之沦为批量生产的等值物件。因此，商业原则对大学的侵入看来会减弱和阻碍学术追求，进而损害大学赖以存在的目的。[36]

凡勃伦明白，他眼中“大学赖以存在的目的”，即对知识的自由追求，正在遭受挫败，它的巨大潜力正在遭到抑制。这都是因为它被纳入了大型商业企业更大的封闭框架之内。作为全新的产学合作成果，“对

知识的追求”会获得可观的社会地位和资金支持，但它不再真正“自由”。尽管探究的自由仍将继续存在并被捍卫，可是它如今变成了曼恩所说的“有节制的自由”，一种“守规矩的能动性”，它被导引进入其赖以维系的资本主义产业体系之中，而不是与其作对。[37]不过在凡勃伦的学术同辈当中鲜有人认同他的看法。这不足为奇。他们期望新的支持所能带来的直接益处无非是自己的努力最终在整体上是有用的，是与企业制度的要求相一致的。来自企业的改革者从未要求美国所有高等教育工作者们认识到其工作的有用之处，更不会指望这些工作发挥出终极作用。恰恰相反，他们建立了一种机构工具，“暗中”把学术活动相互关联起来，由此使得这样的认识变得不再必要。

曼恩是另一位在第一次世界大战尾声评价高等教育的“教师”。对他来说，战时急务带来的种种改变意味着大学即将迎来一个新的时代，意味着产业和企业黄金时代的到来。曼恩提出：“学生军训练团的组织体现了几种大的概念。它们对全国教育体系的发展具有根本性的重要意义；学生军训练团统一了所有的高等教育机构，让它们变成了训练全国学生的单一整体……仿佛把它变成了一所名叫山姆大叔的大学。”在曼恩看来，这一协调教育工作形成了“一套模式，它完全可以成为未来的方针”。除此之外，大战的经历还为美国的高等教育带来了一种全新的目标意识和服务精神。随着大战的结束，孕育这种精神的紧迫要求不复存在了。想要让新型企业秩序的这一信条长久地延续下去，就必须找到新的办法。

> 学校必须意识到，就像陆军已经意识到的那样，每一位公民都是某个方面的有用之才。教育系统的一大职责就是发现每个人的能力，然后培养它，使之发挥作用。陆军开发的各种人才评价、分类、定级和分配方法同样可供学校使用……期待广大学校的培养计划能够带来同等规模的良好成果。[38]

为了指导这项新使命，各大高校纷纷要求成立一个集中式组织，帮助“这个军方管控的体系长期存在下去”。曼恩观察发现，“我们需要的是一个联邦教育委员会或教育部，或者一所足以识别全国性教育问题的大学……”[39]美国教育理事会在战火中应运而生，它的宗旨就是满足上述需求。

从一开始，这个组织的成立就是要在曼恩和他的CEST同事的控制下统一协调全国大学的战时活动。教育应急委员会的前几次会议是在卡彭的办公室或者华盛顿的精英会所宇宙俱乐部召开的。这些会议由卡彭主持。他当时的身份是联邦教育署高等教育专家。来自陆军的强势发言人主导了这些会议，包括里斯、曼恩和毕晓普等。卡彭在第一次会议之后写信给自己的妻子，他写道：“教育应急委员会需要一些指导。”[40]

教育应急委员会的活动重心并不是战争本身，而是紧随战争结束而开展的和平时期重建工作。教育应急委员会的成立宣言明确指出，该组织的建立是为了“持续不断地保证供应训练有素的人才；为可预见的战后重建这项重要工作做好准备”。事实上，在成立仅仅两个月之后，教育应急委员会就变成了一个永久性组织，更名为美国教育理事会。意味深长的是，美国教育理事会的成立大会是在MIT召开的；其章程的执笔人是MIT数学系主任泰勒——他是杜加德·杰克逊的密友，也是新成立的美国大学教授协会（AAUP）主席。在首次会议上，美国教育理事会在战后活动中鲜明的产业导向表露无遗：曼恩设法邀请美国商会加入这个理事会；毕晓普设法邀请了全国企业院校协会；曼恩设法邀请了国家工业教育促进会——它是一家由亨利·普利切特和马格努斯·亚历山大领导的改革组织。[41]

美国教育理事会诞生于第一次世界大战的烽火硝烟中，作为一家代表美国高等教育的中央机构，它把全国最大的教育协会整合在一起。这在美国历史上是第一次。卡彭写信给妻子说：“高等教育领域最具影响力的人们都对这个理事会满怀信心，希望它早日成立。”他还自豪地补充说，人们“很乐意听从我的领导”[42]。大战刚一结束，卡彭就成了这个美国最重要的教育组织的首席执行官。他当然清楚意识到了未来的种种可能性。

> 教育大计在美国的发展一度杂乱无章。这让我们不断遭受挫败。年复一年，为了这种短浅的目光和因此造成的制度缺失，我们付出的代价日益惨重。由于缺少统一的机构，一致的行动永远是不可能的……如今，一个统一的机构终于成立了。它将鼓励讨论、集中观点，并且最终在有关教育政策的重要问题上形成统一的行动。[43]

有了在联邦教育署的工作经验，更重要的是，有了在工程教育促进学会和战争部的经验，卡彭能够很好地预见“教育政策的重要问题”可能是什么。他致信署长克拉克斯顿——也就是那个“不负责任的混球”——指出了文科和理科院校急需更多技术教育和学科。他还向塔夫茨大学的一位朋友宣讲“技术教育的新福音”，呼吁“同商业组织开展更加紧密的合作”。他信誓旦旦地告诉自己在 CEST 的前同事迪茨，“我相信，摆在美国教育界面前的最重要的问题之一是教育机构与产业及商业问题之间的关系。”[44]

美国教育理事会与产业界之间的密切关系最早，也最显著的表现是它成立了产业合作委员会。为了从教育一侧协调霍利斯·戈弗雷的合作计划，它必须成立这样一个委员会。不过美国教育理事会为了巩固产学合作而做出的努力远远不是戈弗雷那个小小的计划所能容纳的。美国教育理事会的主要目标是从整体上逐步重塑美国的高等教育，把它变成一种高效机制，真正让有效的产业合作变为可能。这一宏大事业在很大程度上体现为两位教育家的努力。一位是卡彭，他在 1922 年之前一直担任主席一职，在随后的 20 年里，他始终是执行委员会里最活跃的成员；另一位是曼恩，他在 1923—1934 年担任理事会主席。他们都对技术教育中的企业式改革运动抱有最根本的强烈认同，由衷地支持大战期间“军事训练所产生的教育成果”。(所以，在“掌舵”美国教育这艘大船的同时，他们都继续留在美国陆军的平民顾问委员会中。他们把这两个角色看作实现同一个目标的不同手段。这个目标就是打造一个对产业界的需求做出迅速而热情反应的教育体系。）1934 年，曼恩让位给乔治·祖克（George Zook）。作为阿克伦大学校长科尔比的继任者，祖克继承了最早从市立大学发端的产业合作传统。当时美国教育理事会的会员单位包括 79 家全国和地区教育协会、64 家教育及相关领域的全国机构、954 家机构会员单位——包括大学、学院、中学、公立及私立学校系统，以及产业企业的教育部门等。[45]

美国教育理事会的工作主要围绕三条相互交织的活动主线展开。第一条主线指向战时确立的集中式管理机构的长期化，以及随之而来的政府及产业机构教育管理权威的扩张。第二条主线涉及美国教育规程和机构分类的标准化。它与战前卡彭在联邦教育署开展的调研活动一脉相承。第三条主线指向以科学为根基的产业战前开发的测试、评定和指导流程在教育机构内部的展开。CEST、陆军人员分类委员会以及各种各样的战时心理委员会共同把这项工作推向了一个前所未有的先进水平。这项关于人事问题的工作成了新的教育科学的立足之本，也成了美国教育理事会的金字招牌。[46]

教育权力的集中是美国教育理事会领导者的头等大事。尽管美国教育理事会代表了美国全部的重要教育协会，但它对教育问题的权威和之前 CEST 领导者习以为常的权力完全不可同日而语。因此，他们从一开始就寻求某种合法的权力——也就是来自政府的权力，从整体上管控美国的教育。卡彭后来写道："早在理事会成立之前，我就笃定必须成立一个代表机构，一个能够俯瞰全国高等教育事业的更高机构。"与广泛的代表性和俯瞰视角同样必不可少的还有统一机构的建立，这样才能有力地统一管控全国的教育行动。曼恩观察指出，"美国的中央教育组织需要一个研究型机构，一个树立目标、确立标准的机构。我们可以称之为教育组织的总参谋部。"它将按照"陆军总参谋部"的方式运行，包括按照集中命令确定的目标分派非集中的具体职责。曼恩指出，"这一原则在商业组织里顺利获得了同样的认可。"[47]

按照这一路线，美国教育理事会的初期行动之一是成立一个特别委员会，调查可供企业工作之用的公共资源。这个委员会的职权是“研究如果当前和未来的公共收入发挥更完全的经济作用，这将会在何种程度上维持和发展我国的义务教育体系”。与此同时，为了给这项工作提供杠杆作用，美国教育理事会开始推动全国立法。卡彭在第一次主席报告中写道：“联邦立法的解释是最重要的，需要持续不断的长期努力。”在1920年和1921年，卡彭热情地呼吁推动成立美国教育部，让它的部长成为总统的内阁成员。在爱德华·法林（Edward A. Filene）等商界领袖的合作下，卡彭集中了13家全国组织的支持，力图推动当时悬而未决的《史密斯-汤纳议案》（Smith-Towner Bill）。这项议案的宗旨是设立教育部，为教育调研提供数额可观的政府拨款。1921年，卡彭和他的同人们向总统提交了请愿书，敦促他“成立教育部，让教育部长加入内阁”[48]。

虽然《史密斯-汤纳议案》未获通过，但是曼恩还是在1927年充满乐观地告诉亨利·苏萨罗：“一个全国性的教育组织正在形成。我相信，下一次国会会议必将有所作为，它将扩大联邦教育办公室的职权范围。该办公室与私立机构——例如美国教育理事会——之间的恰当合作关系必将得到发展。”[49]当然，没有谁比美国教育理事会的领导者和他们在企业界的改革者伙伴们更害怕政府对教育的管理。他们想要的毋宁说是企业假借政府之手来管控教育。①

---

① 对政府管控教育的畏惧与利用政府来管控教育之间的矛盾显而易见。雷·莱曼·威尔伯（Ray Lyman Wilbur）的活动是这一矛盾的最好反映。他是胡佛总统内阁的内政部长。他曾担任斯坦福大学校长，还和苏萨罗一样担任过华盛顿大学校长。他在学生军训练团担任过地区总监，是学生军训练团主席卡彭和曼恩的密友。然而作为美国联邦教育署名义上的管理者，威尔伯宣称：“在我看来，把任何带有大量可用财务资源的大型教育计划集中于全国政府的做法都带着显而易见的危险。”不过就在他发表这一番高论的几个月以后，威尔伯就成立了一个前所未见的全国教育顾问委员会，以便“向联邦教育机构献计献策”。在这个新成立的委员会中担任主席的是美国教育理事会的查尔斯·曼恩；担任秘书长的是亨利·苏萨罗，他当时刚刚接替亨利·普利切特成为卡内基教学促进基金会主席。详见 Wilbur, quoted in Charles G. Dobbins, *American Council on Education, Leadership and Chronology, 1918 – 1968* (Washington, D. C.: American Council on Education, 1968), pp. 7, 9.

在1929年的美国教育理事会年会宣言中，曼恩明确提出，“重要的产业趋势为教育合作带来了切实途径。”于是，以下几点成了美国教育进步的指导方针：打造切实可行的方法，帮助每个人找到最恰当的用武之地；通过试验发现关键测试，掌控个体行为，保障资源合作，激励个体责任；强调卓越服务作为盈利企业决定性力量的重要意义。[50]就这样，通过美国教育理事会这个媒介，在日益进步的人事管理技术的支持下，企业式服务信条进入了美国高等教育的精神和肌体。

除了协调政府之外，美国教育理事会还极力与产业界协调教育问题。这个理事会从一开始就专注产业服务。CEST前主席迪茨和里斯当时已经分别担任西电公司和AT&T的人力总监，他们定期出席美国教育理事会的执行委员会会议；该理事会的首个特别委员会任命毕晓普为主席，专门与霍利斯·戈弗雷的管理学教育委员会（CME）合作。到20世纪20年代中期，美国教育理事会的工作早已远远超出了这一范畴。通过卡彭和曼恩的帮助，它大量参与国家研究委员会和陆军的职业指导工作，并且与AT&T、柯达公司和博士伦公司等的人事主管广泛合作。[51]

1926年，美国教育理事会修订了自己的章程，开始接收工业企业会员。曼恩指出，“为了找到方法，帮助产业界和教育界有效合作解决人事问题，本理事会邀请工业企业成为会员单位，给予它们与大专院校同等的地位。”①

美国教育理事会的合作并不限于大型企业。1927年，在卡彭的要求下，美国管理协会指派了一个委员会，专门负责与美国教育理事会的教育合作。除此之外，在曼恩的要求之下，美国商会也出于类似的目的成立了一个教育委员会；这个委员会负责协助美国教育理事会和美国商会在全国层面的合作，避免了美国教育理事会此前与地方商会和地方产

① 修订章程通过之后，曼恩邀请了15家新组织加入美国教育理事会；其中包括企业学校运动中的龙头企业AT&T、西电公司、西屋电气、通用电气公司、万国收割机公司、纽约标准石油公司、固特异、丹尼森制造公司、切尼兄弟丝绸厂和4家罗切斯特的企业。为了鼓励工业企业加入，执行委员会还把会费从每年500美元降低到了每年200美元。

业已有合作的重复劳动。（这项合作得到了二十世纪基金会的慷慨支持。这个基金会是爱德华·法林和亨利·丹尼森在1919年建立的。）曼恩激动地告诉苏萨罗："美国商会正在与我们合作一个项目，以在教育领域和商业领域之间建立恰当的合作关系。"[52]

作为协调政府和产业教育关系的催化剂和焦点，美国教育理事会还顺理成章地扮演起美国教育在国际事务中的代言人。1924年，欧洲的美国大学联盟把高等教育的国际合作职权移交给了一个专门为此新设的美国教育理事会常务委员会。美国教育理事会主席、巴纳德学院院长弗吉尼亚·吉尔德斯利夫（Virginia Gildersleeve）说："我认为美国教育中有很多好的做法可供他国教育系统效仿。"她的措辞尤其适合那个"孤立主义时代"。在那个时代里，欧洲的重建计划是通用电气公司的董事会主席草拟的。① 与此类似，曼恩和卡彭同特拉华州参议员科尔曼·杜邦（T. Coleman Du Pont）合作打造了"大三海外交流"项目；这个项目的建立和它在大学的落地是为了确保"存在一个训练有素的美国年轻人群体，他们足以承担起美国日益增长的国际责任"[53]。

美国教育理事会的领导者统一美国高等教育的努力另有深意。只有对美国的大学加以调整，把它整合到公司产业体系中，前者才能为后者提供最大限度的服务；教育过程必须与产业过程融为一体。当时美国教育理事会的高校人事部门已为产业界提供了一项最有价值的服务；这个部门来自帕克·科尔比的构想，它效仿第一次世界大战时期的校际信息局，提供大学教师的人才数据。截至1924年，已有来自2 000家机构的大约1万名教师在这个部门注册。这形成了一套翔实的数据，"可供想要寻觅合适人才的高管和总裁们使用"。美国教育理事会的蒂尔登（C. J. Tilden）向工程教育促进学会的会员解释说："本理事会正在高等教育战线上展开一项相当重要的商业行动。"高校人事部门的运行"具

① 详见 Owen D. Young：the "Young Plan."

有一家高等教育机构理应具备的工程规范本质”[54]。

美国教育理事会为了实现教育过程标准化而付出的努力得到了卡彭的有力推广。他在首期《教育档案》（*Educational Record*）上宣称：“美国教育理事会建议，要在从事标准制定的主要机构之间形成更高的程序一致性。”两年之后，他又强烈谴责了“大学标准化的混乱状态”，“多达十几家甚至更多家颇具影响力的机构都在从事大学测评工作”。他提出，相比之下，美国教育理事会“更适合……协调各方的努力，确保程序上必不可少的统一性”。当时卡彭刚刚当选全国大学及中学标准会议委员会新任主席。他召集了一次大会，协调标准化工作。他宣称：“要从整体上检讨标准化程序在全国高等教育领域的应用。这项工作的时机似乎已经成熟。”“借助共同协议，也许可以确保采用一种更接近统一的系列要求，并用它来认证和评定大学。”[55]作为这次大会和卡彭其他推广努力的结果，全国标准会议委员会被正式解散，原有职权被移交给新成立的美国教育理事会标准委员会。美国教育理事会于是成了美国高等教育机构的核心认证机关。

这个标准委员会最早的一项活动是针对 143 所大学和学院的入学认证工作开展调查。调查表明，“这些机构正在……越来越多地使用问卷，并要求提供个人数据。如果放在十几年前，这些数据根本无人问津。”委员会迅速成立了一个专门的分委员会，“负责研究这类数据的当前应用和潜在应用”。首先使用这类数据的是波特和杜利，他们当时分别在堪萨斯州立大学和西屋电气工作。在整个 20 世纪 20 年代，这个标准委员会始终在大学推进使用标准术语和标准学位与考试流程，并在各个大学协助建立了现代化的人事办公室。1927 年，美国教育理事会发表了第一版《美国高校手册》（*Handbook of American Universities and Colleges*），“它像是一幅画卷，精确描绘了美国高等教育的现状，令人印象深刻。”三年之后，朱利叶斯·罗森沃尔德基金会资助成立了问题与计划委员会，专门研究“打造全面教育调查项目”。这个新委员会的主席是塞缪尔·卡彭，他当时是布法罗大学的校长。[56]

美国教育理事会还把“教育科学”推广到全美大学。这项开创性工作是与集中化和标准化活动交织进行的。查尔斯·曼恩欣喜地发现，第一次世界大战打碎了“陈腐落后的成见、传统和陋习，让我们重获自由、发现新的方向，让我们的思想重新凝聚成全然不同的新模式”。战后涌现的全新的教育科学是人事管理和行为主义应用心理学前沿教育的共同产物。它诞生于大型企业的人力部门和大学的教育及心理学院系，并在第一次世界大战期间成功通过了战争部的首次检验。这一新生的教育科学实际上是产业领域“人力问题”的衍生结果。曼恩把它看作“现世最重要、最典型的特征之一”。美国教育理事会的领导者走在这项新运动的最前列——他们也是大战期间探索人事管理的先驱者，最渴望推进这项工作。卡彭曾用他一贯轻描淡写的语气写道：“军事训练产生的教育成果是当前重要的问题之一。”由此可见，CEST、陆军人员分类委员会以及耶基斯的心理委员会在大战期间的工作都为美国教育理事会的战后调查工作铺就了基础。卡彭后来写道：“影响教育改革的选择共有两种：一是威权式手段，二是科学的道路。”[57]

新的教育科学的信徒把它看作自然科学的一种延伸，他们带着物理学家般的热忱和工程师式的务实走近它。就像法拉第在不可见的电和可见的铜之间找到关联一样，物理学家曼恩解释说：“同样的过程如今被用在解放和引导人的能力上。”[58]亨利·苏萨罗当时是卡内基基金会的执掌者，也是美国最重要的教育科学家之一。他雄辩地谈到建立有效的美国大学体系的科学方法：

> 美国的教育系统影响着公共效率和个人机会的平等。它是把人的头脑用于公共目的的专门系统。要让这一前景变得更加实际有效，这是大学教育者的直接责任……我们早已在科学方法上做到了足够明智；很快地，我们要在教学方法上做到同样明智。对整个社会来说，通过智识经验处理人才问题远比处理物质材料重要得多。

> 然而，实体技术始终占据着崇高地位，而与人有关的技术尚未赢得这样的地位。[59]

这种自豪的新型科学教育者看待教育过程的眼光和那个世纪早期以科学为根基的企业的人事总监看待它的眼光完全相同：教育是企业“人事问题”的一个侧面；它是满足产业人力规范的一种手段。美国教育理事会主席曼恩宣称：“岗位规范在产业工作者和教育工作者之间搭建了一座相互理解的沟通桥梁。岗位规范……为学校打造更优质国民提供了必要信息。”对美国教育理事会的教育家们来说，这个改革项目相对直截了当，他们必须明确“教育应该如何组织，以便满足产业领域的规范要求”。在曼恩看来，“这是全国产业和教育领域最重要的运动之一。”[60]

于是，在曼恩的领导下，美国教育理事会和美国陆军、国家研究委员会、人事研究联合会、全国人事分类委员会，以及多家工业企业广泛合作，开发行之有效的人力流程。这一工作不限于传统的职业教育领域，专业教育也被视为职业培养的另一种形式。卡彭在 1924 年指出，“专业教育和非职业类型的高等教育之间的平衡突然发生了重大逆转。”专业教育成了美国大学的主要业务，职业指导项目、各类测试和评定系统、岗位分析、课程改革，连同科学教育的其他装饰一同被用于这一业务，就像它们被用在别处一样。[61]

美国教育理事会主要关注的是有效人事管理流程在教育机构中的建立，然而这项工作遭遇了资金短缺的阻碍。曼恩因此在 1926 年大发牢骚：

> 由于这一全新的教育科学领域缺乏完备的全国合作机制，到处都在发生骇人听闻的浪费。事实控制的有效性如今已经得到了充分认识。称职的科研教育者已经具备。教师们渴望得到事实的引导，然而发现和传播事实的机制迟迟没有建立起来。我们好比在用最古老的单缸发动机驱动一台 1926 年的新款林肯轿车。[62]

拯救美国教育理事会于危难的是约翰·洛克菲勒。1926 年，他向美国教育理事会提供了 2 万美元的捐助，用于人事方法的研究和定义教育岗位具体目标的研究。为了管理洛克菲勒资助的研究项目，美国教育理事会成立了人事方法委员会，任命西北大学校长沃尔特·斯科特为主席。斯科特曾在美国陆军建立了人员分类委员会，还在卡内基理工学院建立了人事研究办公室，他后来很快当上了美国教育理事会主席。

谈到通过教育手段解决企业人事问题，美国教育理事会最重要的贡献也许是把心理测试推广到教育机构。1924 年，曾在工程教育促进学会指导过测试项目的工程师、心理学家瑟斯通开发了美国教育理事会第一套面向高中生和大学一年级新生的心理测试。瑟斯通测试在整个 20 世纪 20 年代得到了广泛使用，成为美国大学教育的重要组成部分；截至 1930 年，共有 347 所高校把它作为教育过程的固定关键环节。1930 年，洛克菲勒基金会的通识教育委员会向美国教育理事会提供了一笔 50 万美元的十年期捐赠，用于客观测试领域的研究工作。美国教育理事会的测试工作因此获得了极大的推动。该理事会随即成立了合作测试办公室，用来管理这笔捐赠的相关研究。1939 年，该理事会开发了全国教师测试系统。这个被用来测试全美教师的项目扩展了测试范围，使之覆盖全体师生。美国教育理事会的这些测试项目原本是分开进行的，到了 1948 年，它们被合并为教育测试办公室，它是美国所有教育测试工作的中央机构。[63]

1926 年，联邦制造和批发企业税务联盟请求美国教育理事会执行委员会调查伊莱研究所（Ely Institute）在为西北大学开展土地经济及公用事业研究期间的相关活动。该税务联盟在来信中控诉伊莱研究所，说它表面上针对公用事业问题开展毫无偏私的研究，实际上收受了全国电灯协会的资助，而全国电灯协会是经营美国公用事业的私有企业行业协会。曼恩婉拒了这一请求："尽管鄙会奉研究自由为圭臬，奈何对贵盟之请力所不及。"力所能及的是美国国会。[64]

1928 年，依据美国参议院的决议，联邦行业委员会（FTC）着手调查公用事业，这项工作一直延续到了 1933 年。公用设施企业与教育机构之间的密切关系是这项调查（以及调查期间召开的听证会）重点关注的问题之一；听证会发现电气企业对大学施加了强大的影响力。这种影响突出表现在全国电灯协会的教育机构合作委员会中。联邦行业委员会还发现，公用设施企业雇用了一部分大学教授，为大学的公用事业课程提供补贴、资助研究工作，包括伊莱研究所开展的重要研究、审查并编辑教科书、借调企业人员顶替大学教师、掌控大学进修工作、用公用事业公司的宣传充塞大学校园，让“公用”之“公”无处容身，甚至为教师开设暑期班。一位听证会参与者认为，“公用事业企业通过五花八门的委员会、办公室、个人和组织开展了影响深远的宣传运动，影响并掌控了全国的教育机构。”[65]

联邦行业委员会的调查在产业领域的教育和人力管理机构中引发了不小的震动。然而它只是暂时放慢了企业对美国教育三十年来的改革脚步。尽管美国教育理事会一再鼓动，但有些企业在与学校的合作中始终表现得犹豫不定。其他企业——包括公用事业企业在内——继续在教育项目不事张扬的方面大步前进。绝大多数企业心知肚明：虽说它们可能引起了一部分教育者的义愤，证实了另外一部分教育者的疑虑，但是仅凭政府的调查，无论如何也不可能解开 20 世纪的企业之结——发生了太多事情，调查者触及的只是九牛一毛。

第十章　社会生产技术

——现代管理与工程的延伸

在接下来的几年里，人的工程学问题吸引的人才和关注将会与物质形式的工程学在19世纪吸引的人才和关注比肩。我们已经为工业繁荣铺就了良好的基础。现在我们想通过职业教育与引导，以及明智管理的人事部门来确保工人的福祉和发展。一个开展产业试验、施展政治才华的绝佳领域正在展开。[1]

——托马斯·爱迪生

我们见惯了工程师被赋予全新的特别职责……他们的工作每天都在扩展，很难看到尽头。工程是日常生活不可分割的一部分。随着现代生活的复杂性日益增强，工程自然而然地承担起其中很多新的方面。这让我们越来越无法为它划定范围和边界。

科学家和工程师会在不远的将来成为产业界里最重要的人物。不会有人对此表示质疑……为了做到这一点，我们必须放宽眼界、搞活工作。其中后者指的是我国的产业组织。[2]

——德克斯特·金伯尔

对不同的人来说，现代技术代表着全然不同的事物。这是因为它包含着广阔的可能性和必要性。对于产业企业里的工程师来说，这些可能性中的一部分变成了必要性。无论是由于教育形成的习惯、思想意识上对于替代性选择的视而不见，还是由于社会的约束或者出于自觉的选择，他们往往只是抓住那些能进一步实现企业目标的技术潜质，认为它们是必要的（因此也是历史的必然），同时否定所有其他的潜质。他们的全部工作就是立即投身于激励和驯服现代技术，形成必要的方法，推动技术的无限进步，同时确保这些进步本身成为实现企业目标的手段。①

这些企业工程师实际上发挥着双重角色。作为资本主义制度的工程师，他们被赋予的专业职责是推动以利润最大化为目标的科学技术进步；作为企业职员，他们的工作是在技术事业中协调人的因素。正是由于这种双重角色，加上他们不会产生巨大的想象力飞跃，所以他们开始用看待第一种角色的方式来看待第二种角色，从根本上把他们的工作看作一种工程项目。他们把现代技术看作社会生产过程的一环。这一认识驱使他们试图用一种科学的方法来管理这一过程，形成一种社会生产技术。

在实证主义社会科学内部，走向工程应用的趋势日益增强。它进一步巩固了这种新型工程（后者也同时巩固着前者）。这种新型工程因此

---

① 正如社会发展并非简单地由技术决定一样，技术发展本身也并非自发自动，并非一系列既定事实。它的每一个发展阶段都涉及人类的选择。这些选择反映了社会的要求和历史的要求。假如技术工作的某些方面是由我们所知的物质和力量的关系与性质定义的，那么这些方面就会与一些社会因素密切联系在一起，而且极难分清彼此。那么技术的必要性以何处为终？社会的必要性又以何处为始呢？由于技术人员习惯了为自身工作而扩大技术（或科学）的正当性，使之远远超出实际适用的领域，所以这样一种倾向性使得上述界定变得难上加难。不仅如此，关于技术发展的大多数历史叙述都会简单地附和这种倾向性，轻易地把命运的制裁权拱手交给工程师。而后者本来就主张权力是属于他们的。然而，一切技术工作中都存在技术决定因素与社会决定因素之间的张力。在实际生活中，技术的必要性仅仅定义了什么是可能的，而非什么是必要的；它只能说明可能做到什么，而不能说明必须做到什么。从本质上说，后一种决策是社会性的。令人遗憾的是，绝大多数当代观察家都没有看到可能性与必要性之间的这一区别，众多的想象和社会愿景同样如此。不过刘易斯·芒福德的作品是个显著的例外。它通篇聚焦于这一张力。同样做到这一点的还有史蒂芬·马格林（Stephen Marglin）和凯瑟琳·斯通（Katherine Stone）的近期著述［详见 *Review of Radical Political Economy*, Vol. VI (Summer 1974)］。斯通把美国钢铁产业的技术变革同已感知的，企业对于规诫、分割和激励劳动力的需求联系在了一起。因此，她的论述尤其可贵。另外，大卫·戈登（David M. Gordon）也对技术发展问题提出过相当有益的概念，详见："Capitalist Efficiency and Socialist Efficiency," *Monthly Review*, XXVIII (July-August 1976), pp. 19–34.

在20世纪的美国社会思想中引发了一种主导性的、兼具两面的张力。一方面，社会组织和人类行为变成了工程理论与实践的新焦点；另一方面，由于晦涩且不够精确的社会变量和心理变量首次被刻意引入工程分析与设计，工程本身开始扩展。这种兼具两面的发展被赋予了专门的名称，这门新的技术被称为现代管理。

总体而言，现代管理是工业时代美国历史的一次关键进步，因此，它也是工程历史的重要篇章。这一社会力量来自19世纪与20世纪交替时四股历史潮流的汇聚合流。第一股历史潮流是资本主义生产方式的发展，以及它对资本积累和竞争效率的内在需要。第二股历史潮流是范围广阔的综合式工业企业的产生，以及由此而来的一种必要性——实现潜在规模经济效益、抵消固定资本的巨额投资。第三股历史潮流既是前两股潮流的一部分，又与它们逆流而动。它就是日益严重的“人的问题”，即规训和激励劳动者的需要，以及消除对立的需要。因为对立会挫伤高效生产、挑战资本主义产业发展的必然性、威胁企业的稳定。第四股历史潮流是受过科学训练的工程师稳步走上管理岗位。这在那些依赖机器、以科学为根基的行业里表现得尤为明显。

利润的制造者并不是机器，而是人。资本主义的根本创新并不是机器被引入生产过程，相反，它是人类劳动的角色转变——它变成了一种被抽离出来的、用于商品生产和资本积累的手段。认识到这一事实的人不只是卡尔·马克思。查尔斯·巴贝奇是一位英国发明家、工程师、数学家和早期资本主义理论家。他对这一点做过深刻的阐发。巴贝奇敦促人们，“制造型企业想要成功，只拥有精良的机器是不够的……还必须管好工厂的内部经济”。[3]巴贝奇深知，企业盈利的先决条件是，资本家会把劳动者从生产过程中分离出来，再把二者按照自己的方式重新组合起来。这样做是为了让劳动力在生产过程中创造出最多的剩余价值。这一转变中的关键补充因素是资本主义者对生产情报和生产控制日益增强的独占，以及劳动者自主权的日渐消亡和劳动成本的稳步降低。它们反过来又使得资本主义者可能对生产过程进行最高效的重组，进而实现营利性产出的最大化。不过巴贝奇还发现，尽管机器的实际设计对这种转变存在间接的贡献，但是资本主义者还必须为此付出直接的努力，深思熟虑地设计工作场所和劳动者的生产活动，促使转变发生。

巴贝奇似乎走在了他所处时代的前面。纵观整个 19 世纪，资本主义者和工程师们的注意力主要集中在有利可图、节省劳动力的机器生产上，而不是工作场所的组织上。然而，在 19 世纪末，竞争不断加剧，企业削减成本、提高生产率的需求日益增长。这些压力迫使人们认识到，生产的限制因素早已不再是机器，而是工厂的内部经济。只有高效地把生产中的人员活动组织起来，现有的机器才能发挥出最高的效能。① 他们从此开始有意地扩展工程专业的关注焦点，把劳动者囊括进来。作为产业管理者的工程师开始收集生产信息并将其系统化，把它们交给管理者、写进管理手册，并使用它们来重组生产过程，实现产出和利润的最大化。在以科学为根基的行业里，生产信息本来就是作为管理者的工程师的专属之物，所以这项工作也容易得多。

与资本主义生产方式的需求相伴而来（并且加强了它）的是体量巨大、职能多样的综合性工业企业的需求。推动 19 世纪末企业合并的力量来自产业界和金融界的努力。它们要遏制无序竞争造成的破坏、掌控生产、稳定价格、确保市场安全。这类企业一旦建立，就会把新获得的资源集中投放到巨型工厂当中，以期对生产运行实行集中式的管控。然而如此巨大的规模涉及工厂和设备的巨大资本投入。因此，只有各类设施开足马力，才有盈利可言。一方面，这种资源利用的最大化要求广

---

① 人们常说，现代管理是技术发展的必然产物，是大规模生产的需要催生了现代管理。这种说法成立的前提是，这里提到的技术发展本身只是资本主义生产方式发展的一个方面。在工程师身上，技术的需求和资本主义的当务之急融为一体，汇聚在他的工作（即工程）当中。在设计机器时，工程师不仅考虑产品的质量和产量，还考虑利润和降低劳动成本。他的目标还包括把管理权力传输到工作流程当中（这通常被简单地描述为“技术的迁移”，即技术从技工到机器的转移）。工程师是现代管理之父，他们之所以把自身的工作扩展到机器之外，同样是为了这一目的。

泛地扩展市场，确保它吸收自己产出的海量产品；另一方面，这也要求对整个生产过程的高效管控。因此，这些企业帝国一旦建立，就会要求整体运营合理化的持续存在，从原材料的获得与供应，直到最终产品的销售。只有通过高效的管理和执行，企业才能把事先大肆宣传的规模经济变成现实。而规模经济也成了企业赖以存在的逻辑依据。

商业史学家阿尔弗雷德·钱德勒专门研究这些企业的需求，以及企业领导者为了满足这些需求而付出的努力。他发现：

> 无论是横向扩张、合并还是纵向整合，其最初动机都不是通过更高效的企业管理带来的资源扩张来降低单位成本或提高劳动者的产出。扩张战略……来自这样一种渴望：确保更令人满意的市场设施，或者得到更稳定的存货、原材料及其他物资的供应，更充分地利用当前的生产厂房和人员。即使合并已经完成，管理者仍然会把控制竞争作为首要目标。最后，最近的很多并购是华尔街的金融家和投机者激发并实施的。他们急于赚取发起人费用，并通过股票掺水等多种财务操纵手段获利。[4]

也就是说，只有在这些企业成立之后，使得它们在经济上具备可行性的现代管理技术才会得到采用。钱德勒写道："从19世纪90年代以来，工业家面临的一大基本挑战始终是如何建立必要的架构，高效地管理刚刚赢得的商业帝国。"[5]

有人为了迎接这一挑战做好了最充分的准备，他们就是以科学为根基的大型企业里的工程师，同时也是这些企业的管理者。他们开创性地为工程、生产、财务和市场营销等工作建立了合理的流程；他们实现了企业运营的量化和系统化，开发出成本会计、统计管理、预测技术等各种方法，建立了海量数据的收集与处理流程，并把这些翔实精确的数据用于扩充之后的工厂和人力运营的评估、规划和协调工作当中。同样重要的是，他们为巨型企业建立了正式的管理架构，为它们精心设计了权力系统和沟通渠道，以此来管控整个生产过程。

在企业的指令下组织和管理资本主义的劳动过程，做到提高生产率、降低劳动力价格、确保对生产控制的完全管理等，这必然引发管理者常说的“人的问题”。它是劳动者对管理者剥夺其技能和劳动成果的反抗，是劳动者对自己在生产过程中享有的传统权威遭到逐步篡夺的反抗。它表现为多种形式——固执己见、消极怠工、蓄意破坏、肢体暴力、工会斗争和激进政治等等——而管理者不断精简和提高生产效率的努力，以及“前工业时代”欧美农村人口持续加入工厂劳动力大军等情况都在加剧这一反抗。

无论如何，现代管理者最终不得不直面这一“人的问题”，克服工人对其设计的抵制。不仅如此，在系统地剥夺一切奖励勤劳和创造性工作的重要激励手段之后——例如技能奖、对生产过程的集体控制、已有服务的直接经济回报等——管理者不得不通过某种方式来鼓励劳动者，让他们像威肯登说的那样“用心工作”。既然劳动者对一项工作的投入程度也许是决定产出的最重要因素，那么对于劳动者工作动力的担忧就成了管理者追求增产的核心问题。让这一担忧变得雪上加霜的还有劳动力的长期短缺，尤其是在第一次世界大战之前的几年里；以及代价高昂的劳动力流失和无故旷工问题。莱因哈德·本迪克斯（Reinhard Bendix）观察发现，“雇主们深以劳工问题为忧，却不直截了当地解决它，而只是把不干活的工人打发走人了事。”[6]现代管理者一边把工人嵌入资本主义生产过程当中，一边殚精竭虑地诱使他们同自己合作。他们先是自以为是地利诱工人，如果行不通，就会威逼工人遵守纪律。与此同时，他们还扩大分析技术的使用范围，试图理解这种生产中的“人的因素”是如何发挥作用的，并为此开发工程技术，控制它的行为。1910年《评论》（*Review*）杂志的一位作者准确地道出了这一大胆的新工程事业的根本精神：

> 我们在使用人这种机器的服务时，总是会事先规定某些岗位职责，希望新来的工人完成它们。我们会尽力为这个岗位找到最合适

> 的人选……我们在购买一台机床后，如果发现它有些许不合要求的地方，通常可以调整它的结构、纠正其中的偏差……假如用来管理机床运行的常规可以用来管理人这种机器，这个世界会大为不同。[7]

现代管理之所以出现的最后一个因素，也是最不为人熟知的因素，恰恰在极大程度上决定了前三项因素的性质。它就是工程师群体稳步走上产业界高级管理岗位。1900 年时，很多资深工程师创业者（他们把自己的车间变成了 20 世纪的工程和机械产业）已经认识到管理的迫切性。不仅如此，年轻一代的工科院校毕业生正在全新的企业层级里一路爬升，走上了重要的管理和高级管理岗位。这样的情形在以科学为根基的电气行业和化学行业里尤为突出。由此可见，现代管理不仅是工程师创造的，它还是作为管理者的工程师的杰作。正如泰勒学社一位社长回忆的那样：

> 第一个公开对管理问题做出明晰表述的是工程师。他们不仅是“管理运动”的发起者，还持续不断地为它增添活力。首批进入产业界的训练有素的思想人才是由工科院校培养的。学校按照技术人员的标准培养他们，企业按照技术人员的标准聘用他们，然而他们中的很多人迅速成长为运营高管，并且把熟经训练的思想聚焦在管理问题上……管理运动就产生于一群训练有素的工程思想者对产业工程复杂现状的影响当中。[8]

在产业界，工程师首先试图把科学的智识方法系统地用于企业管理。正是由于这个原因，我们才会看到，1880—1910 年，关于管理运动的文献集中发表在工程类期刊上，而且直到 20 世纪 20 年代，这些期刊始终是探讨管理问题的主要载体（直到那时，管理学才开始成为一门独立的学科，拥有了独立的出版物）。简而言之，受过科学训练的工程师成为管理者，使管理变得更科学。这些都不应该让我们感到过分惊讶。

现代管理产生于资本主义模式下机器生产的需要，并为巩固这一模式的技术进步提供了社会基础。它在本质上反映了工程师注意力焦点的转变，即从关于物的设计走向关于人的设计。如果说工程师久已通过生产方式的设计间接影响人们的工作方式，那么他们此时采用了更直接的方式，即通过社会活动的设计直接影响人本身。

这一转变可以分为相互交叠和补充的两个阶段。第一个阶段是以社会为对象的工程（即社会工程阶段）。它是一种自觉的尝试，要以工作场所为媒介，通过对劳动者工作活动的组织来发挥管理特权。第二个阶段是以人为对象的工程（即“人的工程”阶段）。这项运动的宗旨是借助对人类活动的研究和操纵，从个体到群体的层面控制生产中的人的因素。这两个阶段密不可分、殊途同归，为的是同一个目标；它们的进步是彼此依存的。

社会工程阶段开始于 19 世纪的最后几年。它以科学管理，或曰“泰勒制”的面貌出现在机械车间里。科学管理运动最有意义的贡献，也是最具普遍和深远影响的贡献是确保了管理者对生产过程的控制，并为工作的系统性重组铺就基础。科学管理原则产生于机械车间，后被带入电气制造行业［由德克斯特·金伯尔和雨果·迪默（Hugo Diemer）等人带入］、化学制造行业（由亚瑟·利特尔带入），最终在各个行业成为工厂管理的基础。不仅如此，科学管理的各项方法还延伸到成本会计、办公事务和市场营销等领域；作为一种工作设计和高效管理方法，科学管理缜密而自成体系，很早就成为现代资本主义企业的基础，至今依然如此。

然而科学管理最初用于“人的工程”的方法不太令人满意。泰勒和他的同道者们在本质上把工人看作头脑简单的“经济人”。这未免太过简单。泰勒主义者密切注意工人工作的细节，他们用以激励劳动者的是激励薪酬制度。该制度虽然详尽，但实际上在心理层面极其粗陋；或者迫于劳动力市场和车间纪律维护者的压力而诱使工人“自愿”合作。

不仅如此，泰勒主义者坚定地拒绝与形成联盟或者身在工会的工人合作，他们更愿意把工人当作个体来对待。然而，一连串的失败让这些缺点暴露无遗，科学管理运动最终产生了修正主义，它在泰勒去世之后初显峥嵘。修正者更密切地关注劳动者之所以存在的心理维度和社会维度，开始正视工会在实现产业稳定的过程中可能发挥的重要作用。

科学管理修正主义的出现为产业界福利事业相关活动的发展提供了补充。“福利秘书”关心的主要问题是缓解产业工人的困境。他们致力于工业的“人性化”。在“人的工程”这个新名词中，他们主要强调“人”的部分。然而没过多久，这种人道主义的努力就被裹挟加入了高级管理群体中也许最强大的一股力量当中，它就是企业的自由主义管理革新。以工程师为杰出代表的企业改革者们把福利秘书的理想同科学管理和新兴社会科学更切实的贡献结合在一起，形成了一种细密而全面的方法，用来解决企业资本主义面临的种种问题。他们决心通过对科学原理的详尽阐发来理解并解决企业增长与稳定的迫切需求，并用它们来控制和预测企业层面、国家层面以及国际层面的种种复杂事务。他们再造了福利工作者的创新，把它们变成精心设计的产业关系项目，试图在工人中间培育主动合作的精神，进而在更广大的企业框架里把潜在冲突的力量转变为有益的、能够带来盈利的力量。最后，他们还把“人的工程”的重心转到“工程”上来，整合自然科学和社会科学的方法，创造出新的人事管理科学。他们的活动从工厂发端，最终延伸到劳动者的家庭和学校里。与此同时，他们一直在完善技能，力图为企业打造一支讲求纪律、忠心不贰、服从指挥的劳动力大军。

到第一次世界大战时，科学管理修正主义的潮流终于占据了主导地位，并与更高明的企业自由主义管理改革潮流融为一体。这一融合标志着福利事业作为目标本身的衰亡，标志着管理者终于认识到，原来社会工程和人的工程实际上是同一个过程的正反两面。它同时反映了工程师的管辖领域和认识的延伸，因为此时越来越多的工程师正在走上管理岗位。与此同时，工程教育也在不断拓展，把社会科学和管理教育囊括在内。对于20世纪的工程师而言，他们的生产设备已经变成了整个人类社会。

工程师当然始终关心与自身技术工作有关的社会问题和经济问题。这是职业使然；人们总是请工程师从估计成本和社会影响方面判断计划项目的可行性，当然也请他们定夺纯粹的技术问题，即项目是否可行，以及如何落实。不仅如此，作为项目、车间和工厂的工程师，他们每天还要忙于监督“人”，并且寻求有效手段来加强工人队伍的纪律、提高其士气和最大产出。然而工程师的这些考量总是处于实际技术工作之外；无论是作为完成这些工作的手段还是结果，它们都被以“不科学”的和直觉式的方式对待。伴随科学管理的出现而来的新情况是，这些考量此刻在工程师的心目中变成了工程工作不可或缺的组成部分，成为与更偏物质性的工作同样重要的主题，它们需要同等程度的技术重视。例如，对管理车间的工程师来说，机械师和工人的恰当使用是一个始终存在的问题，然而他们首要的职业关注却是机器的改进。如今，机械师和工人的活动获得了之前只有机器才能获得的那种重视。这一新的进步包含两层含义：人们在车间里的活动如今成了工程的对象；工程师的技术管理范围大大扩展，同时涵盖了人和物质世界。

工程师职责范围的扩展始于19世纪80年代后期。当时几位著名的工程师——包括弗雷德·哈尔西和亨利·汤等人——就工资激励等技术问题向美国机械工程师协会提交了论文；他们的兴趣主要是提高工人的平均产出。为了激励工人进一步提高效率，他们精心设计了复杂的薪酬方案。尽管他们认为管理也许能借助这样的方式刺激工人的生产率，但是并未更进一步，把效率提升的终极责任放在劳动者身上。奥伯林·史密斯（Oberlin Smith）、亨利·梅特卡夫和汤的其他文章几乎同时发表。这些文章脱离了传统思想，主要关注管理者对劳动者技能的刻意夺取。他们把提高效率的最终责任和实现手段转移到了管理上面——就像珀森

（H. S. Person）说的那样，“那里才是它的应有位置”。他们就机器库存评估和车间工单账户系统等问题撰写文章，预言了资本主义历史上的重要进步。资本主义早已把劳动者同他们对生产性工作手段的所有权分离开来，随后又借助资本主义者的获利性调解，重新把二者结合起来。如今，它再度拆散了劳动者和他们的技能以及他们自身的传统知识库存，并且同样通过管理的调解，把二者更具效率地结合起来。① 亨利·汤在1886年发表的文章《作为经济学家的工程师》（The Engineer as an Economist）被普遍认为是科学管理运动的初试啼声。汤当时是耶鲁-汤制造公司的总裁，也是美国机械工程师协会一位声望卓著的领袖人物。他在这篇文章中提出，“工厂的管理毫无组织，几乎没有文献可言，也没有用来交流经验的组织或者媒介，什么样的协会和组织都没有……这一切的补救办法应由工程师提出。”[9]

随后出现的补救办法一共包括五个阶段：（1）借助档案记录和研究，管理者积累生产活动中有关机器和人的活动的全部信息；（2）这些信息的体系化，即把它变成可以理解、可供使用的定律和公式；（3）科学地确立机器及人的最优绩效标准；（4）重组生产过程中有关人和机器的流程，实现最优技术的“迁移”；（5）培养“心满意足的劳动者”，诱使工人合作。[10]对科学管理发展的所有贡献都会涉及这些阶段中的一个或多个。1890—1915 年，这些运动的发展主要是前四个阶段的铺展和细

① 产业的合理化涉及集中规划问题。它的基础是“管理者有目的地全面收集海量的传统知识。在过去，这些知识保存在工人的头脑里，体现在工人的劳动技能和工作诀窍当中，那是通过长年工作的经验积累获得的”。详见 Frederick W. Taylor，*Scientific Management*（New York：Harper and Brothers，1947），p. 49。从这一清晰表述的标准来看，我们不难理解，为什么行业工会一开始是反对泰勒制的——因为它赖以立足的根本正是对这些传统知识的垄断。

然而科学管理在这一点上并不总是成功的，它也不可能成功。事实上，由于它鼓励后来的管理者完全依赖管理层自身的资源，这阻碍了他们充分利用生产过程中的“人的因素”的潜力。因为各个行业的劳动者都保有相当可观的技能和经验储备，他们如今把这些技能和经验埋藏在自己心里，或者用它们来对抗管理者的指令。凯瑟琳·斯通在她即将发表的作品中提出，在工厂里安装的“意见箱”就是管理层对于这一事实的隐晦承认。它既是对这一有效资源的一种利用手段，又不会让管理层丧失对生产的控制。

化；到了 1915 年，在弗雷德里克·泰勒去世之后，运动的重心转向了第五个阶段，再次回归到工人身上。然而这一次的视角不同于以往：工人们不再因为更加高效地完成本职工作而受到奖励，反而被要求按照管理者的指令循规蹈矩，成为团队中的一分子——这样做的基础是管理者自诩“彻底地了解人”。

弗雷德里克·泰勒最初是一名机械工程师，他来自费城的一个富裕家庭。1895 年，凭借一篇阐述差别计件工资制度的文章，泰勒开始在管理运动中崭露头角；1903 年，泰勒凭借他的全面车间管理制度横空出世。在完成海外留学和埃克塞特学院的学业之后，泰勒拒绝了进入哈佛大学进修法律的机会，成为米德维尔钢铁公司的一名工人。短短六年后，他就成了该公司的首席工程师。如果不知道这家公司的一位所有者是泰勒家的亲密朋友，这样的升迁速度简直堪称奇迹。泰勒的管理生涯是从成为米德维尔钢铁公司的一名工头起步的，他想方设法地消除怠工问题，这阻碍了工人的产出。他着手收集关于最高效地完成某些工作的信息，将其与本工厂工人的实际工作方式进行对比，再借助自己的职权按照前者来改进后者。泰勒发现，管理者的任务就是收集自身主管工作的所有可用知识，然后组织这些知识，把它们变成一种“科学”的基础，据此评估实际工作；另外，工人的任务是“迅速地完成主管交办的工作，既不问问题，也不提建议”[11]。

1889 年，泰勒离开米德维尔钢铁公司，成为一名管理咨询顾问；他在这一时期最重要的工作是帮助伯利恒铁业公司（后改称伯利恒钢铁公司）完成了机械车间的重组。他正是在那里完成了科学车间管理的最重要进步；他广泛收集多方信息，例如最优速度、进料、切割深度，以及各种机械的切割角度，例如车床、刨床和铣床等。他第一个研究了适宜传送和传送带维护问题、特定任务所需最佳机具类型及使用问题。在冶金学家曼塞尔·怀特（Maunsel White）的支持下，泰勒还开发出了合金“高速”钢。通过更高的机械速度和更快的生产速度，这项产品“为机器生产带来了一场革命”[12]。除了对机器生产的研究，泰勒还分析了车间工人在工作中的实际活动、具体任务涉及的“动作”和“工时”，以及执行这些任务的工人的疲劳问题。泰勒并非简单地记录这些信息，他还把这些信息系统化，变成一种对实际管理有用的形式。在这项工作中，泰勒得到了自己在科学管理运动中第一批同道者的支持：亨利·甘特为这些信息绘制了图表；数学奇才卡尔·巴思设计了著名的“巴思计算尺”，它能够方便地将机器挡位作为待加工金属质量的函数来加以确定。

伯利恒钢铁公司的工作为泰勒的完整管理体系铺就了基石。它涵盖了管理问题的全部五个阶段。通过对金属和机械进程的研究，泰勒能够确定一个车间最优的机器用量；通过对工作活动和工人疲劳问题的分析，他确立了劳动效率的最高标准；通过对全部信息的系统整合，他可以把这套理论用于任何一个车间。在此之后，泰勒还设计了车间高效重组的方法和手段：“指导卡”缩窄了劳动分工、系统化的工作路线和时间安排；“职能工长制”（functional foremanship）负责转移那些由集中式的计划部门收集和协调而来的技能。为了保证工人的合作，包括工长的合作——他们的职权已被剥夺殆尽，也为了激励他们达到计划部门制定的标准，泰勒主要依靠经他改进的激励薪酬制度；如果这条路走不通，他就依靠自创的“车间纪律检查员”。1903 年和 1905 年，泰勒通过两篇提交给美国机械工程师协会的论文提出了这个车间管理体系，它们构成了科学管理运动的核心。1900—1915 年，泰勒主义者的几乎一切活动都是对以上一个或者多个阶段的极力阐发。其中最为人所熟知的是桑福德·汤普森的时间研究和“十进制表盘”秒表；弗兰克·吉尔布雷思的动作与“细微动作”研究以及疲劳研究；甘特的路线图和“任务与奖金”激励薪酬制度；莱昂·奥尔福德（Leon P. Alford）的“管理手册”；以及亚历山大·汉密尔顿·彻奇（Alexander Hamilton Church）对系统性成本核算所做的贡献等。泰勒声称，他的体系消除了权威的任意使用，为在资本和劳工这两个争斗不休的阶层之间真正实现“利益协调”奠定了基础；它是达到更高产量从而实现更高工资和利润的科学手段。他坚持认为，泰勒制是切实建立在现代科学的基础之上的，是无可置疑的。无论是劳动者还是管理者，每个人都能适应它的科学要求。

虽然泰勒的思想并非全部原创，但是他凭借一己之力，对产业界产生了深远的影响。正如林德尔·厄威克指出的：

> 他的首要意义在于这样一个事实：史上第一次，有一个“务实”的人、一位技术卓越的工程师，有意识地把智识方法——也就是物质科学赖以进步，从而创造了现代机器产业的智识方法——运用到了工业组织的整个过程当中。这里谈论的既不是一个局外人，也不是一位教授，而是一个人——归根结底，无论是雇主还是政客，谁都无法对他视而不见。[13]

1901 年，在离开伯利恒钢铁公司之后，泰勒把全部精力投入科学管理信条的传播，并依靠他的同道者向生产厂商推介泰勒制。他的同道者包括霍勒斯·哈撒韦（Horace Hathaway)、霍利斯·戈弗雷、德怀特·梅里克（Dwight Merrick)、吉尔布雷思以及最重要的两位——巴思和甘特。最早采用这一制度（包括全部采用和部分采用）的重要工业企业有：美国机车公司、联合打字机公司、布莱顿面粉厂、耶鲁-汤锁具公司、切尼兄弟丝绸厂、普林顿出版社，以及费城两家最主要的“示范工厂”——塔博尔制造公司和 Link-Belt 公司。其中，塔博尔制造公司的所有者是泰勒的儿时伙伴威尔弗雷德·刘易斯（Wilfred Lewis）以及泰勒本人。泰勒曾经帮助刘易斯摆脱财务困境，作为回报，刘易斯保证，自己的工厂会全盘采用泰勒制。Link-Belt 公司的领导者是著名的机械工程师詹姆斯·梅普斯·道奇（James Mapes Dodge)，他是第一批为车间引入“高速”钢的厂商之一。他因此在短短一个周末之内把机器产量翻了一番。然而此后不久，道奇发现更快的机器运转速度必然要求生产流程的彻底重组，他发现生产活动和工厂的组织成了运营的限制因素。

因此，他向泰勒和他的助手们求助，希望进一步引入他们的管理体系。

泰勒成功说服了这些产业界的顶尖人物，让他们接受了这套体系的重要性。这让他顿时声名鹊起。借助汤和道奇（他们都担任过美国机械工程师协会主席）的大力支持，泰勒在1906年成为美国机械工程师协会主席，并被寄予重组该协会运营和出版工作的厚望。到1909年时，他已获得为各个联邦军械库建立泰勒制系统的政府合同。1910年，泰勒制更名为“科学管理”。由于路易斯·布兰代斯和一些顶级管理专家在美国政府州际商务委员会关于“东部铁路公司运费提价案”听证会上的证词，科学管理迅速占据了全美的报刊头条。它们用华丽的言辞向全世界推销科学管理，把它说成是打开繁荣之门、解决劳资纷争的金钥匙。然而此时的科学管理已经悄然走上了一条分崩离析之路。

反对泰勒和他招牌的管理理论的人形成了三条阵线：厂主和经理、有组织和无组织的劳工，以及对此处阐述最为重要的群体——工程师。泰勒在大型企业——米德维尔钢铁公司和伯利恒钢铁公司——的机械车间里构思出这一体系，并把它看作以工程师为最高权威的车间文化扩展延伸到企业整体运营之中的途径；由职业工程师组成的计划部门立即成了高效企业管理的媒介，它还可以帮助工程师们抵御企业彻底剥夺他们在车间里的至高权力（这一权力已经开始走向销蚀）的企图。一家企业完全采用这套体系意味着管理者和劳动者同样要按照计划部门工程师的号令行事，唯工程师马首是瞻。[14]如此说来，只有两家企业——塔博尔制造公司和Link-Belt公司——完全采用这套体系就显得意味深长了。泰勒在伯利恒钢铁公司把它付诸实施的结果是自己被管理层扫地出门，他在沃特敦兵工厂的努力引发了工人罢工。雇主们并没有心悦诚服地接受泰勒的方法，用它来有效回应工会主义，更不要说把它作为对企业权力层的回应了。即便他们引入了科学管理，往往也不是把它当作一项制度，而只是当作一种效率工具、一种增产增效的手段罢了。

在1911年之前，泰勒和他的同道者把自己的行动限制在车间内；

他们尽量少涉及工人的组织问题，或者完全不涉及。在最初期的泰勒主义者当中，只有吉尔布雷思真正具备与工会有关的经验——加入泰勒阵营时，他来自建筑施工行业，而不是车间。总体而言，泰勒和他的同道者对工会只有鄙夷和不屑。泰勒以追求增产、在劳资之间实现利益协调为己任。在他眼里，工会是站在这一“协调”对立面的。他们把注意力聚焦在作为个体的工人身上，力图通过其活动的科学标准化和激励薪酬制度提高其效率，进而影响所有工人的整体效率。面对泰勒这种相当具有威权主义意味的做法，工人们的反应各不相同：未加入工会的工人们选择拒不配合和蓄意破坏[15]，有组织的工人们选择罢工。1905—1912年，工人们通常拒绝与“工时与动作专家”梅里克合作。这样的例子屡见不鲜。每当科学管理走进车间，工会工人们通常会离开那里。不仅如此，美国劳工联合会还组织了声势浩大的运动，对这项制度大加批判。在工会眼里，泰勒制会直接威胁工人对所在行业的控制；1911年，沃特敦兵工厂爆发了铸造工人的自发罢工，一举击碎了科学管理的梦幻泡影。

沃特敦兵工厂是一家国有兵工厂，雇用身在工会的平民劳工。沃特敦兵工厂罢工立即引发了一场政府针对“泰勒等车间管理制度”的全面调查。调查者在进行了大量听证之后得出结论：尽管科学管理是一种在生产和行政管理中解决细枝末节问题的有效手段，但它的设计宗旨并不是为了最好地保障工人的福利。就连泰勒本人也遭到了质疑：他的制度需要管理者和工人同样做到“精神变革”才会有效。这一说法让人无法信服，因为相反的证据就摆在那里。[16]调查发现的弊端铁证如山，加上劳工反对科学管理的呼声广泛而响亮，这一切让军械系统禁止使用泰勒制。1916年，在新任海军助理部长富兰克林·罗斯福的命令下，所有海军船坞禁用了泰勒制。同样的情况还发生在政府出资的所有企业里。这些禁令一直维持到了1949年，直到佛蒙特州参议员拉尔夫·弗兰德斯和俄亥俄州参议员罗伯特·塔夫脱携手废除它们。弗兰德斯做过美国机械工程师协会主席，塔夫脱是《塔夫脱-哈特莱法案》的联合执笔人。

劳工对科学管理的激烈反对和政府针对泰勒主义的调查导致了更多政府工厂禁用泰勒制；这标志着管理运动内部的重大转变。政府调查和迈纳·奇普曼（Miner Chipman）主持的沃特敦调查揭示了科学管理远远没有泰勒宣称的那样“科学”。比如人们发现，“工时与动作”专家往往对自己负责监督的工作活动是如何恰当完成的一无所知，他们通常只是猜测特定操作的最佳速度。这样的做法当然会在整体上削弱科学管理的根本原理的权威性，因为这意味着管理者的专职权威东山再起，只不过这一次是通过没那么明显的形式体现罢了。不仅如此，无论是否加入工会，劳工都在激烈抵制科学管理方法。这让一些敏感的科学运动支持者们（包括奇普曼、埃默森、吉尔布雷思、甘特、奥尔福德等人）认识到，这项运动无法诱使那些作为个体的工人自愿合作，即使是升级和运用了激励薪酬制度，情况依然如此；它更无力面对来自工会这一劳工团体的挑战。

从一开始，泰勒的同辈工程师们就对这一自诩科学的制度充满怀疑。在美国机械工程师协会内部，一部分人更多地把管理视为一种“艺术”，而不是一门“科学”。这些人大多反对科学管理。而在该协会之外的工程师群体里，几乎没人在 1910 年之前听说过泰勒的大名。虽然道奇和汤帮助泰勒在 1906 年当选主席，但是他们从未真正说服过会员，让他们相信泰勒的管理体系是一门科学，值得工程师的专业关注。这一点在 1910 年表现得尤为明显：泰勒试图让美国机械工程师协会支持布兰代斯和管理专家在州际商务委员会听证会上的发言，结果他失败了。他成功地在该协会内部成立了一个委员会，用来评估泰勒制的科学价值，然而这一努力适得其反，该委员会同样拒绝支持他的所谓科学。该委员会写道：“‘科学管理’一词已经被广泛而随意地用于这一新系统和新方法。这往往让人们以为，科学管理是一门科学，而不是一种艺术。更真实的解释应该是，科学管理只是运用了科学方法的管理，而不是本身作为一门科学的管理。”即使是泰勒的好友道奇——他也是这个委员会的主席——最后也抛弃了泰勒制的“科学”二字。道奇的根据是泰勒在成果标准化工作中使用任意武断的定义来描述“普通”和“一流”工人；不仅如此，为了把生产中不可避免的延误考虑在内，泰勒在计算一项工作的工时时增加了一定的时长，而这段相当比例的时长是他随意决定的。泰勒向道奇承认，他的体系中确实存在少数不够精确的要素，可是每一门科学都是如此。不过他也辩解说，工业管理中的所有要素最终都可以归结为“严密的科学”。道奇和他的同事们毫不让步。他们拒绝让美国机械工程师协会发表泰勒的《科学管理原理》（Principles of Scientific Management）；这篇蜚声国际的文章最后只能在工程专业领域之外的杂志上发表。[17]

对于科学管理运动中的工程师而言，对泰勒制科学伪装的拒斥带来了两种重要后果。首先，它意味着已开发的方法需要进一步改进细化，要消除产生谬误和主观臆断的空间。其次，它说明仅凭传统工程技术向社会问题管理的迁移是不够的；工程对人的全新关注离不开工程学科本身的扩展。它必须对社会科学的全新方法兼容并蓄。对科学管理的造作排斥和科学管理本身一样，它们赖以立足的基础都是过于偏狭的所谓“科学”概念。

汤普森的十进制秒表和吉尔布雷思基于动画电影的“细微动作”研究都是为泰勒制去除谬误和主观臆断的重要尝试；它们关注的是同一个薄弱点：工时与动作研究。不过最薄弱的一点当然是泰勒对工人动机中包含的人的问题的研究方法。由于他完全依靠激励薪酬制度，而这一制度只是机械地把工资同产量联系在一起，所以泰勒无法理解其中有关心理学或者社会学的精微之处，也想不到它们可能被用作管理工具。在最早期的泰勒主义者当中，最早领悟这一点的是甘特、吉尔布雷思和奇普曼。后者在他的沃特敦罢工调查中注意到，工人们对于工时研究和计件制度本身没有那么反感，真正惹恼他们的是这些制度和方法的引入方式。奇普曼因此提出，有效的科学管理必须建立在工人认同的基础之上；要让工人们感觉自己亲身参与了每一项影响自己的管理决策制定。

甘特较早发现，泰勒的差别计件制度对工人太过严苛，并因此开发了任务与奖金制度，作为一种较温和的替代方案；甘特的制度不会在工人未能达到标准速度时惩罚他，而是在他达到时奖励他。如果工人超过了标准速度，他还会获得更高的奖励。甘特与很多管理工程师不同，他关注工人。他从产业组织对工人作为一个人的影响这个角度关注“人的因素”。甘特始终认为，“一切企业共有的因素就是人的因素。”因此，他追求的是让管理变得更富有弹性、更积极地对劳动者作为人的需求做出反应，以此实现管理的人性化。这一点在他职业生涯的后期表现得尤为明显。甘特在晚年把这一管理观念与计划部门至上的正统结合在了一起。由于计划部门一向把科学的优先地位放在利润之上，所以甘特不可避免地成了技术统治激进论的代言人。[18]

对于视野更宽广的“人的因素”来说，科学管理运动内部最重要的支持者非弗兰克·吉尔布雷思莫属。在动作研究这一兴趣的引领下，吉尔布雷思同时开始研究工人动机的内部和外部原因；在探求最佳方法的过程中，他力图从工人的心理倾向和工作环境中找到造成其疲劳的原因。尽管如此，在科学管理的修正运动中，吉尔布雷思做出的最重要贡献是他与莉莉安·莫勒（Lillian Moller）的婚姻。林德尔·厄威克曾用佳偶天成形容两人的结合。作为一名科班出身的心理学者，莫勒对雨果·闵斯特伯格（Hugo Munsterberg）和沃尔特·斯科特的工业心理学与科学管理之间的关联了然于心。正是通过她，并间接地通过她的丈夫，工业心理学的工具才变成了科学管理工具。吉尔布雷思夫妇合力对泰勒制的“科学外衣”和威权主义发起攻击，并且寻求使用全新的社会科学来弥补科学管理的种种缺陷。他们把重点放在工人福利和工人培训上，试图弥合科学管理和工人心理之间的鸿沟，让泰勒式管理与企业自由主义管理建立起密切联系。[19]一位极具洞察力的科学管理运动历史学家发现：

> 在科学管理的领导者中间，一种不同的声音开始变得清晰可闻。在第一次世界大战之前的一段时间里，这项运动的意识形态已经在发生某些细微而深刻的变化。莉莉安·莫勒对于“人的因素”和管理心理学的强调值得重视。它折射的是一种注意力转向的开始——从劳动的有形层面转向劳动者本身。[20]

面对内务委员会的调查，泰勒曾经辩称，科学管理需要劳动者和管理者完成“精神变革”。他当时只是在表述一种信念，即这两者终将认识到，不断提高的生产率蕴含着双方的共同利益。然而，通过引进工业心理学，莉莉安为管理运动赋予了更强的能力，使它可以在事实上影响这些人的变革。1924 年，在弗兰克·吉尔布雷思去世之后，莉莉安与波特和普渡大学工业管理系合作，继续推动她在企业自由主义管理改革领域的工作。

在科学管理运动朝着工人“同意”和“满意”转向之后，这项运动内部出现了另一种旨在影响管理者“精神变革”的驱动力量，它就是正式的管理教育。泰勒一向把管理教育视为异端邪说和胡言乱语；尽管他为自己的管理的客观性裹上了一层又一层的科学外衣，但他始终坚称，管理者都是天生的，而不是后天造就的。由于泰勒的憎恶，管理教育直到 1915 年他去世后才有机会崭露头角。不过管理教育这一美国特有现象早在 1904 年就开始发展了。当时，通用电气公司的德克斯特·金伯尔开始在康奈尔大学的西贝利工学院讲授他的新颖课程：工厂管理。直到 4 年之后，哈佛大学商业管理研究生院才开设了类似课程。1909 年，曾在西屋电气担任生产工程师的雨果·迪默在宾夕法尼亚州立大学开设了工业管理课程，并出版了第一本科学管理教材《工厂组织与管理》（*Factory Organization and Administration*）。把工程教育和管理教育结合在一起的工程管理课程出现在几年之后。首开先河的是卡内基理工学院和 MIT。截至 1922 年，全美已有 10 所院校开设了工程管理课程；到1932年时，这个数字增加到了30所。[21]

科学管理的修正运动还反映在它对劳资关系的重要意义——对有效管理的重要意义——的全新理解上。富有远见的管理工程师们意识到，工会将长期存在，因此，他们开始尝试通过与劳工组织的合作和工业福利项目来实现“精神变革”。吉尔布雷思来自组织高度严密的建筑行业，具备相关经验，他是首批行动者之一。和他并肩作战的还有非工程师背景的罗伯特·霍克西（Robert F. Hoxie）、罗伯特·瓦伦丁（Robert G. Valentine）和哈洛·珀森（Harlow S. Person）等人。其他人的战时经验提升了他们对工会合作的理解；吉尔布雷思、汤普森、甘特和哈撒韦与诸多组织开展合作，包括军械部、应急舰队公司（Emergency Fleet Corporation）、美国航运局等。在大战期间，莫里斯·库克一直管理军械部的劳工关系活动。他采用新的积极路线接近工会。这成了科学管理运动在战后的主旋律。而且，在亨利·丹尼森、莉莉安·莫勒、山姆·刘易森、德克斯特·金伯尔，加上《工业管理》（*Industrial Management*）颇具影响力的编辑莱昂·奥尔福德等人的努力下，这一主旋律让管理运动与美国劳工联合会在20世纪20年代重修旧好。

科学管理运动的战后活动主要围绕三个密切关联的组织展开。它们经常召开联席会议。其中历史最悠久的是科学管理促进会。它是由吉尔布雷思和库克发起的。这大大违背了泰勒的意愿——泰勒希望与美国机械工程师协会独家合作。泰勒去世之后，该促进会更名为泰勒学社，在哈洛·珀森的领导下，它成了修正派聚会讨论的场所。它的办公地点在纽约市的工程学会大楼——那里也是信奉企业自由主义的国家研究委员会工程部门的总部所在地。到了20世纪20年代初，泰勒学社首次面向泰勒运动之外的管理人员开放会籍。来自通用电气公司、杜邦公司、西电公司和AT&T的代表开始参与其中。[22]1917年，在国防委员会飞机制造小组主任霍华德·科芬的力促下，工业工程师学会成立了。它的宗旨是推进高效管理。这家新学会的领导者包括最早的“效率工程师”哈林顿·埃默森、德克斯特·金伯尔和纽约大学的管理学教授罗伊（J. W. Roe）。在他们的领导之下，这家新成立的学会与泰勒学社密切合作，并在20世纪30年代最终并入了泰勒学社。

科学管理的第三个组织成立于1920年，它是在科学运动的发祥地美国机械工程师协会内部成立的。新成立的管理部门由莱昂·奥尔福德发起并管理。该部门还在科学管理运动中大力支持富有弹性的修正潮流，并把注意力集中在企业自由主义管理的标志，即劳资关系和“人的工程”上面。事实证明，这个部门与之前泰勒比较狭窄和僵化的路线不同，它在工程师中间更受欢迎。它只用了短短两年时间就变成了美国机械工程师协会内部最大的部门。由此可见，科学管理运动的三个组织都反映了修正派的心声。然而对泰勒主义者来说，这一切的新都称不上真正的新；这场在19世纪末发轫于机械车间的科学管理运动已经赶上了20世纪企业工业最富活力的浪潮并与之合二为一，形成了企业自由主义管理改革。

与科学管理运动不同的是，企业自由主义管理改革运动从来都不是专属于工程师的。不过企业工程师们对它的发展做出了重要贡献。一些高瞻远瞩的企业领导者、银行家、政治家、工会领导者和社会科学学者做出了同样重要的贡献。他们都想塑造出一种行之有效的企业秩序。面对摆在现代资本主义面前的种种问题，企业自由主义管理的态度远比科学管理更广泛和灵活。尽管它和科学管理一样通过系统路径走向高效企业，而且同样对细节和组织近乎痴迷，但是它从更广阔的视角审视这一组织；泰勒式的管理专家把注意力局限在机械车间、铸造厂或者工厂的运营上，而企业自由主义管理者看到的却是巨型企业不断扩张的商业帝国，并且最终关注到整个社会。韦斯利·米切尔曾经这样总结它的特征：无论在企业自由主义管理改革运动的哪个层级，其核心都是一种双重努力，“理解并利用那些控制企业活动的经济力量”[23]，以及“那些控制人类行为的心理力量”。

从单一企业的层面来看，以科学为根基的产业改革者很少依靠外部管理顾问来实现广泛运营的精简。然而这并不意味着他们无法理解理性管理的重要意义。事实上，管理通用电气公司、杜邦公司、通用汽车和很多其他巨型企业的工程师都是各自领域里的管理先驱。

以通用电气公司为例，这家企业的系统管理技术是由金伯尔、赖斯和他们的同事开发并付诸实施的。金伯尔是一位机械工程师。他曾是斯坦利电气制造公司（这家公司后来成了通用电气公司的皮茨菲尔德工厂）的工厂主管，后来成为康奈尔大学教授，随后又担任该校工学院院长，他为科学管理做出过重要贡献。他开设了美国大学首批关于科学管理学科的课程，还为这个全新领域撰写过一系列的经典论文。赖斯早年在费城中央高中师从伊莱休·汤姆森教授，那是他职业生涯的最初起点。他后来成为汤姆森-休斯顿电气公司的经理，主持完成了该公司的生产系统化。随着汤姆森-休斯顿电气公司并入通用电气公司，赖斯先后成为该公司的技术总监、副总裁和总裁。在此过程中，他始终致力于推进合理的、精简的运营方式。赖斯的团队开发设计了通用电气公司的食堂系统，它足以说明赖斯对这一使命的热情。1917 年，他们把工程原理应用于食堂的出餐流程，专门为此设计了一套自动系统。该系统能让饥肠辘辘的员工在短短 1 分钟之内打好饭菜。从本质上来说，这套自动系统和工厂里的流程没有区别；实际上，如果换个角度来看，它可以被看作另一种生产过程：为人这种机器添加燃料。

> 中午就餐的铃声刚一响起，四个收款台前就排起了购买饭票的队伍。我们甚至没有机会看一眼收银员的样子，因为他们每分钟要卖出 29 张饭票，还要找零，然而这就是收银员日常工作的速度。人们听到收款机每隔半秒钟就叮叮当当地响起，不由得感叹，打饭的师傅们手脚得有多麻利，才能跟上这个速度。
>
> 走过收款台，拐个弯就是四条传送带的一端。人们选择邻近的传送带，用饭票换一个铝制餐盘。那个餐盘是事先在传送带上放好

> 的。传送带带子的行进速度是每分钟65英尺，就餐的人有15秒钟来选择饭菜……
>
> 检查员站在距离传送带末尾5英尺的地方，确认盘里的饭菜符合要求。就餐者从传送带上拿下餐盘，找座位就餐……很多人在12:10就吃完了，回收餐盘的工序立即运转起来。12:10，食堂里的服务流程再次转动起来。[24]

谈到通用电气公司的现代化管理，最大的功臣可能非杰勒德·斯沃普莫属。他来自正统犹太家庭，父亲在圣路易斯开表壳厂。斯沃普在MIT获得电气工程本科学位，随后进入西电公司，成为一名设计工程师和销售代表。由于商业嗅觉极其敏锐，他很快当上了公司圣路易斯分部的主管。到了1913年，他成了西电公司的总监之一，并任副总裁，分管国内的商业活动以及海外的全部生产、工程和商业活动。第一次世界大战期间，他在陆军总参谋部服役，协助管理采购项目。战后，斯沃普加入通用电气公司，成为通用电气国际公司（它集合了通用电气公司在海外的全部运营工作）的第一副总裁。三年之后，他接替赖斯，成为通用电气公司总裁。

作为通用电气公司这个庞大帝国的首脑人物，斯沃普设计了详尽的行政管控手段，由此把权力集中在自己手里，监督公司不断扩张的业务。他对通用电气公司发展壮大的最重要贡献也许是启动了公司产品的多样化。斯沃普落实这一新政，充分发挥已有资源的作用，尤其是发挥公司巨额研发投入的作用，为通用电气公司的基本产品线创造更大的需求——例如发电、输电和控制设备等。在1922年之前，该公司向公众直接销售的产品只有一种：白炽电灯；到1930年时，其业务的半壁江山来自1919年之前不为人知的产品，包括数量众多的家用电器产品。

除了行政管理和商务方面的贡献，为了保证员工与公司的合作，斯沃普还首创了一些影响深远的劳动政策。早在斯沃普还是西电公司霍桑工厂一名年轻的工程师和主管时，他就在赫尔馆（Hull House）讲授技术课程，收获了关于工业福利工作的第一手经验。此外，他还跟随顶尖企业自由主义律师路易斯·布兰代斯研习过商法。他在通用电气公司把这些经验转化成了精心设计的劳资关系项目——人身保险、失业救济、劳工赔偿、退休金计划、利润分成等等。其设计宗旨是消除工业化劳动最显而易见的恶，鼓励职工对企业保持忠心。[25]

杜邦公司之于化学产业犹如通用电气公司之于电气制造产业。这里的关键人物是汉密尔顿·巴克斯代尔（Hamilton Barksdale）。他出身弗吉尼亚州的一个望族，父亲是一名医生。在从弗吉尼亚大学土木工程专业毕业之后，巴克斯代尔早年主要从事河流开发和铁路项目工作。在特拉华州威尔明顿工作期间，他结识了杜邦家族。此后不久，他加入了雷波诺化学公司（Repauno Chemical Company，当时这家公司刚由拉莫特·杜邦组建成立，并且独立于杜邦公司主体），并娶了维克多·杜邦的女儿。巴克斯代尔很快就成了这家新公司的重要管理者，开始设计自己的管理体系；1893 年，雷波诺化学公司并入杜邦公司，由于卓有成效的管理创新，巴克斯代尔升任雷波诺化学公司的总经理。1902 年，皮埃尔·杜邦、阿尔弗雷德·杜邦和科尔曼·杜邦这三位工程师买下了杜邦公司，他们开始规划新的扩张路线，巴克斯代尔升任总监、副总裁，成为整个杜邦公司事实上的总经理。

就在杜邦家族三位堂兄弟展开收购大计和多元化蓝图时，巴克斯代尔也在设计必要的行政和管理流程，用来监管、控制和精简这家规模巨大、业务多元的企业。他在所有管理工作中强调合理化、系统化业务路径的重要意义，从生产到销售，莫不如是。他构建了一套管理理论，强调树立明确指导方针的必要性，以及建立标准并用它评定企业进步的必要性；公司还必须清晰表达总体管理理念，为短期政策的制定指明方向；必须通过对接班人的持续培训形成管理的永续性；必须通过广泛的授权和集体管理方式保证决策过程的灵活性；必须保持管理技能的持续发展和不断细化。从实践层面来看，巴克斯代尔通过成立杜邦执行委员会和发展部门把自己的理论付诸实际运营。高层管理者可以通过这些机构监察企业事务、为应对当前问题和长期问题设计新的方法。巴克斯代尔还引进了科学工厂管理。他把系统方法应用于炸药生产，引入了精细监管的工作流程、物料调度、库存分析，以及工艺和产品的标准化和简约化。他还把这些方法带入销售部门，引入市场分析，组建独立的统计部门，并把市场营销和技术服务融为一体。巴克斯代尔与泰勒的相同之处在于，他专注工人个体的劳动过程，他成立了劳动效率部门，用来确立业绩标准、确定速度、设计激励薪酬细则，吸引工人合作。巴克斯代尔与泰勒的不同之处在于，他认识到人类心理极为顽固的复杂性，并且预见到动机研究人员是必不可少的，这是他对这一岗位的命名。[26]

在巴克斯代尔及其同僚的创造性领导下，杜邦公司变成了首批采用多元化战略的企业之一。这主要是通过大胆的研发活动做到的。这些活动的目的是充分发挥剩余资源的作用。除此之外，为了协调多样化运营，杜邦公司也是最早开发分散式多部门管理架构的巨型企业之一。不过巴克斯代尔对管理学发展的最大贡献恐怕还要数他对接班人梯队的培养。这一梯队包含一群雄心万丈的年轻工程师，他们会在未来成为管理这家企业的主要人物。这批接班人中的佼佼者包括：弗兰克·麦格雷戈(Frank McGregor)、哈里·哈斯克尔（Harry Haskell)、威廉·斯普鲁恩斯（William Spruance)、约翰·李·普拉特（John Lee Pratt）和唐纳森·布朗（F. Donaldson Brown）等。

麦格雷戈是一名毕业于 MIT 的工程师，担任杜邦公司发展委员会主席。正是该委员会最早提出了杜邦公司采用的分散式架构方案。在这项事业中与麦格雷戈并肩作战的是哈斯克尔和斯普鲁恩斯。哈斯克尔是一名矿业工程师和杜邦公司的副总裁（他的哥哥是雷波诺化学公司的总裁)。斯普鲁恩斯的父亲是一名法官，他本人拥有普林斯顿大学电气工程专业学位，当时担任杜邦公司主管生产的副总裁。普拉特是巴克斯代尔在弗吉尼亚大学土木工程专业的校友，可能也是他最亲近的门徒。普拉特只在杜邦公司工作了很短一段时间，就加入了通用汽车。他成了该公司创始人威廉·杜兰特的助理并协助后者完成了这个汽车帝国的重组工作。布朗是一名电气工程师，毕业于弗吉尼亚理工大学，在成为斯普拉格公司总经理后不久，他就加入了巴克斯代尔的团队（还娶了巴克斯代尔的女儿）。布朗的创新主要在财务领域。他设计的技术和他开发的公式可以把投资回报和资金周转率、销售量及利润联系起来。他把公司的运营分解为多个部分，为高管提供了一种用来衡量各运营单位业绩的精确标准。作为杜邦公司的财务负责人，他引进了复杂精妙的统计管理手段和经济预测方法，以此掌握、预估和管理这家庞大企业的各个方面。1920 年，杜邦公司接管了通用汽车的所有权和管理权，皮埃尔·杜邦成为通用汽车的新总裁。在此期间，布朗担任副总裁，参与重组了这家步履蹒跚的庞然大物。[27]

当时，懂得现代管理原则的人不只杜邦进驻通用汽车的“救火”团队——皮埃尔·杜邦、布朗和普拉特等人——还有通用汽车原班人马中的少数人。其中最著名的是两位电气工程师：查尔斯·威尔逊和艾尔弗雷德·斯隆。威尔逊毕业于卡内基理工学院，首先加入西屋电气，随后投奔德尔科的查尔斯·凯特林。他协助德尔科设计了电力启动马达。后来德尔科被通用汽车收购，威尔逊随后逐步升迁，终于在 1940 年成为通用汽车总裁。

通用汽车最关键的人物当然非斯隆莫属。他出生于纽黑文市，父亲是一位颇负盛名的咖啡和茶叶进口商人。斯隆是 MIT 电气工程系的早期毕业生之一（也是杰勒德·斯沃普的同班同学）。毕业之后，他成为海厄特滚柱轴承公司的一名绘图员，协助改进滚柱产品（塑料材质，由约翰·海厄特发明）、开发滚柱轴承的商业应用。斯隆发现，海厄特滚柱轴承公司可能在蓬勃兴起的汽车行业中发挥巨大作用，于是说服自己的父亲买下了它。这让他在 1897 年成了这家公司的总裁兼总经理，当时他只有 22 岁。斯隆不知疲倦地推销本公司的产品，很快就和这个新兴行业里的巨型公司熟络起来，并获得了在这个行业的完整历练：从设计、工程、生产制造到销售、推广和高层管理。1916 年，杜兰特组建联合汽车公司（把各个零配件厂商整合为一家公司，海厄特也在其中），斯隆被选为总裁。两年之后，联合汽车公司并入了新成立的通用汽车，斯隆成为总监和分管零配件的副总裁、执行委员会成员。他在这些岗位上着手谋划公司的重组，协调公司的多样化活动。1920 年，皮埃尔·杜邦接管通用汽车。在布朗和普拉特的协助下，在新总裁的鼓励下，斯隆开始把自己的计划付诸公司运营。三年之后，他从杜邦手里接过了总裁的位子，贯彻了多部门、去中心化的组织架构。[28]

除了电气行业和化学行业这两个以科学为根基的行业的内部工作之外，企业工程师们还把现代管理的佳音带入了其他行业。他们在这项事业中发挥了至关重要的作用。保罗·利奇菲尔德（Paul Litchfield）是一位毕业于 MIT 的化学工程师，他把系统化管理带入了固特异橡胶公司；詹姆斯·巴克（James Barker）同样毕业于 MIT 并且一度成为 MIT 的土木工程专业教授，他同罗伯特·伍德（Robert E. Wood）和西奥多·豪泽（Theodore Hauser）为西尔斯公司共同设计了一套分散式管理架构。其中，伍德是一位毕业于西点军校的工程师，曾经担任杜邦公司无烟火药厂的助理厂长；豪泽是一位毕业于艾奥瓦州立大学的电气工程师。弗兰克·霍华德（Frank A. Howard）是一位毕业于乔治·华盛顿大学的工程师和专利律师，他与海军学院毕业的工程师埃弗里特·萨德勒（Everett J. Sadler）合作，帮助新泽西州标准石油公司完成了类似的重组。①

① 读到此处，读者可能禁不住好奇：为什么没有提到亨利·福特？这是一个很难回答的问题。虽然福特在进入汽车制造领域之前担任过底特律爱迪生公司的工程师，但是他不是大学培养的职业工程师，却又曾受过科学教育。这一点与泰勒相同，又与这里讨论的大多数工程师不同。但是与泰勒不同的是，福特之所以打下了关于大规模生产的技术基础，更多的是因为他是一名具备机械师头脑的发明家，而不是一名科学管理的拥护者。除此之外，尽管他著名的“社会学部门”开辟了劳资关系的先河，但他从未真正认同过企业自由主义的观点。他更希望不惜代价地阻止工会主义，在自己的劳工队伍里强化严苛的行为准则，提高生产效率；同时提高工资水平，保证工人的合作与忠诚，保证工人买得起他造的汽车。福特和许多看似同道的人大不相同，他反对门类化。因此，此处的讨论不包括福特。这不是疏忽大意，而是作者有意为之。

然而并非所有的企业工程师都把管理活动局限在单个企业里。有些人进一步拓宽领域，从整体上关注“社会机制”。[29]

到世纪交替时，企业的扩张广泛覆盖了大量的生产活动，于是，它们纷纷建立计划部门、特别执行委员会和研究团队，专门用来应对劳动力流失、失业、市场变化、生产率、长期预算等问题。这些问题都是简单的分析难以应对的，同时又是企业经济生存能力的根基。因此，企业开始集中资源，成立合作研究机构，并通过行业协会寻求有效途径，试图理解和接受那些决定其生死存亡的重大因素。很多人清楚地认识到，企业健康的决定因素远远不只存在于工厂之内，甚至不是一个行业所能涵盖的；他们深知，企业的活动范围就是这些因素存在的范围，无论是国内还是国际。经济学家哈洛·珀森曾在 20 世纪 20 年代领导泰勒学社。他曾自豪地宣告管理学领域的不断扩张；1931 年，他把企业活动整体纳入管理范畴。他总结了企业赖以实现稳定的因素，并把它们组成金字塔形结构。

> 单凭物质力量的稳定是远远不够的，人际关系同样要稳定；单凭生产的稳定是不够的，销售同样要稳定；单凭生产和销售的稳定是不够的，综合管理同样要稳定；单凭一家企业的稳定是不够的，行业内所有企业都要稳定；单凭单一行业的稳定是不够的，全国各行各业都要稳定……单凭一国工业的稳定是不够的，全球经济都要稳定。上述目标每完成一个，都是迈向更平衡、更融洽的工业和社会生活的一步；它们是实现更高目标的必经之路。[30]

资本主义发展与稳定的当务之急何在？这一不断拓宽的认识促使企业领导者联合起来，寻求政府的监管，或者反对竞争性市场的异想天开。这同样迫使他们为自己的海外投资寻求军事保护（海外投资始终令他们忧心忡忡），迫使他们成立研究机构，收集并分析企业稳定不可或缺的所有数据。尽管这些工作涉及各类专业人士的参与，例如统计学家、经济学家和社会学家等等，但它们同样是工程师的工作。这些工程师兼具技术训练经历和相当广阔的视野：现代管理绝不是一件简单的小事。这种新型工程师的代表人物有马尔科姆·罗蒂（Malcolm Rorty）、马格努斯·亚历山大和赫伯特·胡佛等。

罗蒂是一位电气工程师。无论是作为怀特公司和纽约电话公司的生产主管，还是作为贝尔实验室的研究主管，他都做出了一番令人印象深刻的事业。然而他的兴趣很快就扩展到了电气工程之外，进入了统计学和经济学领域。他帮助 AT&T 开展了多种社会问题的统计学研究，并在 1916 年加入韦斯利·米切尔和马格努斯·亚历山大的行列，投身于一项关于美国收入分配的重要研究。这项研究一度因为第一次世界大战而中断。等到大战刚一结束，罗蒂就与米切尔和约翰·康芒斯合作成立了美国国家经济研究局。该局的使命是对企业秩序面临的种种问题开展广泛的统计分析。[31]20 世纪 20 年代，国家经济研究局人员在赫伯特·胡佛发起的影响深远的“近期经济变化”和“近期社会趋势”研究中做出了重要贡献。1922—1923 年，罗蒂担任国家经济研究局局长，兼任 AT&T 副总裁，随后成为美国管理协会会长——这家协会是企业自由主义管理改革运动的急先锋。

马格努斯·亚历山大同样是一位眼界开阔的电气工程师。他最早在西屋电气和通用电气公司担任设计工程师，后来负责监督大学毕业工程师的技术课程、组织和管理学徒学校，他还帮助通用电气公司创建了医疗部门和安全委员会。此外，他还广泛开展关于工业事故的统计学研究，并由此提出了美国第一份关于劳动力流失成本的全面报告。1916 年，他与罗蒂和米切尔合作开展了关于收入分配的研究；同年，他创办了由产业界领导的最重要的社会研究机构：国家工业会议委员会。从 1916 年开始直到退休，亚历山大一直在指导这个委员会的活动。在这个岗位上，他为企业理解和应对发达资本主义种种挑战所做的贡献足以和任何人比肩。

在这一点上，胡佛是亚历山大的同道中人。尽管大萧条时期的错误观念把胡佛塑造成了一位笨拙的保守人士，但对这位曾经的采矿工程师更真实的特征描述正在逐渐显现：他是一位睿智老练的企业改革家。他先是在世界各地发起成立合资采矿企业，并因此积累了大量的个人财富，随后进入公共生活。第一次世界大战期间，胡佛在欧洲领导了家喻户晓的食品救济计划，在战时工业委员会的支持下，他对工业资源的协调工作贡献颇丰。大战刚刚结束，胡佛就以进步组织美国工程学会联合会主席的身份领导了著名的“工业浪费”调查。这项调查把工业效率低下的很大一部分原因归咎于管理。20 世纪 20 年代，在担任美国商务部长期间，胡佛彻底重组了这个部门，以满足企业工业不断增长的需求。他还不知疲倦地促进产业合作、提高产业效率、推广“为产业服务”这一新的政府信条。在担任美国总统期间，胡佛为后来“罗斯福新政”用来应对大萧条的很多项目做好了准备。为了评估 20 世纪美国的状况，他还发起了当时最全面的社会变革研究项目，也就是著名的“近期经济变化”和“近期社会趋势”。最后一点，胡佛是工程师中的工程师；莫里斯·库克形容他是“工程方法的人格化身”。他在所有活动中发挥着企业工程师的模范作用；查尔斯·曼恩钦佩地发现，胡佛的成就告诉人们，“律师们夸夸其谈，工程师们埋头苦干。”[32]

工程师们在车间、企业董事会会议室、各类私营研究机构和政府司局中的延伸活动是为了“理解和利用那些控制商业活动的经济力量”。它们反映了工程学本身不断拓宽的视野。他们还在各个层面试图认识这些经济力量背后的潜在力量，以及“控制人的行为的心理力量”。这同样反映了工程师视野的拓宽。在这方面的工作中，企业工程师们尽力平息劳资纷争 ，因为它威胁了企业的稳定；他们刻意制造劳资之间有效的利益协调，吸引工人心甘情愿地参与到资方对自己的盘剥当中。

企业自由主义对于“人的问题”的管理方式包括两个部分：劳资关系旨在改变工人的命运，以赢得他们的合作和忠诚；人事管理旨在处置人事，通过把心理学和社会学的新型工具融入工程学来设计人的行为。截至20世纪20年代，前者或多或少地消解并融入了后者，变成了“人际关系”。这意味着生产中本来棘手的“人的因素”朝着企业机制协调高效的组成部分转变。企业要向员工和潜在员工灌输一种无私奉献的动机，并把由此而来的干劲和人的潜能限制在由企业界定的范围之内。这个过程涉及工厂内外的改革。它最终把企业改革者引向员工的学校和家庭，他们要训练学生，让学生适应雇佣生活，同时根除他们身上的恶习，例如酗酒、无秩序、散漫和政治上的激进等等。

从历史上看，劳资关系项目源于劳资改善运动，它有时也被称为社会福利运动。这项运动的影响在20世纪第一个十年里达到顶峰。在宗教的感召和高尚的责任感的驱使之下，福利工作者们在产业界赢得了一席之地，成为“福利秘书”。他们身处福利部门，游走在管理的边缘地带。福利工作者聚焦产业工人的困境，努力通过工厂内部的教育、文化、医疗和休闲服务来改变他们的命运。成为福利工作者并不需要特别的资历，他们的教育背景各不相同：护理、医药、建筑、家政和工程等，不一而足。不仅如此，他们中有很大一部分人并无特别之处，只有一腔帮扶贫苦劳动者的热情。作为产业雇员，福利工作者最重要的贡献是他们把工人当作人来看待，并为工人做出了极大的奉献。这是现代工业对这一点的第一次重要表达。虽然对“人的工程”这个听上去充满压迫意味的说法难辞其咎，但是他们把重点放在了“人”上面，而不是“工程”上面，而且他们努力实现工作场所的人性化，缓解了产业资本主义发展造成的苦楚。

随着工业企业规模的不断扩大，企业和员工之间的距离被进一步拉大。而福利工作者是企业和员工之间第一次建立真正的联系，他们为管理注入了一种人与人合作的精神。这种精神会一直留存下来。然而作为工业机构的福利工作却在20世纪的第二个十年陷入了争议漩涡。这主要是因为它在解决劳工问题时表现出的家长作风和自诩正义；此外，在面对产业问题时，它采用的是模棱两可的“人性主义”，而不是务实高效的商业路线。例如，有一家企业想要“完全消除那些主导福利工作的歇斯底里的成分和所谓的‘慈善之相’”；一位医生说，他听到人们把“福利”说成“灾厄”（hell-fare）[33]；美国最大煤矿的矿主宣称：“我对‘福利工作’这些名词深恶痛绝，我真希望它们从英语中消失。”[34]不过这些对福利工作的拒斥并不能代表产业领导者们抛弃了“人的因素”或者放弃了“人的工程”。事实恰好相反，同样是上文那位矿主，他亲自教矿工学习英语，教他们的妻子制作美式服装，帮助他们开垦家里的花园，为他们的孩子开办幼儿园，或者为他们提供学费、激励他们。然而他的这些做法并不是出于仁爱精神，也不是由于愧疚而做出的善举；他只是和众多的工业领导者一样认识到，想要做好生意、实现盈利，“人的工程”和工人社会地位的提升都是极其重要的新方法。

根据莱昂·奥尔福德的定义，“组成劳资关系主体的是一系列原理、实践和规律，它们来自那些投身或依赖生产行业的所有人群的权力、需求和志趣的相互作用。”换个角度来看，托斯丹·凡勃伦认为，它是“商人在利润的驱使下理应为文化发展所做的一切”①。利用劳资关系活动这一手段，企业自由主义改革者们试图赢得来自工人的友谊，或者至少获得他们的忠诚，从而巩固产业的稳定——那是获得未来利润的先决条件。以福特汽车为例，这家公司在 1916 年发现，“从冰冷的商业投资视角来看，公司做过的最佳投资恰恰是对利润分成、工厂环境、舒适程度和教育工作的投资。”无独有偶，通用电气公司同样发现，其

① 凡勃伦的这一论断与欧文·谢尔（Erwin Schell）早年在课堂上的讲法更接近。谢尔当时是 MIT 的工程管理教授。在谈到管理趋势时，他是这样阐释劳资关系项目的：“事故预防运动致力于保证员工有安全的工作环境。工伤保险费率的降低早已说明了这项运动带来的确定回报。企业医生、出诊护士和急救设备的价值都是通过旷工的减少来衡量的。良好的照明、供暖和通风，以及企业餐厅和食堂提供的健康食品，它们带来的有益影响全部体现在车间的生产上。交通和住房问题的解决、车间出版物的发展、集体保险和互惠计划的引入都有助于降低劳动力流失率，并由此证明了自己的价值。这样的例子数不胜数。”参见 Lecture One，“The Trend in Management，” *Course Record in Business Management*（1920）. p. 5，MIT Archives.

互助社（一个员工集体保险项目，1902 年建立于林恩）的“原则和方法为员工带来了满足感，在员工和工厂管理层之间建立了相互忠诚的良好关系”。各种劳资关系包括对加入工会的劳动者的接受、集体谈判、利润分成、企业杂志、各种保险项目和养老金计划、安全改革、工伤赔偿、以联合管理为目的的车间委员会，以及严格规定的工作时长和生活工资。最后一点在大战之后尤为盛行。它进而上升到劳资改善运动的更高层面，例如建设园林、餐厅、俱乐部、休闲娱乐设施、乐队和医疗部门等。[35]

工程师参与其中的重要例子有很多。比如马格努斯·亚历山大担任过马萨诸塞州养老金委员会主席。在美国刚刚开始成立工伤赔偿委员会时，他是其中一家的五位委员之一。1903 年，著名的机械工程师波特成立了第一家车间代表委员会，帮助西屋电气恩斯特电灯厂的工人们参与管理；1904 年，路易斯安那州的矿业工程师约翰·亨宁（John Henning）建立了第一个自愿加入的工伤赔偿计划。不过，工程师对劳资关系做出的最有意义的贡献发生在工业安全改革领域。作为在生产一线的基层管理人员和机器设备的设计者，工程师最了解工业安全问题。在纽约工业安全委员会建立的顾问团中，有五分之一的成员是工程师；美国机械工程师协会是建立行业安全规程的先驱组织。工程师们还在全国性安全改革机构全国安全委员会的设立中发挥了重要作用；1912 年，这家委员会在密尔沃基召开成立大会，当时为它提供支持的是钢铁电气工程师协会。[36]

在全国安全委员会第一次大会上，一位发言者注意到，“在过去的两年里，对几乎所有大型生产企业和很多小型企业来说，事故防治这个话题变得和产量问题一样重要。”[37]造成这一担忧的原因不难猜到，就像奥尔福德解释的那样，“从大约 1910 年开始，在原告因为机器或者其他原因发生工伤的个人伤害诉讼案件中，美国的陪审团开始支持大额赔偿金。”[38]对产业界来说，赔偿诉讼的成本日益增加，这形成了另一种形式的浪费。没有人比马格努斯·亚历山大更了解这一点。他在该委员会的成立大会上做了题为《工业安全的经济价值》（The Economic Value of Industrial Safety）的报告。根据他担任通用电气公司安全委员会主席的亲身经验，亚历山大提出："雇主单位应有经济上的考量，同时兼顾人性。它们是打造安全卫生的工作环境的推动力量。"长远来看，雇主单位应该防止事故的发生，而不是在事故发生后承担后果，这样做的成本低得多，而且更人道。不仅如此，他不仅认识到安全运动的经济意义，而且完全明白它也是一项"教育运动"，足以成为营造和谐劳资氛围的方法之一。他的大会闭幕致辞堪称企业自由主义关于社会改革路线的经典论述：假如企业主动选择这样做，它可以按照自己的方式来，并收获"大众的掌声"和相当程度的社会和谐；假如企业对这种需求视而不见，它终究也还是要被迫这样做。逼迫它的将是一个充满敌意的、不关心企业福祉的社会。

> 我还想到一点。有件事一直让我深以为憾，之所以要在这里说出来，是因为它影响着许多当前正在形成的类似情况。让我备觉遗憾的是，全国的用人单位，除了屈指可数的例外，对事故防治和安全生产这个重要问题始终不够重视，非要等到立法机构施加压力时才肯去做。它们完全可以主动做到，而且本该在几年前就主动做到。这样不仅可以收获大众的掌声……还可以避免很多对我们不利的立法。
>
> 先生们，请切记，谈到提高员工福利、改善雇主与员工关系这一点时，有很多工作是雇主单位应该做好，并且必须做好的。假如它们没有主动在每天的工作中做到这一点，没有在劳资关系中营造出令人愉快的效果，立法机构会强迫它们这样做……[39]

劳资关系的各项措施间接解决了人的问题。在工业领导者眼里，人的问题是造成社会不稳定的根本原因。不过他们并未把工人当作研究对象而给予直接关注，而是把目标集中在工人日常生活外部环境的改善上。这样做的假定前提是，更好的生活和工作环境会让工人变得更愿意合作、更忠诚、更满意，从而变得更高效、更冷静。劳资关系由此变成了富有远见的工业领导者用来按照工人的需要调节——或者看似在调节——产业现实、平息不利批评，同时孤立那些和他们势不两立的激进分子的手段。他们的办法就是让工人在资本主义制度下得以生存。在应对“人的因素”时，企业自由主义的另一条更直接的途径是“人事管理”。它聚焦作为个体和群体的工人本身，把他们当作科学研究与管理的直接对象；企业工程师为解决人的问题所做的最重要的贡献恰恰体现在这里。

人事管理涉及“人的工程”相互依存的两个方面：一是用工管理，即日益科学地尝试激发和利用劳动者，让人这种工业要素高效地发挥作用；二是工业教育，即系统地培养和训练劳动人口，使之为企业提供最优服务。它的出现是对20世纪初显现的一系列历史发展的回应。这些发展包括很大一部分人口对工业生活状况的明显醒悟。一部分日益强烈的情绪源自人们对自身生产劳动控制权的丧失，以及企业的扩张。随着企业不断扩张，员工的阶层自然随之膨胀。员工距离核心管理层的直接管辖越来越远。科学管理技术的应用加剧了这个问题，正如马尔科姆·罗蒂指出的那样，这是因为“它实际上把一切类型的业务和行业……都置于大型企业的高效管控之下”。企业的扩张需要更加有效的人事流程，其可以帮助它管理日益壮大的员工队伍。（正如罗蒂指出的那样，从另一个角度来看，它还意味着“身兼能力与才智的年轻人只能比前辈们更多地期盼这样一种职业生涯：终其一生在一个大型企业组织里当好一名下属。”[40]）

人事管理的出现是为了完成这样一种使命：再造工业中人的部分——从劳工到律师的整体再造，使之成为协调一致的产业大军。它在20世纪前20年间的飞速发展让韦斯利·米切尔注意到，截至20世纪20年代，美国的工业“不仅仅是人均产量、人均工资和人均马力更高，”它的“人均管理水平同样更高”[41]。人事管理同样是“人的工程”，不过它把重点放在了“工程”上；它站在劳资关系的对立面，它的目标是对工人做出调节，满足企业资本主义新的产业需求。

工程师在企业产业的塑造中发挥了巨大的作用，作为生产管理者和企业学校的管理者，他们是这一使命最早的承担者之一。① 人事管理运动是由工业福利部门和企业学校发展演变而来的，因此，它既包括工人的提升，又包括工人的教育——把他们变成对工业更有用的人。人事管理与其源头的区别在于它强调的重点，在于它把劳动者看作科学研究与管控的直接对象。诺顿公司是美国首批成立人事部门的企业之一。谈到新的“人的工程”的需要，该公司的人事经理做出了如下阐释：

> 它更像这样一个问题：知道或者能够断定个人或群体在特定的条件和情况下能够做到什么；根据经验得知人们在特定情况下会做些什么；提供适宜的手段，使得各种情况和随之而来的结果对企业有益、为雇用这些员工的企业创造最大的利润。[42]

如此一来，在早期实践者眼里，“人的工程”这项任务与“物质形式的工程”几乎没有区别。它同样包含细致观察基础上的行为预测，要为特定目标的实现而确定和创造必要的条件。除此之外，目标基本保持不变：它就是利润——改变的只是关注的对象由物质材料变为人的行为，而它只是实现目标的手段。因此，这个新的“工程分支”的背后是这样一种假定前提和信念，我们可以借用最近一位信奉者的话来形容：“虽说那些‘让一个人活蹦乱跳’的因素也许十分深奥，但是它们是可以描述和分析的，而且其精确程度丝毫不亚于用来制造谢尔曼坦克侧面装甲的模具。”[43]因此可以说，工程师把这一全新挑战纳入自己的学科完全不会令人惊讶，毕竟他们在科学流程、“人的管理”和人员聘用

---

① 1920 年，在调查美国雇主单位对工业中“人的因素”的应对经验时，大都会人寿保险公司的两位高管发现，共有四个组织在全国范围内主导这一领域：全国企业院校协会、全国安全委员会、国家工业教育促进会和全国人事经理联合会。其中前三个组织都是工程师发起创办的，第四个组织也有很高的工程师参与度。参阅：Lee K. Frankel and Alexander Fleisher, *The Human Factor in Industry*（New York：The MacMillan Co.，1920），p. 14.

等方面都有相当丰富的经验。1918 年,《工程新闻记录》的主编提出,“劳工问题中人的因素是工程师需要攻克的难题”,

> 他们利用物理规律造出了高效的机械……如今,他们要投身新的挑战——不是作为福利工作者或者社会学者,而是作为工程师——去帮助工人在生产体系中找到自己的位置。难道说,科学的分析无法解决造成失调,进而威胁企业生存的根本原因吗?为了保证效率,工程思维早已认识到了机械因素和物质因素,难道说,它无法从生产中认识人的因素吗?[44]

参与者所称的用工管理运动开始于 20 世纪第一个十年的尾声,它在很大程度上是对新发现的、造成工业浪费的原因做出的反应。这个原因就是日渐严重的劳工流失和旷工。在第一次世界大战期间和前后,有一段非常严重的劳动力短缺时期,用工管理运动在此期间迅猛发展。1921 年之后,由于经济停滞和劳动力市场供大于求,该运动失去了发展的动力。不过那时它已经为工业领域带来了一整套前所未有的“人的工程”相关技术——心理测试、行业测试、岗位分析、个人档案、评分量表和系统性培训等等;更重要的是带来了亨利·丹尼森所说的“一种习惯,一种考虑人事管理的商业思想习惯……一种严肃的、‘人的工程’项目……商业管理的一项困难而明确的重要职能”。到 1923 年时,新成立的美国管理协会的组织者们明确采用了这种习惯。他们在关于这一组织宗旨的宣言中迫切地指出:“美国的管理一度把人的因素视为‘想当然’,这种放任自流的日子一去不复返了。如今的工作重点必须放在工商业领域中的人的因素上,我们必须像过去几十年研究物质和机械一样认真地研究人的因素。”[45]

莱昂·奥尔福德在 1919 年指出:“在劳资关系的发展中,没有哪个领域的进步速度超得过用工管理”。不过他补充指出,这一进步“背后的推动力量并不完全是为了培养良好的劳资关系……在绝大多数产业高管的心里,成立人事部门主要是为了在劳动力稀缺时有人可用,是为了明白员工为什么选择离开”。对雇主来说，这样的问题当然是最真切的；1917 年，一位社会历史学家发现，“工人们想要改善收入，不断地跳槽和罢工的效果是一样的。一个工人找一天工作，就可以收到 6 ~ 8 份邀约，这是很常见的。他会选择最有前途的那份工作。”一位当代经济学家观察发现，一家工厂一年的员工流失率“达到 1 600% ~ 2 000% 并不稀奇”[46]。

早在 1907 年，面对一群专心的美国机械工程师协会听众，西屋电气的工程师波特曾经指出“劳动力流失的坏处”，并把它归结为造成产业低效的原因之一。然而直到 1913 年，通用电气公司的工程师马格努斯·亚历山大才针对这个问题开展了史上第一项统计研究，并把它对工业效率的影响记录在案。几年之后，博伊德·菲舍尔（Boyd Fisher）开展了另一项关于“雇人与留人”的重要研究。顾名思义，它阐述了一种最有希望解决劳动力流失问题的手段。菲舍尔是底特律高管俱乐部的副主席。这家俱乐部由一群汽车行业及相关行业的领导者组成——当时汽车行业刚刚兴起，俱乐部成员颇具工程师头脑。菲舍尔后来还当上了洛克伍德格林工程公司的服务经理。他设计了一套成本系统，用来记录不必要的雇用和解雇造成的浪费。他极力推行各种补救措施，例如谨慎雇用、对候选人和员工进行测试、申请档案制度和改善工作条件等。他指出：“本年度预计产量需要多少人手，要列出清单。它要和蓝图以及流程路线一样，成为工程部门重要的技术规范之一。”① 除了上述发生在工厂之内的流程外，菲舍尔力主“把工厂的影响力扩展到工人生活的方方面面”——他把这种创新性提法归功于亨利·福特。菲舍尔指

① 谢尔教授本人也是一名工程师，他曾在 MIT 的课堂上把用工管理称为“工人维护法”，把它和其他各类工业维护相提并论。他指出：“在用工管理出现之前，各类维护任务花样繁多，例如资金、厂房设备、机械和工具、原料和物资装备、标准、档案与统计信息、产品需求等等。这些任务都被交给了训练有素的专门人士完成。这些工作都是与物打交道的，而工人维护是与人打交道的。因此，一旦处理不当，它也是唯一可能威胁生产管理者管控结构的活动。而这些管理者恰恰是掌管工业领域最基本活动的人。”详见 *Course Record in Business Management*, 1920, MIT Archives.

出："说到工人的流失，80% 的原因发生在工厂之外"。他认为，用工管理者要成为"教师、牧师和社会工作者的合作伙伴，同他们一道改善员工的生活"。菲舍尔指出，福特汽车公司的一位副总裁成了底特律的警察局长，底特律爱迪生公司的一名高管成了当地的校董会主席，他还自豪地提道："把密歇根州加入禁酒令名单的人不是比利·桑德(Billy Sunday)*，而是密歇根州的雇主们。他们想拆掉工厂和工人住处之间的那座酒馆。"因此，早在 1916 年，菲舍尔就划出了用工管理活动的大致范围。罗切斯特通用铁道信号公司的人事经理也是这项事业的同道中人。他为用工管理提出了更多的职责，包括制定完备的岗位规范、介绍新员工、员工跟进、为所有人事流程保留完备的档案记录；所有争议、解聘、升职和转岗问题的最终裁定；研究员工收入和员工流失率、调查旷工和终止合同的原因、监督员工指令等。最重要的是，他还补充指出，用工管理者一定要"给工厂挣一个好名声"[47]。

1900 年，古德里奇在阿克伦建立了美国第一个人事部门。在此后的十年里，美国的主要企业纷纷效仿这一做法。在这些企业中，人事部门和教育部门的关系非常密切。后者主要负责管理企业学校的各项活动。因此，西电公司的迪茨、西屋电气的钱宁·杜利、AT&T 的阿尔伯特·维纳尔、通用电气公司的马格努斯·亚历山大和托马斯·爱迪生公司的马克·琼斯都与本公司用工管理的发展不无关联。企业开办的院校既训练工科毕业生，也培养学徒。它们是最早使用测试、档案留存和岗位规范等流程的管理部门。这些流程最终也被用在所有的员工身上。不只是大型企业，很多较小型的企业，尤其是受科学管理影响最深的小型企业——例如耶鲁-汤制造公司、丹尼森制造公司、诺顿公司、切尼兄弟丝绸公司、普林顿出版社和柯蒂斯出版公司等——都在最早建立人事部门的公司之列。[48]

---

* 比利·桑德（1862—1935 年）：美国著名福音传道者。他曾是一名职业棒球运动员，后来成为 20 世纪前 20 年美国最有影响力的传教士。桑德是禁酒运动的坚定支持者。——译者注

1910 年，两家相互独立的地方性人事经理协会分别在波士顿和底特律成立。前者是波士顿职业指导局①的分支机构，它的成员是来自通用电气公司、切尼兄弟丝绸公司、丹尼森制造公司和诺顿公司的代表。后者是底特律高管俱乐部的一个专门委员会，成员包括来自福特汽车、斯图贝克、帕卡德、道奇兄弟、密歇根州电话公司和撒克逊-索尔维公司的主管。截至 1917 年，类似的地方性协会已有十家，一共代表 1 000 家商业企业。② 所有这些协会的事务基本都是由工程导向的企业主导的。在最初的几年里，这些协会主要通过共同的会员开展合作，到了 1913 年之后，它们通过全国企业院校协会合作。该协会在其中发挥成员企业用工和活动信息交换中心的作用。1917 年，人事经理们齐聚宾夕法尼亚大学，成立了一个专门面向用工管理活动的全国性组织；这场人事经理全国大会的主导者是美国用工管理运动的领导者们，包括亚历山大（来自通用电气公司）、菲什（来自底特律高管俱乐部）、约翰·鲍尔（来自西屋电气）、俄莫林（L. B. Ermeling，来自罗切斯特通用铁道信号公司）、亨利·丹尼森（来自丹尼森制造公司），以及科学管理的修正者莫里斯·库克和奥德韦·蒂德（Ordway Tead）。联邦钢铁公司总裁克拉伦斯·霍华德（Clarence H. Howard）发表大会主旨演讲。他宣称："今天最重要的工程是关于人的工程"。还有一位与会者是全

---

① 这家职业指导局创办于此前两年，创始人是号称"职业指导之父"的工程师弗兰克·帕森斯。帕森斯把人看作普通原材料。在他的《我国之需要，或科学工业主义之发展》（*Our Country's Need, or the Development of a Scientific Industrialism*）一书中，帕森斯写道："生命可以被塑造成任何可以想象的样貌。你可以为一条狗编写技术规范，也可以为一个人编写技术规范……合乎理性的工业体系要把人用在符合其本性的地方，要打磨他们、帮助他们为高效服务做好准备。这和处理原木、石材和钢铁没什么区别。它需要的心血丝毫不亚于生产钟表、发电机或者火车头。"引自 Joel Spring, *Education and the Rise of the Corporate State*（Boston: Beacon Press, 1973）, pp. 92, 95.

② 这些地方性协会来自芝加哥（西尔斯公司、联邦爱迪生公司、Armour、马歇尔·菲尔德等）、纽瓦克（托马斯·爱迪生公司、西电公司、海厄特滚柱轴承公司等）、纽约（纽约爱迪生公司、AT&T、梅西百货等）、费城［柯蒂斯出版社、斯特布奇和卡洛瑞尔百货（Strawbridge and Clothier）、美国滑轮公司等］，以及纽约州的罗切斯特（柯达公司、博士伦公司、泰勒仪器公司、罗切斯特通用铁道信号公司等）。

国企业院校协会的著名会员沃尔特·斯科特教授。他的到场反映了人们对应用心理学作为一种管理工具的兴趣正在变得日益浓厚。这一兴趣的最突出表现发生在 AT&T。

早在 19 世纪 90 年代末，斯科特和他的同事们最早把专业心理学用于工业广告领域。截至 1915 年，哈佛大学教授雨果·芒斯特伯格更全面地总结了它在人事管理领域的作用。芒斯特伯格是工业领域科学管理运动的敏锐观察者，他认为，心理学可以用于发现“那些心理素质尤其适合某一类特定经济工作的人格类型”；他最终提出，心理学的应用能为整个工业领域带来“满溢的喜乐和完美的内在和谐”。芒斯特伯格借鉴了阿尔弗雷德·比奈的测试技术，为波士顿高架铁路公司、AT&T 和美国烟草公司打造了用来解决劳动力流失问题的测试流程。在一位顾问工程师的请求下，斯科特与美国烟草公司合作，并且为西电公司和国家铅业公司等企业建立了测试项目。应用心理学的另一位先驱桑代克在大都会人寿公司完成了类似的工作。1915 年，卡内基理工学院成立了美国第一个产业服务活动中心，由斯科特、瑟斯通和沃尔特·宾厄姆领导，主要面向企业开展测试工作，包括西屋电气、巴勒斯加法器公司、卡内基钢铁公司和帕卡德汽车公司等。大战期间，卡内基理工学院在陆军人员分类委员会、国家研究委员会心理部门和 CEST 等机构的创办和运营中发挥了重要作用；大战之后，这家学院又支持了人事研究联合会的创办[49]。

从一开始，由芒斯特伯格开创，并由斯科特及其同道者实践的工业心理学就受到了工程师管理工作的影响。研究这个课题的历史学家为数不多，其中一位观察指出：“科学管理不仅影响了心理学家所处的工业大环境，它还在很大程度上决定着心理学研究的方向、范畴和实质。后来的心理学家努力解决的大部分问题都是工程师提出的，更重要的是，科学管理为工业心理学提供了目标和行为准则。”无论是泰勒运动中的修正派，还是企业自由主义管理改革运动的领导者们，他们都把工业心理学视为“人的因素”相关问题的解决之道。① 与此同时，他们还热情洋溢地采用工业心理学技术，把本企业的具体管理定向融入其中，由此可见，早在工业心理学和管理学历史发展的极早阶段，二者就是相互融合的。因此，在向美国最具管理思维和科学头脑的企业代表们发起兜售时，斯科特几乎没有遇到丝毫困难。他宣称：“当人事部门在我们的工商业组织中成为枢纽部门时——就像它应该的那样——每一个岗位都将被视为培训和测试的一部分，都要承担起更大的职责，而不仅仅是作为一个生产单元……假如这群人事经理想要真正实现专业化，那么我相信，这必定是因为你们做到了所有专业人士该做的事，必定是因为你们充分利用了当前的科学呈现给你们的一切。”[50]

费城会议指定了一个组委会，专门负责建立一个全国性团体。随后的宣战让他们付出了双倍的气力。在劳动力本已严重短缺的情况下，军

---

① 为什么工程师群体如此轻易地采纳了工业心理学家和后来的社会学家们提出的行为主义方法，并用它来为工人分类并遴选和激励工人？我们不难猜到这个问题的答案。它把区分社会和自然、人和物的主要特征——人类意识和理性目的——的意义降到了最低；它让工程师研究人类，好似“它”是由一种隐秘的行为法则驱使的。这种法则和支配肉体的规律并没有什么不同。工程师对心理学家的这些发现和方法心领神会、欣然接受，原因很简单，它们能帮助工程师操控他人而无须违背理性。

暂且不论泰勒这样那样的缺点，尽管他让追随者们依靠理性能力看到科学原理对他们的价值——并且在他们做不到这一点时管束或者开除他们——然而，他那些更复杂的继承者们虽然号称更直接地与人的因素打交道，却在实际行动中完全规避了这个问题。他们忽视工人的思想意识——它们仅仅被视为潜在动机的征候和附带现象——转而把注意力聚焦在人类行为无意识、非理性的基础之上。谢尔教授在课堂上教导自己的学生，“很明显，如果我们要正确地理解人的行为，就必须明白，它是由多种力量驱使的，而不是单凭理性力量推动的。”威肯登在1923年写道：“人不是单凭逻辑就能生活的。工科学生必须对潜藏在人类心理背后的复杂性有所理解”。沃顿商学院的约瑟夫·威利茨（Joseph Willets）在1926年指出：“不要指望人类反应中的所谓理性。学生们应当懂得这一点。”谢尔教授明确道出了人们对工人心理如此着迷的潜在目的：“假如一位高管发现了这些本能的存在，他可能为许多本来神秘难解的事情找到解释；他也可能学会用它们来促成某种自己想要发生的行为，用它们来形成某种群体意志。”详见 Joseph Willets, discussion in *The Teaching of Labor Relations in Engineering Schools, An Informal Conference of Engineering Educators at the Home of Sam A. Lewisohn* (privately printed, 1931), MIT Dewey Library. William Wickenden, "The Engineer as a Leader in Business," SPEE Proceedings, XXXI (1923), 113. Erwin Schell, *Course Record in Business Management*, 1920. MIM Archives.

火工厂、战争物资行业和造船厂对劳动力的需求达到了空前程度。战争立即把人们对高效人事管理的需求推到了夸张的程度。借用奥尔福德的话来形容，战争加速促成了人事管理运动“奇迹般的扩大”。莫里斯·库克当时是国防委员会储备委员会主席，后来担任军械部劳工关系主任。他看到了这些需求，意识到了战争带来的良机。早在 1917 年，他就曾建议，政府应该安排在全国大学里开设用工管理培训课程，为战争期间的人力工作做好准备。陆军、海军、军械部、军需部队和应急舰队公司都很欢迎这一提议，并且指定底特律高管俱乐部的博伊德·菲舍尔——他当时已经成为军械部的一名上尉——统管这些课程。于是，为了提供这一必要服务，罗切斯特大学、哈佛大学、哥伦比亚大学、匹兹堡大学、华盛顿大学和加州大学纷纷开设了人事经理应急训练课程。[51]

1918 年 5 月，首期训练班的学员从罗切斯特大学毕业。战争部长贝克指出，首期课程的开展没有成本，无论是对政府来说，还是对学员来说都是如此。负责授课的主要是来自柯达公司、道奇兄弟和博士伦公司等的代表，首期毕业的学员中包括杜邦公司、通用电气公司、帕卡德公司和玛钢铸件公司（Malleable Castings Company）的经理。罗切斯特大学负责该课程的主任指出：“我们培养的是人事或者说服务人员。他们将终生处理劳工问题。他们在这里学到的一点是，要把劳动者当人来看待。他们同样具有人的本能，他们的志向有时甚至是超人的。”[52]他忘记补充的一句是，所谓的“劳工问题”并不是劳工的问题。

就在罗切斯特课程开始时，第二次人事经理全国大会召开了。它也是新的全国人事经理联合会的成立大会。这次大会和这个新组织让泰勒运动中的修正派和大型企业的人事经理再次走到了一起。不出所料，主导这次大会的代表来自以科学为根基的企业，包括通用电气公司、杜邦公司、西屋电气、柯达公司和万国收割机公司等。全国人事经理联合会随即变成了统领全国的人事管理论坛。大战期间，它的会员单位与陆军人员分类委员会、CEST、全国企业院校协会以及国家研究委员会的心理委员会广泛合作。大战过后，它们继续与国家研究委员会、全国企业院校协会以及新成立的人事研究联合会紧密合作。1921 年，全国人事经理联合会更名为全国劳资关系联合会，随后并入全国企业院校协会，形成了全国人事协会——它用了“人事”这个字眼。大战让管理者们每天把这个字眼挂在嘴边。1923 年，这个组织再度更名，成为如今的美国管理协会。[53]

人事经理不仅要处置工业劳动力，而且肩负着生产它的职责。工业资本主义不仅产生了工程师本身，而且产生了对熟练工人的需求。工程师可以依靠这些工人来实现自己的设计。然而现代工厂制度的发展摧毁了熟练工人赖以产生的传统形式的学徒制度。新的工业体系带有极端的劳动分工，它打破了原有的行业分工，用只懂得细节的、只会操作机器的廉价工人取代了曾经身负多种技能的全面技术工人。那些硕果仅存的技术工人，例如留在车间或者铸造厂里的技术工人，被越来越多地要求把全部精力投入高效的、机器一般的生产当中，因此，他们没有时间来培养学徒。所以，到世纪交替时，产业界已经出现了熟练工人短缺和供应萎缩的问题。与此同时，工厂的生产线前所未有地急需大量循规蹈矩的非熟练工人，同样奇缺的还有新型的半熟练技术工人。这些人的专业才能必须足以适应大型资本主义生产所需。这样一来，在 21 世纪初，在企业教育改革者的推动下，工业教育这种新型学徒制度应运而生。它的设计宗旨就是为了满足上述两种需求。

建立新型学徒制度的企业推动力与两种力量相符合：一种是大众日益增长的、要求增加教育机会的需求；另一种是教育者对现代工业化和高度技术化社会提出的教育要求日益增长的担忧。前者体现在大学扩展运动、职业指导运动的发展，以及面向工人阶层的函授学校、继续教育学校、非脱产课程和夜校课程的过剩上。后者主要有三种表现形式：公立院校的合作课程，例如辛辛那提、马萨诸塞州等地的合作课程；现代行业协会院校，例如在伍斯特、罗切斯特、纽约、明尼阿波利斯和费城的院校；最后是创新的葛雷制（Gary Plan），它把车间工作、行业培训同更加传统的公立学校的文化课程结合在了一起。然而，尽管这些教育改革措施中的很大部分是为了增加教育机会、加强教育与工业现实之间的联系——所谓的“教育即生活”（这在约翰·杜威的著作中体现得尤为明显），但是当时的企业教育改革者们仍然把它们视为实现企业目的的手段。以工人获得更多教育机会为例，它并没有被看作工人向上层阶级流动的良机，而是被看作工人为企业提供更高效、更有价值服务的先决条件；再比如车间劳动与学校课程的融合，它似乎不是为个人提供广泛的教育，而是为了更好地为工业界准备可供雇用的工人。[54]

工程师在企业教育改革的发展中发挥了突出作用，其中的原因值得重视。MIT 的普利切特教授在 1902 年观察发现，“各行各业迫切需要受过应用科学充分训练的人，他们要能看懂水平高于自己的工程师设计的图纸，要具备实际知识、能把这些图纸付诸实践。”越来越多的工程师依靠熟练工人来完成自己的专业实践。假如一位工程师要亲手制图、亲自按照技术规范制作机器零件、动手组装自己的发明创造，那么他就不再是一名工程师；他就变回了一名工匠、机械师或者技师。正如弥尔顿·希金斯（Milton P. Higgins）指出的那样，新型学徒制度本质上是为了保障供应“工程师用来把自身思想变成现实”的劳动者。[55]希金斯本人是一名车间文化工程师，也是诺顿公司的创始人。

亨利·普利切特是一名顶尖的工程师培养者和企业成就的热情仰慕者。他激烈抨击美国糟糕的工业教育状况。1902 年，他在波士顿二十世纪俱乐部向听众指出了一个令人警醒的事实：在 15～24 岁的工人当中，只有不到 0.33% 的人正在“公立或者私立机构接受任何形式的、与自身职业直接相关的正规技术或科学教育”。普利切特提出，尽管旧的学徒制度日渐崩坏，但是并没有一种可用的“技术装备过程”来取代它。他指出，日渐增多的私营行业协会学校、函授学校和基督教青年会（YMCA）教育项目只不过是权宜之计。普利切特暗指德国高效的行业教育体系，提出了这样一个问题：“我们的大众教育计划能否容纳如此广大的人群？”普利切特断言，美国需要一套不同的行业教育体系。它既要满足美国工业日甚一日的迫切需求，又要把大众教育的益处扩大到所有工人群体。普利切特指出：“在美国的学校和大学里，我们习惯于过度奖赏那些培养职业律师、医生和工程师的大学教育，并把它当作教育的缘由”；当时正是向广大未受过训练的工人提供大众教育的良机，因为它能让这些人成为更好的劳动者和工业领域里更高效、更容易满足的下属，而不是因为人们可以由此提升自我，成为专业人士和升入管理者阶层。和他在企业界和教育界的很多同事一样，普利切特也支持美国公共教育实行双系统：提供两种不同类型的教育机会。① 此前的一年，杜加德·杰克逊和马格努斯·亚历山大也提出了类似的解决之道。提出类似方法的人还有詹姆斯·梅普斯·道奇、查尔斯·理查兹、查尔斯·普罗瑟（Charles A. Prosser）、戴维·斯内登（David Snedden），以及无处不在的弗兰克·范德利普。弗雷德里克·菲什当时担任 AT&T 总裁，并在斯内登担任马萨诸塞州教育厅长时担任该州教育委员会主席。他呼吁建立一套职业教育体系，与传统学校并存，以此帮助工业界的基层人员满足现实生活所需。这些人都赞同早日确定青少年的未来走向，这样他们也许可以走上适合自己的教育轨道（杜威不无挖苦地称这种方法为“社会命定论”）。普利切特对自己在二十世纪俱乐部的精英伙伴们指出：“‘飞黄腾达’这个座右铭被用得太过了。”[56]

工业或职业教育领域里的企业改革努力可以归为三类：创办私营行

---

① MIT 的谢尔教授在他的一次周测中一针见血地总结了新型产业教育和工程师们曾经接受的教育之间的不同：前一种教育的目标是“规矩和反射动作”，后一种教育的目标是“知识”。详见 *Lectures in Business Management*, *1920-21*. MIT Archives.

业学校、为了培养学徒而设立企业学校、推动公立工业教育。工程师参与了全部三个领域的活动，尤其重要的是后两个领域。比如，赫尔曼·施奈德是在辛辛那提和马萨诸塞州菲奇堡公立学校建立工读项目的直接负责人；弥尔顿·希金斯是著名的伍斯特中专成立的主要推动者；MIT 培养的查尔斯·理查兹和他的同道者在纽约的库伯联盟学院等地开创了当地职业教育的先河。不过，等到产业界在工厂建立学徒训练学校、系统地培养工程师管理人员时，这些分散孤立的进步就显得黯然失色了。

1902 年，马格努斯·亚历山大在林恩市建立了全国第一所学徒训练学校。它的建立宗旨是培养年轻一代的“工业效率”。亚历山大察觉到，“我国熟练工人的供应极端不足”，因此他在通用电气公司特设了培训室，专门用于训练学徒。授课教师从公司内部选拔而来，选拔标准更注重实际授课能力，而不是简单地依据知识或经验的多寡。授课内容注重用科学学科的正规内容补充专业实务训练。不仅如此，通用电气公司的学徒学校不只提供熟练工种的训练；它还帮助学员熟悉和适应在企业雇佣关系中做好下属和“团队合作”的种种要求。这和面向工科毕业生的“实验课程”非常相似——这项课程也是由亚历山大领导的。亚历山大要求学徒从事实际的商业性工作，强调其“重要的心理学意义”，因为这样的工作能让学徒们感受到自己“在产业生活现实中的位置”，帮助他们领悟“时间和金钱的价值”。除此之外，这项课程的设计还要在年轻学徒中培养对通用电气公司的忠诚感，把公司视为母校。公司的学徒校友会进一步巩固了这种感受。亚历山大注意到，将近 80% 的学徒在毕业之后会留下或者重返通用电气公司，他因此评价道：“可喜可贺，这种忠诚感是公司未来人才的保障。”[57]

在接下来的十年里，大量企业建立了学徒训练学校，以此满足对熟练工人的需求。走在最前列的企业包括万国收割机公司、西电公司、耶鲁-汤制造公司、西屋电气和布朗-夏普制造公司等。1913 年，这些企业与投身类似教育事业的其他企业联合成立了全国企业院校协会。这个组织成了合作解决用工与培训问题的信息交换中心。[58]

为了满足工业对熟练工人的需求，企业学校的教育者们走过了一条漫长的道路。1914 年，国家工业教育促进会主席威廉·雷德菲尔德（William Redfield）——他曾在伍德罗·威尔逊内阁担任商务部长——致信全国企业院校协会，他指出："工人的培养是整个生产问题中最大、也最重要的因素。"他还补充指出："在满足产业需求方面，没有哪家机构做得比企业学校更出色。"在全国企业院校协会成立大会上，通用电气公司的查尔斯·斯坦梅茨如此总结企业教育者的方法（斯坦梅茨当时是通用电气公司斯克内克塔迪学校的校董会主席）：

> 人是现代工业之轮的轮齿；作为一种必不可少的关键要素，人的因素与企业的效率息息相关…… 我们的任务绝不仅仅是把企业学校组成联盟……它还意味着开发和组织企业发展中与人有关的必要组成部分以及人的因素包含的教育功能。

西屋电气的教育总监钱宁·杜利从另一个角度论述了同样的观点（当时大名鼎鼎的卡西诺技术夜校就是西屋电气开办的）："教育并非目的，而是手段；它并非门面，而是本事；它没法让你的生活变得更轻松，相反，它只会让你承担更困难的工作。"[59]

对企业教育者来说，教育在本质上是一个企业管理问题，因此也是一个工程问题。丝普瑞公司（Spirella）的金凯德（W. W. Kincaid）是人事管理和教育运动的领袖之一。他解释说，教育是一种管理过程，这与它是否指向学徒、管理者、工程师或者销售人员无关。它并不仅仅带来个人的发展，更重要的是，它培养了企业的团队。金凯德在早期的《美国管理评论》（*American Management Review*）上撰文指出："今天教育项目中最重要的因素之一是塑造团结一致的劳动力队伍"，远比个人培养重要得多的是"在组织内部形成团队合作。必须教会每一名劳动者怎样让自己的努力与整个组织相得益彰，怎样为组织添砖加瓦"[60]。

和其他管理领域一样，教育也是一个由工程师分析和解决的问题。在这里，它属于“人的工程”的一个分支，它的常用工具包括心理测试、岗位规范、评价体系等。它们具有共同的设计宗旨——“用最少的时间做到最全面”[61]。在一场关于“高效员工培训基本原则”的演讲中，查尔斯·曼恩对台下的企业教育者们做了一番大多数人早已了然于胸的解说，“就目前而言，岗位规范和目标测试是实现人员与岗位良好匹配的最佳工具。”他一边引证众所周知的陆军 CEST 的经验，一边断言：

> 当熟练工人数量充足，需要最有利地为他们安排工作岗位时，上述工具都是必不可少的…… 当熟练工人的供应枯竭时，我们必须训练生手。这时，岗位规范可以用来定义培养目标，它告诉我们要做到什么。接下来，目标测试可以用来衡量进度，并在生手成熟时提醒我们。[62]

在企业教育者当中，教育的工程路线主导了有关教育技术的讨论。潜水艇造船厂（Submarine Boat）教育总监亨利·图基（Henry H. Tukey）在他有关“教育类工程师”的呼吁中明确道出了这一共同视角。1921 年，他对 NACT 会员阐释如下：“从某种程度上来说，教育类工程师的问题与生产型工程师的问题颇具可比性，

> 他们（教育类工程师）必须认清并分析工厂的实际情况，确定采用哪些必要的培训类型，根据需求设定目标，选择适合目标及训练环境的方法，分析行业培训内容并安排恰当的授课顺序，确立学习进度的考察方式，持续衡量培训结果的有效性，预估培训成本并提供记录，促进和维系工厂的培训兴趣等等。这些工作连同很多其他工作都属于他们必须敲开的‘硬核桃’……教育类工程师必须清楚自己部门的工作对生产和劳动力流失等问题的实际影响。他们必须持续不断地从经济角度和具体教育进步的角度

审视自己的工作成果。如果只是泛泛而论，他们就配不上‘工程师’的称号。”[63]

企业学校的教育者们试图把教育缩减为一种科学程序，这和他们力图把管理问题从整体上缩减为一种工程设计非常相似。如此一来，教育就成了企业生产流程中不可分割的一项机制，它的配置必将和所有其他机制一样追求效率和稳定，因此很难从日常处理的材料中反映出人性。杜利观察发现，“有关机器工时和成本的可用统计数据数之不尽，但是，关于各类岗位所需的人员素质，以及如何不带感情色彩地确定这些素质，这些数据近乎零……不带人情味地考虑人事问题，这对我们是有利的。我知道这话听上去有些奇怪，但是它说得很对。”[64]

企业教育活动的范畴反映了企业教育者关于自身在产业世界中所起作用的广阔视野。他们几乎从不把自己限定在教育学范畴之内，而是把大量的时间用于人事管理技能和职业指导的开发当中，即借助教育把人与恰当的岗位匹配起来。除此之外，他们还把相当多的精力放在教育问题上面，例如工业安全、移民工人的低效与“威胁”等。比如说，他们把工人视为“造成浪费”的工业事故的主要原因，并因此坚定地支持“安全第一”运动、开发安全教育方法。关于移民劳工问题——规诫和培训产业工人，并用他们取代熟练工人——他们强力支持移民“美国化”运动，要求“把海外出生的大量人口培养成为忠诚的美国公民和高效的劳动者”。《工程新闻记录》的编辑把“美国化”视为“有关人的工程问题”，并因此呼吁工程师同行们在这项运动中发挥引领作用；他还提出，除了“占据战略地位、采取开创行动”之外，工程师们也最有能力开发“科学方法，把这些工人变为工业企业不可或缺的组成部分”。在企业教育者的心目中，美国和企业主导的工业在概念上非常接近，因此，在他们看来，美国化的含义就是外来者融入美国生活方式的社会化，以及移民对产业用工规则的熟悉和适应。正因为他们把移民视为外来者，所以能够借助相当“科学”

的冷漠超然来操控他们。①[65]

同科学研究和工程教育的情形一样，企业改革者们从未把私营机构看作劳动力问题的最终解决之道。虽然他们在短期内依靠这一类活动，但是他们同时也在寻求调整现有的公立机构，依靠公共支出提供必需的服务。查尔斯·普罗瑟是在公立院校体系开展独立工业教育的支持者领袖。他曾经指出，无论企业学校有多么高效，它们也只能触及“我国工人大众中的很小一部分”。他提出：“科学管理这个问题最重要的因素之一是人的因素，在整个问题当中，最大的要素之一是学校……问题的关键是学校如何在每种工人的选拔和训练中发挥它们应有的作用。”[66]

让公立院校成为工人的来源。全美国的生产企业对这个问题的浓厚兴趣由来已久。由此说来，通用电气公司的斯坦梅茨、诺顿公司的希金斯以及AT&T的菲什坐镇各州和全国教育委员会当然算不上稀奇事。事实上，斯科特·尼尔林（Scott Nearing）在1917年发现，在全美国最大的104座工业城市里，超过一半的校董会成员是商界人士——包括商人、制造企业主和银行家等。[67]尽管商人对美国的公立教育发挥着巨大的影响，但是在1906年之前，他们从未协同一致地尝试过把公共资金

① 西屋电气的钱宁·杜利曾经宣称：“我们必须吸纳移民。工业福利和社区生活都要求海外出生的公民实现美国化。工业领域的管理者要制订吸收计划，把这些人变成美国工业和美国生活全部精神的一分子。”工程师们和其他支持这一运动的人们都把它视为一种手段——它可以转变那些可能非常激进的“海外出生者”的观念，帮助他们适应美国式的生活。而这种生活正在逐渐沦于企业部门提出的各项要求的主导之下。因此，我们就不难理解，为什么一场由文森特·阿斯特（Vincent Astor）召集的、讨论美国化问题的美国商务部移民委员会会议上会出现那么多企业工程师，而且他们大多声名显赫，是各项改革运动的领袖人物，包括弗雷德里克·毕晓普、艾拉·霍利斯、德克斯特·金伯尔、杜加德·杰克逊、亚瑟·格林、查尔斯·曼恩、弗兰克·朱厄特、卡蒂、卡尔文·赖斯以及马格努斯·亚历山大等；会议主席是来自工程基金会的加诺·邓恩。详见：“Memorandum of the Meeting of the Immigration Committee of the U. S. Chamber of Commerce,” January 19, 1917, Records of the Division of Industrial Relations, National Research Council Archives; C. R. Dooley, “Education and Americanization,” *Industrial Management*, October 1917, pp. 49 – 50。关于美国化更广泛含义的讨论，见 Herbert Gutman, *Work, Culture, and Society in Industrializing America* (New York: Alfred A. Knopf, 1976), pp. 3 – 78；关于美国化的当代批评，见 Robert Williams Dunn, *The Americanization of Labor: The Employers' Offensive Against the Trade Unions* (New York: International Publishers, 1927).

用于职业学校教育。1906 年，马萨诸塞州道格拉斯委员会的一份报告带来了突破。该委员会的创办者是道格拉斯州长（他本人也是一位鞋厂厂主）。它是在该州制造企业主的压力之下成立的，目的是调查职业教育需求和可供满足这些需求的现有手段。调查发现，大约有 2.5 万名年龄在 14 ~ 16 岁（所谓的荒废之年）的少年要么在做工，要么在闲逛。他们没有积极地学习一门职业技术。委员会因此建议，中小学应该做出调整，以便提供恰当的教育，促进产业界不可缺少的“工业智力”的发育。它还成立了工业教育委员会，这个长期机构负责创办工业院校。这些独立院校归教育委员会管理，与公立院校平行存在。1909 年，这个委员会并入州教育委员会，由弗雷德里克·菲什领导，戴维·斯内登被任命为秘书长，查尔斯·普罗瑟被任命为职业教育负责人。[68]

道格拉斯委员会的报告和工业教育委员会的后续工作点燃了整个美国的“职业教育运动”。尽管这项事业得到了全国制造协会和各地方商会的拥护和支持，但它遭到了众多教师组织和技术型工会的强烈反对。后者担心，产业教育的大面积普及会为工业企业带来前所未见的廉价劳动力源泉，进而威胁工会的议价地位。就在各地学校委员会为职业教育的利弊争吵得不可开交时，工会和教师组织在芝加哥、亚特兰大、纽约等地阻止了双系统的建立。工会还开始成立自己运营的“工人大学”，试图绕过被企业控制的公立教育系统。[69]

全国教育协会内部的激辩生动地反映了这场斗争的多重维度。来自锡拉丘兹大学的经济学教授弗雷德里克·罗曼（Frederick Roman）强烈谴责双系统教育。罗曼宣称：“资本家们已经掠夺了这个国家的森林、矿产和其他自然资源，如今，他们又要我们接受一种教育制度，并通过这种制度来剥削我们的孩子。[70]”艾拉·弗拉格·扬（Ella Flagg Young）是芝加哥市教育总监，也是约翰·杜威在芝加哥大学实验学校的老同事。她批判性地观察发现：

> 我们不断地遭遇外部的批评，指责我们的手工训练课程和技术

> 工作无法帮助孩子们适应较低水平的工作并保持对工作的满足感。人们抱怨说，我们在按照一线管理者的标准培养孩子；他们希望我们大量培养的是从欧洲引进的那种劳工。[71]

扬认为，那些来自外部的要求是与教育背道而驰的，“500 个人里只有 1 个第一名，但是每个人都要做勇争第一的那 499 个人……把 10 ~ 14 岁的孩子强行扳入某条终身职业轨道，这未免太荒谬了。”乔治·康茨（George Counts）在他关于芝加哥学校系统的研究中表达了相同的观点。他用另一种方式淋漓尽致地指出：在职业教育的众多商界支持者当中，没有一个人“希望自己的孩子进入这种职业教育体系，并通过这样的方式走进某个行业”[72]。

职业教育改革最重要的支持者即将登场，它就是 NSPIE。虽然 NSPIE 有来自教师协会和劳工组织的代言人，也有简·亚当斯（Jane Addams）等著名的“提升派”，但是这个组织从一开始就是企业自由主义教育改革者创造的，也是属于他们的工具。NSPIE 产生于纽约工程师俱乐部的一次会议。道格拉斯委员会的报告刚一出炉，查尔斯·理查兹和詹姆斯·哈尼（James P. Haney）就立即召集了这次会议。理查兹当时是哥伦比亚大学师范学院的一名教授，哈尼是纽约市学校系统手工教育负责人。这次会议指定了组织委员会，由其负责建立全国联盟，推广马萨诸塞州报告提出的思想。弥尔顿·希金斯被提名为主席，他当时是诺顿公司的总裁，也是职业学校教育的先驱人物。1907 年 1 月，在首次会议召开的半年之后，NSPIE 正式成立。亨利·普利切特担任主席，马格努斯·亚历山大担任副主席。首届管理委员会成员有希金斯、弗兰克·范德利普、弗雷德里克·泰勒和弗雷德里克·菲什；首届委员名单包括卡蒂、通用电气公司总裁查尔斯·科芬、西屋电气的钱宁·杜利和杜加德·杰克逊。[73]

在 NSPIE 领导者看来，公共产业教育的推动不过是企业人事管理另一个阶段的延伸。普利切特在成立大会上告诉自己的会员，“成立这一协会的根本目的源于这样一种认识：我们塑造青年、帮助他们匹配机会的方式已经不再适用。如今，国家必须把每一个公民塑造成高效的经济单元，并把这些单元组成高效的协会。”NSPIE 章程规定，该协会的目标是“使公众重视产业教育作为美国工业发展因素的重要意义”。它的成立正是要把马萨诸塞州的成果扩展到美国各地，这个目的同样反映在下面的事实中：道格拉斯委员会主席卡罗尔·赖特（他是塞缪尔·卡彭的岳父）接替普利切特，成为 NSPIE 的新任主席。[74]

这个全国协会的一部分人员全力投入调查研究，与此同时，另一部分人员在马格努斯·亚历山大的领导下开展宣传运动，把产业教育的思想传遍美国。截至 1907 年末，已有 38 个州成立委员会，宣传和阐释有利于这项运动的公共意见，并向州立法机构施压，争取公共拨款。在威斯康星大学的查尔斯·范·海斯和路易斯·雷伯的领导下，俄亥俄州、新泽西州和威斯康星州等地的委员会最先获得了公共资金。

就在马格努斯·亚历山大这位全国总监忙于领导这些地区的活动时，NSPIE 其他成员正在积极游说，争取联邦政府的支持。1912 年，NSPIE 聘请马萨诸塞州教育委员会的查尔斯·普罗瑟领导在华盛顿的游说工作。经过五年的艰苦努力，NSPIE 向工会团体、农民和教师开展政治活动，终于推动国会通过了《史密斯-休斯法案》。这部法案主要由普罗瑟执笔，它强调了塑造所有 14～18 岁的青年，使之适合正当职业的重要意义；此外，它还成立了联邦职业教育委员会，由普罗瑟担任主席，该委员会负责为美国打造并管理一套独立的职业教育体系。尽管这部法案的直接效果被战时 CEST 的光芒掩盖，但它确立了联邦为职业教育提供资金的模式。这个模式延续了将近半个世纪之久。[75]

到 20 世纪 20 年代时，以工业中“人的因素”为关注焦点的现代管理已经稳固掌控了企业界。它的出现不只意味着工业本身的变化，还意味着工程师专业领域的扩张。为了说明工业和工程师的这一变化，威廉·威肯登很喜欢引用一则英国人揶揄法国工程师吹牛的笑话。某个英国人打趣道：“让工程师担任一个行业的主管领导，这很合理，就像让兽医担任骑兵团团长一样合理。”[76]想要说明这个英国人有多么脱离时代，威肯登必须调查现代工业的现实情况。

距离20世纪开始仅有一年的时候，奇斯曼·赫里克（Cheeseman Herrick）曾经预言："如今，商业不再简单地意味着经验法则，它是复杂的、精妙的、科学的，投身商业的人需要一整套全新的才能，过去被认为合格的商才已经不再适用。"[77]从那时起，工程师——这一经过良好科学训练、身负不凡才具的群体——就开始流入产业界的管理岗位；根据1904—1929年的连续研究记录，在工业领域，有三分之二至四分之三的工科院校毕业生在毕业15年之内走上管理岗位。下面的事实最具戏剧性地说明了它对产业界以及工程师这一职业的影响：20世纪20年代，美国最大、最具活力的5家企业的总裁和高管都是由工程师担任的——通用汽车、胜家缝纫机公司、通用电气公司、杜邦公司和固特异——而且他们是MIT工程专业的同班同学。1926年，银行家切尼（O. H. Cheney）发现，"商业越来越依赖效率，依赖大型生产机械的顺畅运转。因此，工科出身的人们越来越多地成为高管。越来越多的企业主、投资人和银行家正在把产业管理权交给工程师。"①[78]

威肯登经常鼓吹："工程师都是团队合作者。"不过他很快补充道："幸运的是，工程师们接受过的基础教育帮助他们驾驭了一种最难即兴发

① 威肯登对20世纪20年代的发现得到了后续研究的支持。例如：William K. LeBold, Warren Howland, and Robert Perrucci, "The Engineer in Industry and Government," *JEE*, March 1966, p. 239; "What Engineers are Doing Six to Thirty Years after Graduation," *Power Engineering*, August 1955, pp. 100 - 1; Carolyn C. Perrucci and William K. LeBold, *The Engineer and Scientist: Student, Professional, Citizen.* Purdue University Engineering Bulletin, Engineering Extension Series No. 125 (January 1967), p. 22, Figure 4.4; John B. Rae, "Engineering Education as Preparation for Management: A Study of M. I. T. Alumni," *Business History Review*, XXIX (1955), 64 - 79.

工程师纷纷走上管理岗位，这对美国顶级企业高管的构成产生了深远影响。1964年，一项研究调查了美国最大的600家工业企业高管的社会背景和教育背景。这项研究发现，"大型企业高管的专业化与其科学及技术资历的关系日益紧密"，"出身工程师的高管人数增长最快"。1900年，持有理工科学位的顶级高管仅占总数的7%，到了1920年，这个比例跃升到了20%，1964年达到了三分之一。详见：*The Big Business Executive/1964: A Study of His Social and Educational Background* (New York: Scientific American, 1965)。这一研究更新并证实了下文中的早期发现：Mabel Newcomer, *The Big Business Executive: The Factors That Made Him*, 1900 - 1950 (New York: Columbia University Press, 1955).

挥的知识，那就是科学和生产技术。在竞争团队带头人的时候，这无疑为他们带来了巨大优势。”[79]可以毫无疑问地说，在生产领域的技术专长是帮助工程师升至带头人的最主要因素。不过，一旦坐上了管理者的位置，这些工程师很快发现，就自身管理职责，也就是“管人”而言，仅凭科学教育是远远不够的。因此，在20世纪的前三十年里，产业工程师们与大学和技术院校的教育者们合作，扩大工科教育的内容，更多地聚焦于“人的因素”和纷繁复杂的社会因素——它们存在于全部工程实践当中。

美国工程委员会章程序言把工程学定义为“操控力与利用天然材料的科学”，“组织并指导有关人类活动的艺术”。莱昂·奥尔福德指出，“后一部分的定义，即‘组织并指导有关人类活动的艺术’，是在一百年之后的20世纪才增加的。”这一扩展定义既反映了现代管理始于工程学领域内的发展，也反映了查尔斯·曼恩——他是史上第一次重大工程教育研究的作者——所说的“工程精神的伸张”。曼恩发现，“时至今日，成功的工程师要像驾驭自然之力一样驾驭人力；物质资源的保护属于工程问题，人力资源的保护同样属于工程问题。”西屋电气和耶鲁大学的早期工程教育家查尔斯·斯科特在1926年提出了类似的反思，“随着工业的扩张，工程师的工作范畴也在惊人地扩大。我们如今有了人事培训的需求，工程师的活动不再被局限在制图室之内。”到了20世纪20年代，管理显然已经成为专业工程学的公认分支。在管理产业机械的同时，工程师们意识到，他们还必须确保“人性化的工业结构得到恰如其分的设计、建构和调整”[80]。

工科院校和它们开设的课程是对工程内涵不断变化的最好反映。1926年，为了促进工科院校的管理教学，美国管理协会主席和AT&T教育总监召集了一次工科教师的非正式会议。这也是有关这一问题的系列会议中的一次。威肯登调查助理主任哈里·哈蒙德回忆道：

> 就山姆·刘易森召集会议时思考的方向而言，工程教育取得了长足的进步。大约二十年前，在我还是一名工科学生的时候，我们的课程几乎不会考虑劳工问题、行政问题或者管理问题，更不会讲

授这些内容。仔细翻看那个时期的大学手册，你很难在课程大纲里找到这一主题的任何实例。时至今日，无论走到哪里，我们都可以在几乎任何一所大学的课程里找到它们。它们可能是独立的学习课程（例如工业工程、工程管理等），可能是必修科目（例如机械工程或者电子工程等专业），也可能采用研讨会的形式。[81]

很显然，到1926年时，德克斯特·金伯尔为康奈尔大学、雨果·迪默为宾夕法尼亚州立大学引进的创新型课程早已变成模糊不清的陈年回忆。1922年时，至少有10家工科院校开设了正式的管理学课程，到1932年时，这个数字已经跃升到了35家；与此同时，课程的广度也远远超出了最初的关注点，也就是生产问题，一举包括了分销、销售、财务、办公室管理、专利法、成本会计和“人事问题”的诸多方面[82]。

MIT的管理教育历史很好地说明了这种教学和它对科学资本主义这一新领域的影响。MIT的“课程十五”（Course XV），即工程管理，开设于1913年；1932年，它成为工程学院一个独立的系；到了1952年，该系成为独立的工业管理学院（即现在的斯隆管理学院）。① 在该校早期的管理教育项目中，欧文·谢尔是最重要的人物之一。谢尔是MIT

① 如果有人把“课程十五”简单地看成一所学校的课程创新，那就错了；它更是力图自我复制的新一代产业领导者的智慧结晶。MIT这门课程是依照卡内基理工学院“商业工程”课程模式设立的。卡内基理工学院的课程创立于早前几年，主要为了应对匹兹堡大型工业企业对定制课程毕业生的持续需求。MIT这种新型教育的创立是“由于认识到工商业生活中的种种变革……为了有效培养人才、适应新的形势”。1913年，支持开设这一课程的产业界领导者包括通用电气公司、督办公司、美国钢铁公司、通用化学公司、北太平洋铁路公司和美国铝业公司等企业的总裁。1926年，“课程十五顾问委员会”的成员在纽约市的银行家俱乐部齐聚一堂，他们包括通用电气公司总裁和一位前总裁，通用汽车、石威公司、美国国际公司、耶鲁-汤制造公司和纽约信用担保公司的总裁，以及柯达公司、怀特汽车公司、胜家缝纫机公司、联合碳化物公司以及宾夕法尼亚铁路公司等企业的副总裁。与此类似，1952年，在MIT工业管理学院成立时，其顾问委员会成员包括来自杜邦公司、通用汽车、西屋电气、西尔斯公司、新泽西标准石油、印第安纳标准石油、万国收割机公司、斯普拉格电气公司和Chicopee Mills公司的高管，以及克利夫兰联邦储备银行董事长、雷曼兄弟的一位合伙人和AT&T的一位副总裁。详见：“Report of the Committee on Business Engineering of the Alumni Council,” May 19, 1913, “Minutes of the Advisory Committee on Course XV,” February 25, 1926; and “Minutes of the Advisory Committee of the School of Industrial Management's Advisory Council,” 1952. All in Presidential Files, MIT Archives.

培养的机械工程师，他在毕业后曾经短暂进入产业界，随后很快返回母校，走上了“课程十五”的讲台。他后来成了该系的系主任。二十年之后，当工业管理学院正式成立时——这得益于校友斯隆的慷慨捐赠——在组成其指导委员会的企业高管当中，整整三分之一的人拥有工程专业学位。工业管理学院初建时的首任院长布鲁克斯是西尔斯公司副总裁，也是“课程十五”首届毕业班的一名成员。

“课程十五”的教学涵盖了管理、经济学、金融、财会、商法和市场营销的方方面面。学生在晚餐、实地考察和暑期实习期间接触在职高管，聆听科学管理的著名倡导者——例如吉尔布雷思、哈撒韦、埃默森等人——关于工时与动作研究、工业疲劳、用工部门和车间委员会的主题讲座。人的因素是贯穿始终的焦点。谢尔教授定期测试的一道题目是：“请用一个与车间或产业生活相关的词语界定科学管理的视界。”正确答案相当简单直接：对人的管控。谢尔不断向学生们强调：“劳工管理是他们的重大职责”，“这一工作的成败……无法用专业知识或者技术能力来衡量，要用他们组织员工意愿的熟练程度来衡量——要看他们有多么驾轻就熟地管理他人。”[83]

谢尔因此敦促学生探索不断增长的科学知识，发现“人类心智的工作原理”，他还为学生讲解了主导工人行为的各种因素。和他在产业界的同道者一样，谢尔强调非理性欲望的重要性。高管们相信，他们可以利用人根深蒂固的本能来“诱发目标行为、塑造群体意志”①。在一场题为《工人：他们的冲动和欲望》（The Workmen：Their Impulses and

① 这些思考并非心血来潮，也不是对弗洛伊德心理学的“外行看热闹”。1913 年，最初提议开设“课程十五”的 MIT 委员会大力强调心理学的实际引进，例如把心理学加入广告和销售课程。最重要的是，他们强调了这样一个事实：工人的工作效率在很大程度上取决于所分配工作与其心理特征的契合程度。同样地，在布鲁克斯院长为新成立的工业管理学院提出七大指导方针时，他把“产业界务必增进对人类行为的认识”放在了首位；紧随其后的是“务必更好地理解美国的企业制度和利润的意义”。详见：“Report of the Committee on Business Engineering of the Alumni Council，” May 19，1913；and “Minutes of the Advisory Committee of the School of Industrial Management，” October 6，1953. Presidential Files，MIT Archives.

Desires）的讲座上，谢尔探讨了人的各种本能。他认为，这些本能潜藏在工人行为的背后；他还谈到了熟练管理者可以如何利用这些本能："通过安排升职……或者撮合一个年轻人的婚姻"，"高管可以收获下属不断提高的忠诚度和劳动年限的延长，这意味着巨大的收益"。"为新员工分配一个更衣柜、一把钥匙、一台机器、一条板凳，把他的名牌贴在上面，就能为他带来拥有的满足感（满足其占有欲），这些做法为高管带来的回报是员工流失率的降低。"事实上，车间委员会为员工提供的是"自我表达欲"的一个出口。它可以"成功地为员工带来更高的满足感，并为工会主义的肆虐筑起不可逾越的堤坝……被领导的愿望有时也被称为顺从的冲动，但我更愿意把它看作被优秀领导者驱驰的愿望……每个普通人都有'斗志'……"，"领导者要善于因势利导，发挥它的作用。"[84]

值得注意的是，尽管谢尔强调工人行为背后非理性、无意识根源的重要意义，但他极力教育自己的学生，要求这些未来的管理者们在行动中保持理性。他强调的理性甚至略显夸张。他强烈主张，管理者应当深藏所有情绪，"高层管理者要让自己的行为看起来不带个人色彩，甚至在某种意义上是自动自发的。"自控是领导者最重要的品质；"领导者的态度必须丝毫不带个人感情"。谢尔的目标是形成一种管理行为规范，让"人对他人的控制"看上去更像是"一种自动机制对人的控制"。如此一来，操纵工人行为背后非理性欲望的管理者们就能够以理性本身的姿态自居。[85]

与工科院校管理教育的出现并存的是工商管理研究生院的大发展。其中比较著名的代表有达特茅斯塔克商学院、哈佛大学工商管理研究生院和沃顿金融学院等。这些院校的创办者是商人和经济学家，而不是工程师。这些院校更多地关注工业的商务层面——财务、会计、法律和营销等，较少关注生产。虽然这两类院校常常发生竞争生源和争夺赞助的情况，但这通常不会影响它们的合作。以哈佛大学为例，该校通过一个五年期项目把工商管理学院和工程学院的资源正式汇聚在一起，合力培养未来管理者。不仅如此，商学院还在工科毕业生中加大招生力度，很多工程师在技术教育结束后直接进修工商管理研究生课程，之后再找工作。① 明尼苏达大学极度重视工程教育对于成功管理的价值。该校要求学生在校学习的前两年必须在工程学院就读，“以便培养最基本的工程素质与视角”[86]。

工程教育的扩张还体现在人文社科不断增长的学科要求上。纵观整个 20 世纪，专注此类研究的四年课程的比例一直在增长，到 50 年代时，这一比例已经达到了 20% 。1918 年，查尔斯·曼恩在史上首项工程教育研究中强调了开展更多社会科学教育的必要性；十年之后，威肯登再次提出这一观点，他强调的重点是“对人文学科的选择……是由其与工程目标之间的功能关系决定的”。工程教育促进学会 1940 年的《哈蒙德报告》（Hammond Report）最终采用的最低标准是，经济学、社会学、心理学、政治学和历史学的占比不低于 20%（远远超出了会计、财务和管理学的占比）。[87]

人文社科教师当然会为自身领域在工程院校的扩张而奔走疾呼。不过最主要的推动力量既不来自他们，也不来自他们在工程院校的同行们，而是来自产业界的执业工程师们。他们看到了更广泛的工程教育的必要性。这种教育可以帮助毕业生为最终肩负起管理大任做好更充分的准备。举例来说，AT&T 的罗伯特·里斯就曾呼吁，应该更重视工程教育中的“人的因素”。他在美国管理协会主席山姆·刘易森家里向应邀而至的工程教育者们指出：“我们的任务是让工程师更加自觉地认识‘人的因素’，要教导他们：人本身才是最重要的问题。他们自己迟早

---

① 这一趋势仍在继续。1974 年，普渡大学工业管理研究生院有 65% 的学生持有工程专业本科学位，另外 35% 的学生不遑多让，他们持有硬科学本科学历。虽然这个特例中的数字高得异乎寻常，但是它们仍能反映当时的大势。在哈佛大学工商管理研究生院 1973 届毕业生中，人数最多的单一群体是工程类毕业生，占 27%；其次是硬科学类毕业生，占 12% 。详见：*The Harvard Business School Bulletin*, November 1972, p. 20.

也会认识到这一点。”[88]经济学家唐·莱斯科希尔（Don Lescohier）提出：“在不同速度与强度的工作期间，应采用怎样的休息频率和时长？这是个技术问题。对技术教育来说，理解这个问题和理解铁、铜或者能量的特性同等重要。”[89]美国国家标准局首任局长塞缪尔·斯特拉顿在1923年成为MIT校长。他在就任时简明地道出了上述课程扩张背后的潜在动机：

> 我们的技术院校培养的是未来的脑力劳动者和产业管理者。所以我们现在就应当好好问问自己：在我们现在的做法之外，我们还能做些什么来培养学生从根本上理解并且成功地肩负起未来最重大的职责，以及组织和管理人的工作。[90]

正如工程教育的演化所表明的，截至20世纪20年代，工程师已经开始转向社会科学——包括经济学、心理学和社会学等。这是他们理解并承担管理职责的新途径。尽管在工程师眼中，这些较新的软科学的科学性远远低于自然硬科学，他们仍然意识到，无论社会科学多么不够完善，它们仍然可能为一些迫在眉睫的问题给出解决之道——毕竟传统的工程学方法在这些问题面前显得束手无策。

威拉德·霍奇基斯（Willard Hotchkiss）是工程界这一新信条的热切拥护者。他是一位科班出身的经济学家，也是斯坦福大学和西北大学工商管理学院的创办者。在担任卡内基理工学院人文社科主任之前，他是芝加哥阿芒技术学院院长。1935年，为了回答“社会科学的材料对工程教育是否有用”这个问题，他曾经探讨过社会科学在工程院校中的作用：

> 如今，成功的工程师不仅彻底影响着工程学和工业企业的技术层面，而且同样深刻地影响着它们的社会层面。即使是纯粹负责设计的工程师也要承担很多与人打交道的责任，否则他们很难走远。而与人打交道显然是一种社会性活动。同样关键的是，在处理社会

和经济问题时，工程师要明白自己在做什么以及为什么这样做，就像他们在思考工作中的技术层面那样。在过去，工程师们往往把自己的项目赖以立足的物理基础分离出来，只针对它们体现的可测量的、有限的力与值开展工作。然而，无论从哪个意义上来说，这一事实都不意味着，只有这些工程学和工程师们关心的、可测量的和有限的力与值才是唯一重要的因素。已有充分的证据表明，刻意规避工程中人的因素已经形成了一种桎梏，限制着工程师工作中本可获得的成功……

在今天看来，因果关系在社会科学中的体现固然不如在物理学中那样显而易见，但是要研究这些领域、澄清这些关系，这正是我们的重要任务之一。我们曾在自然科学中取得进步，现在，类似的进步正发生在社会科学的各个分支当中，它们正客观地、循序渐进地从已知走向未知。工程专业学生的推理方法曾在自然科学和工程学中受到尊重，为什么要扩展它、调整它？数据的复杂性是原因之一。[91]

同样地，威廉·威肯登也从工程师的立场发出呼吁，要更多地把社会科学融入工程学。1937 年，威肯登从美国科学促进会工程分会主席的位置上退休。在退休致辞中，威肯登坦承："我们并不是说，社会科学已经获得了充分的进步，足以发挥重大作用；也不是说，在我们解决实际工程问题时，它能弥补分析工具或者决策标准的不足。"不过他紧接着提出："如果我们能让工程师和社会学者合作开展实际工作，很多问题就会迎刃而解……我们要做的就是在自己的领域里为社会学者创造用武之地。"这会鼓励他们在工作中"与我们固有的、确定的、归纳式的有用想法和做法相吻合"。威肯登同时提出，工程师自己也要尝试融合自然科学和社会科学。他清楚地意识到，自己提出了工程师世界观的又一次根本改变，这相当于再次提出了十四年前的挑战。他当时在工程教育促进学会一项关于工程学科商业教育的报告中提出：

要更广泛地认识工程师的工作，从单纯地改造能量和物质走向社会和经济目的。能够带来这一转变的并不是工程学科中或大或小的变革，而是整个工程界宏观视角的全面革新。

威肯登既是一名工程师，又是一名教育家和工程师雇主。他充分认识到，工程师肩上日益沉重的管理职责，以及由身为管理者的工程师们发起的科学管理运动的后续发展，都深刻地反映在工程学科内部的种种变化之中。为了帮助工程师像应对物质一样高效地应对人，他呼吁工程界宏观视角的全面革新。这说明上述变革已然发生，而且无比真切。威肯登正式认可了这一事实，以此作为 1923 年报告的结尾。他提出："时代的种种迹象表明，这一变革正在飞速发生。"[92]

上述迹象之一正是威肯登在国家研究委员会工程分会的电气工程师同事创造的。1924 年 1 月初，杜加德・杰克逊和西电公司的斯托尔在弗兰克・朱厄特的办公室设计了一项新研究，其主题是照明质量与强度对工人生产效率的影响。正如最初设想的那样，这项研究涉及的活动范围非常广泛，包括光物理学、视觉生理学、劳动者心理学，以及照明工程等等。而且它是在科学实验室、心理实验室和工厂里开展的——通用电气公司、西电公司和丹尼森制造公司的工厂里。它们都是现代管理发展的重要场所。担任该研究委员会荣誉主席的是托马斯・爱迪生。[93]

在接下来的几年里，在杰克逊的带领下，研究者们把力量集中在西电公司的霍桑工厂；他们的研究使用了当时可用的全部管理技术——机械相关性、疲劳研究和个体心理学等等——但未得到任何一致的结果。杰克逊在 1925—1931 年向国家研究委员会和 MIT 校长提交的报告同时反映了日渐增强的挫败感和愈挫愈勇的决心，与此同时，他也在不断推迟做出最后的结论。最后啃开这块"硬骨头"的不是工程师，也不是心理学家，而是埃尔顿・梅奥和他在哈佛商学院的同事们。他们在 1927 年抵达霍桑工厂，经过一番详细的研究之后，梅奥和他的同事们发现，工人之间存在着一种复杂而微妙的社会关系网络。决定产出的是这种网络，而决定者是工人，不是管理者。他们还发现，一名工人的生产效率会随着管理者对他关注程度的增长而提高（这就是所谓的霍桑效应）。梅奥和他同事们的惊人发现带来了管理思想的一场革命；毋庸讳言，最初构思这个项目的工程师们不会想到这一切。他们不自觉地启动了为人称道的“工业史上第一个重大社会科学研究项目”[94]。

霍桑试验对科学管理的诸多基本假设提出了质疑，推动了初生的应用科学，例如工业心理学与社会学，为“人际关系”这一新兴领域鸣锣开道，并且为管理学教育者打开了案例素材的丰富宝库。没那么显而易见的是，它所反映的内涵还说明了，随着工程师努力在每一个工程问题上把控人这种难以捉摸的因素，工程学科的视界正在日益扩展。这是因为，构思并推进这个项目，得出意外结论的是工程师，以及支持他们的、以科学为根基的大型电气企业（1928 年，在霍桑试验遭遇连续挫败时，杰克逊写道：“为今之计，是鼓励和支持一线的心理-物理研究，直到原理得到发现和验证的那一天”）。[95]这次试验结束后不久，这批工程师在工科课程中加入了工业社会学，并把梅奥的著作列为所有工科学生的必读书目。[96]

1929 年，在史上最详尽的工程教育研究的最终报告中，威肯登再次呼吁人们关注“工程师工作与教育范畴的不断扩展”。他写道：“工程师作为组织者和管理者的崛起是延续于过去半个世纪的一种自然演进。”

> 工业关注的问题从孤立的工具和工艺进化到作为一个整体的生产和服务有机概念。在这个整体当中，纯粹的机械学不可能与财务、法务、市场营销和人事问题分割开来。因此，工程师在制订计划时，常常需要与钱和人打交道，就像他们常常要与机器和材料打交道那样。[97]

威肯登最后指出：“展望未来，工程院校无法把自己的关切限定在数理和物理学科当中，限定在设计和建造问题上，也无法埋头于工程经济的具体细节里，置其他一切于不顾。工程学要让自己的工具海纳百川，包含所有科学门类——只要它们变得足够确切、足以产生经济上可以预测的结果。”威肯登提出，工程师这一职业面临的更紧迫的一大挑战是必须“把人类工作中的机械因素、生理因素和心理因素融会贯通，把它们置于一门可预测的科学的疆界之内”[98]。因此，霍桑试验不只是管理学历史的一个篇章，它还是工程进化史的上一个阶段。在以科学为根基的产业里，企业工程师们诞生于生产时代，他们赋予自己的使命是创造一个新的时代。

注释

结　语

美国的现代技术被驯服了吗？从农业得到发明[1]以来，社会生产中最强大的革命已经沦为企业实现目标的区区工具和资本主义者的统治手段了吗？在这个国家，工程的社会史适用于这样一个清醒的结论。在科学生产新形式创造者的眼里，那些释放自然之力、宣告人类新时代来临的自诩革命者的所作所为同时也是反革命的。企业工程师曾在标准化科学和工业领域改革专利制度、实现研究的常规化、变革教育、发展现代管理。他们一度在以科学为根基的行业中奋发图强、推进革新、保持革命，并从中收获了直接利益。然而，他们也预先遏止了革命预示的那个新时代的来临。

本书描述的那些人，他们的脚步有人跟随，他们的事业有人继承。后人有能力，也非常睿智，足以继续他们的工作。问题在于，后人把前不久有意建立的社会秩序视为理所当然。《财富》杂志对通用电气公司实验课程的一段描述证实了这一点。一名记者写道："问题的关键在于人际关系。

> 作为管理者的现代工程师必须成为通才。他不仅要从具体工作的角度思考，还要从管理他人工作的艺术角度思考。因此，他优先关注的是用来管理的技术，而不是管理的具体内容。他鼓励甚至激励他人工作；他并不创造，而是主持工作、做出调整。"

这名记者发现，重点在于周全、融入、和谐相处，“说谁出类拔萃简直像是在骂人。”

一名培训学员说：“我宁愿不够聪慧，也希望别人理解我。而且我每次都这样。”很多学员提出过同样的说法。他们并不再认为聪明是特别必要的。一名年轻学员解释说：“工程领域中所有最根本的创造性工作早已完成了。”一名通用电气公司的学员指出：“像斯坦梅茨那样的人如今还混得下去吗？我相信，如今没人能忍受像他那样的人。”[2]

这类被驯服的工程师是一种大面积社会转型的人格体现，他们也证明了，企业在生产力和社会关系之间建立稳固联系的努力已获成功，“技术进步与社会控制之间实现了更好的平衡”[3]。总体而言，从1930年到如今，企业管理者未曾离这个目标太远。而那些最剧烈的变革只会强化他们的目的。无论是第二次世界大战以来军队和政府对技术企业参与度的大幅提高，还是斯普特尼克卫星上天以来工程师人数的激增，都只会为私营企业带来更大规模的公共补贴，让技术工人在无产阶级化的路上走得更远。[4]不仅如此，作为管理者的工程师如今掌握了新的分析和控制方法（其中一些是从社会科学借鉴而来的）和新的分析工具（它们的开发大多发生在电气工程领域）。①

这一事实促使很多观察者宣布：“我们生活在一个技术官僚社会当中。”这个社会由技术精英管理并为他们服务，一切依照技术理性冰冷的强制力运转。然而如今的研究告诉我们，这样的技术统治论调未免言之过早，它们不过是这个时代特有而泛在的技术神秘论的另一种表述罢

① 这一统计过程对经济预测、心理学及社会学概念和方法至关重要，它主要借鉴了社会科学，与此同时，电气工程本身孕育了计算机。后者最初被用作运营研究的基础工具。随后，在电路理论的支持下，计算机成了现代系统分析的基石。至于在20世纪相互依存的工程社会史和思想史与社会科学，以及二者在科学管理中的融合属于另一项研究的内容。这项研究目前正在进行当中。

了。因为人——包括工程师在内——不是单凭技术理性而生活的。尽管随着现代工程的诞生，企业产业披挂了科学的光环，资本主义俨然以理性本身自居，然而工程师取代不了资本家，就像科学无法取代资本主义一样。作为管理者也好，技术专家也罢，工程师仅仅是自觉或者无意地继续为资本服务着。他们思考问题、形成解决方案的习惯构成了一种高度精练的资本主义理性形式。因此，工程师们还要继续在工作中奋力解决现代技术的潜能与企业秩序的强令之间的现实矛盾。无论他们是否意识到这一点，这项工作早已成为常规。但这并不意味着资本主义生产方式固有的矛盾因此得到了彻底解决。实际上，本研究得出的观点恰恰与此相反。

坐在制图室里的企业工程师不可能在很短的时间里为美国提出一劳永逸的可行塑造。塑造美国这一任务更多的是一种持续进行的社会过程，它的鲜明特征固然是运转流畅的机械，以及人与人之间的冲突（和设计的失效）。因此，随着报废的设计堆积成山，企业工程师越来越多地呼吁自己的同事、教育自己的继任者：要灵活行事，要勇于尝试新的方法，要对更新的需求和不断变化的社会环境保持警醒。他们屡遭挫败之后才慢慢发现，社会不是第二个自然界，他们无法用理解和控制后者的方式对待前者。事情没有那么简单。于是，企业工程师向实证主义和行为主义的社会科学求教，尽力“拓展和调整”自己的推理方法，期望以此找到解决老问题的新办法。

人们必然提出的问题是：他们一直努力调整自身方法是为了适应什么？是什么在驱使他们拓宽自己的眼界、扩大设计的范畴、模糊硬科学与软科学之间曾经难以弥合的分界？传统的历史叙事会把这些人的活动描绘成克服重重困难、为塑造行之有效的企业秩序而奋斗，但不针对任何人。诚然，他们确实面临着科学和技术方面的发展所带来的挑战，他们也曾被迫面对时时困扰资本主义的经济危机，要防止市场失灵，要想方设法地比竞争对手棋高一招，还要管理巨型企业日常的复杂性。但是这一切并不是他们关注的重点所在。过去不是，现在依然不是。无论形成的问题多么地超然物外，主要的挑战永远是人，是眼界或许不同、目标同样理性而又相互矛盾的人。因此，无论他们的路线多么高超、方法多么巧妙、本意多么纯真，企业工程师总是会在实地贯彻其设计时遭遇困难。他们轻蔑地称之为劳资争议、人事问题，或者简单地用政治笼统地称呼它。他们的磨难提醒我们，本书描述的仅仅是 20 世纪美国历史的一面，其他人同样塑造了这一历史。无论这个故事的主人公（及其当代的继承者）如何坚信自己在为整个社会的利益服务，他们在现实中服务的只是统治阶层。而这个阶层为了生存下去，就必须永远榨取下级阶层的劳动力并因此控制其生活。不管无阶级的迷思和“终结意识形态”的意识形态有多么抚慰人心或者清白无邪，它们永远无法掩盖这一事实。这一事实体现在无数的问题当中。它们永远需要被分析、被设计、被管理、被解决。企业对美国的有意塑造不断演化。为其奠定基础的正是这一事实，向它不断发难的也正是这一事实。

致　谢

历史本身是一种社会事件，书写历史也是一样。面对如此篇幅的研究，作者必定要仰仗他人的力量。这不仅包括无数学者的著述，还包括许多人的宝贵意见和辛勤劳动。其中曾在研究阶段给予作者宝贵帮助的同人有：哈特利（E. N. Hartley），MIT 历史学教授、校档案馆管理员；卡尔·怀尔兹，MIT 电子工程系荣休教授；露丝·赫尔穆特（Ruth Helmuth），来自凯斯西储大学档案馆；肖尼·芬尼根（Shonnie Finnegan），来自纽约州立大学水牛城分校档案馆；露丝·华莱士（Ruth T. Wallace），来自匹兹堡大学档案馆；保罗·麦克卢尔（Paul McClure），来自美国国家科学院档案馆；哈里·约翰（Harry John），来自美国国家档案馆国家档案中心；布拉德·史密斯（Brad Smith），来自罗切斯特大学图书馆；还有莱顿·柯林斯（W. Leighton Collins）和已故的莱斯利·威廉姆斯（Leslie B. Williams），后者曾是美国工程教育学会的会长和荣休会长；此外还有普渡大学工程学院荣休院长安德雷·波特。感谢罗切斯特大学图书馆馆长本·鲍曼（Ben Bowman）和普渡大学图书馆馆长约瑟夫·戴格尼斯（Joseph Dagnese）在我调研期间慷慨地为我提供办公室，让我的劳碌变得轻松了许多。本书第一年的研究工作得到了（美国）劳工部人力管理署的资助。本书的终稿是在本人成为 MIT 人文与工程专业梅隆学者的第一年里完成的。

在这项研究逐步成形的五年里，本人有幸得到了一些人的宝贵建议和鼓励：最初是洛伦·巴里茨（Loren Baritz）建议我拿出时间来从事这项研究。在这个市场紧俏、节奏如飞的时代，他的建议既透彻又不同寻常；很多人至少通读过这本书某个版本的初稿并给出了友善的批评和指正，敦促我重新思考了其中几处最要紧的主题。他们是：赫伯特·古特曼、克里斯托弗·拉什、杰拉德·麦考利（Gerard D. McCauley）、大卫·蒙哥马利、内森·尼尔（Nathan N. Neel）、道格拉斯·诺贝尔（Douglas D. Noble）、马丁·斯克拉（Martin J. Sklar）、凯瑟琳·斯通、查尔斯·温德尔（Charles D. Wendell）、威廉·威廉姆斯（William A. Williams）和哈罗德·伍德曼（Harold D. Woodman）。同样要感谢的人还有尤金·杰诺韦塞（Eugene D. Genovese）、托马斯·帕克·休斯和拉塞尔·雅各比（Russell Jacoby），他们读过本书较早（也较长）版本的自序；感谢韦恩·厄本（Wayne Urban）阅读有关教育改革的部分；感谢克诺夫出版社的阿什贝尔·格林（Ashbel Green）高超的编辑艺术；感谢谢丽尔·诺贝尔（Cheryl Noble）一贯机敏的批评指正和对于更本质问题的不懈关注。

America by Design: Science, Technology, and the Rise of Corporate Capitalism

By David F. Noble

图书在版编目（CIP）数据

技术塑造美国？/（美）大卫·诺贝尔著；陈劲，姜智勇译．--北京：中国人民大学出版社，2025. 8.（政治经济学文库）．--ISBN 978-7-300-33817-0

Ⅰ. F062. 4

中国国家版本馆 CIP 数据核字第 2025PC0016 号

政治经济学文库·经典

技术塑造美国？

大卫·诺贝尔　著

陈　劲　姜智勇　译

Jishu Suzao Meiguo?

出版发行	中国人民大学出版社		
社　　址	北京中关村大街 31 号	邮政编码	100080
电　　话	010－62511242（总编室）		010－62511770（质管部）
	010－82501766（邮购部）		010－62514148（门市部）
	010－62511173（发行公司）		010－62515275（盗版举报）
网　　址	http://www. crup. com. cn		
经　　销	新华书店		
印　　刷	天津中印联印务有限公司		
开　　本	720 mm×1000 mm　1/16	版　　次	2025 年 8 月第 1 版
印　　张	22. 75 插页 1	印　　次	2025 年 8 月第 1 次印刷
字　　数	298 000	定　　价	89. 00 元